교회의 **세속화** 문제들,

어떻게 극복할 것인가

교회의 세속화 문제들, 어떻게 극복할 것인가

2012년 2월 28일 초판 1쇄 발행

지은이 | 이한수
펴낸이 | 박영호
펴낸곳 | 도서출판 솔로몬

주소 | 서울시 동작구 사당 3동 207-3 신주빌딩 1층
전화 | 599-1482
팩스 | 592-2104
직영서점 | 596-5225

등록일 | 1990년 7월 31일
등록번호 | 제 16-24호

ISBN 978-89-8255-486-5 03230

이한수 지음

# 교회의 **세속화** 문제들, 어떻게 극복할 것인가

The Secularization of the Church, How will We Overcome it?

솔로몬

# 머리말

요즈음 한국 교회는 십자가 복음의 부재 현상을 경험하고 있다는 이야기를 흔히 듣는다. 교회들은 양적으로는 많이 성장하고 있지만, 교회의 정체성의 표시로서 십자가에 못 박히신 예수 그리스도의 모습은 얼마나 내보이고 있는지 의구심을 떨쳐 버리지 못할 때가 많다. 교회들이 십자가 공동체로서의 정체성을 상실하면서 온갖 세상의 타락된 풍속들이 교회를 물들이며 세속화되어 가는 현상들을 많이 목격하게 된다. 인간적인 권위주의가 판을 치고, 지방색이 그리스도인들의 생각을 사로잡고 있으며, 교만과 자만 그리고 분쟁과 갈등이 교회들을 병들게 하고 있다.

고린도전서는 교회의 정체성을 상실해 가는 현대 교회들에게 십자가 복음의 메시지를 분명하게 전달해 주는 서신이다. 고린도 교회는 무려 열한가지 이상의 영적이고 도덕적인 문제들 때문에 교회의 존립 위기를 맞고 있었는데, 바울은 이들 모든 문제들을 한 가지의 신학적 원칙, 즉 십자가에 못 박히신 그리스도가 우리의 지혜와 거룩함과 능력이 된다는 원칙하에서 해결하려고 시도하고 있다. 본 서신에서 문제들에 대한 답변으로 제시한 바울의 권면들은 모두 위에서 제시한 신학적 원칙에 기초한 것들이라 할 수 있다. 현대 교회들도 고린도 교회가 당면한 수많은 비슷한 문제들을 겪고 있는데, 이런 의미에서 고린도전서는 현대의 우리 교회들에게 변함없이 적용되어야 할 하나님의 말씀이라고 할 수 있다.

특별히 필자가 고린도전서를 선호하는 이유는 초대 교회의 문제를 실천적으로 다룬 생동감이 넘치는 서신이기 때문이다. 다른 어떤 서신보다도 본 서신은 초대 교회가 당면했던 수많은 구체적인 문제점들을 다루고 있다. 바울의 어떤 서신도 고린도전서처럼 초대 교회의 실상과 허실을 그렇게 구체적이고도 생동감 있게 드러내 주는 것은 없다. 편지를 읽어 가면서 우리는 초대 교회의 있는 그대로의 현실을 접할 수 있을 뿐만 아니라 초대 교회가 당면했던 현실적인 문제들을 다루는 바울의 신학적인 정신을 접할 수가 있다. 우리는 바울을 이해하기 위해서, 또한 초대 교회를 보다 잘 이해할 수 있기 위해서 고린도전서를 소중히 다루어야만 한다.

금번에 솔로몬 출판사에서 졸저를 출판할 수 있도록 허락해 주신 것에 대해서 심심한 감사를 드리고 싶다. 아무쪼록 본서를 통해서 많은 독자들이 현대 교회들을 향해 말씀하시는 하나님의 음성을 듣는 기회가 되기를 바란다.

차... 례...

Contents...

## The Secularization of the Church, How will We Overcome it?

교회는 더럽고 악한 세상에서 거룩을 위해 부르심을 받았기 때문에 바울은 그것을 "그리스도 안에서 거룩하여지고 성도라 부르심을 입은 자들"(1:2)이라고 특징화시킨다. 그러나 고린도 교회는 교회의 본질적인 표지로서 거룩성을 나타내야 함에도 불구하고 그들 가운데 자행되는 온갖 분쟁과 부도덕 등이 교회의 "존립 근거"를 파괴할 위기에 놓여 있었다. 특별히 그들이 교회의 참된 모습을 상실할 위기에 놓인 것은 "세상의 지혜"(1:20; 2:3; 3:3)를 따라 분쟁과 시기와 부도덕의 세상적 삶을 살았기 때문이다. 그래서 바울은 처음 장들 가운데서 고린도인들이 따르려고 하는 세상의 지혜가 바로 교회의 정체성을 위협하는 원인이라고 진단한다. "세상의 지혜"와 대립적인 위치에 놓인 "하나님의 지혜"(1:18-2:16)는 바울이 전하는 "십자가 복음"(1:18; 2:8)과 동일시된다. 그것은 세상 웅변가들이나 변사들 또는 헬라 철인들의 지혜로운 말과 논리적 설득력에 있지 않고(2:1-5) 오히려 세상 사람들의 눈에 거리낌과 어리석음으로 보이는 십자가에 못 박히신 예수 그리스도 안에서 나타났다. 하나님의 지혜는 자기를 낮춘 종의 모습으로 오셨으며 결국 많은 사람들의 죄를 위해 십자가에서 죽으심으로 겸손과 자기 희생의 길을 가신 예수의 십자가 사건 속에서 나타난 것이다.(1:23-24; 2:6-8)

## 1. 사회적 환경과 저술 배경

### 교회의 설립 배경

고린도 교회가 설립된 배경은 사도행전에 어느 정도 자세하게 다루어져 있다. 바울은 마케도니아와 아가야 지방에서 선교 활동을 시작하게 됨에 따라 교회를 헬라 세계에 심게 되었다. 사도행전 16:9-19은 바울이 복음을 헬라 지역에 들어가 전하게 된 배경을 기록하고 있다. 그는 밤에 무시아에서 "우리에게 와서 도우라"고 호소하는 마케도니아인의 환상을 보고 그의 일행과 더불어 마케도니아로 건너갔다. 그리고 이 지역의 도성들인 빌립보, 데살로니가, 베뢰아에서 얼마의 신자들을 얻기는 했지만, 심한 반대와 핍박에 밀려 이 도시들을 떠나지 않으면 안 되었다. 그리스 남단으로 향한 바울은 아덴에 도착하여 유명한 아레오바고 연설을 하였다.(행 17:16-34) 그러나 여기서는 잠깐만 머물렀을 뿐이다.

바울은 드디어 고린도에 도착하여 그곳에서 브리스길라와 아굴라 부부를 만나 그들과 거처를 함께 하였다. 바울과 마찬가지로 이들도 역시 고린도에 처음 찾아온 "장막을 만드는 사람들"이었다.(행 18:1-3) 처음에 바울은 고린도에서 유대 회당에 들어가 가르치기를 전념하다가 회당장인 그리스보와 그의 가족이 모두 예수를 믿도록 하는 데 성공하였다.(행

18:8) 그러나 계속되는 핍박에 직면하여 밤에 본 환상의 지시에 따라 이방인들에게로 향하게 되었다.(행 18:9-10) 실라와 디모데의 협조를 받아 바울은 고린도에서 교회가 확고하게 세워질 때까지 18개월 동안 선교 사역을 하였다. 바울이 고린도를 떠난 뒤에는 아볼로가 신자들을 굳게 하였다.(행 18:27-28)

## 종교 · 사회적 환경

바울의 복음 사역을 통해서 교회가 세워진 고린도는 과연 어떤 도시인가? 고린도는 고대 세계에서 가장 규모가 큰 국제적 상업 도시 가운데 하나였다. 이 도시는 레가이론과 사론 만에 의해 지리적으로 양분되어 있었다. 이들 두 만 사이에 폭이 5마일 정도 되는 지형이 놓여 있어서 고린도는 헬라의 남북 무역의 모든 물품이 이 곳을 통해 통과되는, 문자 그대로 헬라의 교량 역할을 하는 도시였다. 고린도는 또한 이스뜨미안 경기로 유명한데, 올림픽이 열린 다음 이 경기가 이스뜨미아(고린도에서 10마일 떨어진 곳)에서 화려하게 개최되었다. 이때 수많은 운동 선수들, 상인들, 방문객들이 붐비게 된다. 이스뜨미안 경기는 바울이 고린도에 있을 동안 주후 51년 봄에 열렸을 것이다. 고린도전서에 운동 경기에 대한 묘사가 나오는 것은 이러한 사회적 배경과 관계가 있다.(고전 9:24 -27)

현대와 마찬가지로 국제적인 무역과 상업이 성행하던 고린도는 자연히 온갖 범죄와 타락된 행습들이 만연한 도시가 되었다. 뿐만 아니라 아프로디테 신전이 아크로코린투스 위에 있었고, 이 신전에는 성스러운 매춘부들이라 불리는 여사제들이 천 명 이상 있었다. 이들과 성관계를 갖는 것은 신전 예배의 일부분일 정도로 고대 세계에서는 성과 종교가 밀접한 관계를 가지고 있었다. 이러한 사회적 환경은 자연히 고린도인들을 방탕하고 성적으로 부패한 자들로 만들었다.

## 구성원들의 사회적 성분

타락한 이러한 도시 한가운데 "하나님의 교회"(고전 1:2)가 세워졌다는 것은 뱅겔에 따르면 "위대하고 기뻐할 만한 역설"이다. 바울은 이 역설적인 사실을 고린도 교인들의 타락된 과거를 설명하는 가운데서 언급한다. "음란하는 자나 우상 숭배하는 자나 간음하는 자나 탐색하는 자나 남색하는 자나 도적이나 탐람하는 자나 술 취하는 자나 후욕하는 자나 토색하는 자들은 하나님의 나라를 유업으로 받지 못하리라 너희 중에 이와 같은 자들이 있더니 주 예수 그리스도의 이름과 하나님의 성령 안에서 씻음과 거룩함과 의롭다 하심을 얻었느니라".(고전 6:9-11) "너희 중에 이와 같은 자들이 있었다"는 바울의 말은 고린도인들이 어떤 사회적 환경에서 나온 사람들인가를 설명해 준다. 아마도 고린도 교회에 그렇게도 많은 윤리적 문제점들이 나타나게 된 것도 그들이 과거의 타락한 생활을 올바로 청산하지 못하고 기독교로 회심한 이후에도 교회 내에 끌고 들어온 때문이라고 여겨진다. 과거와 현재가 칼로 베듯이 분명하게 단절되어야 하는데도 기독교인들의 삶의 문제는 과거가 여전히 현재를 지배하는 데 있다.

고린도 교회의 구성원들은 타락한 사회적 환경에서 나온 사람들일 뿐만 아니라 대체로 가난하고 못 배우고 힘이 없는 사회 하층민들 가운데서 나온 사람들인 것 같다. 바울은 그의 서신 초반부에서 독자들 가운데 "육체를 따라 지혜 있는 자가 많지 아니하며 능한 자가 많지 아니하며 문벌 좋은 자가 많지 않다"는 진술을 하였다.(고전 1:26) 이것은 고린도의 독자들이 사회 상류층보다는 주로 하류층에서 나온 사람들로 구성되었다는 것을 보여 주는 말이다. 그들의 사회적 성분을 암시해 주는 또 다른 구절은 성만찬의 문제를 다루는 11:17-4이다. 고린도인들 가운데는 그들이 기념하는 식사가 "주의 만찬"인지도 알지 못하고 부한 자들이 자기의 만찬을 먼저 갖다 먹으므로 "빈궁한 자들을 부끄럽게 만드는" 일이 있었던 것 같다.(22절) 아마도 고린도 교회는 이렇게 부한 자와 가난한 자 사이에 예민한 사회적 구분이 느껴지던 공동체였던 것으로 보인다.

부한 자들과 가문이 좋은 사람과 권세가 있는 사람들이 얼마 있었겠지만, 대부분의 구성원들은 1:26의 진술로 미루어 볼 때 가난하고 못 배우고 힘이 없는 자들이었을 것이다. 고린도인들은 주로 이와 같이 하층민들이었고 또한 부패한 사회적 환경에서 나왔지만, 그들이 모두 한 성령 안에서 하나님의 거룩한 백성이 될 수 있었던 것은 순전한 은총의 승리였다.

## 문제의 상황

위에서 말한 대로 바울이나 아볼로와 같은 유능한 지도자들이 있었음에도 불구하고, 시간이 흐르면서 고린도 교회는 타락하고 쾌락주의적인 이교적 사회 환경의 깊은 영향을 받아 침몰할 위험에 빠지게 되었다. 신자들이 이 악한 환경에 적절하게 저항하지 않을 경우 복음과 세속적인 헬라의 지혜와의 구분을 무너뜨리는 잘못된 영향들에 의해 크게 침식당할 국면을 맞이하였다. 아마도 바울은 주후 50년경 어느 때인가 고린도에서 그의 선교 사역을 시작했을 것이다. 5년 후에 그의 회심자들이 그들의 생각을 세속 사회에서 유행하던 사상에 적용시켜 보려는 증거를 많이 나타냈다. 결국 고린도 교회는 이러한 이교 사회적 풍토에 크게 침식당하여 바울로 하여금 고린도전서를 쓰지 않을 수 없게 만들었다. 이 편지는 여러 곤란한 교회 문제들에 대해 바울의 조언을 구하는 고린도 교회 지도자들의 보고에 답변하는 형식으로(1:11) 주후 55년경에 에베소에서 쓴 것이다.

바울은 세 가지 방향에서 고린도 교회의 실상을 접하게 된다. 그는 먼저 고린도 교회의 소식을 글로에 사람에게서 들었고,(1:11) 고린도인들이 보낸 한 편지를 통해서 들었으며,(7:1) 또한 그를 방문하려고 왔던 스데바나와 브드나도와 아가이고로부터 들었다.(16:17) 이들의 보고에 따르면 무려 열한 개 정도의 문제가 발생하였다.

(1) 당파 문제(1:10, 11; 3:3-15) (2) 지적 자만의 문제(1:17, 20-25; 2:1-5, 10-16; 3:18-23) (3) 부도덕의 문제(5장) (4) 법정 소송의 문제(6:1-8) (5) 도덕 폐기론의 문제(6:9-20) (6) 결혼과 성적 관계의 문제(7장) (7) 우상의 제물을 먹는 문제(8-10장) (8) 교회 내의 여자 문제(11:1-16; 14:34-36) (9) 성례에 관한 문제(11:17-34) (10) 은사 문제(12-14장) (11) 몸의 부활에 관한 문제.(15장)

위에 열거된 문제들의 대부분은 고린도 교회가 당면한 문제가 교리적이고 신학적인 면도 있지만 근본적으로 윤리적 위기와 관련되어 있다는 것을 보여 준다. 교회가 부패한 세상의 삶을 받아들일 때는 이미 거룩한 하나님의 백성으로서의 자기 정체성을 상실하고 있는 것이다.

## 2. 실천신학적인 서신

고린도전서는 교리적 내용이 갈라디아서나 로마서와는 달리 여러 모로 빈약하다고 생각되었기 때문에, 학자들은 이 서신을 바울 신학을 이해하는 데 별 도움이 되지 않는 문서라고 비평해 왔다cf. W. Wauer, *Orthodoxy and Herresy in Earliest Christianity*, ET, Fortress, 1971, 219. 그러나 이 비평은 잘못된 것이고 바울 서신의 기본적인 성격을 오해한 것이다. "서신"이라는 문학적인 장르는 어떤 교의신학 서적과 비슷한 것으로 이해해서는 안 된다. 바울은 기독교 진리에 관해 어떤 객관적이고 이론적인 논문을 쓰기 위해 글을 쓴 적이 없다. 자신이 세운 교회들이 당면한 구체적인 문제들을 해결하려고 할 때 그는 신학적인 원칙을 제시하기도 하지만, 그 신학적인 원칙은 구체적인 상황과 연결되어 있다.

신학적인 원칙을 제시할 때도 그는 때로 감정에 호소하기도 하고 경고하기도 하며 때로 위로하기도 한다. 바울의 서신 속에는 그의 심장이 고동치며 문제 해결을 위한 몸부림이 엿보인다. 서신은 본래 논문과는 달리 그것을 주고 받는 사람들 사이에서 살아 숨쉬는 대화와 만남이 존재하게 한다. 서신의 이러한 생동하는 성격을 객관적인 교리서로 환원시키려는 것은 바울 서신의 근본적인 성격을 잘못 대하는 것이다.

서신에서 바울의 관심은 단순히 탈시간적인 신학적 원리들을 확립하는 것이 아니고, 그리스도인들이 당면하고 있는 구체적 상황에서 그것들을 적용하는 것이다. 이것은 "서신"이라는 문학적 장르의 독특한 성격이다.

특별히 이 점은 고린도전서와 같은 서신에서 두드러진다. 같은 서신이지만 로마서가 상대적으로 죄인들의 칭의 문제에 많은 관심을 보이는 반면, 고린도전서는 신학적 원리를 현실 상황에 적용하는 "적용 신학"을 제시하는 데 많은 관심을 둔다. 바울은 고린도 교회가 거룩한 공동체로서 교회의 자기 정체성을 회복하도록 하기 위해 그들의 당면 문제들에 대한 신학적이고도 실천적인 답변을 제시하려고 한다. 물론 이 말은 고린도전서의 메시지가 로마서나 갈라디아서의 메시지와 본질적으로 다르다는 뜻이 아니다. 다만 전자가 신학적 원리를 구체적인 교회의 상황에 적용하는 데 더욱 큰 관심을 둔다는 말이다. 따라서 고린도전서를 이해할 때, 구체적인 상황에서 나왔고 그에 대한 실천적인 답변으로 주어진 서신 장르를 현대인의 신학적 관심과 교리적인 체계로 환원시켜 이해하려는 시도를 해서는 안 된다.

고린도전서의 또 다른 장점은 초대 교회에 관한 많은 정보와 지식을 제공해 준다는 점이다. 고린도전서가 우리에게 소중한 것은 이 서신이 초대 교회의 지붕을 열어 그 안에서 어떤 일들이 일어나고 있었는지를 보여 주기 때문이다. 만일 고린도전서가 없었더라면 우리는 초대 교회에 관한 많은 지식과 정보를 상실하고 말았을 것이다. 뿐만 아니라 고린도전서가 가지는 또 다른 가치는 어떠한 서신도 목회자들이 당면하는 문제들을 그렇게 많이 보여 주지 못한다는 것이다. 물론 고린도 교회와 현대 교회 사이에는 엄청난 시간적, 문화적 간격이 놓여 있다. 그러나 사회와 문화는 바뀌어도 사람들의 본성은 변하지 않기 때문에 고린도전서는 이런 면에서 현대 교회의 문제들과 인간의 본성을 이해하는 데 큰 중요성을 지닌다. 어떤 의미에서 고린도 교회가 당면한 교회 정체성의 위기는 오늘날 우리 한국 교회가 당면한 교회의 정체성 위기와 여러

면에서 닮은 점들이 많다. 바울은 고린도 교회가 당면한 문제들마다 구체적이고 실천적인 답변들을 제시하는데, 문제 해결을 위한 그의 답변은 오늘날 우리 교회들이 안고 있는 문제들을 해결할 수 있는 실마리들을 던져 줄 수 있다고 생각한다. 우리는 고린도전서를 읽어 가면서 그의 지혜 넘치는 답변들을 대할 때마다 그가 얼마나 현실 감각이 뛰어나면서도 뜨거운 그리스도의 심장을 지닌 위대한 목회자인가를 발견하게 된다.

바울은 현실 교회의 연약성을 모르고 오직 은총의 승리만을 떠들어대는 열광주의자가 아니었다. 스웨덴 학자인 레이제넨(H. Raisanen)은 바울이 로마서와 갈라디아서에서 그리스도인의 생활을 너무 낙관적으로 묘사했다고 비판한다. 말하자면 바울은 고린도 교회가 당면한 것과 같은 현실적인 문제를 깨닫지 못한 채 은총 속에만 있으면 모든 것이 승리적으로 변화될 것으로 오해했다는 것이다. 이 비평은 분명히 잘못된 것이다. 바울은 이미 로마서와 갈라디아서에서 그리스도인들에게 "육체를 따라 행하는 위험"(갈 5:16-25; 롬 8:13)을 경고하였다. 육을 따라 행하는 위험에 빠진 교회들 앞에 그가 제시한 신학적이고 실천적인 해결책들은 여전히 우리 현대 교회들에게도 큰 발언권을 가질 수 있다.

## 3. 문제 해결의 열쇠

교회는 더럽고 악한 세상에서 거룩을 위해 부르심을 받았기 때문에 바울은 그것을 "그리스도 안에서 거룩하여지고 성도라 부르심을 입은 자들"(1:2)이라고 특징화시킨다. 그러나 고린도 교회는 교회의 본질적인 표지로서 거룩성을 나타내야 함에도 불구하고 그들 가운데 자행되는 온갖 분쟁과 부도덕 등이 교회의 "존립 근거"를 파괴할 위기에 놓여 있었다. 특별히 그들이 교회의 참된 모습을 상실할 위기에 놓인 것은 "세상의 지혜"(1:20; 2:3; 3:3)를 따라 분쟁과 시기와 부도덕의 세상적 삶을 살았기 때문이다. 그래서 바울은 처음 장들 가운데서 고린도인들이 따르려고 하는 세상의 지혜가 바로 교회의 정체성을 위협하는 원인이라고 진단한다. "세상의 지혜"와 대립적인 위치에 놓인 "하나님의 지혜"(1:18-2:16)는 바울이 전하는 "십자가 복음"(1:18; 2:8)과 동일시된다. 그것은 세상 웅변가들이나 변사들 또는 헬라 철인들의 지혜로운 말과 논리적 설득력에 있지 않고(2:1-5) 오히려 세상 사람들의 눈에 거리낌과 어리석음으로 보이는 십자가에 못 박히신 예수 그리스도 안에서 나타났다. 하나님의 지혜는 자기를 낮춘 종의 모습으로 오셨으며 결국 많은 사람들의 죄를 위해 십자가에서 죽으심으로 겸손과 자기 희생의 길을 가신 예수의 십자가 사건 속에서 나타난 것이다.(1:23-24; 2:6-8)

바울에게서 교회는 바로 십자가 사건 속에 나타난 이러한 "종의 형상"(막 10:45)에 의해 그 성격이 규정된다. 고린도 교회에 나타난 그 수많은 문제들, 곧 부도덕의 문제, 분쟁과 싸움, 그들의 섬기려는 태도보다는 왕노릇 하려 하고 남들 위에 권세를 부리려는 태도,(4:8) 교만, 세상적으로 강한 자처럼 자부함,(4:10; 비교. 고후 13:4) 좀더 비범한 은사들을 소유했다고 해서 남을 판단하고 자랑하려는 태도 등은 모두 바울의 눈에 십자가의 복음이 지닌 실천적 함축 또는 그 복음 속에 나타난 종의 형상을 지닌 하나님의 지혜를 헤아리지 못한 고린도인들의 세상적이고 육신적인 태도에서 비롯된 것들이다. 그래서 바울은 고린도전서 1-2장의 전면에서 십자가 사건에 나타난 하나님의 지혜를 고린도 교회의 모든 문제들을 해결하는 중심적인 열쇠로 사용하고자 한다.

고린도 교회가 당면한 위기들은 교회의 참된 본분을 망각하고 육신적이고 자기 중심적인 태도를 취한 데서 나타난 것이다. 고린도 교회가 모일 때마다 성만찬을 실천한 것은 교회가 "십자가 공동체"라는 것을 항상 되새기는 뜻을 지닌다. 슈바이쩌E. Schweizer가 지적한 대로, 그리스도의 몸 된 교회는 십자가에 못 박히신 주께서 계속 사역하시는 장소다. 그리스도의 몸 된 교회는 십자가 위에서 찢김을 당함으로 존재할 수 있었다. 그러므로 성만찬을 행하는 교회는 그의 죽으심을 기념하는 공동체다.

교회는 그리스도의 죽으심을 통해 이제 교회의 모든 구성원들이 한 피와 한 몸에 참여한 십자가 공동체임을 알아야 할 뿐만 아니라 "그리스도의 남은 고난을 그의 몸 된 교회를 위해 채울"(골 1:24) 준비를 해야 한다. 교회가 그리스도와 같이 고난과 찢김을 당함으로 다른 형제들을 위해 섬기려는 준비를 하지 않고 자기 자만에 빠지고 세상의 지혜를 따라 시기와 분쟁을 일삼으며 권위주의적인 태도 속에서 교만한 태도를 취하면,(4:18-19) 그것은 십자가 공동체로서 자기 정체성을 상실하는 것이다. 고린도 교회가 당면한 위기는 바울이 진단한 대로 "십자가 복음의 부재 현상"에서 기인한 것이다. 사실 이것은 한국 교회들이 당면한 정체성의 위기이기도 하다.

고린도전서의 한 가지 큰 특징 가운데 하나는 복음의 적응성에 대한 바울의 강조에서 발견된다. 유대인에게는 유대인처럼 되고 이방인에게는 이방인처럼 되는 바울의 선교 원리는 그가 전한 십자가 복음의 원리에서 나온 것이다. 고린도인들의 이기적이고 분파적인 행위들은 "자기의 유익을 구치 말고 남의 유익을 구하라"(10:24)는 바울의 십자가 정신을 망각한 데서 기인한 것이다. 약한 자들에게 약한 자처럼 되라는 "복음의 적응성"의 원리는 십자가 복음에 나타난 하나님의 지혜를 구체적인 삶 속에서 표현하고 구체화한 것이다. 그리스도께서 자신을 죄인들과 약한 자들과 동일시하시고 그들을 위해 사랑과 겸손과 자기 희생의 길을 걸어가신 것처럼, 그리스도인들도 자신보다 약한 형제들을 용납하고 그들의 위치에서 이해하고 섬기는 태도를 취한다면 고린도 교회가 당면한 것과 같은 모든 위기의 문제들은 해결될 수 있다. 마찬가지로 십자가 정신에 기초한 복음의 적응성 원리는 오늘날 교회들이 당면한 모든 문제들을 해결하는 열쇠 역할을 할 수 있다.

## The Secularization of the Church,

## How will We Overcome it?

# 1장
# 인사말
1:1–9

## The Secularization of the Church, How will We Overcome it?

하나님의 뜻을 따라 그리스도 예수의 사도로 부르심을 받은 바울과 형제 소스데네는 고린도에 있는 하나님의 교회 곧 그리스도 예수 안에서 거룩하여지고 성도라 부르심을 받은 자들과 또 각처에서 우리의 주 곧 그들과 우리의 주 되신 예수 그리스도의 이름을 부르는 모든 자들에게 하나님 우리 아버지와 주 예수 그리스도로부터 은혜와 평강이 있기를 원하노라 그리스도 예수 안에서 너희에게 주신 하나님의 은혜로 말미암아 내가 너희를 위하여 항상 하나님께 감사하노니 이는 너희가 그 안에서 모든 일 곧 모든 언변과 모든 지식에 풍족하므로 그리스도의 증거가 너희 중에 견고하게 되어 너희가 모든 은사에 부족함이 없이 우리 주 예수 그리스도의 나타나심을 기다림이라 주께서 너희를 우리 주 예수 그리스도의 날에 책망할 것이 없는 자로 끝까지 견고하게 하시리라 너희를 불러 그의 아들 예수 그리스도 우리 주와 더불어 교제하게 하시는 하나님은 미쁘시도다 **고전 1:1-9**

## 1. 은혜와 평강을 소원함 1:1-3

바울은 1-3절에서 당대의 편지 형식에 따라 편지를 보내는 발신인(1절)과 편지를 받는 수신인,(2절) 그리고 수신인에게 보내는 인사말(3절)을 기록한다. 발신인은 사도 바울과 그의 동료였던 소스데네이다. 소스데네는 사도행전 18:17에서 회당장으로 언급되는데, 아마도 바울의 설교를 듣고 기독교로 개종한 것 같다.

### 사도로 부르심을 받은 바울

바울은 자신을 "하나님의 뜻을 따라 그리스도 예수의 사도로 부르심을 입은"(2절) 사람이라고 소개한다. 그가 자신의 부르심에 대한 신적인 기원을 강조하는 것은 그의 사도직을 의심하던 고린도 교회 안의 어떤 비평자들을 염두에 두었기 때문일 것이다.(9:1-3 참조) 물론 바울의 사도직의 문제는 고린도후서에서 보다 직접적으로 부각되지만 이미 고린도전서에서도 나타나기 시작한다. 9:1에서 바울은 "내가 사도가 아니냐 우리 주를 보지 못하였느냐"는 질문을 던졌는데, 사실 이 질문은 바울을 "힐문하는 자들"에게 제기한 것이었다.(9:3) "내가 사도가 아니냐"는 질문과 "내가 주를 보지 못하였느냐"는 질문이 함께 연결되어 있는 것은 흥미롭다. 이것은 예수 그리스도의 사도가 되려면 예수님을 목격한 사람이어야 함을 의미한다.(행 1:21-22)

그러나 바울은 역사적인 예수를 따라다니던 제자도 아니었고, 또 그를 목격하고 그의 교훈과 행적을 잘 아는 사람도 아니었다. 바로 이런 이유 때문에 그의 사도직과 복음은 끊임없이 의심받고 도전을 당했다. 그를 의심하던 사람들이 볼 때 바울은 단지 하나님의 교회를 핍박하다가 어떤 동기에선지는 모르지만 뒤에 기독교로 회심한 사람에 불과하였다. 사실 다메섹 도상에서 경험했던 그의 회심 사건은 그에게는 너무나도 충격적인 경험이었지만 그의 반대자들에게는 설득력 있게 객관적인 증거 역할을 하지 못하였다.

때로 그는 자신의 사도직의 신적인 기원을 강조하기 위해서 다메섹 회심 사건을 언급하기도 하고,(갈 1:11- 16 참조) 자신이 "표적과 기사와 능력을 행한 것"을 사도 된 증거라고 말하기도 한다.(고후 12:12) 또는 때로 그는 자신의 양심에 호소하기도 하고,(고후 3:1-3) 고린도 교회를 창설한 영적인 아버지라는 사실에 호소하기도 한다.(고전 4:14-15) 이러한 구절들은 바울의 사도적인 권위가 여러 모로 도전받고 의심받았다는 것을 암시해 준다.

그러나 그의 진정한 사도적 권위는 어떤 외적인 자격들에 있는 것이 아니다. 그것은 바울이 십자가에 못 박히신 예수의 삶을 철저하게 본받은 사람이라는 데서 나타났다.(고전 4:16; 11:1 비교) 바울의 삶의 여정은 철저하게 예수님의 발자취를 따라가는 것이었다. 그가 자신의 회심자들 앞에서 그리스도께서 보이셨던 삶의 질들을 보여 주었다는 사실이 그가 진정한 사도라는 것을 증명해 주는 것이다.

무엇보다도 바울은 정상적인 방법으로 사도가 되지 못하고 하나님의 교회를 심하게 핍박하다가 사도가 되었기 때문에, 그는 누구보다도 죄인에게 값없이 주시는 하나님의 넘치는 "은혜"(카리스)를 절실하게 경험하였다. 그의 서신에서 "은혜"라는 말이 자주 나타나는 것도 바로 이런 이유 때문일 것이다.(특히 3, 4절; 3:10; 15:10) 하나님의 은혜란 도저히 받을 만한 자격이 없는 사람이 값없이 큰 호의와 사랑을 받는 것을 말한다. 이 은혜는 단순한 원리가 아니라 사람을 변화시키는 "능력"으로 나타난다.(고전 5:10 참조) 이 은혜를 경험한 핍박자 사울이 죽음을 불사하는 예수 그리스도의 사도로 변화되었다. 바울은 과거에 하나님을 반역하던 자신을 만나 주시고 예수 그리스도의 사도까지 되게 하신 하나님의 은혜를 평생 잊을 수가 없었을 것이다.

반항과 죄악의 깊은 늪에서 허우적거리던 바울에게 나타난 은혜는 어떤 은혜일까? 그것은 하나님께서 바울을 "먼저" 부르고 계셨다는 데서 나타났다. 바울이 예수 그리스도를 찾고 부르기 전에 그리스도께서 먼저 그를 부르고 계셨다. 기독교가 다른 종교와 달리 은총의 종교가 되는 것은 바로 이 점 때문이다. "부르다"는 말은 하나님의 주도적 행위를 나타내는데, 이것은 1절과 2절에서 두 번 사용되었다. 1절은 하나님께서 바울을 "사도"로 부르셨음을 말하고, 2절은 하나님께서 고린도인들을 "성도"로 부르셨음을 말한다. 앞의 것은 어떤 사명과 사역을 위한 부르심이고, 뒤의 것은 하나님의 백성으로의 부르심을 말한다. 바울의 전격적인 회심과는 달리 보통 일반 신자들의 "부르심"은 복음 설교를 통해 나타난다.(갈 1:6)

## 교회의 본질

바울이 인사말을 하는 대상은 "고린도에 있는 하나님의 교회"다.(2절) 고린도와 같은 부패한 사회 속에 "하나님의 교회"가 존재한다는 것은 뱅겔이 말한 대로 "위대하고 기뻐할 만한 역설"이다. 교회가 세워져야 하고 존재해야 할 장소는 고린도와 같은 타락한 사회다. 교회는 세상에 속하지는 않지만 세상 속으로 보내심을 받기 위해 존재한다.(요 17:16, 18) 교회는 빛과 소금의 역할을 다하여 썩어 가는 세상을 변화시켜야 하는 과제를 부여받았다.

특히 바울은 교회를 "하나님의 교회"로 못 박는다. 교회는 사람의 취미와 배경을 따라 형성된 인간들의 사교 모임이나 단체가 아니라 하나님 자신의 교회다. "하나님의 교회"는 하나님 편에서와 사람 편에서 이중적으로 정의된다.

첫째, 하나님 편에서 교회는 "예수 그리스도 안에서 거룩하여지고 성도라 부르심을 입은 자들"이다. 교회가 존재할 수 있는 기초는 "예수 그리스도 안에" 있다. 어떤 한국의 신학자가 말한 것처럼 불교나 유교와 같은 타종교에도 구원이 있다거나 로고스가 있다고 주장하는 것은 그리스도 중심적인 교회의 기초 자체를 무너뜨리는 것이다. 그리스도가 교회의 기초가 되심을 인정하지 않으면 누구도 교회의 구성원이라 할 수가 없다.(3:11) 이 교회는 예수 그리스도 안에서 "거룩하여졌고" 성도로 "부르심을 입은" 신자들의 모임이다. 이 두 동사는 모두 수동태다. 사람들을 거룩하게 하고 성도로 부르시는 주체는 하나님 자신이다. 그러므로 이 수동태 동사들은 하나님이 교회를 형성하는 일에 주도권을 쥐고 계심을 보여 준다. 교회는 사람이 하나님을 발견하고 거룩한 삶을 살기 전에 하나님께서 그를 먼저 거룩한 백성으로 삼아 주시고 그를 성도로 부르셨다는 사실을 인정하는 사람들의 구성체다. 어느 누구도 하나님의 주도적인 은총의 행위를 경험하지 못하면 교회의 구성원이 될 수 없다.

교회는 먼저 예수 그리스도 안에서 "거룩하여진" 사람들이다. 거룩은 본래 언약적 술어다. 하나님께서 이스라엘 백성과 언약을 맺으실 때 "거룩"이라는 술어를 사용하였다. "나는 너희 하나님이 되려고 너희를 애굽 땅에서 인도하여 낸 여호와라 내가 거룩하니 너희도 거룩할지어다".(레 11:45) 거룩은 하나님 자신의 속성인데, 이제 하나님은 그의 백성도 거룩할 것을 요구하신다.(레 11:45; 19:2; 벧전 1:16; 벧후 3:11) 이렇게 구약의 언약적인 술어가 신약 교회를 묘사할 때 쓰인 것은 옛 언약 백성인 이스라엘에게 속해 있던 축복과 의무가 이제 신약 교회에 이전되었음을 말하는 것이다.

"거룩하여졌다"는 말은 고린도인들이 윤리적으로 거룩해졌다는 것을 일차적으로 의미하지 않는다. 이 말은 일차적으로 윤리적인 의미가 없다. 그들은 스스로를 윤리적으로 거룩하게 할 만한 아무런 공적도 없었다. 과거에 그들은 모두 범죄자들이었다.(고전 6:11)

여기서 "거룩하여졌다"는 말은 하나님에게 속한 백성이 되었다는 뜻을 갖는다. 비록 그들이 윤리적으로 바른 생활을 한 것이 없었다 할지라도 하나님은 예수 그리스도의 구원 사역에 근거하여 그들을 거룩한 하나님의 백성으로 여겨 주셨다.(고전 6:11 참조) "거룩하여졌다"는 동사는 바로 다음에 "성도로 부르심을 입었다"는 다른 표현으로 부연 설명된다.

고린도인들이 "거룩하여졌다"는 것은 그들이 "거룩한 무리들"로(즉, 하나님께 속한 백성으로) 부르심을 받았다는 것을 말한다. 거룩은 이렇게 일차적으로 하나님의 백성이라는 "신분"과 관련된 술어이지만, 신자들은 거룩한 하나님의 백성으로서 이제 거룩하게 살아가야 할 책임을 부여받은 자들이다. 거룩이 하나님께 속한 속성이라면 그를 아버지로 모신 자들은 모두 하나님의 가족으로서 "가족끼리 닮은 점들"을 생활을 통해 나타내야 한다. 이런 의미에서 이차적인 "거룩"은 고린도전서에서 윤리적인 성격을 포함한다.(고전 3:16-17)

사람 편에서 교회는 "각처에서 우리의 주 곧 저희와 우리의 주 되신 예수 그리스도의 이름을 부르는 모든 자들"이다. "각처에서"란 말과 "모든 이들"이란 말은 구약의 언약 백성과는 달리 신약의 교회는 지역의 한계를 초월하며 인종의 울타리를 뛰어넘는 보편성을 지닌다는 것을 말해 준다. 특별히 교회는 하나님의 주도적인 "부르심"에 이제 믿음으로 적극적인 응답을 보이는 자들이다. 이들이 나타내는 믿음의 반응은 하나님의 부르심에 응답하여 예수를 그들의 "주로 부르는" 것이다. 하나님의 주도적인 부르심은 인간의 책임 있는 믿음의 반응을 배제하지 않고 그것을 더 적극적으로 요청한다. 하나님의 부르심은 예수 그리스도의 주 되심을 받아들일 것을 요구한다.

그것은 직장에서나 가정에서나 학교에서나 또는 삶의 모든 영역에서 오직 예수만이 왕으로서 통치하시고 다스리시도록 부르는 부르심이다. 인간들은 예수께서 그들의 "주" 되심을 인정하고 그의 주권에 굴복하고 순종해야만 한다. 이렇게 스스로 낮아져서 예수의 주 되심을 인정하는 자들만이 참 교회이며 참 하나님의 백성이다.

## 2. 넘치는 은혜에 대한 감사1:4-9

### 감사와 기도의 의미

바울의 서신들은 흔히 서두에 수신자들에게 보이신 하나님의 은혜에 대하여 감사하는 말로 시작된다. 목회자가 자신의 성도들 때문에 감사할 거리가 있다는 것은 자랑할 만한 일이다. 바울의 편지에서는 보통(본 서신은 예외적이다) "감사"와 "기도"가 거의 항상 함께 연결되어 나온다.(빌 1:3, 4; 골 1:3; 살전 1:2; 딤후 1:2 등) 이 두 가지가 함께 연결된 것은 하나님께서 과거에도 큰 일들을 행하신 신실하신 분이셨기 때문에 이제도 성도들이 계획하고 소원하는 일을 신실하게 이루어 주실 것을 믿고 의지한다는 것을 뜻한다.

감사가 없는 간구와 기도는 무의미하고 이기적이며 공허한 것이다. 과거에 나에게 해주신 좋고 고마운 일들을 기억하는 것은 신자의 마땅한 의무요 생활이다. 하나님께서 나에게 해주신 일을 감사한 마음으로 기억하는 것은 신앙 생활의 기초다. 우리 인간은 망각의 존재다. 하나님이 해주신 고마운 일들을 쉽게 잊어버리고 그저 매일 무얼 해달라고 기도 목록이나 작성하기에 바쁘다.

그래서 바울은 하나님이 고린도인들을 위해 해주신 일들에 대해 "항상" 감사한다고 했다. 항상 감사한다는 것은 적어도 하나님과 신자 사이에 신뢰의 관계가 이루어져 있지 않으면 불가능하다. 그리고 그에게는 고마운 마음을 가진 사람만이 참된 기도를 할 수가 있다. 기도의 재미는 하나님이 해주신 일들을 확인할 때 생긴다. 보통 사람들은 하나님 앞에서 기도 목록만 잔뜩 작성하기에 바쁘지 기도하고 나면 자신이 무얼 위해 기도했는지조차 잊어버리곤 한다. 따라서 하나님께서 그의 기도를 들어주셔도 그는 무슨 기도가 응답되었는지 생각조차 할 수 없다.

## 감사의 이유

바울이 고린도 신자들에 대해 감사하는 이유는 "예수 안에서 너희에게 주신 하나님의 은혜" 때문이었다.(4절) 기독교는 은총의 종교다. 하나님의 이 은혜는 하나의 공허한 논리가 아니며 허공에 떠 있는 공허한 실체가 아니다. 그것은 예수 그리스도를 믿고 신뢰하는 사람들의 삶 속에서 구체화되어 나타난다. 이 은혜는 그렇기 때문에 다른 곳이 아니라 "예수 그리스도 안에서"(4절) 고린도인들에게 주어졌다. 신자들은 그러므로 하나님의 은혜가 자신들에게 어떻게 나타나는가를 분별할 줄 알아야 한다.

고린도인들에게 주어진 하나님의 은혜는 그들의 생활에 구체적으로 어떻게 나타났는가? 이 은혜가 나타난 결과는 5절에서 "모든 구변과 모든 지식에 풍족한 것"과 관련되고, 바울은 구변과 지식에 풍족한 것을 또한 7절에서 "모든 은사에 부족함이 없다"는 말로 부연 설명하고 있다. 그렇다면 하나님의 "은혜"(카리스)가 개별 성도들의 삶에 구체화되어 나타나는 것이 "은사"(카리스마)라고 할 수 있다. 여기서 은혜는 구원 얻은 신자들에게 기본적이며 보편적으로 주어지는 특성을 지니는 반면, 은사는 구원 얻은 신자들에게 개별적이며 특별하게 그리고 구체적으로 나타나는 성격을 갖는다.(고전 12:6-11 참조) 그러므로 은혜 경험이 은사 경험보다 앞선다. 먼저 구원의 은혜를 경험하지 못한 사람에게는 은사가 나타나지 않는다.

고린도 교인들은 특별히 구변과 지식의 은사에 풍족했던 것 같다. 이런 은사들이 고린도 교회에 풍족하게 나타난 것은 하나님의 은혜가 그들에게 주어진 증거다. "구변"과 "지식"이라는 말 앞에 "모든"이란 말이 붙은 것은 주목할 만하다. 먼저, 모든 구변이란 방언 말하는 은사와(12:10, 28; 14:2) 예언을 포함하여(14:1) 다른 모든 종류의 기독교 대화나 설교도 포함할 것이다.(12:8) 기독교는 말씀의 종교다. 바울은 다른 구절에서 "하나님 나라는 말에 있지 아니하고 오직 능력에 있다"(4:20)고 했고, 또한 복음을 전할 때도 "말과 지혜의 아름다운 것"(2:1)이나 "지혜의 권하는 말"(2:4)로 하지 않겠다고 결심한 적이 있다. 이런 진술들은 말 자체에 대한 비평이라고 볼 수 없다. 기독교는 어차피 말로써 복음을 전하기 때문이다. 바울이 강조하고자 한 것은 자신의 복음이 단지 인간적인 지혜의 말에 기초한 것이 아니라 하나님의 지혜와 능력에 근거한다는 사실일 뿐이다. 성령의 사역으로서 "구변"의 은사는 다른 사람들의 생각과 삶을 변화시키는 능력을 담고 있다. 바울은 이러한 말씀의 은사를 여기서 결코 부정하지는 않는다.

세상에는 쓸데없는 말, 더러운 말, 파괴적인 말이 많다. 더러운 말과 불신앙적인 말은 다른 사람을 파괴한다. 그러나 신자들에게 주시는 구변의 은사는 사람들에게 위로를 주고 소망을 갖게 하는 능력을 가질 수 있다. 말씀을 통해 남들이 용기를 얻고 믿음을 가질 수 있다면 이런 은사는 마땅히 모든 신자들이 사모해야 할 것이다.

"지식"이란 말은 고린도전서에서 상대적으로 자주 나온다.(1:7, 10, 11; 12:8; 3:2, 8; 14:6; 고후 2:14 등) 지식의 은사는 기독교 진리를 지적으로 이해하고 실천적으로 적용할 수 있는 은사를 가리킨다. 바로 안다는 것은 사람들에게 큰 힘이 된다. 하물며 성령이 은사로 주시는 지식을 소유한 사람은 세상적인 지식을 많이 가진 사람들보다 더 큰 자유와 힘을 가질 수 있다. "여호와를 아는 것이 모든 지식의 근본이라"고 잠언서 기자는 말하였는데, 이러한 지식은 성령의 인도를 받는 사람들이 가질 수 있다.(2:12-13 참조) 고린도인들은 이런 지식에 풍족했던 것 같다. 그들은 고린도전서 8:4-7을 보면 우상은 아무것도 아니고 하나님은 한 분뿐이며 만물이 다 예수 그리스도에 의해 지음을 받았다는 것을 알고 있었다. 바울은 뒤에 지식이 사랑보다 열등하며 지식은 교만하게 만든다고 말하지만,(8:1) 이런 지식이 올바로 생활에 적용만 된다면 그는 결코 그것을 비평하지 않는다. 바울은 본문에서 결코 구변과 지식의 은사를 비평하지 않는다.(12:8, 10; 14:15 참조)

## 하나님께서 함께하시는 징표

이런 은사들은 오히려 하나님의 은혜가 고린도인들의 삶 속에서 구체적으로 나타나고 현현되었다는 것을 뜻한다.(12:7 참조) 그러면 성령의 은사들이 개별 신자들과 교회에 풍족하게 나타난다는 것은 어떤 기능과 의미를 가지는가?

첫째, 은사들이 풍족하게 나타난다는 것은 "그리스도의 증거가 너희 중에 견고케 된다는" 증거다.(6절) "그리스도의 증거"라는 말은 여기서 복음을 지칭한다. 복음이 살아 있는 능력과 실제로 고린도 신자들 중에 역사하고 있음을 보여 주는 증거는 다양한 은사들이 그들에게 주어지고 있다는 사실이다.

둘째, 은사들이 풍족하게 경험된다는 것은 종말론적인 기능까지 가지고 있다.(7-8절) 9절에서 하나님은 "미쁘시고", "신실하신" 분으로 묘사된다. 처음 신자들을 부르시고 부활하신 그리스도와 교제케 하시는 하나님은 신실하신 분이기 때문에, 그들을 마지막 재림의 날까지 신실하게 "끝까지 지키신다"는 증거는 하나님께서 그들에게 신령한 은사들을 풍족하게 주시고 있다는 사실에서 발견된다.

셋째, 은사는 은사를 소유한 개인 자신뿐만 아니라 다른 사람들의 신앙 생활까지도 "견고케 하고", "강하게 해주는" 기능이 있다.(6, 8절) 그래서 바울은 로마서에서 이렇게 말한다. "내가 너희를 심히 보기를 원하는 것은 무슨 신령한 은사는 그것을 너희에게 나눠 주어 너희를 견고케 하려 함이라".(롬 1:11) 신령한 은사를 소유함으로 믿음 생활도 견실해지고 다른 사람의 믿음 생활도 강하게 붙들어 주는, 이른바 교회의 "덕을 세우는" upbuild 기능을 가지고 있다.

바울에게 교회는 성령의 은사들이 나타나는 장소다. 교회가 다양한 은사들을 경험하고 있다는 것은 분명히 그것이 견실해지고 있다는 증거이며 하나님께서 함께하신다는 증거다.

# The Secularization of the Church, How will We Overcome it?

2장

# 교회 분열의 위기

1:10-4:21

# The Secularization of the Church, How will We Overcome it?

형제들아 내가 우리 주 예수 그리스도의 이름으로 너희를 권하노니 모두가 같은 말을 하고 너희 가운데 분쟁이 없이 같은 마음과 같은 뜻으로 온전히 합하라 내 형제들아 글로에의 집 편으로 너희에 대한 말이 내게 들리니 곧 너희 가운데 분쟁이 있다는 것이라 내가 이것을 말하거니와 너희가 각각 이르되 나는 바울에게, 나는 아볼로에게, 나는 게바에게, 나는 그리스도에게 속한 자라 한다는 것이니 그리스도께서 어찌 나뉘었느냐 바울이 너희를 위하여 십자가에 못 박혔으며 바울의 이름으로 너희가 세례를 받았느냐 나는 그리스보와 가이오 외에는 너희 중 아무에게도 내가 세례를 베풀지 아니한 것을 감사하노니 이는 아무도 나의 이름으로 세례를 받았다 말하지 못하게 하려 함이라 내가 또한 스데바나 집 사람에게 세례를 베풀었고 그 외에는 다른 누구에게 세례를 베풀었는지 알지 못하노라 그리스도께서 나를 보내심은 세례를 베풀게 하려 하심이 아니요 오직 복음을 전하게 하려 하심이로되 말의 지혜로 하지 아니함은 그리스도의 십자가가 헛되지 않게 하려 함이라 **고전 1:10-17**

## 1. 그리스도께서 어찌 나뉘었는가1:10-17

### 분쟁의 상황

고린도인들이 이렇게 은사를 풍족하게 경험했음에도 불구하고 그들 사이에는 분쟁과 파당이 있었다. 바울은 그 소식을 글로에의 집 편으로 들었다.(11절) 분쟁의 내용은 그들이 "각각 이르되 나는 바울에게, 나는 아볼로에게, 나는 게바에게, 나는 그리스도에게 속한 자라"고 주장하는 데 있었다. 이것은 고린도인들이 교회의 지도자들을 중심으로 분파를 조장하고 있었음을 의미한다.

바울파가 형성된 것은 아마도 그가 고린도 교회를 설립한 창립자였고 이방인들에게 자유의 복음을 전했기 때문일 것이고, 아볼로파가 형성된 것은 그가 많은 학식이 있는 자였을 뿐만 아니라 달변의 사람이었기 때문일 것이다.(행 18:24) 아마도 아볼로는 고린도 교회로 하여금 지혜를 추구하도록 권유했을지도 모른다.(1:17) 베드로가 고린도를 방문했었는지는 불분명하나 고린도 교회에 게바파가 형성된 것은 그가 예수님의 원 사도였고 유대 기독교를 대표하는 인물이었기 때문일 것이다. 유대 교회의 편향성을 가진 자들이 아마도 그를 선호했을 것이다. 이들 지도자들 뒤에 "나는 그리스도에게 속한 자라"는 말이 언급된 것은 이상하게 보인다. 어떤 사람들은 이 문구가 고린도 교회 내에 또 다른 그리스도파가 형성된 것을 말하기보다는 모든 분파들이 공통적으로 고백하는 그리스도에 대한 바울 편의 설명이라고 주장한다. 그러나 그리스도파가 네 명의 지도자들과 나란히 나타나는 것을 보면 고린도인들은 그리스도의 신분을 크게 오해한 것으로 보인다. 아마도 그들은 예수 그리스도를 바울이나 아볼로나 게바에 견줄 만한 교회 내의 또 다른 인간적인 지도자로 본 것 같다.

## 분쟁에 대한 권면

바울은 고린도인들의 이러한 분파적 움직임을 보면서 다음 세 가지를 교훈한다. 첫째, 그들은 그리스도께서 온 교회의 유일한 기초임을 깨닫지 못하였다.(3:11) 그리스도는 나누일 수 없고, 바울 역시 고린도인들을 위해서 십자가에 못 박히지 않았다.(15절) 왜냐하면 교회의 유일한 기초는 그리스도 자신이기 때문이다. 그러므로 바울의 권면의 기초도 "예수 그리스도의 이름"이다.(10절)

둘째, 고린도인들은 십자가에 못 박히신 그리스도를 믿고 그의 이름으로 세례를 받아 "같은 형제 자매"가 되고 동일한 교회의 구성원들이 되었다는 사실을 망각하였다. 그들이 교제하는 것은 단지 같은 조직에 속해 있기 때문이 아니라, 예수께서 그들의 죄를 위해 십자가에 못 박혀 돌아가셨다는 사실을 믿음으로 이제 "한 몸", "한 형제 자매"가 되었기 때문이다.(8:11; 12:13 참조) 바울은 "같은" 이란 말을 세 번씩이나 되풀이하여 사용한다.(10-11절) 그들이 "같은 말을 하고", "같은 마음과 같은 뜻으로 온전히 합해야" 할 이유는 그들이 십자가에 못 박히신 예수를 믿는 같은 형제 자매이기 때문이다. 그리스도인들은 교회 내에서 말과 마음과 뜻이 하나가 되어 동일한 예수 그리스도의 가족임을 논증해야만 한다.

셋째, 고린도인들은 교회의 지도자들이 그리스도의 몸 된 교회를 섬기라고 보내심을 받은 사역자들(디아코노이)이라는 사실을 망각하였다.(3:5) "바울이나 아볼로나 게바나…다 너희의 것이다".(3:22) 교회 지도자들은 고린도인들을 섬기고 돌보기 위해서 존재하는 자들이지, 고린도인들이 교회 지도자들에게 속한 자들은 아니다. 고린도인들은 바로 이 사실을 망각하고 인간 지도자들을 치켜세우고 그들을 중심으로 파당을 지으려고 하였다. 교회는 예수 그리스도의 "주" 되심을 고백하는 자들의 모임이기 때문에 모든 사람들은 낮아지고 오직 예수 그리스도만이 주인 되시도록, 그분만이 왕으로서 다스리시도록 해야 한다. 그분이 다스릴 때에만 사람들에게 자유가 있고 평화가 있다.(롬 14:17) 그러나 개인이나 가정이나 사회나 심지어 교회까지도 인간들이 주님 대신 다스리려고 할 때 거기에는 온갖 시기와 분쟁과 요란한 소리들이 넘치게 마련이다.

더욱이 "세상의 영"(2:12)이 고린도인들의 말과 마음과 뜻을 지배하고 있었다. 그들은 "극단적인 개인주의"에 빠져 있었다. 그들은 "각각" "나는, 나는"이라고 말하였다. 12절에는 "나는"이라는 말이 네 번이나 반복되어 사용된다. 교회는 개인의 기호나 취미나 기분에 따라 모인 인간들의 개인 서클이 아니다. 교회는 그리스도를 중심으로 해서 모인 "세례공동체"다. 그리스도인들은 믿기 전에 다양한 인종적, 사회적, 문화적 배경에서 나왔지만, 이제 예수의 이름으로 세례를 받음으로 그와 연합하여 한 몸이 되었다.(12:12-13) 그리스도와 합하여 세례를 받은 사람은 유대인이나 이방인이나 종이나 자유자나 다 그리스도 안에서 하나다.(갈 3: 26) 교회는 그리스도와 연합하여 한 형제 자매 된 사람들이 모인 곳이기 때문에 그 안에서는 어떤 구분도 있을 수 없다. 예수께서는 인간들이 만들어 놓은 모든 장벽을 허무시고 그들을 자기 안에서 하나로 만드셨다. 그러므로 개인주의에 빠져 고린도인들처럼 각각 "나는, 나는" 하고 주장하는 사람들은 교회의 본질이 무엇인지 모르는 사람들이다.

고린도인들은 다른 영의 지배를 받아 "인간 숭배주의"에 빠져 있었다. 그들이 선호하는 인간 지도자들의 특징을 따라 분파를 형성하고 그들을 치켜세우며 숭배하였다. 어떤 특정한 그룹의 사람들이 부각되고 치켜세움을 받는 교회는 진정한 교회일 수가 없다. 어떤 개인이 설립한 교회라고 해서 그에 의해 좌지우지되는 교회가 있다면 그 교회는 이미 진정한 교회라고 할 수 없다. 요즈음 시내에는 사장님들만 모이는 교회가 있다는 소리가 들린다. 교회란 본래 가난한 자나 부한 자나 배운 자나 배우지 못한 자나 예수 그리스도 안에서 모두 한 형제 자매라는 사실이 확인되는 장소여야 한다. 예수께서만 높임을 받고 모든 성도들은 서로 섬기고 봉사하는 장소가 교회다. 목회자는 성도들을 섬기고, 성도들은 목회자를 섬기고 존경하는 곳이 교회다. 이 사실을 바로 깨닫지 못하고 어떤 그룹이나 개인이 부각되고 지배하는 교회는 교회가 아니다.

## 2. 그리스도는 우리의 지혜와 능력 1:18-2:5

지금까지 바울은 고린도 교회 내의 분파 행위를 피상적으로만 다루었지만, 이제부터는 그들이 분파 행위를 하게 된 보다 심층적인 원인을 진단한다. 고린도인들이 오류에 빠진 것은 인간들이 소유한 지혜를 과대평가하고 그들이 지닌 인간적인 특징을 치켜세워 분파를 형성하려는 데 있었다. 그러나 사실 그들은 바울이 전하는 십자가 복음의 진정한 가치와 의미를 이해하지 못하고 있었다.(1:17) 그들이 좋아하는 교사들의 상대적인 장점들을 치켜세우는 태도 때문에 시기와 분쟁이 야기되었고,(3:3) 교회와 그리스도 사이의 본질적인 관계는 모호해졌으며,(1:13) 바울이 전파하는 복음이 세상 지혜와 같은 수준의 어떤 것으로 여겨지는 위기에 봉착하게 되었다.(2:1, 4)

고린도인들이 교회 지도자들을 중심으로 파당을 짓게 된 사회적인 배경을 이해하는 것은 아마도 본문을 이해하는 데 도움이 될지도 모른다. 고대 헬라 세계에서는 여기저기 돌아다니면서 훌륭한 웅변과 지혜 교훈으로 사람들의 인기를 끌었던 소피스트들이 있었다. "소피스트"란 말은 어떤 특정한 철학파를 가리키기보다는 특정한 교훈 방식, 즉 바울 시대에 유행하던 웅변술을 행사하던 사람들을 가리킨다. 소피스트들은 "지혜 교사들"이었으며 대중 앞에서 변론을 하는 자들이었다.(1:20 참조) 그들은 이곳저곳으로 다니면서 웅변을 해대고 손쉬운 성공 비결을 제시함으로써 추종자들을 얻었다. 헬라의 지혜 교사들은 사람들이 자신들의 지혜만 받아들이면 그러한 소망을 성취할 수 있다고 주장했을 것이다.

스스로 지혜 있는 체하는 고인도인들의 태도를 보면, 그들은 이들 소피스트와 같은 헬라의 대중적인 지혜 교사들에게서 무의식적인 영향을 받았던 것으로 보인다. 고린도인들은 분명히 바울과 아볼로와 게바를 이들 헬라 지혜 교사들과 비슷한 인물들로 이해했을 것이다. 바울은 1:20-21에서 "지혜 있는 자"와 "이 세대의 변사"를 평가절하시키고 있다. 그가 이런 표현들을 부정적인 의미로 사용한 것은 고린도인들이 복음의 말씀을 헬라의 지혜와 혼동했고, 교회 지도자들을 "지혜 있는 자"와 "이 세상의 변사"로 여겼기 때문일 것이다. 그리고 고린도인들은 바울을 인간적인 지혜 교사들 가운데 하나로 보았기 때문에, 그를 추종하지 않던 사람들은 그가 전하는 십자가의 복음을 임의로 평가하고 비평하며 "어리석은 것"으로 거절했을 것이다.(1:18, 23)

## 십자가 복음에 대한 오해

고린도인들은 바울이 전하는 "십자가의 복음"을 크게 오해하였다. 그들은 십자가에 못 박히신 예수를 믿는다는 것이 결국 그들의 삶과 사상에 어떤 함축적인 의미를 지니고 있는지를 이해하지 못하고, 도리어 "세상의 지혜"(1:20; 2:6)를 교회 내에 끌어들여 인간들을 치켜세워 그들을 중심으로 시기와 분쟁을 하였다. 이 점에서 고린도인들이 받아들였던 "세상의 지혜"는 인간을 치켜세우고 십자가의 복음 속에 나타난 "하나님의 지혜"를 어리석은 것 또는 미련한 것으로 치부하려는 성격이 있다. 고린도 교회가 교회답지 못하고 교회의 정체성을 상실할 위기에 처한 이유는 교회의 존립 근거인 "하나님의 지혜"를 거부하고 "세상의 지혜"를 신자 개인과 교회의 삶에 끌어들였기 때문이다.

오늘날 큰 문제가 되는 것은 그리스도인들이 자신들도 알지 못하는 사이에 세상의 가치관과 풍습의 영향을 받아 세속화됨으로 교회의 자기 정체성을 상실하는 것이다. 우리는 흔히 교회와 세상을 분리시켜 놓고 교회 밖에 세상이 있다는 식으로 생각하기가 쉽다. 그러나 세상은 우리가 알지도 못하는 사이에 교회 한가운데 들어와 있을 수 있다. 교회의 존재 가치는 두 가지 측면에서 생각할 수 있다.

첫째, 교회는 타락한 세상에서 하나님의 거룩한 백성이 되도록 불러냄을 받았다.(1:2) 그러므로 교회는 무엇인가 세상과 달라야 한다. 신자들은 말하는 것에 있어서나 생활하는 방식에 있어서나 생각하고 판단하는 일에 있어서나 세상 사람들과 무엇인가 달라야 한다. 교회와 세상의 차이점들 가운데 하나는 "거룩성"이다. 하나님께서 거룩하신 것처럼 그의 백성인 교회도 세상과는 달리 거룩해야 한다. 우리가 하나님을 닮아 거룩한 모습과 삶을 보일 때, 그때서야 하나님께서 우리를 세상에서 불러내신 목적이 이루어지게 된다.

둘째, 하나님께서 우리를 타락한 세상에서 불러내신 목적은 세상을 떠나 신자들끼리 교제하게 하기 위해서가 아니라 세상에 들어가 빛과 소금으로서 세상을 변화시키기 위해서다. 하나님께서 고린도 교회를 세우신 것은 그들을 보내어 고린도 사회를 변화시키기 위해서다.(요 17: 18) 교회는 세상에서 전투적인 교회, 승리적인 교회로 존재해야 한다.

그러나 고린도 교회의 문제는 세상을 변화시키기보다는 세상의 악한 풍습과 영향이 고린도 교회 내로 깊숙이 들어와 오히려 고린도 교회를 세상화시키고 세속화시켜 버린 데 있다. 그들은 십자가에 못 박히신 예수를 본받지 않고 도리어 세상을 본받아 살면서 서로 치고 박고 싸우는 부도덕한 일을 자행하기 시작하였다. 그들 가운데 시기와 분쟁이 판을 치고 서로 세상 법정으로 끌고 나가 싸웠다. 그들은 겉보기에만 그리스도인이었지 실상에 있어서는 "세상의 지혜"를 따라 살았고(1:20; 2:6) "세상의 영"을 따라 행하였다.(2:12)

"세상의 지혜"란 무엇인가? 바울은 2:1에서 하나님의 복음을 증거할 때 "말과 지혜의 아름다운 것"으로 하지 않겠다고 했고, 4절에는 "지혜의 권하는 말"로 하지 않겠다고 하였다. 이런 표현들은 세상 지혜의 피상적인 모습을 나타내 준다. 세상의 지혜는 겉보기에 유창하고 지혜 있고 논리적 설득력이 있어 보인다. 그러나 이런 것들이 반드시 나쁜 것은 아니다. 세상 지혜의 보다 깊은 뿌리에는 하나님을 반항하고 거역하는 마귀적인 요소가 있다. 그래서 세상 지혜를 가진 사람들은 십자가의 복음에 나타난 하나님의 지혜를 "미련한 것"으로 치부한다. 그들은 하나님의 지혜를 이해할 수도 없을 뿐만 아니라 그것을 미련한 것으로 거절한다.(2:14) 그리고 세상의 지혜는 고린도인들의 분쟁에서 나타났듯이 하나님 대신 인간들을 치켜세우고 숭배하려는 반 하나님적인 요소를 가지고 있다. 다시 말해서 인간 중심적이고 반 하나님적인 지혜가 "세상의 지혜"다.

사실 상식적으로 보더라도 바울이 전하는 십자가의 복음은 지혜를 찾는 헬라인들에게는 "미련한 것"으로 보였을 것이고, 표적을 찾는 유대인들에게는 "거리끼는 것"으로 여겨졌을 것이다.(1:23) 예수를 십자가에 못 박혀 죽은 메시아라고 주장하는 기독교인들의 메시지는 분명히 이방인들에게나 유대인들에게 거쳐 넘어지게 만드는 걸림돌이었다. 특별히 플라톤이나 아리스토텔레스와 같은 위대한 철인들의 철학을 알고 있었던 헬라인들에게는 바울이 전하는 십자가의 복음은 "웃기는 이야기"처럼 보였을 것이 분명하다. 천지만물을 창조하신 하나님의 아들이 십자가에 못 박혀 죽었다고 전하는 것이 세상 지혜를 찾는 자들에게는 그리 호소력이 있어 보이지 않았을 것이다. 십자가의 복음은 그렇게 화려하고 웅변적인 것으로 보이지 않았다.

그러나 하나님께서는 "전도의 미련한 것을 통해" 세상을 구원하기를 기뻐하셨다.(1:21) 바울의 이 말 속에는 두 가지 교훈이 담겨져 있다. 첫째, 세상 지혜를 추구하는 사람들은 십자가에 못 박히신 그리스도를 전하는 하나님의 지혜를 "미련한 것"으로 여기지만, 역으로 하나님은 오히려 세상의 지혜를 "미련케 하셨고",(20절) 그것을 "헛것으로 아시며",(3:20) 세상에서 지혜자처럼 행세하는 사람들을 "자기 궤계에 빠지게 하시는"(3:19) 분이시다. 이것은 고린도인들의 삶의 행태 속에서 그대로 확증되었다. 그들은 세상 지혜를 따라 지혜 있는 자처럼 행세했지만 지금 서로 시기하고 분쟁하고 싸움으로써 스스로 모순에 빠졌다. 그들은 결국 지혜 없는 자로 판명되고 말았다.(6:5 참조)

## 하나님의 지혜와 능력

세상 사람들이 지혜라고 생각하는 것이 하나님 앞에서도 반드시 그렇게 인정되는 것은 아니다. 오히려 세상의 지혜라고 여겨졌던 것이 하나님에게서는 "어리석은" 것으로 판명될 때가 많다. 세상이 인정하는 삶의 방식과 하나님께서 인정하시는 삶의 방식은 서로 반대되는 방향을 가리킨다. 그러므로 바울은 하나님 앞에서 진정으로 지혜 있게 살기를 원하는 사람은 세상에서 "미련한 자"가 되라고 교훈한다.(3:18) 참으로 지혜 있는 사람은 하나님의 지혜를 따라 삶으로써 그에게 인정을 받는 사람이다. 이 신적인 지혜는 십자가에 못 박히신 그리스도를 전하는 바울의 복음 속에서 나타났다. 그리스도는 우리의 지혜이시다.(1:30)

둘째, 세상 지혜의 관점에서 보면 바울의 십자가의 복음은 화려한 철학적 개념도 사용하지 않고 그렇게 웅변적인 것도 아니었다. 도리어 그것은 "미련한 것"으로 보였을 뿐이다. 그러나 십자가의 복음은 세상 지혜를 따르는 불신자들에게는 어리석게 보였을지라도 구원을 얻는 신자들에게 "하나님의 능력"이다.(1:18, 24) 하나님의 능력은 사람들의 훌륭한 말이나 언변에서 오는 것이 아니다. 그것은 복음을 통해 "사람들을 변화시키는 성령의 능력"이다. 그래서 바울은 복음을 전할 때 자신의 언변이나 논리적 설득력에 의존하지 않고 "성령의 나타남과 능력"에 의존하겠다고 결심한다.(2:4) 복음을 참으로 믿고 받아들이는 사람들은 삶과 인격에 변화가 있게 마련이다.

이 변화는 사람의 지혜에서 나오는 것이 아니라 "능력"으로 나타나시는 성령의 활동에서 나온다. 하나님 나라는 말에 있지 않고 오직 능력에 있다.(4:20) 화려한 개념과 말의 유희는 있지만 사람들의 생활과 인격에 아무런 변화가 없다면 그것은 복음일 수가 없다. 복음을 전할 때 거기에는 하나님 자신의 변화시키시는 능력이 실려 나가야 한다. 전도자들이 복음을 전하기 전에 먼저 무릎을 꿇어야 하고 성령의 인도하심을 빌어야 하는 이유가 여기에 있다. 왜냐하면 성령의 능력으로 실려 나가는 십자가의 복음은 세상 사람들이 보기에 어리석게 보여도, "하나님의 미련한 것이 사람보다 지혜 있고 하나님의 약한 것이 사람보다 강하기" 때문이다.(25절) 죽을 운명을 지닌 인간이 어떻게 창조자 하나님과 비교되고 견주어질 수 있겠는가?

하나님의 지혜는 지금 세상 사람들의 눈에 거리낌과 어리석음으로 보이는 십자가의 복음 가운데서 나타났다. 그것은 종의 모습으로 오셔서 겸손과 자기 희생의 길을 가셨으며 결국 사람들의 죄를 위해 십자가에 못 박히신 예수의 인격 속에 나타났다. 따라서 바울 자신도 이러한 겸손과 자기 희생의 길을 가셨던 그리스도의 "십자가의 복음"의 본질을 가리지 않기 위해서 인간적인 언변이나 웅변술 또는 말의 설득력에 의지하지 않고 성령의 능력에만 의존하겠다고 결심하였다.(1:17; 2:3-4 참조)

이 십자가의 복음만이 교회가 교회다워질 수 있고 십자가 공동체로서 교회의 자기 정체성을 확보할 수 있는 유일한 규범이다. 오늘날 우리의 한국 교회는 "십자가 복음의 부재 현상"을 심각하게 경험하고 있다. 십자가에 못 박히신 그리스도를 좇겠다고 떠들고 나서는 교회마다 세상 지혜를 끌어들이고 인간적인 온갖 술수와 계교들이 난무하고 있다. 사람들마다 자기 깃발을 꽂으려 하고 그룹을 지어 자기 세력을 확장하려는 "힘의 논리"가 지배하고 있다. 교회의 진정한 표지는 하나님의 백성으로서 거룩한 삶을 영위하는 것이며, 섬기는 자로 오신 그리스도의 "종의 형상"을 지닌 삶을 나타내는 것이다. 이러한 표지들을 나타내지 못하고 교회에서 세상의 타락한 풍습과 지혜를 따라 분쟁과 싸움, 부도덕, 교만, 스스로 왕노릇 하려는 태도 등을 나타낸다면, 그것은 바로 교회의 정체성을 무너뜨리는 것이다.

이런 현상은 오늘날 우리 주변에서 자주 목격할 수 있다. 교회가 "경건의 능력"을 눈에 보이지 않는 자신의 고유한 힘으로 삼고 "십자가에 못 박히신 그리스도의 형상을 지닌 삶"을 자신의 근본적인 생명으로 보기보다는 눈에 보이는 공동체의 구조나 조직을 과시하고, 그 구조 안에서 힘을 소유한 사람들이 공동체 구성원들 위에 군림하며 신자 개인의 자유와 신앙 생활을 억압한다. 눈에 보이지 않는 믿음과 순종의 공동체를 중시하기보다는 눈에 보이는 장소나 건물로서의 교회가 중시되고 봉사와 섬김의 직책보다는 명예와 권세의 지위가 강조되고 있다. 우리의 교회들이 정체성 위기를 맞이하고 있는 지점이 바로 여기에 있다. 교회의 기초는 십자가에 못 박히신 그리스도다. 그러므로 십자가 공동체로서 교회의 자기 정체성을 우리의 삶과 신앙 속에 시급히 회복할 때가 왔다.

## 고린도인들의 선택에 나타난 하나님의 능력

마지막으로, 바울은 십자가에 못 박히신 그리스도를 전하는 복음이 어떻게 "하나님의 능력"이 되는가를 보여 주기 위해서 고린도인들 자신의 회심 경험에 호소한다. 하나님께서 그들을 하나님의 백성으로 부르시고 택하신 것은(1:27-28) 그들 자신이 가지고 있는 어떤 성취나 개인적인 특징에 따라 된 것이 아니었다. 세상적 표준으로 보아도 그들 가운데는 "육체를 따라 지혜 있는 자가 많지 아니하며 능한 자가 많지 아니하며 문벌 좋은 자가 많지 아니하였다".(26절) 이 표현은 고린도 교인들의 사회적 출신 성분이 어떤가를 잘 보여 준다. 그들 가운데는 교육을 받은 사회적 엘리트들이 많지 않았고, 권세 있는 지위에 있는 자들이 많지 않았으며, 좋은 가문에 속한 귀족 출신자들이 많지 않았다.

간혹 그런 자들이 없지 않아 있었겠지만 대부분의 고린도 교인들은 무식하고 가진 것이 없는 하류층의 사람들이었을 것이다. 고린도인들의 신분을 언급하는 또 다른 구절은 6:9-11이다. 여기에 보면 바울은 음란하는 자, 우상 숭배자, 간음하는 자, 도적, 탐람하는 자, 술취하는 자, 토색하는 자, 후욕하는 자 등을 언급하면서 "너희 중에 이와 같은 자들이 있었다"고 말한다. 아마도 이런 죄목들은 사회의 하층에 살고 있었던 고린도인들의 생활상을 암시하는 말일 것이다.

무식하고 아무 힘이 없으며 가진 것이 없는 이들에게 십자가 복음이 전해졌을 때, 그들은 복음 설교 속에서 부르시는 하나님의 "부르심"을 깨닫게 되었고 하나님의 백성이 되었다. 하나님께서 고린도의 수많은 사람들 가운데 무식한 자와 권세 없는 자와 천한 자들을 부르셔서(26절) 하나님의 백성이 되도록 만드신 것은 그들에게 어떤 성취와 특징이 있어서가 아니었다. 고린도 교회가 이러한 특수한 계층의 사람들로 구성되고 형성될 수 있었던 것은 하나님께서 은혜로 그들을 "선택하셨기" 때문이다.(27-28절; 살전 1:3-4; 살후 2:13 참조) 하나님께서 그들을 주권적으로 택하신 것은 세상의 미련하고 천하고 약하고 멸시받는 것들을 택하셔서 강하고 지혜 있는 자, 스스로 무엇인가 있다고 생각하는 자들을 부끄럽게 하시기 위함이었다. 그러므로 선택하심을 받은 자들의 입장에서 보면 누구도 하나님 앞에서 자랑할 만한 것이 없다. 자랑할 것이 있다면 그 자랑을 예수 그리스도에게 돌려드려야 한다.(31절) 왜냐하면 그들을 하나님의 백성이 되도록 가능케 한 하나님의 "부르심"과 "택하심"이 그리스도 안에서 나타났기 때문이다.(30절; 엡 1:4 참조)

선택 교리는 인간의 성취나 자랑에 근거를 두는 것을 허용치 않는다. 물론 복음을 듣고 예수를 믿기로 결심한 사람들은 고린도 교인들 개개인이었다. 그들은 믿기로 결심한 사람들이기 때문에 책임을 다한 사람들이라 할 수 있다. 그러나 일단 예수를 믿고 난 다음 그들은 뒤를 돌아다 볼 때 하나님께서 그들을 부르시고 하나님의 백성으로 택하셨다는 사실을 회상적으로 깨닫게 되었다. 선택 교리는 인간의 책임을 배제하지는 않는다. 하지만 선택 교리를 통해 믿는 자들은 자신의 과거 발자취 속에 나타난 하나님의 섭리와 주권을 의식하게 되기 때문에, 선택 교리는 하나님의 은혜로우신 손길 앞에서 "겸손하게" 하는 역할을 담당한다. 바울 서신에서 선택 교리가 주로 감사와 회상 그리고 확신의 문맥 속에서 자주 나타나는 것은 아마도 바로 이런 이유 때문일 것이다.(살전 1:4; 살후 2:13; 고전 1:26; 엡 1:3-4 참조)

## 두렵고 떨림으로 전하는 복음

세상의 웅변가들이나 지혜 교사들은 흔히 "말과 지혜의 아름다움"(2: 1) 또는 "지혜의 권하는 말"(2:4)에 호소한다. 청중들이 자신의 말을 듣게 하기 위해서 화려한 언변과 웅변적인 호소력 또는 설득력 있는 말을 구사하려는 것은 어찌 보면 자연스러운 일이다. 그런 것들은 반드시 나쁜 것이 아니고, 바울 자신도 그런 방법을 사용하지 않았다고 볼 수는 없다. 고린도인들은 바울의 편지들을 가리켜 "그 편지들은 중하고 힘이 있으나 그 몸으로 대할 때는 약하고 말이 시원치 않다"(고후 10:10)고 평가한 적이 있는데, 이것은 바울이 비록 언변에는 부족하나 그의 편지들 속에서 표현되는 논리와 사상들이 무게가 있고 설득력이 있었다는 것을 의미한다.

어떤 사람들은 온전히 성령의 능력에 의존하려면 미리 준비된 설교를 해서는 안 된다고 생각하기도 한다. 성령께서 그 시간에 말할 것을 알려주실 것이기 때문에(마 10:19) 미리 준비된 설교를 한다는 것은 성령을 무시하는 처사라는 것이다. 그러나 본문의 말씀을 그런 식으로 오해해서는 안 된다. 바울이 비평하는 것은 논리적으로 잘 준비된 설득력 있는 설교가 아니다. 성령의 능력은 인간의 책임 있는 준비를 배제하지 않는다. 실례로 바울이 예루살렘 교회를 위한 구제헌금을 준비하는 일에 있어서 오랫동안 얼마나 주도면밀한 준비를 해 왔는가는 고린도후서에서 잘 나타난다.(9:1-5) 논리적이고 개념적으로 잘 준비된 설교가 꼭 성령의 능력 있는 사역과 비례하여 나타나는 것은 아닐지라도, 성령의 사역에 의존한다는 명목으로 미리 준비되지 않은 설교가 최고라고 말하는 것은 성령의 사역을 모독하는 것이다.

여기서 바울이 비평하는 것은 하나님의 복음을 오직 인간적인 웅변술이나 논리적인 설득력의 차원에만 제한시키고, 또한 그런 차원에서만 이해하려는 고린도인들의 세상적 태도에 있었다. 그들은 바울이 전하는 십자가의 복음이 "성령의 나타남과 능력"에 근거한다는 또 다른 차원을 망각하고 그의 복음을 헬라의 지혜 교사들이 전하는 세상 지혜와 같은 차원에서 이해하려고 하였다.

사실 바울이 전하는 십자가의 복음은 "하나님의 증거"였다.(2:1) 복음을 전하는 것은 지혜 교사들이 아름다운 개념들로 수식해 놓은 지혜 교훈이 아니라, 하나님께서 인간의 구원을 위해 그리스도 안에서 어떤 일을 행하셨는가를 증거하는 것이다. 비록 전하는 자는 바울이지만, 그는 하나님 자신이 행하신 일을 증거하는 것이요 또한 그의 증거 행위 배후에는 하나님 자신의 권위가 놓여져 있다. 보통 보냄을 받은 자의 배후에는 그를 보낸 자의 권위가 있다. 그러므로 바울이 전하는 복음일지라도 그것은 단순히 바울 자신의 복음이 아니라 하나님 자신이 인준하고 명령하고 권위를 부여하신 복음이다. 따라서 바울이 복음을 전할 때 그 복음을 전하라고 명령하신 하나님의 영이 능력으로 나타나시고 역사하신다. "성령의 나타남과 능력"이란 말은 성령께서 많은 사람들이 느낄 수 있는 현저한 방식으로 능력 있게 역사하심을 의미한다.

십자가의 복음은 헬라 철인들의 고상한 지혜를 찾고 있었던 고린도인들에게 분명히 "미련한 것"으로 보였을 텐데도, 그들이 십자가의 복음을 "믿게" 된 것은 인간의 지혜 때문이 아니라 "하나님의 능력" 때문이었다.(5절) 죄인들은 마음이 굳어 있고 완악하기 때문에 자신들의 인간적인 지혜로 복음의 깊은 비밀을 깨달을 수 없다. 믿는다는 것 자체가 성령의 능력에 의존한다. 복음의 말씀은 단순히 말로만 전달되는 것이 아니다. 그것이 사람들에게 선포될 때 성령께서 큰 능력으로 역사하셔서 그들의 마음속에 "큰 확신"을 불러일으키신다.(살전 1:5)

그래서 데살로니가 교인들은 많은 환란에 직면해 있으면서도 기쁨으로 바울의 복음을 받아들였고,(살전 1:6) 그들은 그가 전하는 "하나님의 말씀을 받을 때에 사람의 말로 아니하고 하나님의 말씀으로 받게" 되었다.(살전 2:13) 바울이 전하는 십자가의 복음은 겉보기에 화려한 모양도 매력적인 모양도 없어 보였지만, 그 속에는 사람들의 삶과 행위를 변화시키는 하나님의 능력이 담겨 있었다. 고린도인들은 바로 이 사실을 바로 보지 못하였다. 사실 그들의 믿음은 바로 십자가 복음이 선포되는 데서 나오는 이 성령의 능력에 근거한 것이다.

복음의 본질이 이러하다면 마땅히 그것을 전하는 방식도 달라져야 한다. 첫째, 그는 고린도인들 가운데 있을 때 "예수 그리스도와 그의 십자가에 못 박히신 것 외에는 아무것도 알지 아니하기로 작정하였다".(2절) 바울이 전하는 참 지혜의 내용은 어떤 헬라의 고상한 철학도 아니고 바로 십자가에 못 박히신 그리스도였다. 바로 이 십자가에 못 박히신 그리스도가 지혜의 내용이요 주제였다.(1:30) 십자가에 못 박히신 그리스도야말로 하나님의 지혜이며 세상을 구원하는 하나님의 능력이기 때문에, 그는 고린도인들 가운데서 예수 그리스도와 그의 십자가 외에는 다른 어떤 것도 전하지도 알지도 않기로 결심한 것이다.

어떤 사람은 바울의 이 결심이 아덴에서 한 철학적인 설교가 그곳 사람들에게 먹혀들지 않자 그 결과로 나온 것이라고 생각한다.(행 17:16 -34과 18:1-17을 비교하라) 처음에는 웅변적이고 철학적인 설교를 하다가 실패하자 나중에 선교 전략을 바꾸어 예수 그리스도의 십자가와 부활만을 전했다는 이 이론은 하나의 추측에 불과하다. 갈라디아서와 같은 바울의 초기 서신들을 보면 예수 그리스도의 십자가와 부활 사건은 처음부터 바울의 신학 사상의 뼈대와 핵심을 이룬다. 아덴의 아레오바고에서 한 바울의 설교는 어느 면에서 보면 매우 철학적인 설교이지만, 그 설교를 들었던 아덴 사람들은 바울이 "예수 그리스도의 죽음과 부활"을 설교하는 것을 보고 기록하였다고 했다.(행 17:32) 이것은 그가 아덴에서 있을 때도 예수 그리스도의 십자가 죽음과 부활을 설교했다는 것을 암시해 준다. 결론적으로 바울은 이방 선교를 처음 시작할 때부터 예수 그리스도의 십자가 죽음과 부활을 설교하였다. 2절의 결심은 아마도 다메섹 도상에서 부활하신 주님을 만난 이후에 생겼을 것이다.

둘째, 바울은 "종의 형상"을 지닌 하나님의 지혜를 가리지 않고 세상을 변화시키는 하나님의 능력을 드러나게 하기 위해서 고린도인들에게 "약하고 두려워하며 심히 떠는"(3절) 자세로 복음을 전했다고 말한다. 약하고 두렵고 떠는 태도는 고린도인들 때문이 아니었다. 이와 비슷한 문구가 빌립보서 2:12 하반절에도 나온다. 그러나 빌립보서의 구절에서는 "두렵고 떨림으로"라는 문구가 "항상 복종하여"라는 문구와 함께 연결되어 있다. 앞뒤 문맥을 보면 십자가에 못 박혀 죽으시고 부활하신 예수가 지금 하늘과 땅의 모든 이름이 무릎을 꿇지 않을 수 없는 만유의 "주"主가 되셨다는 사실이 언급되어 있다.(빌 2:9-11) 바로 이 사실에 근거하여("그러므로") 바울은 12절에서 빌립보 독자들에게 그들의 구원을 항상 복종하는 태도로 성취하라고 권면한다.

그렇다면 "두렵고 떨리는" 태도는 만유를 통치하시는 예수 그리스도의 주 되심을 인정하고 거기에 "복종"하는 태도라고 할 수 있다. 자신의 복음이 사람에게서 기원된 것이 아니라 하나님께서 친히 위임하신 것이기 때문에 그 복음에 대해 복종하는 태도를 가지는 것은 당연한 일이다.

더욱이 고린도전서 2장에서 "약함"이라는 말이 덧붙여졌는데, 이것은 인간의 연약함과 하나님의 능력의 위대성을 대조하려는 바울의 의도를 보여 준다. 강한 자처럼 행세하는 인간의 교만 속에서는 위대한 하나님의 능력이 체험될 수 없다. 복음 속에 나타나는 크신 하나님의 능력에 비하면 인간은 질그릇과 같이 덧없고 약한 존재에 불과하다. 따라서 사람들 가운데 크신 하나님의 능력이 드러나고 체험되게 하려면, 전도자는 자신의 연약한 실존을 인정하고 그에 따라 하나님의 능력을 의존하지 않을 수 없는 태도로 복음을 전해야만 한다. 왜냐하면 사람을 변화시키는 위대한 능력이 자신에게 있지 않고 하나님께 있기 때문이다.(고후 4:7; 12:9)

## 3. 그리스도의 마음을 소유한 사람 2:6-3:4

### 복음의 깊이와 위엄

지금까지 바울은 십자가에 못 박히신 그리스도를 전하는 복음이 세상적이고 인간적인 지혜에서 나온 것이 아님을 주장해 왔다. 이 복음은 세상 지혜의 관점에서 볼 때 "어리석은" 형태를 하고 있기 때문에, 기독교의 메시지나 그것을 전하는 전도자들이 모두 세상 지혜를 따르는 사람들에게서 멸시를 받았다. 그러나 이것은 기독교의 복음이 수치스러운 것임을 뜻하지는 않는다. 그래서 바울은 이제 기독교 복음의 깊이와 위엄에 대해 말하려고 한다. 그가 그토록 생명을 걸고 두렵고 떨리는 마음으로 전하는 복음은 과연 어떤 것인가?

첫째, 이 복음은 무엇보다도 인간적인 세상 지혜가 아니라 하나님에게 기원을 둔 하나님의 지혜다.(1:21, 24; 2:6-9) 십자가에 못 박히신 그리스도를 전하는 복음은 몇 가지 성격을 지닌다.

(1) 그것은 만세 전에 하나님께서 미리 예정하신 것이었다.(2:7) 그것은 최근에 어떤 사람들이 고안한 것이 아니고 하나님께서 영원 전부터 수립하셨던 계획이 역사 속에서 구현된 것이다. 따라서 복음은 역사의 우연 속에서 생겨난 것이 아니고 철저하게 "하나님의 뜻을 따라"(갈 1:4) 계시된 것이다.

(2) 복음은 하나님께서 자기 백성들의 영광을 위해서 미리 예정하신 것이다.(2:7) 복음 속에는 하나님의 영광이 담겨져 있을 뿐만 아니라 그것을 받아들이는 사람들을 또한 영광스럽게 한다. 그래서 복음이 선포하는 그리스도를 날마다 바라볼 때 신자들은 그와 같은 형상으로 변화하여 "영광으로 영광에" 이르게 된다. 비록 세상에서 신자들은 약하고 비천한 몸을 지니고 살지만, 부활하신 주님께서 그들을 "자기 영광의 몸의 형체와 같이 변케 하실"(빌 3:21) 것이다. 그래서 복음은 "영광의 복음"이며, 그것을 전하는 직분도 "영광의 직분"이다.(고후 3:7-18)

(3) 복음은 지금 하나님의 영광을 담고 있어도, 그것은 아직 세상의 지혜를 좇는 사람들 앞에서 "감추어진 비밀"로 남아 있다.(2:7) 그것은

세상 사람들의 눈에 매력도 없고 심오한 철학적 지혜도 담고 있지 않은 것처럼 보이기 때문에 아직도 "미련한 것"으로 치부되고 있다. 복음의 영광은 따라서 오직 믿음의 눈을 가진 자들만이 볼 수 있다. 아직 그것은 사람들에게 "거리끼는 것"이요 "미련한 것"으로 남아 있다. 그렇지 않다면 "이 세대의 관원"이 "영광의 주"를 십자가에 못 박지는 않았을 것이다. 예수께서 영광스러운 주님이시요 하나님의 아들이시지만 세상에 겸손한 종의 모습으로 오셨기 때문에 사람들이 그의 참된 신분을 알아차리지 못하였다. 예수께서 아직 베일에 감추인 주主와 하나님의 아들로 계시기 때문에, 복음도 아직 불신자들에게 베일에 감추인 하나님의 지혜다. 이 베일은 오직 믿음의 눈을 가질 때만 벗겨질 수 있다.(고후 3:13 -16)

이 감추어진 하나님의 지혜는 지금 예수 그리스도의 십자가 사건 가운데서 나타났다. 그것은 오직 교육을 받은 지식인들만 이해할 수 있는 지혜가 아니라 십자가의 복음을 믿는 자들과(1:21) 하나님을 사랑하는 자들에게는(2:9) 누구에게나 빈부귀천을 막론하고 주어지는 지혜다. 복음에는 문턱이 없다. 가난한 자나 부한 자나 유식한 자나 무식한 자나 모두 믿음으로 얻을 수 있는 지혜다. 바로 이 사실은 고린도인들 자신의 회심 경험에서 증명되었다. 그들 가운데는 지식 있는 사람도 권력 있는 사람도 높은 가문의 귀족들도 많지 않았지만 복음을 통해서 부르시는 하나님의 부르심을 깨닫고 하나님의 백성이 되었다.(1:26-30)

그러므로 복음을 믿고 하나님을 사랑하는 사람은 세상에서 가장 유식하고 지혜로운 사람이다. 세계적인 물리학자인 아인슈타인은 자신의 생애를 걸쳐 끊임없이 마음에 떠오르는 가장 큰 질문은 "과연 하나님은 계시는가?"라는 질문이었다고 술회한 적이 있다. 신묘막측한 우주의 질서를 관찰할 때마다 "과연 이 질서를 부여한 하나님은 존재하시는가?"라는 질문이 그에게 떠올랐던 것이다. 그러나 세계 최고의 과학자가 해결하지 못한 문제가 복음을 믿는 사람들에게 더 이상 풀 수 없는 난제는 아니다. 그들은 아인슈타인이 알지 못하던 것을 알고 있을 뿐만 아니라 하나님께서 그들의 영광을 위해 자기 아들을 보내셨다는 사실도 알고 있으니 세상에서 가장 지혜로운 사람들이 아니겠는가? 하나님은 세상 지식은 있으나 하나님을 모르는 사람을 어리석게 보신다고 했다. 잠언의 기자가 말한 대로 "여호와를 아는 것이 지식의 근본이다". 무엇보다도 십자가에 못 박히신 예수를 통해서 하나님을 만날 수 있는 길이 열리고, 우리의 죄 문제가 해결되며 그분과 교제할 수 있는 길이 열렸다. 하나님의 지혜는 십자가에 못 박히신 예수 그리스도 안에서 나타났다.

둘째, 복음은 하나님에게서 나온 신적인 지혜이기 때문에 성령의 가르침과 계시를 받지 못하면 이해할 수가 없다.(2:10-13) 바울은 이미 복음이 "감추어진 하나님의 비밀"이란 말을 하였다. 세상 지혜를 따르는 사람들은 아직도 그 영광을 보지 못하고 복음을 "거리끼는 것"이요 "미련한 것"으로 여기고 있다. 그렇게 여길 수밖에 없는 이유는 그들이 "하나님께로서 오는 영"을 받지 않고 도리어 "세상의 영"을 따라 살기 때문이다.(2:12) 복음의 진리는 객관적인 입장에서 성경만 연구하면 이해될 수 있는 그런 진리가 아니다. 그것은 성령에 의해 계시되고 가르쳐지며 분별되는 진리이기 때문에 무엇보다도 "성령을 받아야 하며"(2:12) 그분의 인도와 가르침을 받아야 한다.(2:13)

성령은 하나님의 깊은 세계라도 꿰뚫어 보는 통찰력이 있기 때문에(2:10) 하나님의 영이 아니고는 하나님의 비밀스러운 지혜를 깨달아 알 수 있는 사람이 없다. 성령만이 참 지식과 확신을 가져다 줄 수 있다. 십자가에 못 박히신 예수를 전하는 복음은 성령의 사람이 아니고서는 이해하기가 불가능하다. 불신자들은 성령께서 가르치시는 복음의 진리를 받지도 않을 뿐만 아니라 깨달을 수도 없다.(2:14) "깨달을 수도 없다"는 헬라어의 표현은 완전한 무능력을 가리킨다(우 두나타이). 그들은 복음의 진리를 자신들이 가지고 있는 세상 지혜의 표준을 따라 "어리석은 것"(1: 21, 23, 25; 2:14) 으로 치부하기 때문에 그것을 이해할 수 없고, 따라서 거절할 수밖에 없다. 이것은 불신자들은 전도해도 이해할 수 없기 때문에 전도하지 말라는 뜻이 아니다. 바울은 아마도 불신자들이 과거에 복음을 거절한 사건을 기초로 하여 회상적인 관점에서 14절을 기록한 것 같다.(1:21, 26; 2:8 등) 그들은 복음을 거절했기 때문에 성령을 소유하지 못했고,(2:12 참조. "우리가…하나님께로 온 영을 받았으니") 따라서 이해 불가능한 것은 당연한 일일 것이다.

그러므로 참된 성경 연구는 늘 성령에 의지해서 겸손하게 배워야 한다. 어떤 사람들은 성경을 공부하면 할수록 더 교만해지고 목이 굳어지곤 한다. 그래서 어떤 목회자는 평신도가 성경을 많이 공부하면 교만해지고 목회자를 우습게 여기기 때문에 평신도에게 성경을 잘 안 가르치려고 하기도 한다. "평신도 우매 정책"을 펴야만 평신도가 목회자를 존경하고 그의 교훈에 순종하지 않겠느냐는 것이다. 참으로 우습고도 위험한 발상이지만, 사실 이런 발상이 나오게 된 배경은 이해할 만하다. 요즈음 평신도를 위한 성경공부 모임이 많이 생겨나기 시작하였다.

그러나 문제는 이들이 성경을 공부함으로써 보다 지교회에 봉사하고 섬기는 열매를 맺기보다는 교회 분란을 일으키는 장본인이 된다는 데 있다. 물론 다 그런 것은 아닐 것이다. 바울은 지식은 "교만"하게 한다고 했는데,(고전 8:1) 지식만 늘어 가고 사랑과 섬김의 자세를 상실하게 하는 성경공부 모임이라면 아예 없는 것만 못할 것이다.

이렇게 교만한 태도에 빠지지 않기 위해서 우리는 성령에 의지해서 겸손하게 성경을 배워야 할 것이다. 성경을 기록하신 제일 저자는 성령님이시기 때문에 성령에 의지하며 성령의 음성을 민감하게 느끼고 그분의 뜻에 순종하려는 마음이 없으면 안 된다. 늘 읽는 말씀이지만 어느 날 갑자기 나에게 감동을 주고 나를 감격케 하며 새로운 결심을 하게 할 때가 있다. 이것은 성령께서 내가 말씀을 읽을 때 찾아오시고 우리들 인격의 처소를 감동시키시기 때문이다. 복음은 겉으로 보기에 어리석게 보이지만 수없이 많은 사람들의 삶을 변화시켜 놓았다. 따라서 삶의 변화가 없는 지식만 늘리는 성경공부는 잘못하면 "믿음의 교만"을 가진 자들을 양산하기가 쉽다. 에베소서 1:17에서 바울은 그의 독자들에게 "지혜와 계시의 정신을 주사" 하나님을 좀더 알게 해달라고 기도한다. 우리도 하루의 일과를 시작할 때나 또는 성경을 펴놓고 읽을 때 지혜를 밝혀 주는 계시의 영이 우리의 영안을 날마다 새롭게 해달라고 간절히 기도해야 한다. 이런 자세를 가질 때 우리는 성령의 교훈을 보다 분명하게 분별할 수 있고 선한 열매들을 많이 맺을 수 있다.

## 세 종류의 사람들

복음은 이렇게 십자가에 못 박히신 예수 그리스도를 전하는 하나님의 지혜인데, 이 복음을 대하는 사람들도 세 가지 형태가 있다. 한역 성경에는 두 종류의 사람이 나와 있지만 사실은 세 종류의 사람이 있다.

첫째, 바울은 이 지혜를 "온전한 자들 중에서" 말한다고 했다.(2:6) 온전한 자들이란 도덕적으로 완전무결한 사람들을 가리키기보다는 "성숙한 그리스도인들"을 말한다. 15절을 보면 "온전한 자들"은 다시 "신령한 자들"이라고 불려진다. 그들은 성령의 지배와 인도를 받는 영적인 사람들이다. 따라서 참된 이해와 분별력을 가지고 복음의 깊은 뜻을 깨닫기 때문에 날마다 성장하고 성숙해 가는 변화된 삶을 산다. 성숙하고 영적인 그리스도인들은 세 가지 특징이 있다.

(1) 그들은 "모든 것을 판단할 수 있다".(15절) "판단하다"라는 동사는 윤리적이고 종교적인 구체적 상황에서 무엇이 "하나님의 뜻"인지를 바로 판단하고 분별할 수 있는 행위를 가리킨다. 성령의 사람인 성숙한 그리스도인은 위대한 선생이신 성령의 음성을 들을 수 있기 때문에 자신의 마음속에서 지도하고 안내하시는 성령의 충동과 지시를 느끼고 순종한다.(고전 5:3; 6:2-5 참조)

(2) 그들은 "아무에게도 판단을 받지 않는다".(15절 하) 이 말은 신령한 사람이 마치 독불장군인 것처럼 생각하게 만든다. 그는 모든 것을 판단하지만 자신은 아무에게도 판단 받지 않는다고 하니 말이다. 그러나 이 말은 바르게 이해해야 한다. 우리는 이미 세상 지혜를 좇는 사람들이 십자가의 복음을 "미련한 것" 또는 "거리끼는 것"으로 여긴다는 것을 살핀 적이 있다.(1:23) 바로 이점에서 불신자들이 하나님의 지혜를 좇는 신령한 사람을 이해하거나 판단할 수 없다는 말이다. 신령한 사람은 자기 속에 성령을 모시고 있기 때문에, 그분의 음성을 들을 수 있고 그분이 지시하는 일을 행한다.

그러나 불신자들은 그렇지 못하기 때문에 성령을 따라 사는 사람은 그들에게 도저히 이해할 수 없는 "수수께끼"로 남는다. 멀쩡한 직업을 가지고 사회적 명성을 가진 사람이 아프리카 선교사로 떠나 복음을 위해 희생한다면 세상 사람들은 그를 미친 사람으로 생각할 것이다. 만일 어떤 사람이 힘들여 모은 재산을 복음을 위해 사용한다면 세상 사람들은 그것을 재산 낭비로 여길 것이다. 그들은 자신이 가지고 있는 세상 지혜의 표준을 따라 신령한 사람을 판단하기 때문에 그의 행동이 불가해하고 때로는 어리석게 보일 것이다.

(3) 신령한 사람은 "주님의 마음"을 소유한 사람이다.(16절) 내주하는 성령께 순종하는 사람은 성령의 뜻을 예민하게 분별하며 주님의 뜻을 깨달을 수 있는 마음을 가질 뿐만 아니라 점점 주님을 닮아 가는 삶을 살게 된다. 바울 서신을 보면 성령은 "그리스도의 영"이시며(롬 8:11) "주의 영"이시다.(고후 3:17) 오늘날 우리의 기독교인들이 주님의 마음만 가질 수 있다면, 그들이 당면하는 개인과 교회의 모든 문제들은 해결될 수 있을 것이다. 고린도 교회의 모든 문제들도 고린도인들이 주님의 마음을 소유하지 못하고 "세상의 지혜"를 따르고 "육신의 마음"을 가졌기 때문에 생긴 것이다.

둘째, 바울은 복음을 전해도 이해하지도 못하고 도리어 거부하는 "육에 속한 사람"이 있다고 말한다.(2:14) 여기서 "육에 속한 사람"은 헬라어 원문을 보면 "혼적인 사람"(프쉬키코이), 즉 불신 자연인을 가리킨다. 이들은 하나님의 성령의 일들, 즉 복음의 말씀을 받지도 않고 그것을 깨달을 수도 없는 사람들이다. 그들이 복음을 거절하는 이유는 복음이 그들에게 "미련하게" 보이기 때문이다. 역으로 그들이 복음을 미련하게 보고 거절하는 이유는 성령을 받지 못했기 때문이다.(2:12) 성령은 "하나님께서 우리에게 은혜로 주신 것들을 알게 하는" 역할을 담당하시는데,

그들은 복음을 거절함으로 성령을 받을 수 있는 기회를 상실하였다.

셋째, 바울은 예수를 믿기는 믿어도 "육신에 속한 사람"이 있다고 말한다.(3:1-4) 교회 내에서 문제를 일으키는 사람들은 교회 밖에 있는 불신 자연인들이 아니다. 그들은 복음 자체를 거부하기 때문에 교회 내에 들어오기를 거부한다. 따라서 교회 내에서 문제가 야기되는 것은 성숙한 영적 그리스도인들이나 교회 밖의 불신자들 때문이 아니고 "육신에 속한 자들" 때문이다. 바울은 그들을 "그리스도 안에 있는 어린아이"라고 묘사하였다.(3:1)

이들에게는 두 가지 특징이 있다. (1) 그들에게는 영적인 성장이 없다. 바울은 고린도인들을 젖으로 먹이고 밥으로 먹이지 못하였다. 왜냐하면 그들이 전에도 "감당치 못하였거니와 지금도 못하기" 때문이다.(3:2) 그들은 바울에게서 십자가의 복음을 들었고 그것을 믿는다고 했지만, 예수께서 십자가에 못 박히셨다는 것이 그들의 일상 생활과 어떤 관계가 있는지 깨닫지 못하였다. 그들의 영적인 이해력과 분별력에는 아무런 변화와 성장 과정이 없었다. 그들은 아직도 그리스도 안에 있는 "어린아이"로 남아 있다.

(2) 그들은 "육신에 속한 자"다. "육신"에 속한 결과로 나타나는 삶은 서로 치고 박고 싸우는 "시기와 분쟁의 삶"이다.(3절) 그리스도인은 자신의 육신과 정욕을 십자가에 못 박은 사람이다.(갈 5:24) 그러나 그들은 아직도 육신에 속한 사람들이 되어 시기와 분쟁을 자행하였다. 육신이란 말은 여기서 하나님을 반항하고 자기 주장대로 살려고 하는 인간의 죄성을 지칭한다. 겉모양으로 보면 그리스도인인데 실제로는 그들은 육신의 표준을 따라 살았다. 바울은 육신에 속한 삶을 "사람을 따라 행하는"(4절) 삶이라고 설명한다. 다시 말해서, 고린도인들은 세상적 풍습과

부패한 가치관을 표준으로 삼아("따라 행하다") 살았다는 말이다. 그들은 믿는다고 하면서 복음을 따라 살지 않고 부패한 가치관을 따라 산 것이다.

불신자와 육적인 그리스도인의 공통점은 후자가 예수를 믿는 사람이라는 것만 다르지 다 영적인 이해력이 없고 육신을 따라 처신한다는 사실에 있다. 이해와 분별력은 옳은 판단과 행동의 근거가 되는데, 이들은 성령의 내적인 음성을 들을 수 없고 또한 복음에 나타난 십자가 사건의 진정한 의미가 무엇인지 깨닫지를 못한다. 고난의 십자가를 지신 예수를 따른다는 것이 그들의 삶에 어떤 실천적인 함축을 지니는지 그들은 이해하지 못한다. 따라서 세상 방식대로 행하고 시기하고 분쟁한 것이다. 고린도 교회의 모든 문제들은 "주님의 마음"을 소유하지 못하고 "육신을 따라 행하는" 고린도인들의 삶의 태도 때문에 생겨난 것이다. 바울은 이 점을 지적하고자 한다.

고린도전서 3:1-4에서 바울은 세상 지혜를 따르는 것이 결국 "어리석은 것"임을 거꾸로 증명하고자 한다. 세상에서 스스로 지혜 있다고 생각하는 자들은 복음이 "미련하게" 보이겠지만 그 속에서 하나님의 능력과 지혜가 나타난다. 그것을 믿고 받아들이는 자들은 하나님의 영의 인도와 가르침을 받아 하나님의 지혜를 얻게 되지만, 세상 지혜는 결과적으로 그것을 좇는 자들 가운데 시기와 분쟁만을 일으켰다. 따라서 하나님께서는 세상 지혜와 그것을 좇는 세상 사람들을 모두 미련한 것으로 보신다.(1:25)

## 4. 지혜로운 인생의 건축자3:5-4:5

### 농사의 비유

고린도인들은 교회 지도자들을 중심으로 분쟁을 일삼았는데, 과연 교회 지도자들은 누구인가? "그런즉 아볼로는 무엇이며 바울은 무엇이뇨".(5절 상) 그들이 과연 그렇게 치켜세움을 받을 만한 신분의 사람들인가? 바로 이런 질문에 답변하기 위하여 그는 교회 지도자들을 농사짓는 "농부들"에 비유한다.(6-9절)

이것은 바울이 그들의 인격과 인품을 말하기보다 하나님께서 그들에게 맡기신 기능과 역할에 주의를 기울인다는 것을 뜻한다. 사실 고린도 교회의 지도자들은 스스로 분쟁을 야기시킨 적은 없었다. 그들은 모두 하나님께로부터 받은 사역을 나름대로 성실하게 수행하는 예수의 일꾼들이었지만, 문제는 고린도인들이 그들의 의사와 관계없이 자신들의 상대적인 장점을 치켜세우고 각자가 선호하는 인간 지도자들을 중심으로 분파를 조성한 데 있었다. 보통 일반 교회의 분쟁은 교회 지도자들이 도리어 교인들을 선동하거나 자기 세력으로 끌어들이려고 하기 때문에 발생하는 데 반해서, 고린도 교회는 교회 지도자들에게 문제가 있었던 것이 아니라 교인들에게 문제가 있었다.

바울은 "심었고" 아볼로는 "물을 주었으나" 누구도 식물을 "자라게 할" 수는 없다.(7절) 여기에 나오는 모든 동사들은 모두 농업과 관련된 그림 언어들이다. "심었다"는 말은 바울이 실천했던 선교 사역을 지칭한다. 그가 담당한 역할은 복음이 아직 전해지지 않는 이방 지역에 돌아다니며 복음을 전하고 교회를 설립하는 일이었다. 그의 선교 전략은 이미 복음이 전해진 곳에서는 선교하지 않고 아직도 복음이 도달한 적이 없는 미개척지에 교회를 설립하는 것이었다.(롬 15:20) 그야말로 그가 맡은 사명은 선교의 최전선에서 맨발로 뛰며 교회를 심는 일을 하는 것이었다.

반면에 아볼로는 "물을 주었다". 아볼로는 이미 바울이나 다른 전도자에 의해 세워진 교회에 가서 기존 회심자들을 보살피고 양육하는 목회사역을 전담하였다. 하나님께서 그에게 맡기신 것은 바울처럼 복음의 최일선에서 발로 뛰며 교회를 설립하는 일이 아니라 기존 교회를 목회하며 돌보는 일이었다. 특히 그는 성경에 해박하고 말을 조리 있게 잘하는 달변의 사람이었기 때문에 목회 사역이 그에게 적절했을 것이다.

그러나 7절의 강조점은 바울이나 아볼로에게 있는 것이 아니라 오직 식물을 "자라나게" 하실 수 있는 하나님에게 놓여 있다. 바울은 식물을 자라나게 하시는 하나님의 사역에 관심을 집중시킴으로써 교회 내의 인간 지도자들의 상대적 비중요성을 강조하고자 한다. 그들은 "주께서 각각 주신 대로 너희로 하여금 믿게 한 사역자들일" 뿐이다.(3:5)

이 구절에서 우리는 두 가지 교훈을 얻을 수 있다. 하나는 바울이나 아볼로와 같은 교회 지도자들은 "각각" 하나님에게서 받은 사명이 따로 있다는 것이다. 심는 일과 물 주는 일은 서로 배타적인 관계에 있지 않고 상호 보완적인 관계에 있다. 바울과 아볼로는 각자의 명예와 이익을 보다 많이 확보하기 위해서 서로 경쟁하는 사이가 아니다. 그들은 하나님께 받은 사명이 각각 다르기 때문에 자신만이 할 수 있는 독특한 공헌 분야가 따로 있다.

다른 하나는 바울이나 아볼로나 모두 고린도인들의 믿음 생활을 돕고 보살피는 "사역자들"이라는 사실이다. "사역자들"에 해당하는 헬라어 단어는 "디아코노이"다. 이 말은 본래 식탁에서 시중을 드는 일에 대해 사용되었다. 식탁에서 시중을 들고 섬기는 일은 보통 종들이나 여자들이 하는 일인데, 고대 세계에서 이런 일은 천한 일로 간주되었다. 예를 들면 헬라인들은 남을 섬기는 일을 품위 있는 일로 생각하지 않았다. 그들은 섬기는 일보다 오히려 남을 다스리고 주관하는 것이 인간 본성에 더 가깝다고 생각하였다. 그래서 헬라의 소피스트들은 "사람이 남을 섬기고서야 어떻게 행복해질 수 있겠는가"라고 반문했고, 플라톤도 종을 수치스러운 아첨꾼으로 묘사하였다.

신약에서 "섬기다"(디아코네인)는 동사는 "식탁에서 시중들다"는 뜻으로 여러 차례 사용되었다.(마 8:15; 막 1:31; 눅 4:39 등) 일반적으로 이렇게 시중드는 일은 가정에서 여인들이나 종들이 담당했기 때문에 품위 있는 일로 여겨지지 않았다. 그러므로 예수께서 누가 크냐는 문제로 서로 다투는 제자들에게 "앉아서 먹는 자가 크냐 섬기는 자가 크냐 앉아서 먹는 자가 아니냐"라고 반문하셨던 것도 당시의 전통적인 인식을 반영한 결과라고 볼 수 있다. 유대인들 사이에서도 식사 때 의자에 기대어 먹는 품위 있는 사람과 허리띠를 두른 종들이나 시중드는 여인들 사이에 분명한 구별이 있었다.

이렇게 고대 사회에서 종들이나 여인들이 하는 천한 일에나 사용되던 "섬기다"는 단어를 초대 교회가 그들이 교회 내에서 행하는 모든 사역을 특징화할 때 끌어다 사용했다는 것은 놀라운 일이다. 교회에서 행하는 모든 일이 하나님과 형제들을 섬기는 섬김의 사역일 뿐만 아니라 교회 내에 존재하는 사역자들도 모두 "섬기는 자들"이다. 고린도인들은 교회의 인간 지도자들을 숭배하고 너무 치켜세우려는 태도를 보였는데, 사실 교회 지도자들은 하나님께서 일을 시키시는 대로 심부름할 수밖에 없는 심부름꾼에 불과하며, 하나님의 백성을 섬기고 보살피는 일을 위해 보내심 받은 봉사자들에 불과하다. 그들은 단지 하나님 앞에서 자신들에게 주어진 일을 행할 뿐이다.

사실 하나님만이 식물을 자라나게 하시는 분이기 때문에, 교회 내에서는 오직 그분만이 높임을 받아야 한다. 9절에서 "하나님"이란 말이 세 번이나 처음에 위치하여 나타난다. 이것은 신자들이 행하는 일에 있어서 모든 것은 하나님 자신에게 속해 있다는 것을 뜻한다. "하나님의 동역자들"이라는 말은 하나님과 협력하는 동역자라는 뜻이라기보다는 (고후 6:1 참조) 바울과 아볼로 같은 복음 전도자들이 하나님 앞에서 같이 일하는 동역자들이라는 뜻이다. 고린도인들은 하나님께서 일하시는 일터와 건물이라는 의미에서 "하나님의 밭이요 하나님의 집"인 반면에, 복음 전도자들은 그 일터에서 하나님의 부르심을 받아 고린도인들을 섬기고 봉사하는 하나님의 일꾼들이다.

교회 내에 존재하는 직책들은 모두 다 "섬김의 직책들"이다. 신자들이 교회 내에서 행하고 담당하는 모든 일과 직책을 "섬김의 사역"과 관련하여 이해하기 시작한 것은 분명히 예수 그리스도 자신에게서 비롯된다. 예수께서는 유월절이 가까워 옴을 인식하고 그의 사랑하는 제자들에게 자신의 지상 사역의 전체 의미를 나타낼 만한 유언적인 행위를 실천하셨다. 그것은 제자들의 발을 씻기시는 일이었다.(요 13:1-10) 발을 씻기는 행위는 고대 유대 사회에서 종들만이 할 수 있는 일이었다. 예수께서 제자들의 발을 씻기신 것은 단지 서로 겸손해지라는 도덕적인 교훈을 주시기 위한 것이 아니었다. 곧 자신이 십자가의 수난과 죽음의 길을 걸어가야 함을 아셨기 때문에, 가깝게는 자신의 죽음을, 넓게는 자신의 전생애 사역의 의미를 상징화하고 구체화할 만한 행위를 제자들에게 보이신 것이다. 이 유언적인 행위의 근본적인 의미는 예수께서 자신의 죽음과 전체 사역을 "섬김의 사역"으로 이해하셨다는 점이다.

마가복음에서 예수께서는 이런 말씀을 하셨다. "인자의 온 것은 섬김을 받으려 함이 아니라 도리어 섬기려 하고 자기 목숨을 많은 사람의 대속물로 주려 함이니라".(막 10:45) 이 말씀의 진정한 속뜻은 예수의 생애와 죽음의 본질이 바로 "섬김의 사역"이고 이 섬김의 행위가 그분의 십자가상의 죽음에서 구현되고 구체화되었다는 것이다. 마가복음의 이 말씀은 본래 어떤 삶이 참된 제자의 삶인가를 정의하는 문맥에서 나온 것이라는 점을 주목할 필요가 있다. 예수께서는 제자들이 서로 누가 큰 자냐고 하는 문제로 논쟁을 벌이고 있을 때 바로 이 말씀을 하셨다. 이방인들은 아랫사람을 주관하고 권세부리는 일을 크고 위대한 일로 여기지만, 예수께서는 "너희는 그렇지 아니하니 너희 중에 누구든지 크고자 하는 자는 너희의 섬기는 자가 되고"라고 말씀하셨다.

진정 십자가의 의미를 아는 사람, 진정 주님의 참 제자가 되고자 하는 사람은 주님께서 십자가에 못 박혀 죽으심으로 "섬기는 종의 길"을 가셨던 것처럼 하나님과 믿음의 형제들을 위해서 섬기는 삶을 삶으로써 주님의 제자 된 것을 나타내고 논증해야 한다. 바울은 종으로서 오신 예수 그리스도의 바로 이 정신을 알고 있었기 때문에 그도 역시 이런 말을 하였다. "우리가 우리를 전파하는 것이 아니라 오직 그리스도 예수의 주 되신 것과 또 예수를 위하여 우리가 너희의 종 된 것을 전파함이니라".(고후 4:5) 바울은 또한 갈라디아서에서도 "오직 너희는 사랑으로 서로 종노릇 하라"(갈 5:13)고 권면하고 있다. 무엇보다도 그는 교회 내에 존재하는 모든 사역들을 예수 그리스도의 정신을 본받아 하나님과 다른 형제들을 봉사하는 섬김의 사역들로 이해한다.(엡 4:11-12 참조) 바로 섬김의 사역을 담당하기 위해서 바울은 숱한 고난과 핍박을 견뎌냈고, 그는 이러한 고난과 핍박의 경험을 "그리스도의 고난"에 동참하는 것으로 생각하였다.(골 1:24; 고후 1:5; 4:7-14)

교회는 서로 주인노릇 하고 남을 지배하려고 주도권을 쥔 사람들이 각축을 벌이는 자들의 단체가 아니다. 교회는 도리어 우리 주님께서 십자가에서 보여 주신 그 위대한 섬김의 모습을 본받아 나보다 못한 자들을 돕고 보살피고 섬기는 장소이어야 한다. 다른 사람이 나를 섬겨 주고 대접해 주기를 요구하기보다는 서로 믿음을 세워 주고 사랑으로 부족한 것을 채워 주는 장소라는 의미에서 교회는 "사랑과 섬김의 공동체"다. 오늘날 교회들 가운데는 교회의 직책을 섬김과 봉사의 직책으로서가 아니라 명예와 권세의 직책으로서 생각하는 경향이 많아지고 있다. 교회가 주도권을 잡기 위한 세력 다툼의 장으로 바뀌어 가는 것은 분명히 예수 그리스도의 정신을 위배한 것이다.

바울은 이 점에서 자신과 아볼로를 섬기는 사역자들로 이해한다. 이들은 각자 하나님에게서 받은 사명이 있기 때문에 "각각 자기의 일하는 대로 자기의 상을 받을 것이다".(8절 하) "상급"은 마지막 심판 날에 주어지는데, 상급이 주어지는 기준은 사람의 인간적인 어떤 성공이 아니라 하나님이 자기에게 맡겨 주신 일을 "행하였는가"에 있다. 성경에 줄기차게 나오는 사상은 하나님은 "행한 대로" 심판하신다는 것이다.(마 10:42; 롬 2:6-10; 엡 6:8 등)

구원을 얻는 일과 관련될 때는 항상 사람의 "믿음"이 문제가 된다. 그래서 사람은 오직 "믿음으로" 구원을 얻고(롬 10:10) 의롭다 함을 받을 수 있다.(롬 5:1; 엡 2:8; 딛 3:5-7) 그러나 최후 심판 날에 하나님께서 심판을 수행하시는 기준은 "행위"다. 대표적인 두 구절만 예로 들어보자. "네가 어찌하여 네 형제를 판단하느뇨 어찌하여 네 형제를 업신여기느뇨 우리가 다 하나님의 심판대 앞에 서리라…이러므로 우리 각인이 자기 일(행위)을 하나님께 직고하리라".(롬 14:10, 12) "이는 우리가 다 반드시 그리스도의 심판대 앞에 드러나 각각 선악간에 그 몸으로 행한 것을 따라 받으려 함이라".(고후 5:10) "스스로 속이지 말라 하나님은 만홀히 여김을 받지 아니하시나니 사람이 무엇으로 심든지 그대로 거두리라 자기 육체를 위하여 심는 자는 육체로부터 썩어진 것을 거두고 성령을 위하여 심는 자는 성령으로부터 영생을 거두리라".(갈 6:7-8)

위의 세 구절은 바울 서신에서 나온 것이지만, 예수께서도 마지막 천국에 들어가는 일과 우리의 행위를 관련시키는 비슷한 말씀을 하셨다. "나더러 주여 주여 하는 자마다 천국에 다 들어갈 것이 아니요 다만 하늘에 계신 내 아버지의 뜻대로 행하는 자라야 들어가리라".(마 7:21)

특별히 마태복음의 산상보훈은 "두 건축자의 비유"로 마지막 결론을 짓는다. 이 비유의 핵심 교훈은 예수의 말씀을 듣고 "행하는가"의 여부에 따라 지혜로운 건축자도 되고 어리석은 건축자도 된다는 것이다. 이들 구절들은 모두 마지막 심판 날에 우리의 "행위"가 문제가 된다고 강조한다. "행위"를 따라 어떤 사람은 상급과 영생을 받기도 하고, 어떤 사람은 진노와 저주를 받기도 할 것이다.(롬 2:6-8)

처음에 구원을 얻을 때는 우리의 행위와 관계없이 은혜로 구원을 얻는다고 했는데, 마지막 심판 날에는 우리의 "행위"가 이처럼 문제가 되는가? 어떤 사람들은 예수와 바울의 구원론이 모순에 빠졌다고 주장할지 모른다. 다른 사람들은 보다 논리적으로 세련된 교리 체계를 세우려고 한다. 그래서 처음에 일단 믿음으로 구원을 얻은 사람은 마지막 심판 날에 아무 행위가 없어도 구원을 받기는 하지만 상급의 차이가 있다고 말한다. "행위"로 진노와 저주의 심판을 받는 사람들은 오직 불신자들 뿐이고, 신자들이 악을 행할 때는 오직 자기가 받을 상급만 빼앗길 뿐이라는 것이다. 이 경우에 신자들의 행위는 그것이 아무리 악한 행위라 할지라도 구원과는 아무 관계가 없고 상급과만 관계가 있게 된다. 이로써 신자의 행위는 상급론에 종속되고 구원과는 관계없는 (나쁘게 말하자면) 있어도 되고 없어도 되는 첨가물 정도로 간주되고 만다. 과연 신자의 행위가 상급론에만 종속되고 그의 구원과는 아무런 상관이 없는가? 신자가 아무리 나쁜 짓을 자행해도 구원과는 상관이 없고 오직 상급을 빼앗길 뿐인가?

기독교가 한국에 들어오면서 전통적인 종교들과 크게 대립했다는 것은 누구나 다 아는 사실이다. 선교사들은 한국인들에게 기독교의 우월성을 강조하기 위해 전통적인 종교들의 약점을 비판하지 않을 수 없었다. 그들이 보았던 유교와 불교와 같은 한국의 전통 종교들은 모두 인간의 "행위"를 강조하는 종교들이었다. 유교는 사람의 본성에 깃들어 있는 예를 실천하고 자기를 수양하여 자아실현의 길을 찾으려 했고, 불교는 도를 이루기 위해 헛된 욕심과 집착을 끊어 버리고 팔정도를 실현함으로써 참된 자기를 발견하려고 하였다. 이들 종교들은 모두 "신"의 문제에는 원초적인 관심이 없고 인간이 인간답게 살 수 있는 자기 수양의 방법을 터득하려고만 하였다. 기독교적인 관점에서 볼 때 행위구원론적인 입장을 택하고 있었던 이들 종교들을 두들겨 부수기 위해서 우리의 선교사들은 인간은 죄인이기 때문에 스스로 구원할 수는 없고 하나님의 "은혜"만을 의지해야 한다는 점을 부각시켰다.

바울의 이 구원론은 정당한 것이지만, 선교사들은 불교와 유교를 두들겨 부수기 위해서 "행위"를 거부하고 신의 "은혜"만을 강조하다가 불행하게도 기독교를 "행위"와 "삶"이 없는 종교로 전락시키고 말았다. 본래 기독교는 "행위"를 거부하는 종교가 아니었다. 바울은 분명히 삶과 행위가 없는 신앙은 공허한 것으로 생각한다. 그럼에도 한국의 기독교는 교리만 강조하고 삶과 행위를 평가절하시키는 경향을 보이고 있다. 기껏해야 행위를 상급론에만 종속시키고 구원과는 상관없는 것으로 만들고 만 것이다. 우리는 이제부터 본문을 통해서 바울이 과연 어떤 입장을 취하고 있는지를 살펴보고자 한다.

## 건축자의 비유

바울은 9절에서 "하나님의 집"을 언급했는데, 10-15절에서 바로 이 그림 언어를 넘겨받아 각 신자가 짓는 건물을 "시험하는 일"에 관심을 집중시킨다. 바울은 여기서 자신을 하나님의 집 터를 닦는 "지혜로운 건축자"에 비교하고, 다른 신자들은 자신이 터를 닦은 이 기초 위에서 집을 세우는 자들이라고 말한다. 바울은 지혜로운 건축자와 같이 다른 사람들을 위해 터를 닦을 때 "하나님께서 자기에게 주신 은혜를 따라" 터를 닦는다고 말한다.(10절) 바울 서신에서 보통 "하나님이 내게 주신 은혜"라는 표현은 바울 자신이 다메섹 도상에서 경험했던 "사도직 부르심"을 지칭하는 표현이다.(갈 2:8-9; 롬 1:5; 15:15 참조) 본 절에서 "은혜"는 바울에게 주어진 사도직 은혜를 지칭하지만, 이 은혜는 단지 추상적인 원리가 아니라 바울이 담당한 사도직을 효과적으로 수행할 수 있도록 그에게 능력과 지혜를 불어넣는 계속적인 은총의 사역을 내포한다.(롬 15:16-19 참조)

이 은혜 때문에 바울은 산을 넘고 바다를 건너 이방인들에게 복음을 전하는 능력 있는 예수의 일꾼이 되었고, 그의 사역에 수많은 표적과 기사의 능력이 뒤따르게 되었다. 여기서 바울이 자기에게 주어진 은혜를 "따라"(카타) 터를 닦았다는 것은 바울이나 다른 기독교 사역자들이 은총을 표준으로 삼을 때에만 올바르고 성공적인 사역을 감당할 수 있음을 의미한다.(고전 15:10; 골 1:29) 누구든지 하나님이 주시는 은혜가 없으면 결코 그의 사역은 성공할 수 없다. 하나님이 주시는 은혜를 따라서 하지 않는 일은 어떤 일도 하나님의 일이라 할 수 없다. 그것은 인간의 지략과 능력을 따라 수행하는 인간적인 일에 불과하다.

바울은 자신을 건축을 감독하는 자로 생각하는 것 같다. 그는 사도로서 건물의 기초를 닦는 데 관심을 가지고 있고, 다른 그리스도인들은 그 기초 위에 건물을 짓는 일을 한다. 바울은 자신이 터를 닦은 기초 위에서 각 사람이 집을 지을 때 조심해야 할 사항에 대해 말한다. 기초는 오직 예수 그리스도 자신밖에 없기 때문에,(11절) 건물을 짓는 자가 그리스도 외에 다른 터를 닦으려고 들면 그것은 애초부터 잘못된 것이다. 한국의 어떤 신학자들은 기독교 복음의 이 그리스도 중심성을 부인하려고 한다. 많은 자들이 그리스도 없이 기독교를 그들의 선행이나 인도주의, 또는 어떤 특정한 이데올로기나 과학 위에다 지으려고 한다. 그러나 터를 놓는 일은 아무나 할 수 있는 것이 아니라 사도들의 계시 사역을 통해서 완성되었다.(엡 2:20)

본 절에서 교회의 기초는 예수 그리스도라고 언급되는 데 반해서, 에베소서 2:20에서는 교회가 "사도들과 선지자들의 터 위에" 세움을 받았고 예수 그리스도는 친히 "모퉁이 돌"이 되셨다고 말한다. 얼핏 보면 서로 모순된 진술인 것 같지만 사실 내용상으로는 하나다. 사도들과 선지자들이 교회의 터를 닦기 위해 담당한 계시 사역은 그리스도 중심적인 성격이 있다. 그들은 모두 교회의 유일한 기초로서 예수 그리스도에 대해서 증언하였다. 따라서 예수 그리스도께서 교회의 터라고 말한 것이나 교회가 사도들과 선지자들의 터 위에 세우심을 받았다고 말하는 것은 다 같은 내용을 담은 것이다. 이들 두 구절은 문맥상 다른 강조점을 가지고 있을 뿐이다.

교회의 기초가 이렇게 그리스도 중심성을 지니고 있기 때문에, 교회의 개별 구성원들이 행하고 영위하는 모든 삶과 행위들도 그리스도 중심적인 성격을 띠게 되는 것은 당연한 일이다. 그리스도인들이 "일"(에르곤) 을 하지만, 그 일은 예수 그리스도라는 터 위에서 행해진 일이어야 한다. 그들의 행위는 단순한 인도주의적 선행이 아니다. 그것은 예수께서 그들의 구주가 되신다는 고백의 결과요 열매다.

아무리 선한 행위라고 할지라도 예수 그리스도에 대한 바른 신앙고백이 전제되어 있지 않으면, 그 행위는 단순히 인간적인 선행에 불과하지 "그리스도인"의 행위가 아니다. 마지막 심판 때에는 그리스도에 대한 바른 신앙고백 위에서 행해지지 않은 어떤 행위도 영구한 가치가 있는 행위로 평가받지 못할 것이다. 바른 고백으로부터 귀결된 행위들만이 상급의 대상이 된다. 그래서 각각의 신자는 자신이 예수 그리스도라는 터 위에서 집을 짓는가를 먼저 살펴야 한다.(10, 12절)

각각의 신자들은 사도들이 닦아 놓은 "이 터 위에"(12절 하) 여러 가지 재료로 건물을 짓게 된다. 본문에 언급되고 있는 재료들은 여섯 가지지만(금, 은, 보석, 나무, 풀, 짚), 사실상 불에 견디는 재료는 두 가지 종류밖에 없다. "불"에 견디는 금이나 은이나 보석은 가치 있는 재료이고, 불에 견디지 못하는 나무나 풀이나 짚은 무가치한 재료다.

이러한 여러 재료들로 집을 지을 때 들인 "공력"(일 또는 행위)은 이제 최후 심판 날에 "불"로써 시험받게 될 것이다. 가톨릭 교회는 이 구절을 그들의 연옥설의 근거 구절로 삼아 세상에서 악을 행한 자들이 천국에 들어가기에 합당하게 될 때까지 연옥에서 시련과 고통을 통해 깨끗해진다고 주장한다. 이 해석의 경우에 "불"은 진노와 심판의 불이 아니라 깨끗하게 하는 정화의 불을 뜻하게 된다. 그러나 이 구절은 그러한 이론의 근거가 될 수 없다. 성경 다른 곳에서 "불"은 보통 심판의 불을 뜻한다.(살후 1:8; 또한 사 26:11; 31:9; 단 7:9; 말 3:1, 19) 우리의 본문도 마지막 심판 날에는 각자가 살아온 인생살이를 시험해 보는 불 심판이 있다는 것을 보여 준다.(벧후 3:10-13 참조)

불 심판이 있는 그날에 모든 사람은 하나님의 심판대 또는 그리스도의 심판대 앞에 무릎을 꿇어 자기가 "행한" 모든 일들, 심지어 형제를 업신여기고 판단한 것까지 직고하게 될 것이다. 누구도 자신의 행위들을 감출 수 없다. 하나님 앞에서 은폐될 수 있는 행위란 존재할 수 없다. 불신자들뿐만 아니라 성경은 심지어 우리 믿는 자들까지도 선악간에 자신이 행한 모든 일과 행위에 대해 상벌을 받게 될 것이라고 한다.(고후 5:10; 롬 14:10-12)

물론 가치 있는 재료로 자신의 믿음의 집을 짓는 지혜로운 건축자는 우리 주님의 심판대 앞에 서서도 오직 주님을 만난다는 생각 때문에 두려움보다 반가운 마음이 앞설 것이다. 우리 주님도 그런 사람을 두 손을 들어 환영하실 것이다. 스데반은 유대인들에게 붙잡혀 돌에 맞아 순교할 때 "하늘이 열리고 인자가 하나님 우편에 서신 것을 보노라"(행 7:56)고 외쳤다. 하늘 보좌에 앉으신 예수께서 스데반이 순교할 때 너무 감격스러워 보좌에서 일어서신 것이다. 평생을 주님 뜻대로 순종하며 산 사람들은 비록 최후 심판 날이 되어도 두려워할 것이 없다. 10절에서 "지혜로운 건축자"란 말이 언급되는데, 좋은 재료로 공력을 들여 집을 지은 사람이 "지혜로울" 수 있었던 것은 아마도 그가 이 "세상의 지혜"를 따라 살지 않고 십자가 복음 속에 담겨 있는 "하나님의 지혜"를 따라 살았기 때문일 것이다.(1:20, 24)

문제는 예수를 믿기는 믿어도 자신의 믿음의 집을 나무나 풀이나 짚과 같은 무가치한 재료로 지은 사람이 천국에서 어떤 대접을 받겠는가 하는 데 있다. 3:14 이하를 보면 열심히 집을 짓기는 지었는데 집을 짓기 위해 들인 "공력"(일 또는 행위)이 결국에는 하나님 앞에서 아무 가치가 없는 공력으로 판명되는 경우를 언급한다.

물론 금이나 은이나 보석 등과 같은 가치 있는 재료로 집을 지은 사람의 "공력"은 분명히 천국에서 보상을 받을 것이다. 그가 받는 보상이 어떤 것인가는 본 절에서 언급되고 있지 않다. 바울 서신의 다른 구절을 찾아보면 충성된 신자가 받는 상급은 하나님의 "칭찬"일 수도 있고,(4:5) 또는 "썩지 않는 면류관",(고전 9:25) "의로운 면류관",(딤후 4:8) "생명의 면류관",(약 1:12) "영광의 면류관"(벧전 5:4)일 수도 있다. 이러한 상급은 보통 구원 자체를 포함한다. 상급을 받는 사람치고 구원의 선물을 받지 못하는 사람은 있을 수 없다.

이미 위에서 질문을 제기한 것처럼 우리의 다음 관심은 자연히 주님을 위해 열심히 일한다고는 했는데 결국 집을 짓는 데 들인 공력이 무가치한 것으로 판명되는 사람들에게 있다. 어떤 사람은 열심히 집사 일, 제직 일, 교사 일, 장로 일, 목사 일을 했노라고 했는데 천국에 가서 보니 세상에서 무가치한 일만 했기 때문에 창피만 당할 때도 있을 것이다. 그러면 "무가치한" 재료로 집을 짓고 "가치 있는" 재료로 집을 짓는다는 것은 무엇을 의미할까? 우리는 앞서 가치 있는 재료로 집을 짓는 "지혜로운 건축자"는 십자가 복음에 나타난 하나님의 지혜를 따라 신앙 생활을 하는 사람을 가리킨다고 말한 적이 있다. 그렇다면 무가치한 재료로 집을 짓는 "어리석은 건축자"는 겉으로는 하나님의 백성이라고 자부하면서도 실제 일상 생활에서는 세상의 지혜를 따라 사는 사람을 가리킨다고 할 수 있다.

이런 어리석은 건축자는 다음 두 가지 특징을 가지고 있다. 첫째, 그가 비록 무가치한 재료로 집을 지었다고 할지라도, 적어도 그는 예수 그리스도라는 "터 위에" 집을 지으려고 한 사람이다.(10, 12절) 적어도 그는 자신의 인생의 집을 예수 그리스도라는 기초 위에 세워야 한다는 사실을 인정한 사람이기 때문에 문제 있는 삶을 살기는 했어도 예수를 믿는 신자라고 불릴 만한 사람이다.

둘째, 그는 비록 무가치한 재료를 사용하기는 했어도 적어도 집을 "지으려고" 노력한 사람이다. 그는 평생 주님을 위해 일한다고 하면서 열심히 집을 "세우려고" 이리저리 뛰어다녔다. 본 절 10-15절에서 문제 삼고 있는 핵심은 집을 무너뜨리고 파괴하는 행위가 아니라 비록 무가치한 재료를 사용했더라도 집을 "세우려는"(10, 12, 14절) 행위에 있다.

셋째, 무가치한 재료로 건축한 사람의 집이 심판의 불에 견디지 못하고 다 불타 버릴지라도 그는 끝내 마지막 구원을 상실하지는 않는다.(15절) 그가 얻은 구원은 불 가운데서 자기의 몸만 건져낸 "부끄러운" 구원이다. 신자가 적어도 자신의 삶에 예수 그리스도의 중심성을 인정한다면, 그는 비록 무가치한 재료로 집을 지었다 하더라도 마지막 구원을 상실하지 않는다. 그가 잃는 것은 구원이 아니라 상급이다. 이것이 바로 기독교 구원의 은혜적인 성격이다.

그러면 어떤 무가치한 "공력"(일 또는 행위)이 상급을 상실하게 만드는가? 어떤 일과 행위가 과연 무가치한 것인가? 아마도 무가치한 공력이란 고린도인들처럼 예수 그리스도를 믿기는 믿어도 실상은 세상 지혜를 따라 사는 그들의 삶과 행위를 지칭할 것이다. 그들은 "그리스도 안에 있는 어린아이"였다.(3:1) 그들은 십자가에 못 박히신 그리스도를 안 믿는다고 말한 것은 아니다. 그들은 예수 그리스도라는 "기초"를 인정했고, 십자가에 못 박히신 그리스도께서 자신들의 구주가 되신다는 사실도 믿었다.(1:18) 그들은 예수 그리스도 안에서 구변과 지식의 은사들을 체험한 자들이며 스스로 지혜와 성령을 소유한 자들이라고 생각하였다.(1:5) 이렇게 십자가에 못 박히신 예수 그리스도를 믿고 따라 살겠다고 결심한 그들이었지만, 실제 일상 생활에서 그들은 십자가 복음에 나타난 하나님의 지혜를 따라 살지 않았다. 그들은 세상의 지혜를 따라 인간 중심으로 하여 분파를 형성하고 인간을 숭배하고 자신을 치켜세웠다. 그들은 주님을 따른다고 하면서 자신의 정욕을 좇고 세상적인 불순한 동기를 따라 자기의 명예와 인기를 앞세웠다.

천국에 가면 이른바 "양파껍질 베끼기" 같은 일이 일어날 것이다. 겉보기에 주님을 위해 열심히 일했다고 여겨지는 행위들이 상급을 받기는커녕 하나님으로부터 무가치한 것들이라고 평가 받는 경우가 많을 것이다. 어떤 사람은 교회에서 집사로서, 장로로서 또는 사람들에게 명망 있는 큰 교회의 목사로서 평판이 나 있었지만, 우리 주님께서 그가 세상에서 행한 모든 일을 하나도 인정하지 않으시게 되는 일이 벌어질지도 모른다.

왜냐하면 주님은 겉보기에 주를 위해 일한다고 했지만 자신의 명예와 이익과 권세를 위해 행한 어떤 일도 무가치한 것으로 보시기 때문이다. 바리새인들은 사람들이 오가는 거리에서나 시장에서 손을 들고 길게 기도하는 풍속이 있었다. 그들이 그렇게 기도한 것은 사람들에게 인정을 받고자 했기 때문이다. "사람 앞에서", "사람에게 보이려고" 또는 "사람에게 영광을 얻으려고" 행한 일은 모두 무가치한 공력이다.(마 6:1, 5, 16) 하나님만 보시게 하려고 그분 앞에서 순수한 믿음으로 행하지 않은 일들은 모두 양파껍질이 하나하나 베껴지듯이 하나님에 의해 무가치한 행위들로 판단받게 될 것이다.

그러면 우리의 행위와 삶은 상급과만 관계가 있고 구원과는 상관이 없는가? 이 문제에 대해서는 16-17절이 대답해 주고 있다. 이 구절은 10-15절의 사상과 다른 것을 말하고 있다. 10-15절은 집을 "세우는 일"을 언급하지만,(12절) 16-17절은 반대로 하나님의 집을 "무너뜨리는 일"에 대해서 말한다.(17절) 앞의 구절에서는 가치 있는 재료이든 무가치한 재료이든 집을 세우려고 노력하는 사람을 말하지만, 16-17절은 집을 아예 무너뜨리고 파괴하려는 사람에 대해서 언급한다. 여기에 근본적인 차이점이 있다.

이 구절에 대해 언급할 것이 두 가지가 있다. 첫째, 바울은 교회를 "거룩"을 위해 부르심을 받은 하나님의 백성이며(1:2) 하나님의 성령이 거하시는 "거룩한" 성전이라고 말한다.(3:16) 바울은 이미 3:9에서 고린도 교회를 "하나님의 집"이라고 말한 적이 있고, 또한 "집"의 그림 언어를 앞 절에서 계속 넘겨받아 10-15절에서 사용한다. 어쨌든 바울은 3:17에서 이 거룩한 성전 또는 교회를 파괴하는 자를 하나님께서 "멸하실"(프떼레오) 것이라고 말한다. 성전인 교회를 "파괴한다"는 말은 무엇을 뜻하는가? 우리 한역 성경은 동일한 이 동사를 사람과 관련해서는 "더럽히다"corrupt는 말로 번역하고, 하나님과 관련해서는 "멸하다, 파괴하다"destroy라는 말로 번역하였다.

물론 이 동사가 "더럽히다"는 뜻을 가질 수는 있지만,(고전 15:33; 고후 11:3 참조) 본 절에서는 사람과 하나님에 대해서 동일한 동사가 쓰여졌기 때문에 하나님에 대해서 쓰인 "멸하다"는 말과 평행을 이루기 위해서 사람에 대해서도 그렇게 번역되어야 한다. 특히 "멸하다"라는 동사는 고린도 교인들 가운데 존재하는 분쟁, 싸움, 시기, 부도덕과 같은 행위들을 경고하는 문맥에서 사용된다.

교회는 더럽고 악한 세상에서 거룩을 위해 부르심을 받았기 때문에 바울은 고린도 교회를 "그리스도 안에서 거룩하여지고 성도라 부르심을 입은 자들이라"(고전 1:2)고 특징화시킨다. 그리스도 예수는 고린도인들에게 "지혜와 의로움과 거룩함과 구속함이 되셨다".(고전 1:30) 그리스도인들을 하나님의 집 또는 성전이라고 할 때도(3:9, 16; 6:19) 바울은 어떤 구조나 건물을 염두에 둔 것이 아니라 하나님의 거룩한 성전인 교회의 신앙 공동체를 염두에 두고 있다. 바울이 부도덕의 문제를 다룰 때 성전 이미지를 다시 끌어들인 것은 처음부터 거룩성을 강조하는 것이 의도적이었으며, 결국 바울의 윤리적 판단과 훈계를 준비하기 위함이었음을 시사한다.

그러나 고린도 교회는 교회의 본질인 거룩성을 나타내기는커녕 윤리적으로 부패한 삶으로 인해 교회의 정체성을 상실할 위기에 놓여 있었다. 왜 이들이 이런 위기에 빠지게 되었는가? 그것은 그들이 하나님의 지혜를 따르지 않고 세상의 지혜를 따라 살았기 때문이다.(1:20)

둘째, 교회인 성전을 "파괴하는" 행위는 그렇다면 교회를 윤리적으로, 영적으로 크게 부패시킴으로 교회의 거룩성의 표지를 무너뜨리는 행위를 가리킨다면, 부패한 그런 행위를 하는 사람은 하나님께서 "멸하실"것이다. 다시 말해서 교회를 파괴하는 행위를 하는 사람은 "누구든지" 하나님께서 그를 또한 파괴하신다는 말이다. 16절에서 바울이 말하는 대상은 "너희" 즉 고린도 교인들을 가리키는데, 17절에서 그는 "누구든지"라는 말을 사용함으로써 17절의 경고의 대상을 보편화시키고 있다. 이런 일반화 현상은 이미 10-15절에서도 나타나고, 17절 이후에서도 발견된다.(18, 21절)

하나님께서 교회를 파괴하는 자를 파괴하시겠다는 바울의 경고 발언은 교회 밖에 있는 불신자들에게만 향한 것은 아니다. 실제로 바울이 경고 발언을 하는 일차적인 대상은 온갖 분쟁과 시기 그리고 부도덕한 행위를 자행하는 고린도 교인들이라고 할 수 있다. 그들은 지금 "육체를 따라" 분쟁과 시기를 자행하여 교회를 분열시키고,(1:10-16; 3:1-4) 교회 내에서 부도덕한 일이 자행되어도 교만해져서 스스로 왕노릇 하려고 하였다.(4:16-13 참조) 그렇게 함으로 고린도 교회는 교회로서 교회다운 자기 정체성을 스스로 파괴하고 있었다. 하나님은 교회의 거룩한 존립 근거를 파괴하는 그런 행위들을 하는 자들을 가만 내버려두시지 않고 반드시 파괴하고 멸하실 것이다.

결론적으로 교회인 성전을 파괴하는 행위란 시기와 분쟁과 같은 육신적인 삶을 삶으로써 파괴하거나 분열시키는 행위,(3절) 또는 교회 내에 이단 사설을 끌어들여 교회의 기초를 파괴하는 행위, 또는 5장의 성적인 범죄와 같이 교회를 윤리적으로 크게 부패시키는 행위(5:1-6) 등을 가리킬 것이다. 이런 죄악된 행위들은 분명히 구원을 얻는 기회를 상실하게 만든다. 이렇게 구원의 기회를 상실하는 사람이 본래 구원받았던 신자였느냐는 신학적인 문제는 바울이 여기서 다루지 않는다. 그는 단지 삶의 현상을 보고 판단할 뿐이다. 신자라고 하면서 윤리적으로 부패한 삶을 살고 교회가 교회답게 존립할 수 있는 거룩성의 근거를 파괴하는 사람들은 하나님의 진노의 대상이 되며 구원받을 수 없다. 바울이 여기서 육신을 따라서 시기와 분쟁과 부도덕을 자행하는 고린도 "교인들"에게 하나님의 진노의 심판을 경고했다는 것은 그의 권면의 심각성을 진지하게 고려하지 않을 수 없게 만든다.

바울은 비슷한 경고 발언을 다른 곳에서도 한다. 그는 6장에서 소위 형제들간에 불의를 행하고 서로 속고 속이는 고린도인들을 향해서 "불의한 자가 하나님 나라를 유업으로 받지 못한다"고 두 번씩이나 경고한다.(6:9, 10) "음란하는 자나 우상 숭배하는 자나 간음하는 자나 탐색하는 자나 남색하는 자나 도적이나 탐람하는 자나 술 취하는 자나 후욕하는 자나 토색하는 자들은 하나님 나라를 유업으로 받지 못하리라." 신자들이 이런 부도덕한 일을 행해서는 안 되는 이유는 그들이 이미 "주 예수 그리스도의 이름과 우리 하나님의 성령 안에서 씻음과 거룩함과 의롭다 하심을 얻었기" 때문이다.(6:11)

바울은 그의 이신칭의 복음을 여기서 그의 윤리적 권면의 토대와 기초로 삼고 있다. 의롭다 함을 받고 구원을 받은 사람의 마땅한 반응은 거룩한 삶과 행위여야 한다. 구원을 받았다고 하면서도 여전히 "육체의 일"을 행하는 사람들이 하나님 나라를 들어갈 수 없다고 하는 경고성 발언은 바울 서신의 곳곳에서 발견된다.(갈 5:19-21; 엡 5:3-5 참조) 바울은 심지어 신자들이 "육신대로 살면 반드시 죽을 것이로되 영으로써 몸의 행실을 죽이면 살리라"(롬 8:13)고 말한다. 사람은 그가 행하고 산 대로 그 열매를 거두게 된다. "자기 육체를 위하여 심는 자는 육체로부터 썩어진 것(영원한 멸망)을 거두고 성령을 위하여 심는 자는 성령으로부터 영생을 거두리라".(갈 6:8; 참조. 롬 11:20-22; 2:6-8)

이런 구절들은 신자들의 삶과 행위가 마지막 날에 얻을 그들의 구원과 깊은 관계가 있다는 것을 보여 준다. 그 중요한 증거 구절이 예수의 산상보훈에서 발견된다. "나더러 주여 주여 하는 자마다 천국에 다 들어갈 것이 아니요 다만 하늘에 계신 내 아버지의 뜻대로 행하는 자라야 들어가리라".(마 7:21) 위에 인용한 구절들은 원치 않게 우리를 교리적인 혼란에 빠뜨릴 수 있다. 처음에 구원을 얻는 것은 사람의 "선행"의 많고 적음에 근거하지 않고 은혜로 주시는 하나님의 구원 선물을 두 손 벌려 받아들이는 그의 "믿음"에 기초한다. 그럼에도 불구하고 위에서 인용되는 구절들은 하나님의 백성으로서 마땅한 "삶과 행위"가 없으면 천국에 갈 수 없다고 말한다.

바울은 이런 문제를 단순히 논리적인 차원에서 접근하지 않는다. 예를 들어 설명한다면, 믿음으로 구원을 얻은 사람은 이미 천국행 기차표를 받아 놓았기 때문에 여행길 중간에서 어떤 잘못된 행위를 해도 천국은 가게끔 되어 있다고 주장하는 식이다. 여기에 예정론이나 선택 교리가 끼어들어 와서 선택 교리나 예정 교리가 신자들의 삶을 더 성실하게 하고 열심 있게 하는 방향으로 적용되지 않고 오히려 구원받은 백성은 아무렇게나 살아도 된다는 거짓된 안전책의 구실을 한다. 여기에는 두 가지 문제가 우리의 이해를 혼란스럽게 만들고 있다.

첫째, 바울의 "이신칭의" 구원론이 그의 "행위로 말미암는 심판" 교리와 충동하는 것처럼 보인다는 점이다. 처음에는 오직 "믿음"만이 구원의 기초라고 해놓고, 나중에는 최후 심판에서 "행위"가 문제시되기 때문이다. 어떻게 보면 모순처럼 보인다. 그러나 모순이 아니다. 우리는 이미 위에서 "오직 믿음으로 말미암아 의롭다 함을 받는다"는 바울의 이신칭의 복음이 신자들이 마땅히 거룩한 삶을 살아야 한다는 당위성을 무너뜨리지 않고 오히려 바울의 윤리적 권면과 명령의 기초가 된다

는 사실을 살핀 일이 있다.(고전 6:11)

왜 "믿음"이 "행위"와 모순되지 않을까? 이 질문에 답변하기 위해서 우리는 먼저 믿음의 본질이 무엇인가를 생각해 보아야 한다. 바울에게 "믿음"은 지적으로 무엇을 이해했다고 승인하고 고개를 끄덕이는 단순한 행위가 아니라 전인적인 헌신과 순종의 행위다. 그래서 그는 믿음을 때때로 "순종"이라는 말로 바꾸어 표현한다.(롬 1:5; 또한 롬 11:20과 11:30을 비교하라) 처음에 복음을 믿고 받아들이겠다고 결단한 사람은 그 복음을 지적으로 이해하고 승인할 뿐만 아니라, 이제 후로는 그 복음의 말씀에 전적으로 헌신하고 그 말씀대로 순종하며 살겠다는 전인적이고 전폭적인 헌신과 순종의 결심을 내포한다. 이렇게 전폭적인 헌신과 순종의 행위로서 믿음이 거룩한 삶과 행위로 표현되고 나타난다는 것은 자연스러운 일이다.

따라서 어떤 여 집사님이 교회에서 교사들과 성가대를 위해 열심히 봉사하는 모습을 보면 우리는 으레 그 집사님을 가리켜 "믿음이 좋은 분"이라고 칭찬하게 된다. 그녀의 어떤 모습이 "그 여 집사님은 믿음이 참 좋은 분"이라는 평가를 받게 만들었을까? 그것은 말할 것도 없이 그녀의 섬기며 봉사하는 삶과 행위다. 믿음은 이렇게 삶과 행위로 표현되고 논증될 수밖에 없다.

그러므로 마지막 심판 날에 신자들에게 선한 삶과 행위가 있다는 것은 그들에게 구원 얻을 만한 믿음이 있다는 것을 나타내는 것이다. 역으로 어떤 사람이 믿음이 있노라 하면서 회개도 하지 않고 계속 죄를 범하는 삶을 산다면 그의 믿음은 헛것이요 그가 구원 얻을 만한 근거가 될 수 없다. 예수께서 말씀하신 대로 그 나무는 그 열매로 알게 되어 있다.(마 7:20) 우리의 거룩한 삶과 행위가 우리의 구원하는 산 믿음의 존재를 증명해 준다.

믿음의 본질은 본래 순종과 헌신이기 때문에 산 믿음이라면 선한 "일"을 할 수밖에 없다. 믿음은 본래 일하는 손과 발을 가지고 있다. 바울이 "믿음의 역사"라고 부른 것은 "믿음이 행하는 일"이라는 뜻을 나타내기 위해서다.(살전 1:3; 살후 1:11 참조) 참된 사랑이 있다면 "사랑의 수고"를 하게끔 되어 있고, 산 믿음이 있다면 "믿음의 역사"를 하게끔 되어 있으며, 진실한 소망이 있다면 "소망의 인내"를 가질 수밖에 없는 것이다. 그래서 믿음은 사랑으로써 역사하고 일하는 믿음이다.(갈 5:6) 우리가 구원을 얻는 것은 처음이나 나중이나 할 것 없이 시종일관 "믿음으로" 되어진다. 믿음만이 구원의 유일한 원리다.(고전 15:2; 골 2:7 참조) 그러나 신자들은 처음에 믿음으로 값없이 구원의 은총을 경험하지만, 처음 구원을 경험하게 한 이 믿음은 전폭적인 헌신과 순종의 본질이 있기 때문에 구원받은 삶을 살아가는 동안에 거룩한 삶의 열매들을 맺게 된다. 이 삶의 열매들이 없다는 것은 결국 그가 죽은 믿음을 가지고 있다는 것을 보여 줄 뿐이다.

그래서 사람은 "믿음으로 구원받은" 후에 계속해서 "믿음으로 살아간다". 신자는 "믿음으로 의롭다 함을 받지만",(갈 2:16) 그는 이제 하나님의 아들 예수 그리스도를 믿는 "믿음으로 살아간다".(갈 2:20) 믿음은 구원의 원리일 뿐만 아니라 삶의 원리이기도 하다. 처음에 구원받은 하나님의 백성이 되도록 가능하게 하는 원리도 믿음이지만, 또한 구원받은 하나님의 백성답게 살아가는 원리도 역시 믿음이다.

그러므로 마지막 날에 하나님께서 "행위"로 심판하시겠다는 것은 이러한 믿음의 원리를 제쳐놓고 행위의 많고 적음에 따라 심판하시겠다는 것이 아니다. 과연 구원하는 산 믿음이 있는가를 살피기 위해 그의

"행위"를 보시겠다는 것이다. 이러한 "행위 심판"의 원칙이 기독교 구원론에서 은총의 성격과 배치되지 않는다는 것은 이미 고린도전서 3:15에 잘 나타나 있다. 비록 무가치한 재료로 집을 지었다 하더라도 그가 예수 그리스도라는 "터" 위에 남아 있는 한 그는 상급만 상실할 뿐이지 구원을 상실하지는 않는다.

그러나 예수를 믿는 신자라고 하면서 자신의 참 믿음을 거룩한 삶으로 보여 주기는커녕 회개하는 마음도 없이 계속 육체를 따라 살며 죄 가운데 산다면 그가 과연 구원받은 산 믿음이 있는 사람인가를 의심하게 한다. 바울은 이런 사람들이 비록 신자의 명분을 내걸고 스스로 하나님의 구원받은 백성이라고 말하며 다닌다 해도 하나님 나라를 유업으로 받을 수 없다고 말한다. 온갖 시기와 분쟁을 자행하고 교회를 분열시키며 중상모략을 일삼는 자, 교회를 윤리적으로 타락시키는 행위를 계속하는 사람은 교회의 거룩한 존립 근거를 파괴하는 사람이다. 그러므로 하나님께서는 그런 사람을 반드시 파괴하고 멸하실 것이다.

둘째, 한국 교회 안에는 선택 교리나 예정론을 오해하는 사람들이 많다. 바울이 이런 교리들을 말할 때는 거짓되고 부패한 삶을 정당화할 수 있는 논리적 근거로 사용하라고 주지 않았다. 그러나 우리들 가운데는 선택 교리와 예정론을 오해하여 하나님이 선택한 사람은 아무리 잘못을 해도 끝내는 구원하실 거라고 생각하는 사람들이 있는 것 같다. 바울은 이미 고린도전서 1:26 이하에서 선택 교리를 언급한 적이 있다. 고린도전서에서는 선택 교리가 신자들의 책임 있는 삶과 행위와 어떻게 관련되는지 그것들을 직접 관련시켜 말하지는 않는다. 그러나 다른 바울 서신을 보면 예정론이나 선택 교리는 결코 신자들의 방종한 삶의 논리적 근거로 제공되지 않는다. 오히려 바울은 그 반대의 논리를 사용한다.

그 좋은 한 실례가 로마서 11:5-6이다. 그는 여기서 바울 시대에 "은혜로 택하심을 따라 남은 자"가 있다고 말한다. 은총의 원리를 따라 택하심을 받은 "남은 자들"은 바울 시대의 유대 기독교인들을 가리킨다. 이들 선택받은 남은 자들은 바로 앞 절에서 엘리야 시대의 "칠천 명"과 직접적으로 비교된다.(4절) 엘리야 시대의 칠천 명은 바울 시대의 "은혜로 택하심을 받은 남은 자들" 곧 유대 기독교인들을 미리 예시하여 준다. 이 4절의 문구가 중요한 의미를 지니고 있다. 하나님께서는 칠천 명에 대해서 이렇게 말씀하신다. "내가 나를 위하여 바알에게 무릎을 꿇지 아니한 사람 칠천을 남겨 두었다 하셨다."

여기서 칠천 명의 존재는 두 가지 관점에서 묘사된다. 하나님께서는 칠천 명을 자신을 위해 스스로 "남겨 두셨다". 칠천 명의 존재는 자신을 위해 스스로 남겨 두시는 하나님의 주권적인 선택 행위에 뿌리박고 있다. 하나님의 "남겨 두시는" 주권적인 선택 행위를 떠나서 그들의 존재를 설명할 수 없다. 그럼에도 불구하고 칠천 명은 "바알에게 무릎을 꿇지 아니한" 자들이다. 서슬 시퍼런 아합과 이세벨의 철권 통치 아래에서 바알 신에게 무릎 꿇기를 거절하는 행위야말로 자기 생명을 내건 행위라고 할 수 있다. 무릎 꿇기를 거절한 행위는 목숨을 건 칠천 명의 책임 있는 행위다. 바울은 이들의 책임 있는 행위를 거꾸로 하나님의 선택 행위의 관점에서 이해하고 있다.

누가 과연 하나님의 택하심을 받은 자인가? 인간의 책임 있는 행위와 하나님의 주권적인 선택 행위 사이의 논리적인 관계를 어느 누구도 시원스럽게 제시할 수는 없다. 인간의 논리라는 것은 다만 하나님의 세계를 다 이해할 수 없는 엉성한 그물과도 같은 것일 뿐이다. 그러나 분명한 것은 선택 교리는 항상 신자의 책임 있는 삶과 행위와 깊이 연관되어 있다는 사실이다. 칠천 명이 목숨을 걸고 바알에게 무릎 꿇기를 거절하는 책임 있는 결단을 했지만, 바울은 그들이야말로 하나님의 택하신 자들이라고 말한다. 선택의 사실은 이상하게도 항상 인간의 책임 있는 거룩한 삶으로 나타나게 되어 있다.(살전 1:4) 이 구절에서 바울은 그의 독자들의 성실하고 책임 있는 삶에 대해 하나님께 감사하면서 "하나님의 사랑하심을 받은 형제들아 너희의 택하심을 아노라"고 말한다. 무엇을 근거로 바울은 그의 독자들이 하나님의 택하심을 받은 사람들인 것을 알게 되었는가? 말할 것도 없이 그들의 "믿음의 역사와 사랑의 수고와 소망의 인내"를 보았기 때문이다.(1:3; 살후 2:13 참조)

그렇다면 신자로서 열심을 다해 신앙 생활을 하고 거룩하고 진실한 삶을 사는 사람이야말로 자신을 선택받은 하나님의 백성으로 부를 만한 자격이 있는 사람이다. 사람이 선한 삶을 살아야 하나님의 택하심을 받는 것은 아니지만, 선택의 사실은 성도의 책임 있는 견인 생활 perseverance을 포함하는 방식으로 나타난다. 그러므로 선택받은 사람은 도덕적으로 타락하고 방종된 삶을 살아도 자동적으로 구원받게 되어 있다고 하는 예정론과 선택 교리의 논리적 오용은 성경의 사상을 근본적으로 곡해하는 것이다.

## 세상 지혜를 포기하라

고린도인들은 자신들이 선호하는 인간 지도자들의 특징을 치켜세우고 그들을 중심으로 분파를 조장하였다. 그러나 그들이 치켜세우던 교회 지도자들은 사실 그들을 섬기고 봉사하라고 하나님께서 보내신 사역자요 일꾼들에 불과하다.(22절) 뿐만 아니라 그들은 "다 너희의 것이다”.(23절) 이 말은 교회 지도자들이 고린도인들을 위해서 존재하는 것이지 고린도인들이 교회 지도자들에게 속해 있는 것이 아니라는 것을 보여 준다. 이런 의미에서 교회 지도자들은 평신도들을 위해 일하는 섬김과 봉사의 자세가 필요하고 그들 위에 군림하려는 태도를 버려야 한다. 비록 바울은 고린도 교회를 창설한 설립자이지만 고린도후서 1:24에서 “우리가 너희 믿음을 주관하려는 것이 아니요 오직 너희 기쁨을 돕는 자가 되려 한다”고 고백한다.

오늘날 한국 교회 내에는 성도들 위에 군림하면서 그들의 믿음을 주관하고 왕으로 군림하려는 교회 지도자들이 없지 않다. 참된 신앙의 지도자는 상대방의 믿음을 좌지우지하고 그들 위에 군림하려는 자세보다는 그들의 “기쁨을 돕는”(빌 1:24 참조) 사람이 되려는 봉사의 자세를 가져야 한다. 바울은 심지어 자신을 “종”이라고까지 표현한다. “우리가 우리를 전파하는 것이 아니라 오직 그리스도 예수의 주 되신 것과 예수를 위하여 우리가 너희의 종 된 것을 전파함이라”.(고후 4:5) 전도자가 자기 자랑만을 늘어놓고 성도들 위에서 대접만 받으려 하며 그들 위에 군림하려 한다면 그는 예수를 전하는 사람이 아니라 자신을 전파하고 선전하는 사람이다. 이와는 반대로 바울은 오직 예수 그리스도만이 주님 되신다는 것과 자신은 예수님 때문에 성도들의 종으로서 일한다는 것을 전파한다고 하였다. 바로 이것이 예수의 십자가 정신임에도 불구하고, 우리 주변에서는 색이 바랜 사상이 되어 가고 있다.

한편 신앙의 지도자들이 섬김과 봉사의 일꾼이라고 해서 일반 성도들은 그들을 자신의 머슴처럼 대접해도 된다고 생각하면 안 된다. 그들이 전하는 말씀을 사람의 말로 받기보다는 친히 하나님께서 하시는 말씀으로 겸손하게 청종하는 자세가 필요하고,(살전 2:13) 자녀가 권면하는 아버지에게 순종하는 것처럼 그들의 교훈과 권면에 복종해야 한다.(고전 4:15-16; 살전 2:6-9, 11) 특별히 교회 지도자들에게 하나님께서 다스리고 교훈하는 영적인 권위를 주셨기 때문에 그들의 권위에 복종하는 것은 곧 하나님께 복종하는 것이나 다름이 없다.(딤전 5:17) 무엇보다도 그들은 하나님 앞에서 성도들의 영적인 성장을 책임진 사람들이기 때문에 그들을 거역하는 것은 곧바로 자신에게 해를 끼치는 것이다. 그러므로 그들을 기쁨으로 받들고 존귀히 여기는 것이 성도들의 마땅한 태도다.(빌 2:29-30)

고린도인들이 이런 사실들을 바로 깨닫지 못하고 분파를 조성하게 된 배경에는 보다 심층적으로 "세상 지혜"란 것이 놓여 있다. 그들은 인간 지도자들의 상대적인 장점과 특징을 치켜세우고 그들을 과대포장함으로써 그들을 중심으로한 분파를 조장했는데, 바로 그런 행위 자체가 세상의 지혜와 가치관을 따른 것이었다. 18-23절에서 바울은 그들이 따르고 있는 세상 지혜가 얼마나 하나님 앞에서 어리석고 무가치한 것인가를 논증하려고 한다.

바울은 18절에서 "아무도 자기를 속이지 말라"고 경고한다. 고린도인들은 예수 그리스도의 주主 되심을 전파하는 복음을 받아들인다고 하면서도 사실은 세상의 부패한 가치관과 풍습을 받아들여 서로 치고 박고 싸우고 있었다. 그들은 스스로 지혜 있는 것처럼 생각했지만 이제 자기모순에 빠진 행동을 자초하였다. 그들은 스스로를 속이고 있었던 것이다. 그들은 지혜자처럼 생각을 했지만 결국은 어리석은 자로 판명되었다. 그들은 스스로를 속인 것이다.

바울은 전에 세상에서 지혜 있다고 자부하는 자들이 십자가 복음에 나타난 하나님의 지혜를 "어리석은 것"으로 치부했음을 지적한 적이 있다.(1:18, 23, 25) 그러나 이제 그는 역으로 세상 지혜의 어리석음을 부각시키고, 참된 기독교의 지혜가 무엇이고 참된 지혜자가 누구인지를 보여준다. 세상의 지혜자들은 사진을 치켜세우고 인간적인 지혜를 높이 평가하려는 교만을 가지고 있다. 그러나 하나님은 이미 세상 지혜자들의 지혜를 미련케 하셨고 그들의 지혜를 헛것으로 아시며 그들이 스스로의 궤계에 빠지게 만드신다.(19-20절) 그는 도리어 "전도의 미련한 것"을 택하셔서(1:20) 사람들을 구원하기를 기뻐하셨다.

이것은 세상 지혜의 완전한 거부다. 헬라어에는 "너희 중에"라는 18절의 표현이 "이 세상에서"라는 말 바로 앞에 나온다. 이 두 표현은 날카롭게 대조되는 표현이다. 신자는 교회와 세상 안에 모두 존재한다. 그러나 교회와 세상에 대한 신자의 관계는 서로 다르다. 바울은 세상 지혜는 하나님 앞에서 덧없는 것이고 스스로 궤계에 빠지는 지혜이며 헛된 지혜이기 때문에, 세상에서 지혜 있다고 생각하는 자들에게 "미련한 자가 되어라"(18절)고 권면한다. 하나님의 지혜를 따르는 자는 세상 지혜와 관련해서는 미련하게 살아야 한다. 이런 삶이야말로 신자가 세상에서 거꾸로 사는 삶이다. 세상과 신앙은 가치관에 있어서 정반대의 길을 지향하기 때문에 그럴 수밖에 없다. 참 지혜는 "이 세상의 지혜"를 거부할 때만 발견된다. 세상에서 지혜로우면서 하나님 앞에서도 지혜로울 수 있는 길은 없다.

예를 들면, 세상에서 참으로 지혜로운 사람은 부동산 투기를 해서라도 일확천금을 버는 사람일 테지만, 하나님 앞에서 그런 사람은 어리석은 사람이요 악한 사람이다. 중상모략과 권모술수를 동원 해서라도 스스로 권력을 쥘 수 있는 사람이 있다면 그야말로 세상에서 지혜로운 사람이겠지만, 하나님께서는 그런 사람을 미련한 사람으로 취급하시며 결국 그를 심판하실 것이다. 오히려 하나님께서는 비록 세상에서 일확천금을 벌지는 못해도 성실하게 노동하며 사람들 앞에서 섬김과 용서와 희생의 삶을 사는 사람을 참으로 지혜로운 사람으로 여기신다. 세상의 가치관에 따라 판단한다면 하나님의 영광스러운 아들이면서도 세상에 내려오셔서 갖은 모욕과 수치와 고난을 다 당하며 십자가의 형벌을 당하신 예수가 가장 미련하고 어리석은 삶을 산 분일 것이다. 그러나 그 속에 사람들을 허무와 죄 가운데서 구원하시는 하나님의 지혜와 능력이 숨겨져 있다. 그러므로 하나님 앞에서 진정으로 지혜롭기를 원하는 사람은 예수 그리스도께서 걸어가신 동일한 길을 걸어가야만 한다.

바울은 21절에서 고린도인들이 그리스도 안에서 소유하고 있는 훨씬 귀한 보화들에 대해 관심을 돌린다. 사람은 세상 지혜를 따라 자신을 치켜세우며 교만해하지 말고(21절 상) 하나님 안에서만 자랑해야 한다. 왜냐하면 하나님께서 만물을 그들에게 주셨기 때문이다. 특별히 이 진리는 기독교 사역자들에 대해서도 마찬가지다. 만물을 신자들에게 주신 하나님은 또한 그들에게 교회의 여러 사역들도 주셨다. 22절은 그들이 현재 소유하고 누리고 있는 축복들의 범위를 묘사해 준다. 그들도 그리스도 안에서 생명을 누리고 사망을 정복했으며 현재와 미래의 모든 것을 확실하게 소유하고 있다. 이 모든 것은 오직 그들이 "그리스도 안에" 있을 때만 존재한다.(23절) 그리스도만이 하나님의 모든 신령한 축복이 신자들에게 흘러 들어오는 유일한 통로다.

## 청지기의 비유

고린도인들의 분파 행위에 대한 원인을 분석하는 일에서 관심으로 돌려 바울은 교회의 사역자들에게로 향한다. 고린도인들은 그들의 상대적인 장점을 치켜세우면서도 그들을 중심으로 분파를 조장하였다. 분파를 조성할 때 그들은 교회의 사역자들을 인간적으로 판단하였다. 아무개는 어떤 점이 좋고 아무개는 어떤 점이 나쁘다는 식으로 말이다. 그러나 사실 바울은 사람들이 교회의 사역자들을 어떻게 판단하는가는 별 중요성이 없다는 것을 말하려고 한다. 하나님께서 그들을 교회의 사역자들로 세우셨기 때문에 그들이 넘어지고 서는 것은 본래 하나님의 일이다. 그리고 하나님께서만이 그들을 참되게 판단하실 수 있다.

고린도인들은 바울과 아볼로와 같은 교회 지도자들을 "그리스도의 일꾼"으로 또는 하나님의 비밀을 맡은 "청지기들"로 평가해야 한다.(1절) 앞의 표현은 교회의 사역자들이 그리스도 자신에게 속해 있으며 그의 지시와 명령에 따라 움직이고 일하는 사람들이라는 사상을 담고 있고, 뒤의 표현은 교회의 사역자들이 하나님의 계시의 비밀을 맡아 주인의 뜻대로 관리하고 보존하며 사용하는 사람들이란 뜻을 담고 있다.

여기서 "비밀"이란 하나님의 계시의 말씀을 가리킨다. 좀더 구체적으로 2:7에서 바울은 "비밀"을 십자가에 못 박히신 그리스도를 전하는 복음과 동일시한다. 복음은 세상의 관원들의 지혜가 아니라 만세 전부터 감춰었다가 이제 십자가 사건 속에서 나타난 "하나님의 지혜"다. 이 세대의 관원들이 만일 이 비밀을 알았더라면 그리스도를 십자가에 못 박지 않았을 것이다.(2:6-9) 그들이 예수를 십자가에 못 박은 것은 그들이 그를 그리스도와 하나님의 아들로 이해하는 믿음의 눈과 계시의 성령을 소유하지 못했기 때문이다. 십자가의 복음을 "비밀"이란 말로 표현한 것은 그것이 중립적 입장을 취하는 아무에게나 이해되는 어떤 것이 아니라 "하나님께서 자기를 사랑하는 자들을 위하여 예비하신 것"이며,(9절) 오직 계시의 성령께서만 그것을 신자들에게 "보이시기" 때문이다.(10절) 비밀은 하나님을 사랑하는 믿음의 사람들, 또는 계시의 성령을 소유한 사람들에게만 이해 가능한 것이다.

이 복음의 비밀, 십자가상에 나타난 하나님의 지혜를 맡아 관리하고 전하는 "청지기"(오이코노모이)의 자격과 의무는 "충성"이다.(2절) 충성은 신실하다는 것뿐만 아니라 신뢰할 만하다는 뜻도 포함하고 있다. 신실성과 신뢰성은 모든 기독교인에게 매우 중요한 성품이며 사역의 원칙이다.(벧전 4:10) 매사에 성실하고 요동함이 없는 사람이 바로 신뢰할 만한 인물이며, 누구든지 자신을 신뢰할 만한 인물로 생각한다면 반드시 성실성을 보여야 한다. 이 두 개념은 동전의 양면과 같은 것이다.

"충성"이란 말은 교회 사역자들에게 매우 중요한 말이기는 하지만, 그것을 우리의 한국적인 상황에 적용하려 할 때는 조심해야 할 면이 있다. 한국과 서양 문화 사이에는 사람의 중요한 덕목을 강조하는 데 있어 차이점이 있다. 유교 문화에 속해 있는 한국은 전통적으로 "충효"를 중요한 덕목으로 강조해 왔다. 특히 삼강三綱의 윤리는 충성과 복종을 본질적 요소로 삼고 있다. 자녀는 부모에게 복종하고, 신하는 왕에게 복종하며, 아내는 남편에게 복종해야 한다.

어떤 사람들은 후대 유교에서 발전된 삼강의 윤리를 종속과 굴종의 윤리라고 혹평하기도 했고, 사실 이씨 조선은 충성과 복종의 윤리를 백성을 효과적으로 지배하고 통치하기 위한 통치 이데올로기로 사용하기도 했다. 한국 사람들은 전통적으로 정직보다는 충성과 의리를 더 중요시하는 경향이 있다. 때로 사회 전체가 불의하고 부정직하다 보니 사람들이 부정직한 일을 해도 그것을 죄로 심각하게 여기지 않는 반면에, 상하 계급사회에서나 친구들 사이에서 충성과 의리를 저버리면 배신자로 여겨져 죄인 취급을 당하기가 일쑤다. 상급자가 불의를 행하거나 불의한 일을 지시해도 의리와 충성을 선택하여 그를 맹목적으로 추종하려는 경향이 있다.

물론 유교의 충의 윤리를 무조건 잘못되었다고 하는 것은 아니다. 그러나 적어도 우리의 주변에는 잘못된 동양적 충성관이 있기도 하다. 따라서 기독교적인 관점에서 무엇이 진정한 충성인지를 생각해 볼 필요는 있다. 2절에 보면 "맡은 자들에게 구할 것은 충성이니라"는 말씀이 나오는데, 잘못된 충성의 행태 두 가지와 바울이 생각하는 기독교인의 참된 충성의 성격 두 가지를 본문을 통해 살펴보려고 한다.

첫째, 충성의 모델로 삼을 수 없는 잘못된 행태들이 있다. 사람들이 흔히 빠지기 쉬운 오류 가운데 하나는 다른 사람들의 판단과 평가에 신경을 쓰는 것이다. 사람들은 행동을 하기 전에 먼저 다른 사람이 나를 어떻게 여겨 주고 평가할까를 생각하여 헌금하고 구제하며 봉사를 하곤 한다. 이 경우는 행동의 표준이 다른 사람들의 눈이다.

사람은 다른 사람들에게 인정과 칭찬을 받고자 하는 본성이 있다. 바리새인들처럼 기도하고 구제하며 금식할 때는 "사람에게 보이려고" 또는 "사람에게 영광을 얻으려고"(마 6:1, 2, 5) 자신의 의를 행하는 것이다. 오늘날에도 다른 사람들에게 영광을 얻고 인정과 칭찬을 받기 위해 자신이 헌금한 내역을 주보 뒤에 꼭 발표하기를 원하는 사람들이 많다. 목회자들 가운데 주보에 싣는 사람도 있다고 한다. 교회에서 직책을 맡아도 사람들에게 빛이 나는 것을 서로 맡기를 원하고, 또 그런 자리를 명예와 권세의 위치로 생각하곤 한다.

그래서 장로 투표에서 많은 표를 얻기 위해 의도적으로 헌금을 많이 내고 교회 일에 열심을 내는 사람들도 없지 않다. 이런 사람들은 집사로 일할 때는 교회에서 잘 봉사하다가 장로가 되고 나서는 교회의 모든 일에 군림하려는 자세를 취하곤 한다. 그들은 자신에게 명예나 주도권이 주어지면 열심을 내지만, 그렇지 않으면 열심을 보이지 않거나 도리어 사사건건 반대 입장을 취하려고 한다.

우리 주님은 기도를 해도 골방에 들어가 하나님 앞에서 은밀하게 하라고 하셨다. 구제를 해도 오른손이 하는 것을 왼손이 모르도록 하라고 하셨다. 바울도 고린도 교인들이나 다른 사람들이 자신을 어떻게 판단하느냐는 문제는 그에게 "매우 작은 일"이라고 주장한다.(3절) 다시 말해서 다른 사람의 눈을 의식하고 그들의 판단에 따라 좌지우지되는 것은 그리스도인의 올바른 충성의 태도가 아니다. 그리스도의 일꾼으로서 그의 일을 신실하게 수행하는 사람은 다른 사람의 평가를 중요하게 여기지 않는다. 물론 이 말은 교회 지도자란 남이야 무어라고 하든지 자기 고집대로 이를 한다는 뜻이 아니다. 그리스도의 일꾼은 다른 사람의 의견이나 충고가 하나님의 뜻에 부합한다고 여겨지면 그것을 진지하게 받아들일 줄 아는 열린 마음의 소유자가 되어야 한다.(딛 1:7; 벧후 2:10) 바울이 여기서 말하려고 한 것은 교회의 사역자들은 사람들간에 오가는 인간적인 판단이나 평가를 중요시하지 않아야 한다는 것이었다. 충성은 하나님 앞에서 하는 것이지 사람들 보기 좋으라고 하는 것이 아니다. 만일 어떤 사람이 그런 태도로 일을 한다면 그가 하나님 앞에서 받을 "칭찬"은 없다.(5절 참조)

충성의 기준은 다른 사람들의 평가가 아니라면 더욱이 자신의 "양심"

도 아니다.(4절) 바울은 "나도 나를 판단치 아니한다"고 말한다.(3절) 그는 양심상 아무 자책할 것을 깨닫지 못할 만큼 그리스도의 일꾼과 선한 청지기로서 깨끗하게 일을 하였다. 그러나 이 때문에 그가 하나님 앞에서 의롭다 함을 받지는 못한다. 마지막 심판 날에 하나님께서 사람을 최종적으로 "의롭다"고 선언하시는 것은 인간의 선한 양심의 판단 기준에 따라 되는 것이 아니다. 인간은 아무리 선한 일을 많이 하고 또 양심상 스스로 아무 자책할 일을 하지 않았다고 판단해도, 바로 그것이 마지막 구원의 기초가 되는 것은 아니다. 그러면 바울은 왜 여기서 자신의 선한 양심도 충성의 궁극적인 기준이 될 수 없다고 생각했을까?

양심은 결코 중립적인 것이 아니다. 양심에도 여러 가지가 있다. 더러운 양심도 있고 약한 양심도 있으며,(고전 8:7) 화인 맞은 양심도 있고,(딤전 4:2) 선하고 착한 양심도 있다.(딤전 1:5) 자신은 깨끗한 양심을 가지고 일한다고 하지만 그릇된 충성을 하는 경우가 많다. 양심은 자기 판단의 능력을 가리키는데, 이 양심이 끊임없이 성령에 의해 정결케 되고 인도하심을 받지 못하면 신자는 그릇된 길로 가기가 쉽다. 이런 면에서 양심은 결코 중립적인 안내자가 될 수 없기 때문에 하나님의 은총의 도움을 필요로 한다.

사람은 누구나 자기가 자기 자신을 제일 잘 안다고 생각하곤 한다. 그러나 실제로 그런 자기 자신을 잘 모를 때가 많다. 오히려 주변에 있는 다른 사람들이 나의 약점과 고집 그리고 잘못된 습관 등을 더 잘 아는 수가 있다. 무엇보다도 우리 자신을 가장 잘 아시는 분은 우리의 주님이시다. 따라서 자신에 대한 바른 이해와 지식을 갖는 것은 신의 은총이다. 대부분의 사람들이 바로 이 사실을 깨닫지 못하고 있다. 칼빈은 인간의 자기 지식이 신에 대한 지식과 본질적으로 깊이 연결되어 있다고 말한다. 따라서 하나님을 바로 알지 못하면 인간이 자신을 바로 이해할 수 없다고 말한다. 자신은 모든 일에서 양심 바르고 정당하게 살았다고 자부하지만 실상 자기 자신을 잘 파악하지 못하는 경우가 많다.

자신에 대한 바른 이해는 모든 신앙 생활의 출발점이다. 만일 교만한 사람이 자신의 교만을 깨닫지 못하고 스스로 하나님을 잘 믿는다고 여긴다면 그보다 더 불행한 일은 없을 것이다. 그렇기 때문에 참된 신자라고 한다면 자신의 양심을 잣대로 삼아 신앙 생활을 할 것이 아니라 끊임없이 자신의 참된 모습을 깨달을 수 있도록 겸손히 주님의 도움의 손길을 간구해야 한다. 우리가 이렇게 기도할 때, 주님은 전에 내가 깨닫지 못하던 죄악되고 세속적인 생활, 이기적인 태도와 교만 그리고 자기 주장만을 내세우는 완고함 등을 깨닫게 해주실 것이다. 양심은 성령의 지배를 받을 때만 우리의 삶의 잣대 기능을 할 수 있다.(롬 9:1 참조) 진정한 자기 평가와 이해는 하나님의 선물이다. 따라서 우리의 인간적인 양심을 따라 충성한다는 것은 때로 자신에게 화를 자초하게 할 수 있다. 교만한 사람이 자신의 교만을 깨닫지 못하고 주님을 위해 열심을 낸다고 하면서 이 사람 저 사람에게 상처를 주고 교회에 해를 끼치는 것이 바로 그 경우이다. 바울은 "만일 누가 아무것도 되지 못하고 된 줄로 생각하면 스스로 속이는 것이라"(갈 6:3)고 경고한다. 아무것도 되지 못하고 된 줄로 생각하는 양심은 오히려 신앙 생활에 큰 해독을 끼친다. 그래서 신자의 양심은 인간적인 판단에 의지하기보다 끊임없이 성령의 인도하심에 의지해야 한다.

둘째, 신자의 참된 충성은 그러면 어떤 성격을 지녀야 하는가? 2절을 보면 "맡은 자에게 구할 것은 충성이라"고 했다. 여기서 무엇을 맡은 자로서의 충성인가? 이미 1절 하반절에서 바울과 아볼로는 "하나님의 비밀을 맡은 청지기"로 묘사되고 있다. 그렇다면 청지기의 충성은 마땅히 그가 맡은 "하나님의 비밀"의 성격에 의해 규정된다고 볼 수 있다. 하나님의 비밀은 2:7에 따르면 십자가에 못 박히신 그리스도를 전하는 복음을 가리키는데, 바울과 아볼로는 바로 이 십자가의 복음을 맡은 청지기이며 따라서 그 복음을 맡은 자로서 충성해야 한다. 그리스도인의 충성은 맹목적인 충성이 아니다. 그것은 그가 맡은 십자가 복음의 성격에 의해 규정되어야 한다.

그렇다면 세상에 섬기는 종으로 오셔서 기꺼이 십자가를 짊어지신 예수의 발자취를 충실하게 따라가는 사람이 진정으로 십자가의 복음을 맡은 청지기로서 충성하는 사람이다. 십자가에 못 박히신 예수의 형상을 지니지 못한 자의 충성은 진정한 충성이라고 할 수 없다. 충성의 모습은 있으나 십자가에 못 박히신 우리 주님의 삶의 모습이 보이지 않으면 그것은 진정한 충성이라고 볼 수 없다. 만일 어떤 사람이 열심은 있으나 다른 성도들 위에 군림하려는 자세로 충성하고 있다면 어떻게 그것이 진정한 충성이라고 할 수 있겠는가?

만일 어떤 사람이 예수님처럼 섬김과 봉사의 자세로 충성하지 않고 자신의 명예와 이익을 위해 열심을 낸다면 그의 열심이 진실한 충성의 모습이라고 할 수 있겠는가? 따라서 자신의 삶이 그리스도의 모습으로 변화되기를 갈망하는 성령의 사람만이 예수와 그의 복음에 충성하는 사람이다. 십자가 복음이 따로 있고 충성이 따로 있는 것이 아니다. 십자가의 복음 자체가 그러한 삶을 요구하고 있다.

신자는 심판 날에 어두움에 감추인 모든 것을 드러내시고 사람들의 마음의 뜻을 나타내실 주님 앞에 기꺼이 설 수 있도록 준비하는 자세로 충성해야 한다. 중요한 것은 다른 사람들의 평가나 나 자신의 평가가 아니라 주님께서 나를 어떻게 평가하시느냐는 것이다. 신자의 모든 삶의 의미는 궁극적으로 미래에 있다. 미래를 보고 현재를 사는 것이다. 현재만을 위해 현재를 사는 것은 찰나주의다. 신자는 미래가 있기 때문에 현재를 충성되게 사는 것이다. 마지막 날에 우리를 심판하실 주님이 계시기 때문이다.

그날에 주님께서는 "어두움에 감추인 것들을 드러내고 마음의 뜻을 나타내실" 것이다.(5절) 그 날에는 누구도 자신의 삶을 주님 앞에서 감출 수 없다. 은폐될 수 있는 것은 그 앞에 아무것도 없다. 사람들은 서로 감추인 삶의 부분을 알 수 없기 때문에, 드러나지 않는 죄와 부끄러움은 어느 정도 사람들에게 감출 수 있다고 생각한다. 그러나 일단 그 죄와 부끄러움이 탄로나고 드러나면 사람들에게 망신을 사고 심한 부끄러움을 당하게 되기 때문에 자신의 죄와 부끄러운 행위가 탄로나고 나타나게 될까 봐 두려워한다.

그러나 이상하게도 사람들은 마땅히 두려워할 분인 하나님을 두려워하려 하지 않는다. 하나님은 보이는 분이 아니기 때문에, 그들은 하나님 앞에서 자신의 죄와 부끄러운 행위가 드러난다 하더라도 그것을 그리 두려워하지 않는 경향이 많다. 그래서 사람들에게만 탄로나지 않는다면 어두운 데서 죄를 즐기고 안도의 숨을 쉬려고 한다. 그들은 다른 사람들에게만 탄로나지 않는다면 회개하려고 들지 않을 뿐만 아니라 버젓이 행세하려고 한다. 그들은 하나님이 보이지 않는 분이기 때문에 그를 두려워하지 않는다.

그러나 이것은 신앙의 본질이 아니다. 진정한 신앙인은 날마다 "하나님 앞에서" 그를 경외하며 살아가는 사람이다. 하나님을 육신의 눈으로 볼 수 없다 하더라도 그분의 임재를 인정하고 그분 앞에서 살아간다. 이런 사람은 심판 날이 닥쳐와도 결코 두려워할 것이 없다. 그러나 하나님이 육신의 눈으로 보이지 않는다고 어두운 데서 죄악을 즐기고 회개하지 않는 사람들은 그들이 어두운 데서 행한 모든 부끄러운 일이 드러날 최후 심판 날에 큰 부끄러움과 수치를 당하게 될 것이다. 그들은 그 날에 진노의 심판을 당하게 될지도 모른다. 스스로 만든 안전책들이 거짓된 것으로 드러나게 될 것이다.

주의 날에는 어두움에 감추인 모든 것들이 드러나게 될 뿐만 아니라 또한 "마음의 뜻"도 나타나게 될 것이다. 여기서 "마음의 뜻"이라는 것은 사람 속에 숨겨진 동기나 성품도 심판의 대상이 됨을 보여 준다. 3:10-15에서는 사람이 외적으로 행한 "일과 행위"가 심판의 대상이 됨을 밝혀 주는 반면에, 본 절에서는 사람의 내면적 기질이나 성품 그리고 의도 등도 심판의 대상이 됨을 보여 준다. 때로 사람은 자신의 악한 생각을 행동으로 옮기지 않고 마음속에서만 품고 있는 경우가 있다. 남을 실제로 살인한 것은 아닐지라도 속으로 그를 죽이고 싶도록 증오하는 마음을 품을 수 있다. 이러한 내면적인 기질이나 의도 등도 심판 날에 벌거벗은 것처럼 드러나게 될 것이다.

바울이 본 절에서 미래의 심판에 호소하는 것은 모든 그리스도인이 바울 자신과 같이 순수하게 하나님의 일을 하지 않기 때문일 것이다. 5절 하반절의 "칭찬"이라는 단어는 3:8의 "상급"과 같은 뜻을 지니고 있다. 이 상급은 넓은 의미에서 구원 자체도 포함하지만,(갈 6:10) 구원 자체가 행위의 많고 적음에 의해서 결정되는 것은 아니다. 다시 말해서 사람이 구원을 얻는 것은 선행의 많고 적음에 의해 결정되는 것이 아니라 오직 하나님이 주시는 은총이다.

그러나 일단 은혜로 구원을 얻은 신자는 선한 삶을 삶으로써 자신이 하나님의 백성 된 증거를 표현하게 되어 있다. 이렇게 선한 삶을 사는 그 끝에는 "영생"이 상급으로 주어진다. 역으로 예수를 믿는다고 하면서도 아무런 선한 삶도 회개의 열매도 없으면 구원과 영생에 이를 수 없다. 왜냐하면 참된 신앙은 선한 삶과 회개의 열매를 동반하게 되어 있기 때문이다. 바울 서신에는 이렇게 영생이나 구원이 상급의 차원에서 이해되는 구절들이 있다.(롬 2:6-7; 갈 6:7-8 참조)

## 5. 그리스도를 본받는 자가 되라 4:6-21

바울은 여기서 이제까지 권면해 온 원칙적인 주장들을 고린도인들과 자기 자신의 실제 생활에 비추어 봄으로써 그들과 바울 자신 중에서 누가 과연 십자가에 못 박히신 예수의 제자인지를 내보이고자 한다. 그는 이미 앞 절에서 무엇이 그리스도인들에게 마땅한 충성된 삶인지를 밝힌 적이 있다. 이제 그는 고린도인들의 분쟁하는 삶과 그리스도를 위해 고난과 핍박을 당하는 자기 자신의 삶을 날카롭게 대조시키고, 그렇게 함으로써 어떤 삶이 십자가에 못 박히신 예수를 따르는 제자의 삶인지를 함축적으로 제시하고 있다. 고린도인들은 바울과 아볼로와 같은 교회 지도자들의 중요성을 너무 치켜세워 그들을 중심으로 파당을 짓고 분쟁을 일으켰다. 그 과정에서 교만한 마음으로 서로 구분하려는 생각이 생기고 분파가 조성되었다. 그러나 바울은 예수 그리스도 때문에 갖은 고난과 고통의 삶을 살아야 했다. 그의 일념은 자신의 고난과 고통을 통해 고린도인들과 같은 사람들이 예수를 믿고 성숙한 하나님의 백성이 되게 하는 데 있었다.

## 그리스도 때문에 미련해진 사람

바울은 먼저 자신과 아볼로의 삶을 언급한다. 그는 "내가 너희를 위하여 이 일에 나와 아볼로를 가지고 본을 보였다"(6절)고 한다. 이 서론적인 구절은 6절 하반절과 함께 그 정확한 뜻이 무엇인지 분명하지가 않다. "본을 보이다"(메테스케마티사)는 동사는 본래 "변화시키다"(빌 3:21) 또는 "자신을 가장하다"(고후 11:13, 14, 15)라는 뜻을 갖는다. 이런 의미들은 본문의 문맥에 어울리는 것 같지 않다. 어떤 사람은 이 합성동사의 원래 어간이 모양 또는 형태라는 뜻의 "스케마"라는 점에 주의를 기울여서 그것이 "말의 형식"을 뜻한다고 본다. 그렇다면 "이런 일들"이라는 말은 바울이 앞에서 자신과 아볼로에게 적용했던 심고 물을 주는 "농사일",(3:6-9) 집을 짓는 "건축 일",(3:10-15) 주인의 것을 맡아 관리하는 "청지기 일"(4:1-2)을 지칭할 것이다. 어쨌든 바울은 아볼로와 함께 열심히 일하는 농부, 건축자, 청지기로서 충성스러운 모델을 고린도인들에게 제공하였다.

농부, 건축자, 청지기의 실례들을 들어 가며 바울은 자신과 아볼로의 기능에 대해 말해 왔지만, 바울의 실제 강조점은 하나님께서 자신과 아볼로와 같은 교회 지도자들을 불러다 사용하는 하나의 일꾼에 불과하다는 사실이다. 그러므로 고린도인들이 그들을 치켜세우고 숭배할 필요는 없다. 그들은 오히려 고린도 교인들을 위해서 존재한다. 사실 바울이 교회 사역자들을 농부로, 건축자로 또는 청지기로 비유함으로써 그들의 기능에 대해서 말하는 것은 그런 예들을 통해서 고린도인들을 교훈하려는 목적이 있었다("너희를 위하여…본을 보였다"). 바울이 아볼로와 자신을 실례로 든 것은 단지 표현상의 기교에 불과하고 그들을 고린도인들이 본받아야 할 예증으로 삼으려는 데 실제 목적이 있었다. 다시 말해서 겉으로 보기에 바울은 자신과 아볼로에 대해서 말하고 있지만 실제는 자신과 아볼로가 어떤 삶을 살았는지를 보여 줌으로써 십자가 복음이 아직도 무엇인지 모르는 교만한 고린도인들을 교훈하려고 한 것이다.

바울이 자신과 아볼로를 농부로, 건축자로, 청지기로 비유했던 이유는 "너희로 하여금 기록한 말씀 밖에 넘어가지 말라 한 것을 우리에게서 배워 서로 대적하여 교만한 마음을 먹지 말게 하려는" 의도 때문이었다.(6절 하) "기록한 말씀 밖에 넘어가지 말라"는 말은 헬라어 본문에 분명치 않은 말로 기록되어 있다. "기록된 것"이라는 말은 구약을 인용할 때 사용되는 정규적 표현이었다.(1:19 참조) 아마도 이 말은 고린도인들이 분파를 만들어 분쟁할 때 그들이 주장하던 슬로건과 주장들이 마치 성경과 같은 수준의 권위를 지니는 어떤 것으로 보려는 위험을 지칭할지도 모른다.

본문에는 특별히 인용된 구약의 말씀이 없기 때문에 일반적인 구약의 교훈을 지칭할 것이다. 고린도인들은 사실 바울과 아볼로에게서("우리에게 배워") 성경의 교훈을 따라 사는 법을 배워야 한다. 성경은 인간들을 치켜세우지 않고 하나님을 높인다. 고린도인들은 교회 사역자들을 너무 높이 평가하였다. 그들을 치켜세워 분쟁을 조장하고 서로 대적하는 것은 전적으로 그들의 "교만"에서 기인한다. 교만은 이 서신에서 여러 번 사용되는데,(4:18, 19; 5:2; 8:1; 13:4) 그것은 특별히 고린도인들이 빠졌던 악이었다.

잠언의 기자는 "교만은 패망의 선봉이라"고 했고, 하나님께서는 교만하고 목이 곧은 사람을 미워한다고 하셨다. 특별히 자만과 교만은 신자들의 신앙 생활에 치명적인 해독을 끼친다. 성경에서는 사람이 "세 가지 관계" 속에 놓여 있는 것으로 묘사한다. 하나는 사람과 하나님의 관계로서 이것은 인간 실존의 가장 근본적인 관계다. 둘째는 사람과 그의 이웃의 관계다. 셋째는 사람이 자기 자신과 맺고 있는 관계다. 이 세 번째 관계는 그다지 중요하게 보이지 않지만 아주 중요한 관계다. 신앙적 자만과 교만은 사실 인간이 맺고 있는 이 세 가지 관계 모두를 단절시키고 파괴하는 해독을 지니고 있다. 자만과 교만의 위험은 (1) 자기의 능력이나 신분을 너무 높이 평가함으로써 자신을 객관적으로 보지 못하게 만들고 자기비평 능력을 마비시키며,("아무것도 되지 못하고 된 줄로 생각하는 자는 스스로 속임이니라", 12절; 갈 6:3) (2) 자기를 과대평가하는 태도는 이웃에 대한 바른 태도를 갖지 못하게 하여 그를 대적하고 업신여기게 만들며,("서로 대적하여 교만한 마음을 먹다", 4:6-7) (3) 자신의 미래를 너무 낙관하기 때문에 자신의 공로와 힘을 의지하고 하나님을 겸손하게 신뢰하지 못하게 만든다.(9:13 참조) 그래서 교만은 넘어짐의 앞잡이요 패망의 선봉이라고 잠언 기자는 경고하는 것이다.

교만한 마음은 결국 서로 대적하는 태도를 유발하고 또 서로를 "구별하게" 만든다.(7절) "구별하다"는 동사는 자신이 남보다 우월하며 종류가 다른 사람이라고 간주하는 행위를 말하는데, 고린도인들의 이런 우월 의식은 뒤따라 나오는 두 질문에 의해서 근거 없는 것으로 비평받는다. 즉 그들이 소유하고 있다고 생각하는 모든 것이 사실은 하나님에게서 온 것인데, 그들은 이것을 깨닫지 못하고 스스로 자랑하고 교만한 자세를 취하였다. 이런 태도는 철저하게 "사람을 따라 행하는 것"이며(3:3) "육을 따라 행하는 것"이다.(3:1, 3) 또한 그것은 세상의 지혜와 가치관을 따르는 것이다. 그러나 진정한 그리스도인은 그러한 세상 지혜를 따르지 않고, 십자가에 나타난 하나님의 지혜와(1:23-24) 성령의 가르침(2:13, 15) 그리고 성경의 말씀을(4: 6) 따라 사는 사람이다. 그는 모든 일을 주님의 관점에서 볼 수 있는 "주의 마음"을 소유한 자다.(2:16)

본문 8-13절에서 바울은 자신이 그리스도를 위해서 당했던 여러 가지 시련과 고린도인들이 취했던 배부르고 교만하여 "왕노릇 하려는" 태도를 날카롭게 대조한다. 고린도인들은 "이미 배부른" 자들이었다.(8절 상) 예수님은 "의를 위해 주리고 목마른 자는 복이 있다"는 말씀을 하셨다.(마 5:6) 자신에게 있는 것은 아무것도 아니고 자신의 실존을 하나님 앞에서 텅 빈 것으로 느끼는 굶주린 심령들은 더욱더 하나님의 은혜와 도우심을 갈망하게 되어 있다. 마치 아무것도 없는 자처럼, 그래서 하나님을 더욱더 붙들 수밖에 없는 마음의 자세가 "주리고 목마른 자"의 자세다. 구약 시대로부터 참된 경건의 모습은 이렇게 주리고 목마른 사람의 모습으로 묘사되어 왔다. 이와는 반대로 고린도인들은 이미 배부른 자들처럼 행세하기 시작하였다. 그들에게는 하나님과 관련하여 더 이상 굶주리고 목마른 것이 없었다.

그래서 그들은 모든 것에 "이미 부요한 자"처럼 행세하였다.(8절 상) 시편 기자의 울부짖음을 보면 얼마나 경건한 언약 백성이 하나님 앞에서 자신을 "가난한 자"로 묘사하고 있는지를 살필 수 없다. 하나님 앞에서 아무것도 없는 자처럼, 그래서 하나님이 없는 자신의 삶을 텅 빈 의미 없는 삶으로 느끼는 사람은 비록 외양간에 송아지가 없고 포도나무에 열매가 없으며 감람나무에 소출이 없을지라도 여호와 한 분으로 만족하려는 사람이다.(합 3:17) 그러나 고린도인들은 그들이 소유하는 모든 축복이 다 하나님에게서 온 것임에도 불구하고 그것들이 다 자신의 것인 양 자랑하고 교만해 했으며 자신에게 있는 것으로 다른 사람들을 깔보고 업신여겼다. 그들은 마치 모든 것을 다 소유한 이미 배부른 자처럼 행세하였다.

더욱이 그들은 바울과 아볼로 없이 스스로 "왕노릇 하려고" 하였다.(9절 상) "우리 없이" 왕노릇 한다는 말은 아마도 고린도인들이 스토아 철학이 말하는 자족 사상의 영향을 받은 듯하다. 그들은 바울과 다른 사도들도 감히 주장하지 못하는 위치에 도달한 것처럼 주장하였다. 사실 바울은 고린도인들이 그러한 완전한 상태에 도달하기를 소원한다고 말한다. 그는 고린도인들이 "그리스도 안에서" 참으로 왕노릇 하기를 원하고 있다. 그러나 그리스도 안에 있는 왕적인 통치는 고린도인들의 교만한 삶의 자세 속에서 결코 나타나지 않는다. "하나님의 나라는…오직 성령 안에서 의와 평강과 희락이다".(롬 14:17) 하나님의 나라는 교만 속에서 나타나지 않고 온유와 겸손과 사랑의 모습으로 실현된다.(고전 4:20-21 참조) 바울은 고린도인들이 바로 온유와 겸손과 사랑의 모습 속에서 하나님의 영광스러운 통치에 동참하게 될 수 있기를 진실로 소원한다.

하지만 고린도인들의 실상은 하나님의 나라를 경험했다고 보기에는 너무나 세속적이고 이기적이고 교만한 것이었다. 아직도 그들은 영적으로 어린아이의 상태에 빠져 있었다. 그들은 이미 모든 것에 부요하고 배부른 자처럼 배짱을 내밀면서 안이한 태도로 "왕노릇 하려는" 환상에 빠져 있었다. 바울과 아볼로를 곁으로 제쳐 놓고 마치 자신들이 주인인 것처럼 행세하는 권위주의적 태도를 취하였다. 세상적인 관점에서 보면 그들이야말로 "지혜롭고 강하며 존귀한" 자들인 것처럼 보였다.(10절)

이와는 반대로 하나님께서는 바울과 아볼로를 하나님께서 죽이기로 작정하신 죄수처럼, 천사들과 사람들의 구경거리처럼 대우하셨다.(9절) 바울은 10절에서 계속해서 사도들의 비천한 위치와 고린도인들의 스스로 만족해 있는 태도를 대조시킨다. 사도들은 "그리스도의 연고로 미련하다".(10절 상) "그리스도 때문에 미련하다"는 말은 그들이 하나님 앞에서 지혜로운 자가 되기 위해서 세상적인 표준으로 볼 때 미련해졌다는 뜻이다. 어떻게 바울과 아볼로는 "그리스도 때문에" 세상 사람들이 보기에 미련한 삶을 살았는가? 그들은 십자가의 복음을 전하기 위해서 산을 넘고 바다를 건너고 거친 광야를 건너가 낯설고 물설은 땅의 사람들에게 그리스도를 전파하였다. 때로 채찍에 맞기도 하고 돌에 맞기도 하며 때로 굶주림과 목마름과 헐벗음과 추위를 견뎌내야 했다. 복음을 전하는 과정에서 갖은 고초와 고난을 감내해야 했다.(고후 4:7-10) 바울은 그리스도 때문에 미련하고 "연약한" 삶을 살았다.(10절) 그의 삶은 세상 사람들의 눈에 강하게 보이지 않았다.

고린도인들은 "강하지만" 바울은 그리스도 때문에 "약하다"고 하였다. 그것은 무엇을 의미할까? 우리는 앞에서 고린도인들이 "세상의 지혜"를 받아들여서 이미 배부르고 부요하며 스스로 왕노릇 하려는 태도를 취했다고 말한 적이 있다. 7절에 "구별하다"는 말이 나오는데, 이것은 자신이 남보다 우월하다고 보고 다른 사람을 자신과 구별하려는 교만한 태도를 말한다. 이렇게 스스로 구별하려는 교만한 태도를 가지게 되면 다른 사람을 대적하고 업신여기며 상대방을 지배하려고 들게 된다. 사실 고린도 교회는 상호비방과 권모술수, 교만과 분쟁, 싸움과 부도덕한 방종이 난무하는 교회였다.

겉으로 보기에 그들은 스스로 왕노릇 하려는 권위주의적 태도를 가지고 있기 때문에 "강하게" 보인다. 남을 지배하고 그 위에서 권세를 부리려는 자들은 외면상 강하게 보인다. 그들의 고압적인 태도, 큰 소리, 권세 부리려는 의기양양함 등은 과연 그들을 강하게 보이게 한다. 그러나 이들의 이러한 태도 뒤에는 "이 세상의 관원들의 지혜", 세상의 힘의 논리가 지배하고 있다. 그들은 신자의 흉내만 내고 있을 뿐이지 참다운 예수의 제자라고 할 수가 없다. 참다운 제자는 십자가의 길에 동참하는 자다. 예수께서는 자신을 낮추시고 섬기는 종의 모습으로 오셔서 결국 많은 사람들을 위해 십자가 형벌의 길을 가셨다. 이 십자가가 지니는 종의 형상, 섬김의 모습을 지니지 못하고 겉으로 강하게 보이고 다른 형제자매들 위에 고압적인 자세로 권세 부리려는 태도를 취하는 사람들은 참 제자라 할 수 없다.

"힘이 곧 정의다"라는 말이 있다. 힘은 옛부터 모든 것을 정당화할 수 있고 모든 것을 창조해낼 수 있다고 여겨졌기 때문에 많은 세상 사람들이 힘과 권세를 굉장히 동경해 왔다. 힘이 있는 자들에게 명예가 주어지고, 권세가 있는 자들에게 지식인들도 굽신거리며, 힘이 있는 자들은 자신들의 부당한 처사도 정당화시킬 수 있다. 이 세상 정치는 힘의 정치다. 파워 게임에서 이기기 위해 권력과 힘을 쥐려고 한다. 그래서 사회의 모든 그룹들이 이 "힘의 논리"를 사용하고 있다. 강한 자는 승자가 되고 약한 자는 패자가 될 수밖에 없기 때문에 너도 나도 권모술수를 해서라도 파워 게임에서 이기려고 한다.

남보다 강해지고 그들 위에서 지배하려는 것은 사실 타락한 아담의 속성이다. 아담이 바로 하나님과 같아지려고 범죄를 저질렀다. 예수의 두 제자인 야고보와 요한도 바로 그러한 욕망을 가지고 있었다. 그들은 예수께서 혹시 "영광 중에" 오르실 때 자기들에게 오른편 자리와 왼편 자리를 달라고 요청했고, 다른 제자들은 선수를 치는 이들의 약삭빠른 요구에 분개하였다.(막 10:14) 그때 예수께서 제자들에게 하신 말씀이 있다. "이방인의 소위 집권자들이 백성들을 임의로 주관하고 그 대인들이 저희에게 권세를 부리는 줄 알거니와 너희 중에는 그렇지 아니하니 너희 중에 누구든지 크고자 하는 자는 너희를 섬기는 자가 되고 너희 중에 누구든지 으뜸이 되고자 하는 자는 모든 사람의 종이 되어야 하리라".(막 10:42) 여기서 예수는 제자들 역시 이방 집권자들의 "권세 부리는" 태도 또는 "힘의 논리"에 의해 지배되고 있음을 지적하신다. 그러나 제자 공동체의 구성원들은 힘의 질서, 강자가 약자를 지배하는 질서가 아니라 섬김의 질서, 서로 종이 되고자 하는 질서 속에서 사는 자들이다. 예수께서는 바로 이러한 삶을 사는 자들을 제자로 부르신다.

놀라운 사실은 바울이 고린도후서 10:4에서 "그리스도께서 약하심으로 십자가에 못 박히셨다"고 말한다는 점이다. 바울은 예수의 십자가를 "약함"의 상태로 묘사한다. 한 걸음 더 나아가 그는 우리 그리스도인들도 "그리스도 안에서 약하다"고 말한다. 예수께서는 본래 부요하시고 강한 자이시다. 천지만물이 다 그로 말미암아 지어졌다. 빌라도 앞에서 예수께서는 "내 나라가 이 세상에 속한 것이었다면 내 종들이 싸워 나로 유대인들에게 넘기우지 못하도록"(요 18:36) 천군 천사들에게 명령하실 수 있다고 말씀하셨다. 그럼에도 예수께서 예루살렘에 가신 것은 두려워 떨며 할 수 없이 가신 것이 아니라 하나님 나라가 바로 그의 고난과 십자가를 통해 실현되어야 함을 알고 계셨기 때문이다.

그래서 그는 기꺼이 "약한 자처럼" 빌라도와 대제사장 앞에 죄수로 서셨다. 분명히 예수는 세상의 눈으로 보기에 어리석고 약하게 보였다. 강한 것을 숭상하는 세상 사람들의 눈에 그는 메시아가 아닌 것처럼 보였다. 어떻게 메시아와 하나님의 아들이라고 하면서 십자가에 달려 형편없이 죽어 갈 수 있는가? 이것은 불신 세상 사람들에게는 어찌 보면 당연하게 제기되는 질문이다. 그러나 예수는 자신의 강하심을 세상식의 힘의 논리를 통해 과시하지 않고 죽은 자 가운데서 부활하심으로 논증하셨다. 부활이 하나님의 능력이 현현된 사건이라면, 세상에서 예수와 함께 겸손과 섬김의 길에 동참하는 제자들은 지금 고난과 핍박과 굶주림의 "연약한" 삶을 살고 있지만 하나님의 능력으로 부활의 능력을 체험하게 될 것이다.(고후 13:4) 예수께서 연약해서 십자가에 죽으셨지만 부활하심으로 연약한 자신의 몸은 죽은 자를 다시 살리시는 하나님의 능력을 체험하셨다. 제자들도 고난과 핍박과 굶주림의 연약한 삶을 사는 것은 그리스도께서 가셨던 동일한 십자가의 길을 따름으로 부활의 능력을 체험하기 위함이다.

바울이 바로 그러한 "예수의 삶"을 살았다. 그는 고린도전서를 쓰는 바로 그 시간까지 "주리고 목마르며 헐벗고 매맞으며 정처가 없는" 생활을 하였다.(11절) 바울은 자신의 이러한 삶이 "그리스도의 고난"에 동참하는 삶이라고 표현한다.(고후 1:5; 골 1:24) 그의 고난은 단순한 인간적 고난이 아니다. 예수께서 경험하셨던 바로 그 고난에 동참하는 것이다. 더욱이 그는 예수님처럼 "후욕을 당한즉 축복하고 핍박을 당한즉 참고 비방을 당한즉 권면하였다"고 말한다.(12-13절) 이것은 그야말로 십자가 위에서 스스로 하는 일도 알지 못하고 메시아를 죽이는 일에 동참하던 사람들을 용서해 달라고 기도하시던 예수의 기도를 생각나게 만든다. 바울은 머리 끝부터 발 끝까지 예수께서 사셨던 삶을 그대로 본받아 살았던 예수 그리스도의 화신이었다. 십자가 복음이 바로 그러한 삶을 모든 그리스도인에게 요구한다.

그래서 바울은 자신의 삶의 본보기를 보여 줌으로써 고린도인들이 자신을 진지하게 본받기를 소원하고 있다. "내가 너희들에게 권하노니 너희는 나를 본받는 자가 되라".(4:16) 어떻게 이런 용기를 가질 수 있는가? 바울이 과연 누구인데 이런 말을 할 수 있는가? 그 대답이 11:1에 나타나 있다. "내가 그리스도를 본받는 자된 것같이 너희는 나를 본받는 자가 되라." 바울이 살았던 여정은 그리스도께서 가셨던 여정이었고, 그의 인격과 성품은 그리스도를 닮은 인격과 성품이었다. 그러한 자신의 삶과 인격을 본받으라는 것이다.

고린도인들은 겉으로 보기에 강한 자처럼 행세하였다. 그러나 "하나님의 능력"과 "하나님의 지혜"는 십자가에 못 박히신 예수 그리스도처럼 "연약하고 미련한" 삶을 사는 사람들에게만 경험된다. 세상적 표준을 따라 스스로 강하고 지혜로운 자처럼 행세하는 자들은 결코 하나님 나라도 그 능력도 경험할 수 없다. 하나님 나라의 질서는 세상의 질서와 정반대의 관계를 갖고 있다. 따라서 하나님 앞에서 강하고 지혜로운 자가 되기 위해서는 세상에서는 약하고 미련해질 수밖에 없다. 왜냐하면 참 제자들은 세상의 질서와는 정반대로 거꾸로 사는 사람들이기 때문이다. 그리스도 때문에 약하고 미련한 삶을 사는 가운데서 하나님의 능력이 나타나고 하나님의 지혜가 발견된다.(고후 12:9)

그러나 제자들이 약한 것은 "예수 그리스도 안에서"일 뿐이다.(고후 13:4) 고린도인들은 이렇게 하나님의 능력과 강함을 경험하지 못하고 세상의 표준을 따라 강한 자처럼 행세하였다. 11절의 "이 시간까지"라는 말은 8절에 나오는 고린도인들의 자만에 찬 "이미"와 크게 대조를 이룬다. 바울은 그리스도 안에서 참으로 강한 자가 되기 위해서 세상에서 그리스도처럼 매맞고 헐벗고 굶주린 "약한" 자가 되었다.

그가 그러한 삶을 스스로 택한 것은 장차 그리스도와 함께 영광 중에서 왕노릇 하기 위한 것이었다.(8절 참조) 영광스러운 하나님 나라의 통치에 동참할 수 있는 사람은 누구나 그리스도께서 보여 주신 사랑의 길, 곧 "후욕을 당한즉 축복하고 핍박을 당한즉 참고 비방을 당한즉 권면하는"(12-13절) 길을 가야만 한다. 참된 지혜는 이러한 삶을 통해서 나타나는 것이고, 바울은 자신이 사도 된 것을 이러한 삶을 실천함으로써 고린도인들에게 증명하였다.(16절 참조)

## 하나님 나라는 말이 아니라 능력

바울은 이제 14절 이하에서 그의 편지의 서두를 끝맺는다. 이제까지 그는 고린도인들이 하나님의 지혜를 버리고 공동체 생활 속에 세상의 지혜를 끌어들이려고 하는 데서 야기되는 문제들을 다루어 왔다. 세상적인 전망을 선택했던 고린도인들의 이 잘못 때문에 그들은 교회 지도자들을 치켜세우고 그들을 중심으로 서로 대적하고 분쟁하였다. 이러한 분쟁적인 상황에서 바울은 십자가 복음에 뿌리박은 신학과 삶의 양식 속에서 해답을 제시하려고 한다. 그는 자신이 얼마나 십자가에 못 박히신 예수 그리스도의 모습을 닮고 그의 발자취를 따라가는 삶을 살고 있는지를 고린도인들에게 보여 주려고 하였다. 그리스도인답지 않게 살아가는 그들에게 바울은 어떻게 사는 것이 예수의 참 제자로 살아가는 것인지 모본을 보여 주려고 한 것이다. 바울에 따르면, 십자가에 못 박히신 그리스도의 모습이 반영되지 않는 삶이 있다면 그것은 진정한 그리스도인의 삶이라고 할 수가 없다. 예수의 모습이 나타나지 않는 삶이 어떻게 그리스도인의 삶이라 할 수 있겠는가?

바울이 이렇게 자신의 희생적인 삶의 모습을 부각시킨 것은 그들을 자기의 "사랑하는 자녀에게 권하기 위함"이었다.(14절) 바울은 여기서 자신을 온유한 아버지로 묘사한다. 그가 이렇게 자신을 묘사하게 된 이유는 그가 고린도 교회를 창립했고 고린도인들로 하여금 처음으로 예수를 믿도록 인도한 영적인 아버지이기 때문이다. 그래서 바울은 고린도인들을 그리스도 안에서 "낳았다"고 주장한다.(롬 15:14; 골 1:28; 3:16; 살전 5:12; 살후 3:15 참조) 그가 이렇게 그들을 낳은 영적인 아버지이기 때문에, 그들은 자신들을 낳은 영적인 아버지인 바울을 본받으라고 권면 받는다.(16절) 이미 앞서 말한 대로 바울이 이렇게 고린도인들에게 자신을 본받으라고 대담하게 말할 수 있었던 것은 사실 그가 "그리스도를 본받는" 삶을 살았기 때문이다.(11:1) 바울의 삶의 태도나 인격이나 행위의 모든 것이 그리스도의 모습을 나타낸다.(갈 4:12; 빌 3:17; 살전 1:6; 2:14; 살후 3:7, 9 참조)

만일 고린도인들이 바울처럼 그리스도를 본받는 사람들이 되었다면, 온갖 혼란스러운 그들 교회의 문제들은 사라지게 될 것이다. 고린도 교회 내에는 무려 열한 개 정도의 문제들이 발생하였다. 그들 가운데 수많은 분쟁과 시기와 부도덕이 판을 치는 것은 그들의 삶 한가운데 예수 그리스도가 안 계시기 때문이다. 그들이 만일 그리스도를 겸손히 따르기만 했다면 분쟁하고 시기하는 태도로 살지는 않았을 것이다.

바울은 고린도 교회의 문제들을 바로잡기 위해 그의 사랑하고 신실한 아들인 디모데를 보냈다.(17절) 그가 디모데를 이렇게 "아들"로 부른 것은 디모데가 바울의 전도로 신앙을 갖게 되었기 때문일 것이다. 디모데는 아마도 이미 마케도니아로 떠난 것 같은데, 바울은 그에게 전갈을 보내어 고린도를 방문하라고 부탁하였다. 디모데가 고린도에 도착할 때, 그는 바울의 교훈과 "행사"를 생각나게 할 것이다. "행사"라는 말은 바울이 각 교회에서 보인 삶의 본보기들을 의미한다.

이로써 바울은 다시 한 번 자신의 삶을 본받을 것을 호소한다. 18절은 고린도의 어떤 사람들이 바울이 다시는 고린도 교회를 방문하지 않을 것이라는 추측에 근거해서 스스로 교만한 태도를 가지게 된 것을 말한다. 일차적으로 디모데가 가서 이런 오해를 바로잡아 줄 테지만, 바울 자신도 "주께서 허락하시기만 하면" 그들을 다시 방문하여 그들의 본체를 알아볼 것이다. 여기서 바울은 자신의 미래 계획을 수립함에 있어 하나님의 주권적인 섭리와 인도를 의지한다. 인간은 스스로 계획을 수립하고 스스로 결정하는 것 같지만 그의 계획의 성패는 하나님의 인도하심과 섭리에 달려 있다. 이 사실을 인정하는 것이 참 그리스도인의 태도다.

바울이 하나님의 허락으로 고린도에 갈 수 있을 때, 그가 고린도인들에게서 확인하고 싶은 것은 그들의 "말"이 아니다. 우리는 이미 고린도인들이 "구변과 지식"과 같은 은사들을 풍족하게 경험한 사실 때문에 바울이 그에 대해 하나님께 감사했던 것을 언급한 적이 있다.(1:4-7) 고린도인들은 분명히 말은 유창하게 잘하는 구변의 은사가 있었던 것 같다. 아마도 바울의 반대자들도 그럴듯하게 보이는 말들을 했던 것 같다. 그러나 그들의 문제는 말은 그럴듯하게 잘했지만 그들의 말과 삶 속에는 사람을 변화시키는 "능력"이 없었다는 점이다. 중요한 것은 "말"이 아니라 "능력"이다. 여기서 바울은 말 자체를 부정하는 것처럼 보인다. 다른 곳에서 말에 대한 비슷한 바울의 부정적 발언들이 발견된다. "내가 너희에게 나아가 하나님의 증거를 전할 때에 말과 지혜의 아름다운 것으로 아니하였나니".(2:1) 몇 구절 뒤에도 다른 비슷한 표현이 발견된다.

"내 말과 내 전도함이 지혜의 권하는 말로 하지 아니하고 다만 성령의 나타남과 능력으로 하여".(4절) 바울이 4절에서 인정하고 있듯이 기독교의 복음 전도는 "말"로 이루어진다. 기독교는 말씀의 종교다. 바울이 이 구절에서 부정하는 것은 복음이 인간적인 지혜에 기초한 인간적인 말이라는 주장이다. 그렇지 않다. 기독교의 복음은 겉보기에 인간의 말처럼 보이지만 그 속에는 성령의 "능력"이 나타난다.

이것은 죄인들을 하나님의 백성으로 변화시키는 능력이며, 하나님 나라는 바로 그러한 능력 속에서 현현된다. 성령의 능력이 실려 나가지 않는 말은 복음일 수가 없다. 복음의 말씀은 성령 안에서 능력으로 나타나며,(2:4) 이 능력의 말씀이 믿음을 산출시키고(2:5), 사람들의 삶을 변화시킨다.(1:26)

20절에 언급된 "하나님 나라"는 고린도전서에서 몇 차례 나온다.(6:9, 10; 15:24, 50) 공관복음서에서 묘사되는 하나님 나라의 한 가지 특징은 "능력"이다. 하나님 나라는 귀신을 제어하고 내어쫓는 제자들의 권위와 능력에서 현재한다.(눅 11:20) 예수께서는 요단강에서 세례를 받으시고 "성령의 권능으로" 갈릴리에 돌아가셔서 권위 있는 말씀을 전하시고 각색 병든 자들을 고치시며 귀신들을 내어쫓으셨다.(눅 4:14 이하 참조) 표적과 기사, 죄 용서의 선포, 병자들의 치유, 귀신들을 내어쫓는 일 등은 모두 하나님 나라가 지금 역사 속에 뚫고 들어와서 현재화되고 있음을 보여 주는 징표들이었다. 그렇다면 하나님 나라는 단지 좋은 충고가 아니라 죄인들을 하나님의 백성으로 변화시키는 능력이다. 21절의 말씀은 바울의 방문이 책망과 징계가 될지, 아니면 사랑과 온유한 심령으로 이루어질지는 고린도인들의 선택에 달려 있음을 말해 준다. 이런 말을 하는 바울의 심정은 얼마나 비통했겠는가!

# 3장
# 교회의 도덕적인 위기
5:1–6:20

## The Secularization of the Church, How will We Overcome it?

너희 중에 심지어 음행이 있다 함을 들으니 그런 음행은 이방인 중에서도 없는 것이라 누가 그 아버지의 아내를 취하였다 하는도다 그리하고도 너희가 오히려 교만하여져서 어찌하여 통한히 여기지 아니하고 그 일 행한 자를 너희 중에서 쫓아내지 아니하였느냐 내가 실로 몸으로는 떠나 있으나 영으로는 함께 있어서 거기 있는 것 같이 이런 일 행한 자를 이미 판단하였노라 주 예수의 이름으로 너희가 내 영과 함께 모여서 우리 주 예수의 능력으로 이런 자를 사탄에게 내주었으니 이는 육신은 멸하고 영은 주 예수의 날에 구원을 받게 하려 함이라 너희가 자랑하는 것이 옳지 아니하도다 적은 누룩이 온 덩어리에 퍼지는 것을 알지 못하느냐 너희는 누룩 없는 자인데 새 덩어리가 되기 위하여 묵은 누룩을 내버리라 우리의 유월절 양 곧 그리스도께서 희생되셨느니라 이러므로 우리가 명절을 지키되 묵은 누룩으로도 말고 악하고 악의에 찬 누룩으로도 말고 누룩이 없이 오직 순전함과 진실함의 떡으로 하자 **고전 5:1-8**

## 1. 구원을 얻지 못할 범죄[5:1–8]

음행의 문제는 바울이 고린도 교인들에게서 들었던 또 다른 문제였다. 그들은 스스로 지혜 있는 자처럼 행세했지만 스스로 모순된 삶에 빠져 있었다. 지혜 있다고 자부하던 그들이 이제 교회 내에서 음행을 행하는 사람을 방치하고 도리어 그에게 회개를 종용하기보다는 교만한 태도를 취하였다.(2, 6절) 겉으로 지혜 있어 보이는 자세를 취했지만 그들의 삶에는 십자가의 복음을 좇는 사람들로서 변화된 삶이 없었다. 도리어 그들은 교회를 분쟁의 도가니로 화하게 만들었고, 부도덕한 사람들이 교회 내에서 활보하고 다니도록 허용함으로써 교회의 정체성을 상실하도록 만들었다.

여기서 문제가 되는 것은 다음과 같은 몇 가지 질문으로 요약할 수 있다. (1) 소위 예수를 믿고 "형제"라 불리는 사람이(11절) 범죄를 했을 때 그를 구원받은 하나님의 백성이라고 할 수 있는가? (2) 교회 내에서 형제라고 불리는 사람이 범죄를 했을 때 교회는 어떤 태도를 취해야 하는가? (3) 윤리적인 범죄는 교회의 정체성과 어떤 관계를 가지는가? 이런 문제들은 오늘날 우리 한국 교회와 관련된 중요한 현안 문제들에 속해 있기 때문에 우리는 본문을 연구하면서 이런 문제들을 순서대로 다루고자 한다.

첫째, 이른바 형제라고 불리는 사람이 범죄를 했을 때 그는 구원받은 하나님의 백성이라고 할 수 있는가? 본문 1, 2절은 고린도 교회가 당면하고 있는 윤리적 위기의 실체를 설명해 준다. 그들이 당면한 윤리적인 위기란 교회를 다니는 어떤 사람이 자기 아버지의 "아내"를 취하는 "음행"을 범했다는 사실에 있다. "음행"이란 말은 보통 창기에게 사용되는 단어인데, 여기서는 성적으로 악한 일반적 행위를 지칭한다. 헬라어 본문에는 "이방인 중에라도 이름이 불려지지 않는다"는 표현을 담고 있는 사본도 있지만, 바울의 요점은 여기서 이방인들이라도 그런 음행은 하지 않는다는 뜻이다. 성적으로 완만한 사회였던 고린도 사회도 아들이 자기 아버지의 "아내"를 취하는 행위는 수치스러운 것으로 여겨졌다. 여기서 "아내"라는 말은 친 어머니라기보다는 아들과 함께 살 정도로 젊은 아버지의 첩을 가리킨다고 생각된다. "취하였다"는 동사는 여기서 현재 시제로 쓰이고 있기 때문에, 바울이 책망하는 이 사람은 아직도 회개하지 않은 상태에서 계속 그 여자와 동거하고 있는 것으로 보인다.

이렇게 음행을 계속하는 사람이 과연 구원을 받은 하나님의 백성이라고 할 수 있는가에 대해서는 바울이 4-5절에서 이렇게 답변한다. "주 예수의 이름으로 너희가 내 영과 함께 모여서 우리 주 예수의 능력으로 이런 자를 사단에게 내어주었으니,(4절) 이는 육신은 멸하고 영은 주 예수의 날에 구원을 얻게 하려 함이니라.(5절)" 특히 5절의 말씀은 음행의 죄를 범한 이 사람이 구원을 얻는다는 말인가, 아니면 구원을 얻지 못한다는 말인가? 바울의 표현 자체가 난해하게 되어 있어서 전통적으로 이 구절에 대한 다양한 해석들이 존재해 왔다.

위의 질문에 바로 대답하려면 "그런 자를 사단에게 내어준다"는 바울의 말을 바로 이해해야 한다. "사단에게 내어준다"는 표현은 성경에서 흔치 않은 문구다.(딤전 1:20 참조) 유대교의 한 분파 운동인 쿰란 신도들의 문헌을 읽어 보면, 이 표현은 어떤 사람이 공동체의 정신이나 규율을 어길 때 그를 공동체 밖으로 내어쫓는 "출교" 행위를 지칭할 때 쓰였다는 것을 알 수 있다. 바울도 회개하지 않고 윤리적으로 타락된 행위를 계속하는 이 음행자를 "너희 중에서 내어쫓으라"(12절 하)는 말을 한다. 음행자를 교회 밖으로 내어쫓는다는 것은 음행자의 삶과 행위의 관점에서 볼 때 그를 구원받은 하나님의 백성으로 볼 수 없다는 바울 편에서의 판단을 전제한 것이다. 음행자를 내어쫓는 것은 단지 교회의 순결성을 지키기 위한 행위만이 아니라,(7-8절) 그를 거룩한 공동체인 교회의 구성원으로 여길 수 없다는 바울의 판단을 보여 주는 행위이기도 하다.

그렇다면 "사단에게 내어준다"는 표현도 출교의 관점에서 이해되어야 한다. 음행자를 사단에게 내어준다는 말은, 교회 밖이 사단이 지배하는 영역이기 때문에 그를 그 영역으로 출교시키는 것을 뜻할 것이다. 교회에서 출교당함으로써 이제 그는 사단의 지배를 받게 되고 기독교인들이 누리는 모든 특권을 상실하게 된다.

사단에게 내어주어 그의 지배를 받게 되는 결과는 음행자의 육신이 멸망당하는 것이다. "육신을 멸하여".(5절) 어떤 사람은 육신이 인간 본성의 낮은 부분인 "육"을 뜻하는 것으로 보고 "육신이 멸한다"는 것은 죄악된 정욕을 멸하는 것을 뜻한다고 주장한다. 이 경우에 육신이 멸한다는 것은 죄악된 육신의 정욕을 멸하는 것이기 때문에 음행자를 도리어 순화시키는 것을 뜻하게 된다. 그러나 이 해석은 신빙성이 없는 해석이다. 어떻게 사단의 지배를 받는 결과가 도덕적으로 순화되는 결과로 나타날 수 있겠는가? 오히려 사단의 지배를 받으면 순화되고 정욕이 없어지기보다는 더 일어나는 것이 당연하기 때문이다.

어떤 사람은 육신이 멸한다는 것이 곧 "죽음"을 의미한다고 생각한다. 이 해석은 가능성이 있는 해석이다. 왜냐하면 육신이 파괴되고 멸망하는 것은 궁극적으로 죽음을 내포하기 때문이다. 그러나 육신이 멸한다는 말은 여기서 아마도 즉각적인 죽음을 뜻하기보다는 질병의 고통을 통해서 육신이 서서히 죽어 가는 과정 자체를 포함할 것이다. 이런 징계는 고린도전서 11:30-32에서 그 실례를 찾아볼 수 있다. "이러므로 너희 중에 약한 자와 병든 자가 많고 잠자는 자도 적지 아니하니 우리가 우리를 살폈으면 판단을 받지 아니하려니와 우리가 판단을 받는 것은 주께 징계를 받는 것이니 이는 우리로 세상과 함께 죄 정함을 받지 않게 하려 하심이라." 고린도인들은 그들이 기념하는 성만찬이 "주의 만찬"인지도 구별하지 못하고 이기적인 태도로 자기 만찬을 먼저 가져다 먹음으로써 가난한 자들이 굶은 채로 되돌아가게 만들었다.

그들은 하나님의 교회를 업신여기고 같은 형제들인 가난한 사람들을 부끄럽게 하는 행위를 자행하였다. 이런 이기적이고 불신앙적인 행위 때문에 하나님께서 고린도 교회를 심판하여 그들 중에 어떤 사람들은 몸이 약해지고 병들며 또 어떤 사람들은 죽게 되었다. 바울은 이러한 현상을 그들에게 임한 "하나님의 심판"이라고 말한다. 성만찬을 잘못 행한 고린도 신자들에 대해서 바울은 구원을 상실할 것이라고 말하지는 않는다. 비록 그들이 징계를 받기는 했어도 하나님께서 그들을 그렇게 징계하신 것은 그들이 "세상과 함께 죄 정함을 받지 않게 하려는" 목적이 있었기 때문이다.(32절)

그러나 5장에 언급된 음행자는 구원을 받은 하나님의 백성이라고 할 수 있는가? 육신이 멸하는 것은 이미 얻은 구원을 상실하는 것이라기보다는 그가 하나님께로부터 "징계"를 받는 것이라고 볼 수 있는가? 어떤 사람은 음행을 범한 사람이 11절에서 "형제"라고 불려지고 있기 때문에, "육신이 멸한다"는 것은 그가 이미 얻은 구원을 상실하지 않도록, 다시 말해서 그가 마지막 심판 날에 구원을 받도록 그를 죽이심으로 미리 천국으로 데려가신 것을 뜻한다고 생각한다. 이 음행자는 이미 구원을 받은 하나님의 백성임에도 불구하고 회개하지 않고 계속 범죄하고 있기 때문에, 하나님께서 그가 구원을 상실하지 않도록 미리 천국으로 데려가셨다는 것이다. 이 견해는 두 가지 점에서 신빙성이 없다.

첫째, 바울은 이미 음행자의 행실을 통해 볼 때 그가 과연 하나님의 백성인지 의심할 수밖에 없었기 때문에 그를 교회에서 "내어쫓으라"고 명령했고,(12절) 그를 또한 "사단에게 내어주었다"(5절)고 말하였다. 교회에서 출교를 당하여 결국 사단의 지배를 받는 사람이 어떻게 구원받은 백성이라고 볼 수 있는가? 바울은 그를 교회에서 출교하여 사단에게 내어줄 때, 이미 그러한 출교 선언을 함으로써 그는 거룩한 하나님의 백성이라 할 수 없다고 판단을 내린 것이다. 바울이 그렇게 출교 선언을 하게 된 이유는 그가 지금 계속 뉘우치지 않고 범하는 "음행"의 행실 때문이었다. 신분과 행위는 구분될 수 있는 성질의 것이 아니다. 믿음과 행위는 결코 분리될 수 없다. 구원하는 산 믿음이 있다면 마땅히 하나님의 백성으로서 살아가는 거룩한 행위를 나타내지 않을 수 없고, 하나님의 백성이라는 "신분"은 하나님의 백성으로 살아가는 "행위"로 표현될 수밖에 없다. 음행자는 소위 "형제"라고 불려지고 있으면서도 자신의 "음행"을 회개하고 있지 않기 때문에, 바울은 그의 음행 행위를 근거로 해서 그가 하나님의 백성 신분을 가진 사람이라 볼 수 없다고 판단하고 그를 결국 교회에서 내어쫓으라고 명령하게 된 것이다.

바울은 다른 구절에서 음행자는 천국을 유업으로 받지 못할 것이라고 분명히 말한 적이 있다. "불의한 자가 하나님 나라를 유업으로 받지 못할 줄을 알지 못하느냐 미혹을 받지 말라 음란하는 자나 우상 숭배하는 자나 간음하는 자나 탐색하는 자나 남색하는 자는…하나님 나라를 유업으로 받지 못하리라",(6:9) "육체의 일은 현저하니 곧 음행과 더러운 것과 호색과…또 그와 같은 것들이라 전에 너희에게 경계한 것같이 경계하노니 이런 일을 하는 자들은 하나님의 나라를 유업으로 받지 못할 것이요",(갈 5:19-21) "너희도 이것을 정녕히 알거니와 음행하는 자나 더러운 자나 탐하는 자 곧 우상 숭배자는 다 그리스도와 하나님 나라에서 기업을 얻지 못하리니",(엡 5:5)

위에 인용된 이런 구절들은 몇 가지 예에 불과하다. 바울의 이러한 경고 발언은 단지 엄포를 놓기 위한 경고가 아니다. 그는 겉으로는 교회를 다니면서도 뒤로는 어두운 곳에서 타락된 행위를 계속하는 소위 "신자"라 불리는 사람들에게 이런 경고 발언을 하고 있다. 바울의 이런 경고 발언들은 분명한 내용을 담고 있다. 타락된 행위를 하면서도 자신의 행위에 대해서 진실로 슬퍼하거나 회개하는 마음도 없이 계속 그러한 행위를 지속하는 사람은 바울의 입장에서 볼 때 참으로 위태로운 사람이다.

회개하는 태도를 보이지 않는 한, 죄를 계속 범하는 사람은 천국 백성이라고 할 수가 없다. 천국에는 그러한 사람이 들어갈 자리가 없다. 그가 비록 "형제"라는 말로 불려질지라도, 그는 구원받은 사람이라고 보기가 어렵다. 그가 구원받은 사람이라면 회개하여 자신이 이미 구원받은 백성이라는 사실을 자신의 삶을 통해서 논증하고 나타내야만 한다. 왜냐하면 회개는 "구원을 이루게 하는" 것이기 때문이다.(고후 7:1 참조) 그러나 본문의 음행자는 계속 죄를 짓는 상태에 있고 회개했다는 증거가 없다. 바울 사도는 그래서 그를 교회에서 내어쫓으라고 명한 것이다.

그러면 "주 예수의 날에 구원 얻게 하려 함이라"는 표현은 무슨 뜻인가? 이 말은 바울 편에서의 소원인가, 아니면 그가 어쨌든 구원을 얻을 것이라는 선언인가? 우리는 이미 위에서 바울의 출교 선언과 그를 사단에게 내어주었다는 그의 진술을 통해 그가 구원받은 하나님의 백성이라고 볼 수 없다는 바울의 판단을 지적하였다. 음행자가 하나님 나라를 유업으로 받을 수 없다는 바울의 경고뿐만 아니라 본 절의 음행자가 회개하는 자세가 없다는 것 등은 그가 구원받은 사람이라고 볼 수 없게 만든다. 그렇다면 "주 예수의 날에 구원 얻게 하려 함이라"는 말은 바울 편에서의 소원을 표현한 것이라고 할 수 있다.

바울은 현재 그의 부도덕한 행실을 근거로 판단할 때 그를 구원 얻은 하나님의 백성으로 여길 수가 없었지만, 그의 판단은 어쨌든 완전하고 궁극적인 판단이 될 수가 없다. 혹시 그가 나중에 회개하는 자세로 돌아설지 누가 알겠는가? 바울은 그가 언젠가 회개하여 주 예수의 날에 구원받은 하나님의 백성의 반열 가운데서 발견되기를 소원하는 것 같다. 고린도 교회는 바울과 함께 그를 사단에게 내어주어 질병과 같은 서서히 죽어 가는 고통의 징계를 받게 함으로써, 그들은 그 음행자가 혹시 자신의 음행을 회개하고 마지막 날에 하나님의 백성 가운데서 발견될 수 있기를 소원한다. 그가 만일 회개하기만 한다면 육신이 멸하는 것은 "징계"일 수 있다.

이 점에서 바울은 음행자의 현재 행실을 기준으로 "내어쫓으라"는 출교 명령을 내렸지만, 그 사람의 궁극적인 미래에 대해서는 무지하다는 사실을 고백한다. 어느 누구도 현재의 타락한 상태만 가지고 타락한 행위를 하는 사람의 궁극적인 미래를 단정지을 수는 없다. 그렇다고 교회 내에서 타락한 행위를 계속하는 사람을 내버려 두어도 된다고 주장해서는 안 된다. 교회는 거룩한 공동체이고 이 공동체는 악의 누룩 때문에 전체가 부패해져서 교회의 정체성을 상실할 수도 있기 때문에, 교회는 회개하지 않고 범죄를 계속하는 사람을 교회에서 내어보내야 한다.

그래서 종교개혁자들은 교회의 표지 가운데 하나를 "신실한 권징"으로 생각하였다. 성실하게 교회의 거룩성을 유지하는 것이 교회가 교회답게 존재하는 지름길이다. 그러나 요즈음 성실한 권징을 포기하는 교회들이 많아지고 있는 것 같다. 교회의 중직을 맡은 사람 가운데 은밀하게 타락된 행위를 해도 그가 교회 내에서 차지하는 위치나 그가 기여하는 재정적 지원 때문에 서로 쉬쉬 하고 이야기하지 않으려고 한다. 그가 집사이든 장로이든 목사이든 일단 부패한 행실을 했다는 사실이 드러나면 교회는 그것을 바로잡아야 한다. 그것이 교회가 교회답게 존재할 수 있는 길이다. 권징이 없는 교회는 참다운 교회일 수가 없다.

둘째, 교회 내에서 소위 형제라 일컬어지는 사람이 범죄했을 때 교회는 그에 대하여 어떤 태도를 취해야 하는가? 3-5절에서 바울은 음행자에게 제재를 가할 것을 경고하고 있다. 음행을 행한 사람을 처벌할 것을 경고하는 말씀이다. 3절에 있는 "실로"라는 말은 매우 강조적인 표현이다. 고린도인들은 그들의 그리스도인 된 책임과 의무를 이행하는 데 실패하였다. 문제의 현장에 있었고 모종의 조치를 취했어야 할 사람들은 아무 일도 행하지 않았다. 그들은 타락된 행위를 보면서도 속수무책이었다. 그러나 바울의 태도는 크게 대조를 이룬다. 바울은 비록 고린도에 없었지만, 그는 이미 판단을 내렸다. 그가 모종의 판단을 내리게 된 근거는 고린도에서 온 사람들에게서(16:17 참조) 들었던 소식이었다.(1절) 고린도 교회를 설립했고 지금도 지도자로 있는 바울은 이미 판단을 내렸다. 그는 문제시된 음행자의 이름을 거명하지는 않았지만 그 사람의 행위에 대해서 듣고 그를 판단한 것이다. "판단을 내리다"는 말은 아마도 바울이 교회의 징계를 행사하는 회의를 염두에 두고 사용한 표현으로 보인다. 왜냐하면 4절에서 고린도인들이 바울의 영과 "함께 모였다"는 표현이 사용되기 때문이다.

4-5절의 말씀은 해석하기가 난해한 구절이다. 4절의 엄중하고 엄숙한 문구는 다음 절의 "내어주었다"는 주동사에 연결되는 것 같다. "주 예수의 이름으로 너희가 내 영과 함께 모여서 우리 주 예수의 능력으로." 그렇다면 4절의 도입구는 엄숙한 법정적 판결을 준비하는 문구일 것이다. "주 예수의 능력으로"라는 말은 "함께 모인다"는 동사에 연결될 수도 있는데, 이 경우에는 음행자를 처리하기 위해 모인 교회 회의가 예수의 능력으로 뒷바침 받는다는 것을 뜻하게 된다.

사실 교회 내의 범죄자를 처리하는 교회 회의는 단순히 인간들만 모인 회의가 아니다. 그것이 만일 하나님의 말씀에 따라 바로 진행되는 회의라고 한다면, 그 회의의 배후에는 주님 자신의 능력과 권위가 존재한다. 어떤 사람은 "주 예수의 능력으로"라는 말이 다음 절의 "내어준다"는 동사에 연결된다고 해석하기도 한다. 이 경우에는 이 표현은 교회의 판단과 결정이 주님 자신의 능력과 권세로 집행된다는 것을 의미한다. 한역 성경은 후자의 해석을 택하고 있고, 이것이 또한 문맥에 더 잘 어울리는 것 같다. 그렇다면 4-5절은 교회가 예수의 이름으로 함께 모여서 그의 능력과 권세를 힘입어 음행자를 출교하여 사단에게 넘겨주는 것을 뜻하게 된다. 어쨌든 교회의 결정은 단순히 인간들의 결정이 아니라 예수의 권위를 대행하는 것이고, 또한 그의 능력의 뒷받침을 얻어 집행되는 것이 분명하다.

여기서 바울이 고린도인들에게 권면하는 것은 그들이 그 음행자를 그들 가운데서 "물리쳐야 한다"는 것이다.(2절) 그들은 마땅히 교회의 거룩성과 순결을 유지하기 위해서도 주 예수의 이름으로 교회 회의를 소집하여 음행자의 출교를 결정했어야 했다. 이것이 타락한 사회 속에 있는 고린도 교회가 교회답게 존재할 수 있는 길이었다.

그러나 그들이 이 패역한 음행자에 대해서 취한 태도는 교회 내에서 자행되는 죄악에 대해 통한히 여기지도 않고 도리어 "교만하고"(2절) "자랑하려는"(6절) 태도였다. 세상 지혜를 따라 스스로 우월하다고 생각하는 고린도인들의 태도는 사실 그들의 행위를 지배하였다. 그들은 이미 성령을 소유하고(2:12) 신령한 은사들을 소유하며(1:5) 또한 지혜를 소유하고 있다고 생각하지만, 그들의 교만한 태도는 그들이 성령의 지배를 받지도 못하고 "주님의 마음"도 소유하지 못한 사람들인 것을 증명한다.(2:16) 성숙한 그리스도인들은 주님의 겸손을 나타내야 할 터인데, 오히려 그들은 교만한 태도를 보이고 있었다.

그들은 분명히 "세상의 영"의 지배를 받고 있었다.(2:12) "통한히 여기지 않는다"는 것은 지금 그들이 회개하지 않는 상태를 뜻한다. 회개는 단순히 자기 자신의 죄에만 해당되는 것이 아니다. 교회는 공동체적인 성격이 있기 때문에, 고린도 교인들은 그런 음행이 교회의 거룩성을 파괴하는 데 대해서 스스로를 돌이켜볼 기회를 가졌어야 하며, 또한 그런 행위를 하는 사람을 교회 중에서 물리쳤어야 했다.

아마도 고린도인들이 음행자를 꾸짖기보다 오히려 교만해진 것은 그들의 세속적인 지혜에 근거한 것이든지, 아니면 바울이 전하는 자유의 복음을 오해한 데서 나온 것일지도 모른다. 어떤 학자들은 고린도인들의 교만한 태도가 그들 가운데 유행하고 있는 영지주의적 오류 때문이라고 생각하기도 한다. 영지주의 이단은 2세기에 가서야 발전된 분파로 나타나기는 하지만, 초기 영지주의적 요소들이 신약의 여러 서신들에서도 나타나기 때문에 초기 영지주의적 사상들이 고린도 교회 내에 유행하지 않았다고 보기는 어렵다.

영지주의 이단은 물질계는 본질적으로 악하고 더러우며 영적인 세계만이 선하다는 이원론적 세계관을 주장하였다. 이 이단은 신약에서는 두 가지 다른 형태로 나타난다. 하나는 금욕주의이고, 다른 하나는 자유방임주의 또는 도덕 폐기론이다. 5장에서 거론되는 음행자뿐만 아니라 고린도 교인들은 아마도 전자보다는 후자에 의해 영향을 받았을지 모른다. 후자의 사상은 물질계는 본래 악하기 때문에 악한 것을 가지고 악하게 사용한다고 하더라도 더 악해지지는 않는다는 태도를 취한다. 그러니 아무렇게나 행동해도 괜찮다는 식이다. 음행자뿐만 아니라 고린도 교인들도 교회 내의 범죄에 대해 통회하고 겸손한 자세를 취하기보다는 오히려 "교만한" 태도를 취한 것은 아마도 이러한 자유방임적 사상과 관련하여 이해해야 할 것 같다. 그래서 고린도인들은 교회의 거룩성을 무너뜨리는 음행을 보면서도 도리어 그것이 아무것도 아닌 것처럼 교만해 하고 심지어 자랑하려는 자세를 취하였다.

그러면 교회는 성도들 가운데 죄에 빠져 있는 사람을 무조건 내어쫓고 출교시켜야만 하는가? 교회의 순결성을 위해서 사랑의 원리는 저버려도 되는가? 성도들 중에서 행해지는 범죄에 대해서 바울은 다른 곳에서 좀더 신중한 태도를 보인다. 갈라디아서 6:1에서 바울은 어떤 형제라고 불리는 자가 범죄한 일에 대해서 말한다. 여기서 어떤 형태의 범죄를 지칭하고 있는지 분명하게 명기하지는 않는다. 아마도 이 범죄는 갈라디아서 5:19에 언급된 "육체의 일"을 가리킬지 모른다. 이런 육체의 일을 행하는 것은 분명히 성령을 따르는 신령한 그리스도인이 할 일이 아니다.

위에 언급된 갈라디아서 본문에 "무슨 범죄한 일이 드러나거든"이라는 표현이 나오는데, 여기서 "드러난다"는 동사는 그 의미가 분명하지 않다. 그것은 아마도 어떤 형제가 자신도 모르게 죄에 빠져 있음을 깨닫는다는 뜻도 될 수 있고, 또는 그가 죄에 빠졌다는 사실이 남에게 발각되었다는 것을 뜻할 수도 있다. 어쨌든 어떤 형제가 죄에 빠지게 되었고 그의 범죄가 다른 형제들에게 탄로난 상태를 가리킨다고 말할 수 있다. 거룩한 공동체인 교회는 죄에 빠진 이런 형제에 대해서 어떤 행동을 취해야 할까? 우리는 크게 세 가지 태도를 취할 수가 있다.

(1) 어떤 사람은 형제의 죄를 눈감아 버리고 덮어 두려고 한다. 이것은 분명히 신령한 사람들이 취할 태도는 아니다. 형제가 다칠까 봐서 또는 범죄가 알려지면 부끄러우니까 죄를 지적하거나 바로잡지 못한다는 것은 분명히 잘못된 것이다. 바울도 본문에서 그런 일은 "바로잡으라"고 말한다. 기독교는 분명히 죄와 타협하는 종교가 아니다.

(2) 어떤 사람은 형제의 죄를 공중 앞에서 단죄하고 교회에서 내어쫓으려는 태도를 취한다. 어떤 면에서 이런 엄격한 징계는 바른 측면이 있다. 고린도전서 5장의 본문에서 바울도 음행자를 교회 중에서 내어쫓으라고 말하기 때문이다. 그러나 바울은 갈라디아서 6장에서 처음부터 그

렇게 엄격한 징계를 말하지는 않는다. 사실 교회 역사상 진리를 위한다면서 수많은 사람을 단죄하고 잘라 버리고 내어쫓는 경우가 얼마나 많았던가! 우리 사회는 과거 20년 이상 독재정권과 싸우는 과정에서 너무나도 흑백논리가 강해졌고 진리와 정의를 위한다면서 물고 뜯는 싸움이 생겼다. 정의와 진리라는 대의명분 때문에 스스로 행하는 파괴 행위와 불의와 모순이 쉽게 정당화되어 버리고 말았다. 그래서 정의와 진리라는 미명 앞에 미움과 증오의 논리가 자리잡게 되었다. 이것은 분명히 고린도전서 5장에서 바울이 말하는 바는 아니다.

(3) 그러나 바울은 신령한 그리스도인이라면 범죄한 형제를 온유한 마음으로 바로잡으라고 권면한다. 바울은 형제를 바로잡을 때 "온유한 심령으로" 바로잡으라고 했는데,(갈 6:1) 여기서 "온유"는 분명히 5:23에 언급된 성령의 열매 중에 하나를 가리킨다. 심지어 사람들에게 발각된 형제의 죄를 치리하고 다루는 일에도 신령한 그리스도인은 성령의 열매를 나타내 보여야 한다. 신령한 그리스도인은 결코 죄와 타협하거나 죄를 덮어 두려고 하지 않는다. 바울은 결단코 형제의 죄악을 바로잡으라고 말한다. 죄를 덮어 둔다고 죄를 범한 형제를 더 사랑하는 것이라고 할 수는 없다. 죄를 바로잡는 것은 그 개인과 교회를 위해서 모두 유익한 일이 될 수 있다.

그러나 형제의 불의나 범죄에 대해서 온유한 심령을 가져야 하는 또 다른 이유는 범죄를 바로잡는 신령한 그리스도인도 결국은 모두 처음 아담에 속한 연약한 죄인이기 때문이다. 우리는 때로 형제의 범죄를 보고 의분을 품고 단죄하려는 태도를 보일지라도 훗날에 우리 자신을 돌이켜 보면 우리 스스로 동일한 죄에 빠져 있는 자신의 모습을 발견할 때가 있다. 형제의 죄를 바로잡을 때 자기 자신도 동일한 죄인이며 죄에 빠질 수 있는 연약한 존재라는 사실을 깨닫는 자만이 형제에게 온유하고 겸손한 마음을 가질 수 있고 죄는 미워하되 죄인은 사랑할 수가 있다. 만일 이렇게 온유한 마음으로 몇 차례나 타이르고 권면을 했어도 도무지 죄를 회개할 기미가 보이지 않을 때, 교회는 그제서야 공동체의 거룩성과 순결을 유지하기 위해서 범죄한 형제를 출교시킬 수 있다. 고린도전서 5장에서 바울이 범죄한 사람을 내어쫓으라고 말할 때 이러한 권면의 과정도 없이 무조건 내어쫓으라고 한 것은 아닐 것이다.

셋째, 윤리적인 범죄는 교회의 정체성과 어떤 관련이 있는가? 이 질문은 우리가 이제 살펴보아야 할 세 번째 문제인데, 사실 우리는 이 질문에 대해서 고린도전서 3:16-17을 주석할 때 어느 정도 상세하게 답변한 바 있다. 바울은 5:6-8에서 교회를 "누룩 없는 새 덩어리"로 묘사한다. "괴악하고 악독한 누룩"은 일단 떡 덩어리에 옮겨 붙여지면 전체 떡 덩어리를 발효시킨다. 그는 유월절 제사의 용어들을 빌려다가 교회의 정체성을 정의할 때 사용하는데, 그의 요점은 분명하다. 고린도인들은 하나님의 거룩한 백성으로 부름을 받은 신앙 공동체이기 때문에, 세상 사람들 가운데서 발견되는 부패한 행습이 그들 가운데서 발견되면 안 된다. 일단 부패한 삶과 행습이 교회 공동체 속에 들어오게 되면 신앙 공동체 전체를 부패시키고 교회의 자기 정체성을 파괴시켜 버린다. 이렇게 되면 이제 교회는 더 이상 그리스도의 교회일 수가 없다. 그것은 단지 속화된 세상 사람들의 집단에 불과하다.

그래서 바울은 거룩한 하나님의 백성이라는 그들의 신분대로 교회 내에서 모든 악을 깨끗이 제거할 것을 권면한다. 하나님의 백성은 더러운 세상에서 거룩하도록 부르심을 받았고 그리스도 안에서 "누룩 없는 새 덩어리"로 불러냄을 받았기 때문에, 엄연히 타락된 행습이 교회 내에 존재하는데도 "자랑하는" 자체를 취하는 고린도인들의 태도는 크게 잘못된 것이다. 비록 한 사람이 잘못을 행했다 하더라도 그것을 관용하면 그 악의 누룩이 온 덩이에 퍼지게 되고, 끝내는 교회의 순결과 거룩성이 파괴되어 세상과 구별된 하나님의 백성으로써 그들의 정체성은 위태롭게 된다. 따라서 교회는 마땅히 교회의 순결을 유지하기 위해서 징계나 훈련 또는 권징이 필요하다.

## 2. 세상 안에 있는 교회의 자리 5:9-11

교회가 이렇게 타락한 사회 속에서 자신의 거룩성과 순결을 지켜야 하는 이유는 9-13절에서 잘 설명되고 있다. 아마도 고린도인들은 전에 바울이 쓴 편지의 교훈을 오해한 것으로 보인다. 바울은 고린도전, 후서만 기록한 것은 아니고 지금은 상실된 다른 두 서신을 더 쓴 것으로 알려져 있다. 9절에 "내가 너희에게 쓴 것에"라는 말이 나오는데, 이 표현은 바울이 고린도전서를 기록하기 전에 이미 한 편지를 고린도인들에게 써서 보낸 적이 있다는 것을 암시한다.

이 편지의 내용에 대해서 우리는 자세히 알 수는 없지만, 바울은 한 가지 내용에 대해서는 언급한다. 바울이 전에 쓴 편지 중에 아마도 음행하는 자들과 사귀지 말라는 권면이 들어 있었던 것 같다. 고린도인들은 바로 이 권면을 오해하였다. 그들은 바울의 권면을 세상의 음행하는 자들이나 다른 악을 행하는 자들과 도무지 사귀지 말라는 뜻으로 오해한 것이다. 그리스도인들이 이렇게 세상 죄인들과 완전히 관계를 끊기 위해서는 "세상 밖으로"(10절 이하) 나가야 하는데, 이것은 교회가 세상 가운데로 보내심을 받게 된 목적을 상실하는 것일 뿐만 아니라(요 17:18) 세상과의 선교적 "접촉점"을 스스로 포기하는 것이나 다름이 없다.

기독교는 세상의 악을 피한다고 세상에서 도피하는 염세주의적인 종교가 아니다. 세상은 아직도 하나님의 창조 영역이며(요 1:10) 하나님의 사랑의 대상이다.(3:16) 요한 번연이 《천로역정》에서 묘사한 대로 세상은 장차 망할 "장망성"이기 때문에, 세상은 그리스도인들이 하루 빨리 빠져 나와야만 하는 도피 영역이 아니다. 비록 세상이 악의 세력에 의해 지배당하는 어둠의 영역일지라도, 하나님께서는 그 세상을 여전히 사랑의 대상으로 보시고 그것을 구원하시려고 그의 아들 예수를 세상에 보내셨다. 하나님께서 이렇게 예수를 세상에 보내셨다면, 예수께서는 또한 그의 제자들을 세상으로 보내신다.(요 17:18)

그리스도인들이 세상으로 보내심을 받게 된 근거는 하나님께서 예수를 세상에 보내신 사건 가운데서 발견된다. 그러므로 그들은 이제 예수께서 본래 하나님 아버지에게서 위임받은 사명을 수행해야 한다. 그들이 이 사명을 수행해야 할 장소는 세상 속이다. 예수께서는 외계로부터 온 방문자처럼 세상을 스치고 지나가시거나 이방인처럼 자기 자신의 이방 문화를 가지고 세상에 오신 것이 아니었다. 그는 우리의 인간성을 스스로 취하시고 우리의 살과 피, 우리의 문화를 취하셨다. 그는 실제로 우리 중 하나같이 되셨고 우리의 연약과 고통과 유혹을 체험하셨다. 그리고 그는 이제 우리를 "세상 속으로" 보내셔서 거기서 일하게 하셨다. 우리 주님의 일터가 세상이었던 것처럼, 우리의 일터는 세상이다. 교회는 세상을 위해 존재한다. 스스로 문을 안에서 닫아 버리고 세상을 향하여 문을 열지 않는 교회는 이미 교회가 아니다. 우리는 세상 사람들의 생활 속에 들어가야 하고 그들의 문화와 문제 속으로 들어가야 한다. 필요하다면 그들의 고통을 우리의 고통으로 느끼며 복음을 전하는 것이 그들의 삶 속에 들어가지 않은 채 멀리서 외치는 복음보다 낫다.

그러나 우리가 세상 속으로 들어가야 한다는 이 말이 우리가 기독교인의 신분을 상실하고 세상 사람들처럼 행동해야 한다는 의미는 아니다. 예수께서는 요한복음에서 "내가 세상에 속하지 않은 것처럼 너희도 세상에 속하지 않는다"는 점을 확실하게 말씀하셨다.(17:16) 세상 속에 보내심을 받았지만 세상에 속하지 않는다는 것이 기독교 복음의 초월성이다. 복음을 받아들인 신자들이 세상 속에 보내심을 받아 세상에 속하여 세상 사람들처럼 살아간다면 세상을 변화시켜야 할 그들의 의무와 책임을 상실한 것이나 마찬가지다.

그들이 세상 속에 있어야 하는 것은 세상에 속하기 위해서가 아니라 세상을 변화시키기 위해서다. 믿는 신자들의 모임인 교회가 세상에 속하는 순간 교회는 세상의 전시장이 되고 세상의 온갖 물질주의적이고 향락적인 풍속들이 교회 안에 들어와 교회를 세속화시키고 교회의 정체성을 위태롭게 만들고 말 것이다.

교회가 세상 가운데로 보내심을 받은 것은 세상과 동화되기 위해서가 아니라 세상 가운데서 빛으로 나타나며(마 5:14) 거기서 누룩 없는 거룩한 공동체로 존재하기 위함이다.(고전 5:7) 이렇게 거룩한 하나님의 백성으로 존재하며 또한 세상의 빛과 소금의 역할을 다하기 위해서 교회는 끊임없이 자신을 세상과 다른 순결하고 깨끗한 모임이 되도록 노력해야 한다. 그렇다면 교회는 "그들 중에" 형제라고 일컫는 자가 악한 누룩으로 들어오는 것을 막아야 하고, 그런 자들이 생길 때 성실하게 권면하며 끝까지 회개하지 않는 자들을 교회 밖으로 내어보내야 한다.

그럼에도 불구하고 고린도 교인들이 오해한 것처럼 교회는 "세상의"

음행자들이나 우상 숭배자들과 완전히 교제를 끊어서는 안 된다. 그들을 전도하고 하나님의 백성으로 끌어들이기 위해서도 그들과 사귀고 교제해야 한다. 왜냐하면 그들과의 선교적 접촉점이 필요하기 때문이다. 사실 교회는 그들을 변화시키기 위해 존재한다. 교회 밖에 있는 세상 죄인들과는 전도하고 복음을 전하기 위해서라도 사귀고 교제할 필요가 있지만, 교회 안에 형제라고 하면서 회개하지 않고 범죄를 계속하는 자들은 교회가 교회 되기 위해서라도 그들 가운데서 내어보내야만 한다.

바울의 이러한 태도는 기독교인들이 세상 속에 보냄을 받았지만 결코 세상에 속할 수는 없다는 예수의 교훈과 일치하는 것이다. 세상 속에 있지만 세상에는 속하지 않는 이 긴장관계가 무너질 때 교회는 이미 교회가 아니다. 이것은 교회의 이중적 측면을 말해 주는 것이다.

## 3. 불신 법정 앞에 선 신자[6:1-11]

바울이 법률 소송의 문제를 다루게 된 것은 5:12에서 이미 그가 "판단"이라는 단어를 사용했고, 또 이를 계기로 그가 들은 바 있는 고린도인들간의 법률 소송의 문제를 상기했기 때문일 것이다. 고린도인들간의 법정 소송의 문제에 대해서는 바울이 아마도 글로에 집편으로부터 들었거나[(1:11)] 아니면 스데바나와 그의 동료들을 통해 들었을 것이다.[(16:17)] 본문을 보면 고린도 교회가 당면한 또 다른 문제는 법정 소송의 문제였다. 그들은 자신들 사이에서 생긴 문제를 교회 내에서 스스로 판단하지 못하고 문제 해결을 위해 세상 불신 법정으로 끌고 갔다. 바울은 그러한 행위를 다음 몇 가지 근거하에 비판한다. (1) 그리스도인들은 그들 자신의 문제를 "판단"할 수 있어야 한다.(1-6절) (2) 그리스도인된 그들의 새로운 신분이 새로운 삶의 유형을 요구하기 때문에 그들 사이에 서로 속이고 속는 일을 중단해야 한다.(7-11절)

첫째, 그리스도인들은 신령한 자들로서 그들 자신의 문제를 "판단"하고 해결할 수 있어야 한다. 바울은 형제들간에 논쟁이 발생할 수 있음을 인정하지만, 그들의 논쟁을 교회 밖으로 끌고 가 불신 법정 앞에 서는 것을 반대한다.(1절) 찰스 핫지는 이와 관련하여 랍비 문헌의 경구를 인용한다. "어떤 이스라엘 사람이 다른 사람과 문제가 있을 때 이방인들 앞에서 처벌을 받아서는 안 된다는 것은 모든 이스라엘 백성에게 구속력이 있는 계율이다." 이 점에서 고린도인들은 유대적인 표준에도 못 미치고 있다.

바울은 불신 재판관들을 몇 가지 부정적으로 묘사하면서 신자들이 그들 앞에 서서는 안 된다는 것을 역설한다.

1) 불신 재판관들은 "불의한 자들"이다. 이 말은 고린도의 법정이 부패했다는 뜻이라기보다는 교회 밖에 있는 불신 법관들을 포함하여 모든 불신자들이 하나님과의 바른 관계를 맺고 있지 않는 자들이라는 뜻에서 사용되었을 것이다.

그들은 하나님의 뜻을 알지도 못하고 또한 그것에 따라 그들의 생각과 생활을 복종하지도 않는다. 따라서 하나님의 뜻을 좇는 신자들이 그들 앞에 선다는 것은 잘못된 일이다. 어떻게 하나님의 거룩한 뜻을 알고 그분의 지시를 따라 산다고 말하는 신자들이 하나님의 뜻을 무시하고 자신의 세상적인 뜻에 따라 사는 불신 재판관들 앞에 설 수가 있겠는가?

2) 불신 재판관들은 "교회에서 경히 여김을 받는 자들"이다.(4절) "경

히 여긴다"는 동사는 1:28에서 이미 사용된 적이 있다. "하나님께서 세상의 천한 것들과 멸시받는 것들과 없는 것들을 택하사 있는 것들을 폐하려 하시나니." 여기서 "멸시받는다"는 동사는 6:4에 나오는 "경히 여김을 받는다"는 동사와 같은 동사다(엑수떼네메노스). 1:28과 6:4에서 이 동사는 전혀 다른 정반대의 뉘앙스를 지니면서 사용되고 있다. 세상 지혜와 세상 가치관을 따라 판단할 때 복음을 받아들이고 복음을 따라 사는 사람은 세상 사람들에게 멸시를 받고 무시를 당하게 된다. 왜냐하면 그들이 받아들이는 십자가 복음 자체가 세상 사람들이 보기에 "어리석고" "미련하게" 보이기 때문이다.(1:18, 23, 25)

그래서 세상 지혜와 가치관을 따라 사는 고린도인들은 겉으로 보기에 지혜롭게 보였고, 십자가의 복음을 따라 사는 바울은 "그리스도 때문에 어리석은" 삶을 사는 것처럼 보였다.(4:10) 그러나 하나님께서는 오히려 역으로 세상 지혜를 "미련한 것으로 만드셨으며"(1:21) 그것을 따르는 세상 사람들을 "자기 궤계에 빠지게 만드셨다".(3:19) 결국 세상 사람들의 지혜라는 것은 알맹이 없이 텅빈 "헛것"에 불과한 것이다.(3:20) 그러므로 그리스도 안에서 진정 지혜롭고자 하는 사람은 그리스도 자신의 표준을 받아들이고 세상 표준을 버려야만 지혜로워질 수 있다.(3:18)

세상 표준들은 아무것도 아니고 그런 것들을 가지고 판단하는 불신 재판관들도 사실상 아무것도 아니다. 불신 재판관들이 교회에서 "경히 여김을 받는다"는 말씀은 다음과 같은 뜻을 지니게 된다. 성도들이 따라야 할 성령의 법, 십자가 복음에 나타난 하나님의 지혜에 비하면 세상의 지혜와 또한 그것을 따라 판단하는 불신 재판관들의 판단은 지극히 하찮은 것에 불과하다. 그렇다면 신령한 그리스도인이라면 어떻게 그들간에 생긴 세상 일 하나 해결하지 못하고 서로 멱살을 잡고 치고 박는 태세로 불신 법관들 앞에 설 수가 있는가? 그것은 참으로 부끄러운 일이다.

더욱이 신령한 그리스도인이 불신 재판관 앞에 설 수 없는 또 다른 이유가 몇 가지 더 있다.

(1) 바울은 5절에서 고린도인들에게 "형제간 일을 판단할 만한 지혜 있는 자가 이같이 하나도 없느냐"고 반문한다. 이 질문은 지혜 있는 척 자만해 하면서도(1:5; 5:2 참조) 사실 그들이 지혜가 없는 사람들임을 비판하고 부끄럽게 하려는 의도가 있음을 보여 준다. 고린도전서 초반부를 보면 "지혜"에 관한 주제가 매우 자주 나타난다.

이것은 고린도인들이 스스로 지혜 있는 자처럼 자만했던 것을 암시해 준다고 볼 수 있다. 사실 그들이 소유했다고 자만해 한 지혜는 "하나님의 지혜"가 아니라 "세상의 지혜"에 불과하였다. 이제 바울이 그들 중에 지혜 있는 자가 이같이 하나도 없느냐고 반문한 것은 그들의 자만이 모순된 것임을 보여 주려는 목적이 있다. 그들은 하나님의 지혜가 아니라 세상 지혜를 따르면서 서로 치고 박고 분쟁과 시기를 일삼으며 사소한 문제도 해결하지 못하고 그것을 세상 법정으로 끌고 갔던 것이다. 그들의 삶이 모순에 빠졌고, 이제 그들이 다른 영과 세상 지혜를 좇고 있다는 사실이 이로써 드러난 것이다. 좋은 나무마다 그 열매로 안다.

바울은 이미 2:15에서 "신령한 자는 모든 것을 판단할 수 있다"고 말한 적이 있다. 신령한 사람은 성령의 인도를 받으며 그리스도의 마음을 소유한 사람들이기 때문에 일상 생활의 구체적인 상황에서 부딪히는 모든 문제들을 영적으로, 윤리적으로 분별하고 판단할 수 있는 능력이 있다. 무엇이 하나님의 뜻인지 분별할 수 없는 사람이라면, 그는 성숙한 하나님의 자녀라고 할 수 있다. 왜냐하면 하나님의 자녀 된 사람은 성령

의 지시와 인도하심을 받는 사람이기 때문이다.(롬 8:14-15; 갈 5:16-18)

그래서 바울 사도는 로마의 그리스도인들에게 항상 "마음을 새롭게 함으로 변화를 받아 하나님의 선하시고 기뻐하시고 온전하신 뜻이 무엇인지 분별하도록 하라"(롬 12:2)고 권면한다. 영적인 분별과 판단력은 그리스도인의 의사 결정과 행동의 기초라고 할 수 있다. 올바른 분별을 하지 못하고 자신의 육적인 뜻을 하나님의 뜻으로 오인하는 사람은 자연히 그릇되고 정욕적인 행동을 할 수밖에 없다.

신령한 그리스도인은 성령의 지배와 인도하심을 받기 때문에 사실 모든 것을 분별하고 판단할 수 있는 능력이 있으나, 고린도인들은 "그리스도 안에 있는 어린아이" 또는 "육적인 그리스도인"이었기 때문에(3:1- 2) 그러한 분별력과 판단 능력이 없었다. 그들은 스스로 지혜 있는 자처럼 행세하기는 했지만,(4:10) 그들 사이에 문제가 터지자 그것을 바르게 "판단"하고 해결할 만한 사람이 하나도 없었기 때문에 그들의 문제를 불신 법정에까지 끌고 갔던 것이다. 그들의 삶 자체가 모순에 빠졌으며, 그들 스스로 지혜 없음을 드러내고야 말았다.

(2) 신자들이 불신 법정에 서지 말아야 할 또 다른 이유는 성도들이 마지막 심판 날에 세상과 심지어 천사들까지도 판단하고 심판하는 일에 동참할 것이기 때문이다.(2-3절) 이 말씀은 우리 주님의 교훈에서 온 것인데, 주님은 열두 제자가 하나님의(또는 그리스도의) 심판에 동참할 것이라고 말씀하신 적이 있다.(마 19:28; 눅 22:28; 단 7:22 참조) 복음서에 모든 신자가 심판에 동참한다는 말씀은 없지만, 바울은 그것을 이미 기정 사실로 호소한다. 바울은 심지어 천사들도 후일에 성도들에 의해 판단을 받고 심판 받을 것이라고 말한다.(3절) 시편에 의하면 사람은 현재 천사보다 못한 존재로 묘사되었다.(시 8편) 사람은 현재 시공간의 제약을 받으

며 온갖 세상의 위험들에 그대로 노출되어 있다. 그러나 언젠가 그가 그리스도를 믿어 그의 왕적인 통치에 동참하게 될 때, 그는 천사보다 훨씬 월등한 하나님의 아들의 위치를 얻게 될 것이다. 이 얼마나 엄청난 교훈인가!

성도들이 이렇게 장차 세상과 천사들까지도 심판하는 그리스도의 왕권에 동참하게 된다면, 그들은 더욱이 "세상 일"도 판단할 수 있어야 했다. 세상을 판단하는 능력은 심판 날에 가서야 주어지는 선물이 아니고, 이미 신령한 사람은 세상 일을 판단할 수 있는 능력이 주어져 있다. 여기서 "세상 일"이라는 말은 일상적인 생활에서 일어나는 일들을 가리킨다. "하물며"라는 표현은 고린도인들이 신령한 사람들이라면 세상 일들을 능히 판단할 수 있음을 기정 사실화하는 말이다.

4절의 "세상 사건"이라는 말은 본래 "판단"을 가리킨다. 그것은 "소송"의 의미로 쓰일 수도 있으나, 전후 문맥으로 볼 때 "법정"으로 보는 것이 더 적당한 것 같다. 그렇다면 "세상 사건이 있을 때"라는 구절은 "세상 일들로 법정에 서려고 할 때"라는 뜻이 된다. 이렇게 성령의 지배와 지시를 받는 신령한 그리스도인이 세상 일 때문에 인간적인 생각과 판단을 따르는 불신 법관 앞에 선다는 것은 어불성설이라 할 수 있다.

그러면 소위 그리스도인이라고 하면서 형제의 명예와 재산과 인격을 의도적으로 파괴하려는 사람이 있다면 그는 무조건 불신 법정에 서서는 안 되는가? 교회 내의 어떤 사람들은 성경의 바로 이 교훈을 악용하여 습관적으로 다른 형제들을 괴롭히는 사람들도 있다. 이 경우에 신자는 무조건 세상 법정에 서서는 안 되는가? 참으로 대답하기 어려운 질문이다. 실상 어떤 악한 신자들은 고린도전서 6장의 말씀이 폐기처분된 것처럼 행동하는 경우도 없지 않다. 내가 형제를 고소하고 소송을 걸어도 그는 점잖은 신자이기 때문에 맞고소는 안 하겠지 하면서 습관적으로 형제에게 악을 행하는 경우 말이다. 이런 경우에도 세상 법정에 설 수 없겠는가?

바울이 본 장에서 신자들이 그들간의 문제를 가지고 불신 법정에 서지 말아야 할 것을 권면하는 배후에는 숨겨진 이유가 있다. 첫째로 교회 내에서 생긴 문제를 가지고 가만 놔두지 않겠다고 치고 박는 자세로 불신 법정 앞에 섰을 때 가장 치명적으로 손상을 받는 부분은 "그리스도의 영광"이다. 비록 내가 옳다고 하더라도 이렇게 치고 박고 감정을 내서 싸우는 과정에서 현저하게 짓밟히는 것은 그리스도 자신의 영광이다. 나 자신의 이익과 명예가 아무리 중요하다고 하더라도 "그리스도의 영광"이 믿지 않는 불신자들 앞에서 현저하게 짓밟히고 손상된다면, 그것이 결코 바른 행위라고 할 수는 없을 것이다.

참된 그리스도인이라면 "누구든지 자기를 위해 사는 자가 없고 자기를 위해 죽는 자도 없다. 우리가 살아도 주를 위하여 살고 죽어도 주를 위해 죽어야 한다".(롬 14:7-8) 바울이 말씀한 대로 우리 그리스도인들은 주의 영광을 위해 사는 자들이다.(롬 15:6) 그렇다면 어떤 일을 행동으로 옮기기 전에 그는 먼저 그것이 얼마나 주의 영광을 위한 것인가를 생각해 보아야 한다. 하물며 자신이 하는 일이 "주의 영광"을 현저하게 손상시키는 일이라면, 비록 그것이 나에게 손해가 되는 일이라 할지라도 "오 주여, 주님만이 나의 아픔과 손해를 아십니다" 하고 겸손히 양보하는 자세가 옳지 않은가?

그러나 그리스도인들은 치명적인 손해를 입으면서도 그저 가만히 참고 있어야만 하는가? 불신 법정에 서지 않는 것은 그리스도인들에게 어떤 경우에도 다 해당되는가? 세상 법이라고 해서 모두가 다 나쁜 것인가? 이런 문제들은 조심스럽게 다루어져야 할 여러 요인들을 내포한다. 현대의 법 체계는 바울이 살던 시대의 법보다 훨씬 더 발전된 것이고, 현대의 법률 밑바닥에는 만인이 법 앞에 평등하다는 인도주의적 평등 정신이 깔려 있다. 때로 어떤 특수계층의 기득권을 옹호하는 불평등한 악법도 존재하기는 하지만, 민주 사회에서 이러한 불평등한 요소들은 현저하게 줄어드는 추세에 있다.

그렇다면 세상 법이라고 해서 모두 불의하고 부당한 것이라고만 볼 수는 없다. 그 속에도 하나님의 일반 은총이 깃들어 있기 때문에 세상 속에 발을 딛고 살아가야 하는 신자들도 자신의 신앙 양심에 위배되지 않는 한 세상 법을 존중해야 한다. 일반적인 경우에 신앙 양심이 따로 있고 세상 법이 따로 있는 것이 아니다. 신앙이 있다고 하면서 세상 법을 위배하는 사람은 좋은 신앙의 사람이라고 할 수 없다. 그러므로 신자들은 "위에 있는 권세"에 굴복해야 하며 세상 권세자들이 선을 증진하고 악을 징벌하기 위해 세운 모든 법 질서에 순종해야 한다.(롬 13:1-7 참조) 선을 권장하고 악을 처벌하는 일에 있어서 세상 권세자들도 분명히 "하나님의 일꾼"으로서 역할을 담당하는 기능을 가지고 있다.(롬 13:6)

그렇다면 교회 내에서 일어난 공동체의 문제가 아닌 일반적이고 개인적인 사건에 있어서 신자가 형제라고 일컬어지는 어떤 악한 사람에 의해서 치명적인 해악을 입었을 때 그가 세상 법에 호소하는 일은 꼭 나쁜 일이라고 할 수 있는가? 바울이 세상 법을 집행하는 권세자들을 "하나님의 일꾼"으로 존중하라고 했다면, 더욱이 믿는 신자가 세상 법에 호소하는 일이 완전히 봉쇄되어야 한다고만 볼 수는 없을 것 같다.

예를 들면, 어떤 교회에서 교인들간에 교회의 주도권이나 재산권을 둘러싸고 다툼이 생겼을 때, 한쪽이 다른 쪽을 생대로 세상 법정에 소송을 제기할 수 있는가? 본인이 판단할 때 이 경우에는 결코 불신 법정에 서서는 안 된다. 교회 내에서 그런 문제가 생겼다는 것 자체가 벌써 세상 사람들에게 부끄러운 "허물"이 될 뿐만 아니라, 사랑의 정신이 지배해야 할 교회에서 화목하게 살아가려는 대신 주도권이나 재산권 때문에 서로 감정 싸움을 한다는 것은 분명히 "그리스도의 영광"을 현저하게 짓밟는 행위다. 이런 경우에 보통 현대 교회에서는 "노회"나 "총회"에 재판부가 설치되어 있어서 교회의 문제를 처리할 수 있는 길이 열려 있다. 그러나 이렇게 공동체 내의 문제가 아닌 개인상의 명예나 재산상의 손해를 다른 형제에게 개인적으로 입었을 때 "노회"나 "총회"는 보통 그런 문제를 다루지 않는다.

예를 들면, 어떤 형제라 불리는 사람이 악한 의도를 가지고 서류를 위조하여 자신의 재산을 속여 취했거나 가정을 파괴했거나 근거 없는 소문을 퍼뜨려 개인적인 명예를 크게 훼손시켰을 때 세상 법에 호소하여 자신의 재산이나 명예 등을 회복하려는 행위는 반드시 나쁜 것이라고만 볼 수는 없다. 그러나 이 경우에도 자신이 세상 법에 호소할 때 과연 "그리스도의 영광"이 손상되고 가릴 수 있는지를 항상 먼저 생각해야 할 것이다. 그리스도의 영광이 훼손될 가능성이 있을 때 "나의 억울한 사정을 하나님만 아십니다" 하고 겸손하게 양보하는 것이 진정한 그리스도의 태도라고 보인다.

둘째, 그리스도인 된 그들의 새로운 신분이 새로운 삶의 유형을 요구하기 때문에 서로 속이고 속는 행위를 중단해야 한다.(7-11절) 바울은 고린도인들이 소송을 한다는 자체가 그들 편에서 이미 "실패"하고 있음을 드러낸 것으로 주장한다. 제삼자의 판결을 요구할 만한 논쟁과 싸움이 존재한다는 것은 사랑의 정신이 이기적인 욕망에 의해서 전복되고 있음을 증명해 준다. 그렇다면 사랑으로 살아가야 할 고린도인들이 그리스도인 되기를 중단한 것이나 다름없고 도덕적 "실패"(헤테마)를 경험한 것이다.

오히려 바울은 불의를 당하고 속는 것이 낫다고 말한다. 이 말씀은 예수의 말씀에서 온 것이다.(마 5:39-42) 고린도인들은 십자가 공동체이면서도 십자가에 못 박히신 예수 그리스도의 모습을 전혀 보지 않고 서로 자신의 이익과 기득권을 위해서 "속고 속이는" 세상 사람들이 되어 버리고 말았다. 그들은 기본적인 기독교의 삶의 원리를 따르기보다는 육을 따르고 사람의 표준을 따랐다.(3:1-3)

8절은 비기독교적이고 불신앙적인 악습이 "형제들"간에 이루어지고 있음을 말해 준다. "저는 너희의 형제로다"는 말은 불신자에게 죄를 범하면 죄가 덜 하다는 의미가 아니다. 죄는 누구에게 짓든지 심판의 대상이 된다. 신자가 모든 사람들에게 사랑을 베풀어야 하지만 특히 같은 형제들에게 사랑을 베풀 의무가 있다는 것은 시종일관된 신약의 교훈이다.(갈 6:10 참조)

바울은 9-10절에서 보다 원칙적인 구분을 도입한다. 그는 고린도의 그리스도인들에게 권면의 말씀을 전하면서 "악한 자들"과 "너희" 사이를 구분한다. 이렇게 불신자와 신자의 생활 유형을 날카롭게 구분짓고 신자들을 경고하는 것은 전형적인 바울의 방법이다.(롬 8:1-11; 갈 5:16-25; 6:6-10 등 참조)

불의한 불신자들의 삶의 유형을 신자들 앞에 강하게 대면시키는 것은 신자들이 불신자들의 운명에 동참해서는 안 된다는 것을 경고하기 위함이다. 바울은 "불의한 자들"이 하나님의 나라를 유업으로 받지 못한다고 두 번이나 강조하고 있다.(9, 10절) 전후 문맥은 분명히 윤리적인 문맥이기 때문에 하나님의 나라에 들어가는 것과 윤리적 행위들은 여기서 분명히 관련된다. 어떤 사람들은 아마도 이렇게 생각할지 모른다. 바울이 다른 곳에서 주장하는 것처럼 하나님 나라는 나 자신의 선행으로는 못 들어가고 오직 하나님의 은혜로 들어갈 수가 있다. 그렇다면 왜 하나님의 나라에 들어가는 일이 여기서 신자들의 윤리적인 삶과 관계되는가?

분명히 하나님 나라는 죄인들이 회개함으로 들어가는 "은총의 질서"이다. 그럼에도 불구하고 불의하고 악한 자들은 결코 하나님 나라에 들어갈 수 없다. 심지어 예수께서는 이런 말씀까지 하셨다. "나더러 주여 주여 하는 자마다 천국에 다 들어갈 것이 아니요 다만 하늘에 계신 내 아버지의 뜻대로 행하는 자라야 들어가리라".(마 7:21; 5:20) 공관복음서에 따르면 하나님 나라에 들어가는 유일한 조건은 회개하는 믿음뿐이다. 아무리 죄인이라 할지라도 참된 믿음을 가지고 회개하기만 한다면 그들은 하나님 나라의 백성이 될 수 있다. 그들은 하나님의 구원하시는 은혜를 체험한 자들이다.

그런데 하나님 나라가 아무리 이렇게 은혜로 들어가는 은총의 질서라고 해도 거룩한 하나님 나라의 백성으로 살아가야 할 의무와 책임을 면제시켜 주는 값싼 하나님의 나라는 아니다. 그래서 하나님께서는 죄인들이 진정으로 회개한 사람들이라면 마땅히 "회개의 열매"를 맺기를 원하신다. 회개했다고 하면서 "회개에 합당한 열매"를 맺지 못하면 그의 회개가 진정한 회개인지 의심할 수밖에 없다.(마 3:8-12) 선한 삶의 열매 없는 회개는 거짓된 안전책에 불과하다. 마찬가지로 믿음으로 값없이 하나님의 백성이 되었다고 하면서 하나님의 백성다운 삶이 없다면 그의 믿음이 진정한 믿음이었는지 의심하게 만든다.

왜냐하면 나무는 그 열매로 알 수 있기 때문이다. 믿음의 본질은 순종에 있다. 믿음은 단순히 공허한 외침이 아니다. 그것은 과거에 자신의 뜻과 정욕대로 살았던 것을 뉘우치고 이제 주님의 뜻대로만 살겠다고 결단하고 순종하는 행위다. 이렇게 믿음은 전폭적이고 헌신적인 성격이 있기 때문에 그러한 믿음이 삶과 행위로 나타나지 않는다는 것은 있을 수 없다. 그렇다면 윤리적인 삶과 행위들은 어떤 사람이 하나님 나라의 백성인 것을 논증해 주고 나타내 주는 "신분 표지"라고 할 수 있다.

9-10절에서 "유업으로 얻다"는 동사는 "들어가 소유하다"라는 뜻을 갖는다. 불의한 행동을 하면 하나님 나라에 들어가 그것을 소유할 수 없다는 경고는 여기서 단지 고린도인들에게 겁만 주려는 피상적인 경고가 아니다. 만일 그렇지도 않은데 겁만 주려는 경고를 했다면, 그런 경고는 사실 아무런 의미가 없는 경고에 불과하다.

바울은 실제로 불의한 행위들과 하나님의 나라는 결코 양립할 수 없다는 것을 강조하고 있다.(갈 5:19-21; 엡 5:5 참조) 그는 여러 형태의 죄악들, 즉 하나님의 나라와 양립될 수 없는 죄악들을 열거한다. "음란"은 모든 형태의 성적인 죄들을 포괄하는 술어다.(5:1) "간음"은 특별히 결혼한 상대와 짓는 성적인 죄를 가리키고, "탐색"과 "남색"은 모두 동성연애와 관련된 용어로서 첫 번째의 것은 수동적인 자세로 동성연애를 행하는 사람을 가리키고, 두 번째의 것은 적극적으로 동성연애를 실행하는 자들을 가리킨다. 이런 죄악들이 "우상 숭배"와 관련된 것은 당대의 이교 숭배가 얼마나 성적인 부도덕을 부추겼는가를 말해 준다. "탐람하는 자"는 좀더 가지고 싶어하는 욕망에 사로잡힌 자를 가리키고, "후욕하는 자"는 다른 사람에게 심한 욕을 하는 자들을 가리킨다.

고린도인들 가운데도 과거에 이런 사람들이 있었다. "너희 중에 이런 자들이 있더니".(11절) 그러나 이제 그들은 "주 예수의 이름으로 성령 안에서 씻음과 거룩함과 의롭다 하심을 얻었다".(11절) 복음은 부도덕하고 타락된 환경에서 나온 고린도인들에게 혁명적인 변화를 가져다 주었다. 그들에게 신분의 변화를 가져다 준 사실을 묘사하는 세 동사가 여기에 쓰이고 있는데, 모두 "그러나"라는 접속사로 연결된 부정과거 동사들이다. "씻었다"는 동사는 중간태로 쓰이고 있기 때문에 고린도인들이 스스로 자진해서 씻었음을 암시한다. 이 동사는 그들이 받은 세례를 시사해 주며, 과거 시제는 그들의 세례가 결정적인 것이었음을 보여 준다. 그 다음에 나오는 동사는 "거룩함을 받았다"는 동사다. 이 단어는 흔히 하나님께 "구별되었다"는 어원과 관련하여 해석되어 왔지만, 오히려 그것은 고린도인들이 거룩한 하나님의 백성이 되었음을 가리킨다. 이 단어는 조직신학에서 말하는 점진적 과정으로서 도덕적인 성화聖化를 가리키지 않고 하나님의 거룩한 백성의 일원이 되었음을 보여 주는 신분 표지의 단어다.

따라서 거룩하게 되는 것은 일차적으로 윤리적 성질의 것이라기보다는 신분과 존재를 가리키는 말이다. 신자들이 자기 스스로 거룩해질 수 없다. 그의 인격과 삶과 존재 속에는 거룩한 것이란 아무것도 없다. 그들이 거룩해진 것은 오직 그리스도의 거룩성에 참여할 때뿐이다. 신자들은 거룩한 것이 전혀 없어도 그리스도 때문에 거룩해졌다. 오직 예수 그리스도만이 "우리에게 지혜와 의로움과 거룩함과 구속함이 되셨다".(고전 1:30)

그러나 바울이 윤리적 문맥에서 신분의 전격적인 변화를 말해 주는 이 단어를 사용한 것은 은혜로 거룩한 하나님 백성이 되었기 때문에 이제부터 거룩한 백성으로 살아가야 할 의무와 책임이 있음을 강조하기 위해서였다. 거룩한 신분은 거룩한 삶으로 나타나야 한다. 거룩하게 된다는 단어 뒤에 "의롭다 함을 받았다"는 말이 나온다. 보통 조직신학에서는 "구원의 순서"에서 성화가 칭의보다 먼저 나온다.

이것은 믿음으로 구원받고 의롭다 함을 받은 사람이 점진적으로 그리스도를 본받아 가고 윤리적으로 거룩해져 간다는 의미를 내포한다. 그러나 여기서 성화가 칭의보다 먼저 나온 것은 거룩해지는 성화의 경험이 칭의와 같이 처음 구원 경험이라는 것을 보여 준다. 특별히 "의롭다 함을 받았다"는 동사와 "거룩하게 되었다"는 동사가 모두 확정적인 과거시제들이고 또한 "씻었다"는 과거 동사와 함께 쓰인 것은 주목할 만하다. 이것은 성화나 칭의나 모두 세례를 받을 때 전격적으로 단번에 성취되는 처음 구원 경험이라는 것을 뜻한다. 세 동사는 시간의 순서를 의미하기보다는 세례받을 때 경험하는 구원 사건의 동일한 세 측면을 묘사해 줄 뿐이다.

여기서 세례, 성화, 칭의는 예수 그리스도의 구속 사건에 근거하고("예수 그리스도의 이름으로") 성령에 의해서 실행된다("하나님의 성령 안에서"). 11절에서 "칭의"가 성령과 연관된 것은 놀랍다. 어떤 학자들은 칭의가 바울에 있어서 윤리와 관련을 맺지 못하는 저급한 교리이고 대신 그리스도와 함께 죽고 사는 바울의 신비주의 교리가 윤리 교훈의 근거라고 주장한다.[Schweitzer] 슈바이쩌의 이 주장은 매우 잘못된 주장이다. 칭의는 성령의 사역이 없으며, 또한 의롭다 함을 받은 신자들 속에 성령이 능력으로 계속 거주하는 한 칭의는 분명히 윤리의 근거라고 할 수 있다.[Késemann] 칭의가 바울이 윤리적 권면을 하는 문맥에서 나타난다는 것이 바로 그것을 증명해 준다.

칭의는 구약에서 법정적 술어다. 하지만 의롭다 함을 받는다는 것은 단순히 재판장이신 하나님께서 어떤 죄인을 "마치" 죄인이 아닌 것처럼 법률적으로 선언하신다는 뜻으로만 이해되어서는 안 된다. 의롭다 함을 받는 사람은 그리스도와 함께 죽고 그와 함께 부활하여 새 피조물이 되었음을 뜻하는 것이며, 죄가 주인노릇 하는 영역에서 해방되어 의와 은총이 통치하는 새로운 영역에서 살게 되었음을 뜻하는 것이다.(롬 6:4-9; 고후 5:17, 21) 그러므로 의롭다 함을 받은 사람은 성령의 새로운 통치 속에서 살아가는 새 사람이기 때문에 성령의 능력 안에서 거룩한 삶을 살아갈 수가 있다.

## 4. 성령의 전인 몸의 가치 6:12-20

5장에서 바울은 한 개인의 음행의 문제를 다루지만, 6:12-20에서는 고린도인들 가운데 어떤 사람들이 주장하는 한 슬로건을 인용하면서 음행의 문제를 다룬다. 5장에 언급된 음행자의 문제는 교회 내의 한 개인의 문제가 아니고 사실상 교회 공동체 전체의 문제였다. 왜냐하면 음행자 자신도 문제가 되지만 더욱 심각한 것은 고린도 교회였기 때문이다. 그들은 거룩한 하나님의 백성 중에서 그런 음행자가 있다는 사실에 대해서 통한히 여기지 않고 도리어 "교만"하고 "자랑"하려는 태도를 취했던 것이다. 고린도 교인들의 이 교만하고 자랑하려는 태도는 도대체 어디에서 나온 태도인가? 그들이 도대체 어떤 근거에서 그런 방자한 태도를 취하게 되었는가?

보통 신자들은 범죄를 보고서 교만하고 자랑하려는 태도를 취할 수 없다. 그들이 그렇게 자랑하려는 태도를 취하게 된 것은 어떤 이단적인 사상에 의해 영향을 받았기 때문일 것이다. 그래서 바울은 본 장에서 음행의 문제를 개인적인 문제로 다루기보다는 고린도 교회에 파고들었던 잘못된 사상적 오류를 지적하고자 한다. 그들의 사상적 오류란 "모든 것이 내게 가하다"는 그들의 자유방임주의적 태도에서 엿보인다. 이방인들도 부끄러워하는 음행이 교회 내에서 자행되고 있음을 보고서도 오히려 자랑하려는 고린도 교인들의 태도는 분명히 그들이 받아들였던 "세상의 지혜"에 뿌리를 둔 것이다.

바울은 본문에서 세 번에 걸쳐 고린도인들의 슬로건을 끄집어내어 인용한다.(15-18절) 그리고 매 경우마다 그는 바른 기독교적 가치관을 회복시키는 진술을 덧붙인다.(12-13절) 이를 적어 보면 다음의 표와 같다.

| | 자유방임론자들 | 바 울 |
|---|---|---|
| 1 | 모든 것이 내게 가하나(12절) | 그러나 다 유익한 것이 아니요(12절) |
| 2 | 모든 것이 내게 가하나(12절) | 내가 아무에게든지 제재를 받지 아니하리라(12절) |
| 3 | 식물은 배를 위하고 배는 식물을 위하나(13절 상) | 하나님은 이것저것 다 폐하시리라<br>몸은 음란을 위하지 않고 오직 주를 위하며 주는 몸을 위하시느니라(13절 상) |

왼쪽에 나열된 슬로건들 배후에는 분명히 이단적인 사상이 자리잡고 있다. 흔히 고린도 교회에 파고들었던 이단적 사상은 "영지주의"라고 생각되어 왔다. 영지주의 사상은 2세기 중엽에 가서야 완전한 형태로 발전되지만, 오늘날 알려진 바대로는 이미 초기 영지주의적 요소들이

예수님 시대 이전의 유대 사회 속에서 발견되고 있다고 한다. 신약성경에서도 이러한 이단적 사상의 요소들이 발견되고 있다. 그러면 영지주의란 무엇인가? 영지주의는 물질 세계와 영적인 세계를 완전히 분리시키며, 물질세계는 항상 더럽고 악하지만 영적인 세계는 항상 깨끗하고 선하다고 보는 이원론적인 사상을 말한다. 일단 이 같은 사상을 받아들이면 하나님의 아들이신 예수께서 육체를 입고 성육신하셨다는 기독교의 교리는 불가능하게 된다. 어떻게 선한 세계 속에서 존재하시는 하나님의 아들이 더럽고 악한 육체를 입을 수 있는가? 그래서 영지주의자들은 기독교의 성육신 교리를 부정하고 소위 "가현설"이란 이단사설을 만들어 내었다. 물론 가현설은 훨씬 이후 시기에 대두된 이단이기는 하지만 신약성경 내에서도 그리스도의 성육신을 부정하려는 이단적 시도들이 있었다.(골 2:19; 요일 4:2 참조)

물질 세계와 육신이 죄악되고 더러운 것이라면 두 가지 상반된 결론이 가능하다.

첫째, 육신은 본래 악한 것이기 때문에 그것을 가지고 무슨 일을 해도 상관이 없다. 영의 세계는 육신의 더러움과 악에 의해 영향을 받지 않는 전혀 다른 세계이며, 또 이미 더럽고 악한 육신을 가지고 더러운 일을 행했다 하더라도 더 더러워지는 것이 아니라면, 사람은 자신의 육신을 가지고 어떤 일을 해도 상관이 없다. 이런 식의 결론에 도달한 영지주의 이단은 보통 "도덕 폐기론자들" 또는 "자유방임론자들"이라고 불린다. 고린도 교회가 그들 가운데서 활보하고 다니는 음행자를 보고도 오히려 교만하고 자랑하려는 태도를 보인 것은 아마도 이러한 자유방임적인 영지주의 이단의 영향을 받았기 때문일지도 모른다. 그들은 그러한 이단적 사상에 의해 영향을 받아 "모든 것이 내게 가하다"는 주장을 했을 것이다.

둘째, 육신은 더럽기 때문에 될 수 있는 대로 금욕을 해야 한다. 육신뿐만 아니라 물질계에 속한 것은 다 악하고 더럽기 때문에 먹지도 말고 마시지도 말고 아예 건드리지도 말아야 한다. 이런 식의 금욕주의적 영지주의 이단 사상은 골로새서에서 발견된다. "붙잡지도 말고 맛보지도 말고 만지지도 말라".(골 2:21) 바울의 후기 서신인 디모데전서를 보면 "혼인을 금하고 식물을 폐하라"고 주장하는 사람들이 발견된다.(딤전 4: 3) 식물이나 성관계는 모두 더러운 물질계에 속한 것이기 때문에 가능한 한 금욕하는 것이 좋다는 태도다. 고린도 교회에서도 이러한 금욕주의적인 요소들이 발견된다. 고린도 교회가 바울에게 편지한 내용 중에는 "남자가 여자를 가까이 아니함이 좋다"고 하는 어떤 고린도인들의 주장이 담겨져 있다.(고전 7:1) 이런 주장을 하는 사람들 가운데는 아마도 독신을 옹호하고 있었던 것 같다.

한국 교회 내에서도 소위 신앙이 좋다고 하는 경건파 신자들 가운데 이러한 금욕주의적 성향이 존재한다. 그래서 어떤 사람들은 세상의 것들을 속되다고 생각하여 가능한 한 피하려 하고 금식을 찬양하며 마치 그것이 경건의 지표인 양 생각하기도 한다. 그러나 하나님께서 주신 만물은 다 깨끗하고 정한 것이기 때문에 그것을 법대로 사용하기만 한다면 신자들에게 유익을 줄 수 있다.(롬 14:12, 20) 그리스도인들이 물질을 숭배하고 돈을 좋아해서는 안 되지만, 하나님께서는 바울이 말한 것처럼 "우리에게 모든 것을 후히 주사 누리게 하시는"(딤전 6:17) 하나님이시다.

여기서 "누린다"는 말은 향유하고 즐기는 행위를 말한다. 성性도 하나님이 제정하신 결혼 제도 속에서 주신 선물인 줄 알고 감사함으로 향유하고 즐기는 태도가 필요하다. 기독교는 결코 금욕주의 종교가 아니다. 하나님께서 제정하신 창조 질서 속에서 모든 것이 제대로 사용되기만 한다면, 만물은 신자들에게 유익을 줄 수 있다.

6:12에서 고린도인들이 취한 태도는 금욕주의보다는 자유방임주의였다. 그들은 육신은 이미 더럽고 추한 것이기 때문에 그것을 가지고 나쁜 짓을 한다고 하더라도 더 더러워지겠는가라고 생각함으로써 자신들의 음행을 정당화하려고 한다. 그래서 그들은 "모든 것이 내게 가하다", "식물은 배를 위하고 배는 식물을 위한다", "몸은 음란을 위해 있다"는 식의 방자한 태도를 취하게 되었다.

바울은 고린도인들의 이러한 위험한 주장에 대해서 모든 것이 "다 유익한 것이 아니다"라고 비판하였다. 이 비판은 기독교적인 관점에서 볼 때 신자들의 신분을 상실하게 만드는 행위들이 있음을 시사한 것이다. 고린도인들이 진정 하나님의 거룩한 백성이라면 모든 것이 가하다는 태도를 취할 수 없다. 모든 것이 내게 가하다는 주장은 극단적인 이기주의적 주장이다. 진정한 기독교인이라면 어떻게 무슨 일을 해도 상관이 없다는 위험한 태도를 취할 수 있는가? 신자는 도리어 하나님의 백성으로서 자신의 거룩성을 표현하고 증명할 만한 행동을 해야 한다. 그렇지 않으면 그는 신자도 아니고 하나님 나라를 유업으로 받을 수도 없다. 신자는 신자답게 행동해야 한다. 신자의 삶과 행동을 지배하는 원리는 나의 유익을 구하는 이기주의보다는 남의 유익을 구하는 사랑이다.(10:23-24 참조) 이것이 십자가에서 보이신 예수의 정신이었다.

바울의 "아무에게도 제재를 받지 않겠다"는 말은 이미 "그리스도의 종"이기 때문에 다른 사람이나 세상 지혜의 통제나 지배 속에 굴복할 수 없다는 것을 말할 것이다. 그리스도인은 오직 그리스도의 뜻에 의해서만 지배를 받는다. 그리스도인이 함부로 인간적인 원칙을 세워 놓고 인간적 지혜를 따라 행동할 때, 그는 도리어 자신의 인간적 가치관이나 지혜 또는 자신이 행한 일들에 의해 스스로 속박되는 위험에 빠지게 된다.

먹고 성생활하는 것은 자연적인 일들이지만 모두 일시적인 것이고, 하나님께서는 적당한 때에 그런 것들을 폐하실 것이다.(13절) 그러나 성생활과 식생활은 분명한 차이점이 있다. 하나님께서 음식은 배를 위해 만드셨지만, 몸은 음행을 위해 만드신 것이 아니다. 몸은 사람의 인격의 처소로서 하나님을 섬기는 도구가 되어야 한다. "몸은 음란을 위하지 않고 주를 위하며 주는 몸을 위하시느니라".(13절)

바울은 신자들이 자신의 "몸"을 가지고 함부로 행동할 수 없는 몇 가지 이유를 제시한다.

첫째, 신자들의 몸은 "그리스도의 지체"다.(15절) 신자의 몸이 그리스도의 지체가 되는 이유는 그가 믿을 때 그리스도와 함께 "연합"했기 때문이다. 신자는 믿음을 통해서 그리스도와 함께 죽었고 그리스도와 함께 부활하여 새 생명에 동참하게 되었다.(롬 6:1-11) 본 절에서도 "합하다" 또는 "연합하다"는 말이 여러 차례 사용되고 있는데, 창기와 성적으로 결합하는 사람은 창세기의 원칙에 따라 이미 창기와 연합하여 "한 몸"을 이룬 사람인 것처럼,(16절) 그리스도를 믿는 사람은 그리스도와 연합하여 그와 "한 몸"을 이룬 사람이다. 따라서 그리스도와 연합하여 그와 한 몸을 이룬 사람은 그리스도의 지체 된 자신의 몸을 창기의 지체로 만들 수는 없다.(15절)

둘째, 그리스도와 합하여 그와 한 몸이 된 사람 속에는 이제 "그리스도의 영"이 거하기 때문에 신자와 그리스도는 "한 영"이며(17절), 성령이 거하시는 성전이다.(19절) 성령이 거하시는 성전을 가지고 어떻게 창기의 지체로 만들 수 있는가? 바울은 이미 앞에서 "누구든지 하나님의 성전을 말하면 하나님이 그 사람을 멸하시리라 하나님의 성전은 거룩하니 너희도 그러하니라"(3:17)고 말씀하신 적이 있다. 성전을 파괴하는 행위는 전후 문맥을 통해서 관찰할 때 신자들의 반 윤리적 행위들과 관련이 있다. 하나님의 거룩한 백성으로서 살지 못하고 세상 사람들처럼 똑같이 더러운 짓을 하고 사악한 일을 자행하게 되면 하나님께서 그를 파괴하고 멸하실 것이다.

이것은 교회의 표지는 하나님의 거룩한 백성답게 윤리적으로 깨끗하고 정결한 삶을 사는 것이라는 사실을 웅변적으로 보여 주는 말씀이다. 윤리적으로 타락한 교회는 이미 교회로서 자기 정체성을 상실한 교회이며, 그러한 부도덕한 행위를 하는 신자도 이미 신자로서 자기 정체성을 상실한 사람이다.

셋째, 현재 우리의 몸을 가지고 행하는 일은 장차 부활의 세계 속에서도 상관성을 지니고 있다. 하나님께서 신자들의 몸을 부활시키실 것이라는 말씀은 그들의 몸의 위엄성과 영존성을 강조하는 것이다. 영지주의자들은 현재 우리의 몸은 물질 세계에 속해 있는 더럽고 악한 본질을 지니고 있기 때문에 그것을 가지고 어떤 일을 하든지 영적인 세계에 아무 영향을 미치지 못한다고 생각했음이 분명하다. 이것을 이론적으로 발전시키면 현세에서 우리의 몸을 가지고 무슨 일을 해도 신자의 미래 세계에서 아무런 영향을 미치지 못한다는 식의 결론에 도달하게 된다. 만일 미래 세계에 오직 신자의 "영"만이 들어간다면, 까짓것 세상에서 우리의 몸을 가지고 더러운 짓 좀 하고 재미도 보면서 살자는 태도를 취하는 것은 당연한 일일 것이다.

그러나 바울은 이런 식의 태도를 단호하게 거부한다. 사람이 자신의 몸으로 어떤 일을 하든지 간에 미래 세계에 들어가는 일에 직접적인 영향을 미친다. 세상에서 우리의 몸을 가지고 거룩한 행실을 하지 못하고 음란과 호색을 일삼고 더럽고 추악한 일을 행하면 그런 일을 행하는 사람은 결코 하나님 나라에 들어갈 수 없다. 세상에서 몸을 가지고 행한 일들은 미래 세계의 가치에도 영향을 미친다. "우리가 다 반드시 그리스도의 심판대 앞에 드러나 각각 선악간에 그 몸으로 행한 것을 따라 받으려 함이니라".(고후 5:10) 신자가 자신의 몸을 가지고 행하는 일에 조심해야 하는 이유가 바로 여기에 있다.

넷째, 신자의 몸은 본래 불신자로 있을 때 "죄와 사망의 몸"이었지만,(롬 7:24; 8:10) 그리스도께서 자신의 생명을 값으로 대신 지불하고 그의 죽을 몸을 다시 살게 하셨다. 그러므로 신자의 몸은 이제 더 이상 그의 것이 아니라 "값으로 산" 그리스도 자신의 소유다. "너희는 너희의 것이 아니라 값으로 산 것이 되었으니 그런즉 너희 몸으로 하나님께 영광을 돌리라".(19-20절) 이렇게 값을 대신 치르고 구속한 몸이기 때문에 신자는 더욱더 자신의 몸에 대한 권리가 없다.

그리스도께서 자신의 생명을 대신 값으로 지불하시고 그의 죽을 몸을 살려 놓으셨기 때문에, 신자는 감사와 고마움 때문이라도 주인 되신 하나님께 영광을 돌리는 삶을 살아야 한다. 그리고 하나님께 영광을 돌리는 삶은 단지 감사의 표현만이 아니라, 그것은 신자의 책임이요 의무다. 왜냐하면 어떤 사람이 노예로 팔려 갔거나 전쟁 포로로 잡혀 갔던 사람을 속전을 대신 지불하고 사 오거나 해방시켰다고 한다면, 고대 세계에서 후자는 전자에게 모종의 의무를 지닌 것으로 여겼기 때문이다. 신자의 경우에 그 의무는 하나님께 영광 돌리는 삶을 사는 것이다.

창기와 연합하는 음행은 몇 가지 이유 때문에 금지된다.

1) 창기와 결합하는 자는 그와 한 몸을 이루는 것이다(16절). "알지 못하느냐"는 말은 고린도인들이 알고 있는 기정사실을 의미한다. "둘이 한 육체가 된다"는 말씀은 창세기 2:14에서 나온 말씀이다. 고린도인들은 그들의 행위의 신학적 함축을 깨닫지 못하고 있었다.

2) 음행은 다른 죄악들과는 달리 몸 속에서 범죄하는 것이기에 결국 자신의 몸에 죄를 범하는 것이다(18절). 성욕은 몸 안에서 일어나는 것이어서 그것은 결국 욕망을 만족시키는 것 외에 아무것도 아니다. 그것은 신자가 그리스도와 연합한 것과 양립할 수 없는 수치스러운 죄다. 모울 C. F. D. Moule에 따르면 "모든 죄는 몸 밖에서 있다"는 말은 어떤 고린도인들의 슬로건을 나타낸다고 생각하였다.

즉, 육체적 정욕은 사람의 "인격"의 처소를 건드리거나 상해하지 않는다는 것이다. 그러나 바울은 이런 견해를 정면으로 반대한다. 사실 음행을 범하는 사람은 누구나 그 자신의 인격에 대해 죄를 범하는 것이다. 창기와 연합하는 음행의 죄는 하나님과의 영적인 관계를 파괴시키고, 신자의 영적인 분별력을 손상시키며, 더욱이 그의 인격에 치명적인 타격을 입히게 된다.

4장

# 남녀 관계에 관한 문제들

7:1–40

## The Secularization of the Church, How will We Overcome it?

너희가 쓴 문제에 대하여 말하면 남자가 여자를 가까이 아니함이 좋으나 음행을 피하기 위하여 남자마다 자기 아내를 두고 여자마다 자기 남편을 두라 남편은 그 아내에 대한 의무를 다하고 아내도 그 남편에게 그렇게 할지라 아내는 자기 몸을 주장하지 못하고 오직 그 남편이 하며 남편도 그와 같이 자기 몸을 주장하지 못하고 오직 그 아내가 하나니 서로 분방하지 말라 다만 기도할 틈을 얻기 위하여 합의상 얼마 동안은 하되 다시 합하라 이는 너희가 절제 못함으로 말미암아 사탄이 너희를 시험하지 못하게 하려 함이라 그러나 내가 이 말을 함은 허락이요 명령은 아니니라 나는 모든 사람이 나와 같기를 원하노라 그러나 각각 하나님께 받은 자기의 은사가 있으니 이 사람은 이러하고 저 사람은 저러하니라 **고전 7:1–7**

## 1. 남편과 아내의 의무7:1-7

바울은 7장부터 고린도인들이 편지를 써서 문의한 특정한 주제들을 다루게 된다. "너희 쓴 말에 대하여"(1절)라는 표현은 본서에서 여러 번 사용되는데,(7:1, 25; 8:1; 12:1; 16:1) 그것은 고린도 교회가 바울의 조언을 듣기 위해 여러 가지 교회 문제들에 관해 문의한 어떤 편지에 대하여 답변하는 문구일 것이다. 이 편지는 아마도 고린도 교회로부터 온 스데바나, 브드나도, 아가이고가 바울에게 전달한 것일 것이다.(16:17 참조)

그들이 조언을 요구한 첫 번째 문제는 결혼 문제였다. 6:12-13에서는 "모든 것이 내게 가하다"는 어떤 고린도인들의 도덕폐기론적이고 자유방임적인 태도가 문제시되었는데, 본 절에서는 이와는 달리 독신을 포함하여 금욕적인 결혼 생활을 찬양하는 어떤 고린도인들의 금욕주의적 태도가 문제시된다.

이 사실은 1절의 "남자가 여자를 가까이 하지 않음이 좋다"고 주장하는 자들의 금욕적인 슬로건에 암시되어 있다. 본 절의 문맥에서 볼 때 "가까이 한다"는 말은 결혼 생활을 지칭한다. 결혼 생활은 정신적인 결합만을 의미하지 않고 육체적으로도 "가까이 하는" 성적인 결합도 포함한다. 결혼 생활 내에서의 성생활은 하나님께서 정하신 창조 질서에 속하기 때문에 결코 나쁜 것은 아니다. 하나님께서는 결혼 적령기에 도달한 두 청춘 남녀가 부모를 떠나 "한 몸이 되라"고 명하셨다. 한 몸이 되라는 말씀은 결혼하는 두 남녀의 정신적이며 육체적인 연합을 모두 의미한다. 창세기 2:18에는 "남자가 독처하는 것이 좋지 않다"는 말씀이 나오는데, 이 점에서 "남자가 여자를 가까이 아니함이 좋다"는 고린도인들의 금욕적 행습은 하나님께서 본래 제정하신 창조 질서와 위배된다.

그러나 문제는 바울이 "남자가 여자를 가까이 아니함이 좋다"는 고린도인들의 금욕적인 태도에 동의하고 있다는 점이다. 8절을 보면 바울이 독신 생활을 좋은 것으로 추천한다는 점을 고려할 때, 그는 "남자가 여자를 가까이 아니함이 좋다"는 고린도인들의 주장을 거부하는 것 같지 않다.

그래서 어떤 사람은 바울의 결혼관이 창세기의 것과 다르다고까지 주장한다. 그러나 바울이 독신 생활을 추천하는 것은 고린도인들이 독신 생활을 추천하는 이유와 다르다. 고린도인들의 금욕적인 태도는 이미 우리가 앞에서 지적했듯이 영지주의 이단 사상에 근거한다. 육신은 더러운 물질 세계에 속해 있기 때문에 더럽고 악한 육신 생활은 가능하면 절제하고 금욕하는 것이 좋다는 것이다. 이와 같은 금욕주의 이단 사상의 초기 형태는 이미 초대 교회에 널리 유포되고 있었던 것 같다. 왜냐하면 그러한 사상을 비판하는 내용이 신약 저술들 여기저기에서 나타나기 때문이다.(골 2:21-23; 딤전 4:3-4; 요일 4:1-3 등)

이 금욕주의 사상이 잘못된 이유는 하나님께서 창조하신 물질 세계가 악하다고 평가한 데 있다. 영적인 세계만이 깨끗하고 물질적인 세계는 늘 더럽고 악하다는 이원론적 세계관을 주장하는 영지주의 이단은 후에 예수께서 육신을 입고 세상에 오셨다는 성육신 교리도 부정하기까지 하였다. 바울이 독신 생활을 추천하는 이유는 이런 영지주의 금욕 사상에 기초하지 않는다. 바울은 만물이 하나님이 지으신 세계이기 때문에 다 깨끗하다는 것을 알고 있었다. "만물이 다 정하되 거리낌으로 먹는 사람에게는 악하니라".(롬 14:20) 하나님께서 창조하신 세계는 악하다고 판단하는 것은 하나님의 창조 행위를 거역하는 것이다. 그러므로 바울은 하나님이 창조 질서 안에서 우리에게 주신 것들은 선하게 향유할 수 있어야 한다고 권면한다.(딤전 6:17 참조)

우리 한국 사회는 오랫동안 불교의 염세적이고 금욕적인 전통의 영향을 받아 왔다. 이런 금욕주의적인 전통의 영향을 받아 어떤 기독교 신자들은 신앙의 이름으로 금욕을 찬양하고 금식한 일수를 경건의 지표로 내세우는 경향이 있다. 심지어 하나님의 일을 한다고 육신의 일, 세상의 일을 소홀히 하고, 심지어 가정까지 돌보지 않고 기도원들을 전전하는 사람들까지 있다. 이들이 본받기를 원하는 마음으로 내세우는 분은 사십일 간의 금식기도를 하신 예수님 자신이다.

그러나 우리가 다 알고 있듯이 예수께서는 공생애 기간 동안 그의 제자들에게 금식을 많이 강조하지 않으셨다. 바리새인들도 금식하고 세례 요한과 그의 제자들과 금식했지만, 예수께서는 자신의 제자들에게 금식할 것을 강요하거나 권면하지 않으셨다.(막 2:18-22) 그는 오히려 자신의 때가 혼인 잔치의 때라고 말씀하시면서 사회로부터 소외당하고 가난하고 병든 자들, 세리와 죄인들과 식탁 교제를 나누시며 그들에게 하늘나라의 기쁨을 선사하셨다. 세례 요한은 먹지도 않고 마시지도 않는 금욕주의자였지만, 사실 예수께서는 당대인들에게 "먹기를 탐하고 포도주를 즐기는 사람이요 세리와 죄인들의 친구"(마 11:19)로 비쳐질 정도로 세리와 죄인들과 먹고 마시기를 즐겨 하신 것이 분명하다. 예수님 자신뿐만 아니라 초대 교회도 금욕을 경건의 지표로 강조하지는 않았다. 우리 한국 교회의 교인들 가운데 자리잡고 있는 금욕주의적 경향은 이런 면에서 전혀 기독교적인 세계관에 기초한 것이 아니다.

그러면 바울은 왜 독신 생활을 추천하는가? 그가 "남자가 여자를 가까이 아니함이 좋다"는 고린도인들의 생각에 동의하고 독신을 추천하는 것은 그들이 받아들인 영지주의적 금욕 사상과는 다른 이유 때문이었다.(26절 이하) 아마도 바울은 어떤 종말론적인 직감을 가졌던 것 같다. 그것은 "환난이 임박했고",(7:26) "때가 단축하여졌다"(29절)는 바울의 판단이었다. 임박한 환난이 무엇을 가리키고 단축하여진 때가 무엇을 나타내는지 우리는 정확히 알 수는 없지만, 그것은 종말의 때를 가리킬 수도 있고 네로의 교회 핍박처럼 현실적인 교회의 위기의 때를 가리킬 수도 있다. 이렇게 큰 환난이 임박한 때에 바울은 결혼 생활이 유리한가, 아니면 독신 생활이 유리한가를 생각했을 것이다. 환난의 때에는 아무래도 혼자 신앙 생활하는 것이 결혼 생활을 하는 사람보다 더 부담과 위험이 적다는 것은 당연한 것이다.

바울은 아마도 이런 실천적인 이유들 때문에 고린도인들에게 독신 생활을 추천했을 것이다. 이런 의미에서 바울의 결혼관이 창세기 기자의 결혼관과 다르다고 판단할 이유는 없다.

바울은 내심으로 고린도인들이 독신의 은사만 있다면 혼자 사는 것이 낫다고 추천하기는 하지만,(8절 참조) 그는 고린도인들의 연약성이나 현실적 여건을 알지 못하는 추상론자가 아니다. 그는 독신 생활을 추천하기는 하지만, 부패하고 음란한 사회적 환경 여건과 절제치 못하는 고린도인들의 현실을 감안할 때 그들이 오히려 결혼하는 것이 더 낫다고 판단한다. 2절에서 남녀가 결혼하는 것이 더 좋다고 권면할 때 그는 "음행의 연고"라는 색다른 이유를 제시한다. 독신은 추천할 만하다. 그러나 유혹이 많다. 음란하고 부패한 사회 여건 속에서 독신 생활은 오히려 범죄에 빠질 수 있는 함정 노릇을 할 수도 있다. 그래서 바울은 오히려 결혼할 것을 명령한다.(2절) 이것은 바울의 실천적이고 경험적인 통찰에서 나온 것이지, 바울이 창세기 저자보다도 결혼 제도를 부정적으로 보았기 때문에 나온 것이 아니다. '음행'이 성행하는 고린도 사회에서 성적인 유혹으로 죄짓는 일을 피하는 좋은 길은 결혼하는 것이었다.

결혼 생활은 각각의 상대방에 대해 의무를 지니는 것이다(3-4). 의무라는 말은 일종의 "빚"과 같은 것이다. 바울은 각 사람이 빚진 것을 갚듯이 상대방에게 의무를 다하라고 말한다. 의무에 대응하는 또 다른 측면은 "권리"다. 그러나 하나님이 제정하신 결혼 제도의 속성상 권리는 서로 상대방에게 속해 있는 어떤 것이다.

결혼이란 둘이 연합하여 한 몸을 이루는 것이기 때문에 권리는 서로에게 속해 있다. "아내가 자기 몸을 주장하지 못하고 오직 그 남편이 하며 남편도 이와 같이 자기 몸을 주장하지 못하고 오직 그 아내가 하나니".(4절) 여기서 '주장한다'는 말은 본래 완전한 권위를 행사하는 것을 뜻한다.(눅 22:25 참조) 이 주장하는 권리는 자신의 몸을 마음대로 할 수 있는 자율적인 권한이 아니라 상대방의 몸에 대해 행사할 수 있는 권한을 말한다. 바꾸어 말하면 남편도 아내도 그들의 몸을 그들 마음대로 사용할 권리를 소유하지 못하고 오직 자신의 몸에 대한 권리와 주장은 상대방이 가지고 있다는 뜻이다.

여기서 결혼 생활에 관한 한 부부 사이에 평등한 의무와 권리를 말한다는 데 주목해야 한다. 우리 나라와 같이 유교적인 가부장적 사회에서는 자연히 남편의 권한만 강조되고 아내에 대한 남편의 의무는 소홀히 되는 경향이 있다. 남편은 자신의 몸에 대해서 자유로운 권한을 행사해도 되지만, 여자는 남편에게 종속되어 있기 때문에 집안에서 남편이 시키는 대로 순종해야 한다는 것이 바로 그것이다. 그러나 바울이 여기서 말하는 성경의 원칙은 전혀 그렇지 않다. 결혼 생활에 있어서 의무와 권리는 부부 모두에게 동등하게 속해 있다. 특별히 몸을 주장하는 권리에서 그렇다.

"몸을 주장한다"는 말은 무슨 뜻인가? 바울은 본 절에서 결혼 생활을 말하고 있기 때문에 "몸을 주장한다"는 말도 그런 맥락에서 이해해야 한다. 남편과 아내의 몸에 완전한 권한을 행사할 수 있는 것은 서로 상대방에게 속한 것이다. 미국 웨스트민스터의 상담학 교수인 제이 아담스J. Adams는 상대방의 "몸을 주장하는 일"은 아내나 남편이 상대방에게 성생활을 통한 만족을 요구할 수 있는 권리 주장을 포함한다고 주장한 적이 있다. 《그리스도인의 가정 생활》*Christian Living in the Home*이란 그의 책에서 아담스는 아내나 남편이 요구하는 성생활을 정당한 근거 없이 상대방이 거절하거나 오랫동안 거부하는 행위는 이기적이요 비성경적인 행위라고 주장하였다.

바울은 분명히 하나님이 제정하신 결혼 생활의 울타리 안에서 부부 사이에 건전한 성생활을 인정하고 있다. 남녀가 부모를 떠나 "한 몸"이 되라는 창세기의 명령은 단순히 정신적인 결합만이 아니라 부부의 육신적인 결합도 의미한다. 부부의 육신적인 결합을 통해서 그들은 서로 더 가까워지고 친밀해질 수 있다. 건전한 성생활이 존재하지 않는 결혼 생활이란 것은 진정으로 행복한 결혼이라고 말할 수 없다. 하나님께서 그렇게 결혼 제도를 만들어 놓으셨다.

그럼에도 불구하고 불신자들은 물론이고 신자들 가운데서도 건전한 성생활이 왜곡되거나, 일방적으로 파괴되는 경우들이 생겨나기 시작하였다. 교회는 유교적인 문화권에 있기 때문에 성생활의 문제들에 대해 설교하거나 교육하기를 꺼려하는 가운데서 사실 감추어진 이면에 멍들고 깨진 가정들이 많아지고 있다. 성경은 결코 결혼의 울타리 안에서 건전하고 건강한 성생활을 무시하거나 평가절하하지 않는다. 그런 생활이 왜곡되거나 파괴될 때 결코 가정 생활은 행복해질 수 없다.

가정 생활이 불신의 늪을 헤매이거나 깨어지게 되는 원인은 하나님께서 정해 놓으신 성경적 원칙을 부부 중 한쪽에서 일방적으로 깨뜨리기 때문이다. 이 성경적 원칙이란 상대방의 몸을 주장할 수 있는 권리를 한쪽에서 일방적으로 파괴하지 말라는 것이다. 이 점은 5절에서 보다 구체적으로 발전된다.

바울은 원칙적으로 "분방하는 것"을 허용하지 않는다. 우리말 성경에 "분방하다"로 번역된 헬라어 동사는 분방의 의미보다는 "속이다, 착취하다"는 뜻을 가지고 있다(아포스테레이터). 이 동사를 사용한 사실로 미루어 볼 때 바울은 정당한 근거 없이 자기 몸을 상대방에 주기를 거절하는 행위를 분명히 "사기"요 "착취"defraud로 생각한다는 것을 알 수 있다. 이 얼마나 강한 표현인가? 남편이나 아내나 정당한 근거 없이 자신의 몸을 상대방이 주장하지 못하게 거절하거나 방해하는 것은 일종의 도둑질이나 마찬가지다. 한마디로 그런 남편이나 아내는 도둑질하는 사람이요 사기질하는 사람이라는 것이다.

바울이 인정하는 정당한 근거란 본문에서 기도할 틈을 얻기 위해 "잠시 동안", 그것도 "합의상" 떨어져 사는 것 같은 일들을 의미한다. 유대

랍비들도 성경 연구나 기도 생활을 위해서 얼마간 떨어져 사는 것을 허용하는 관례가 있었다. 그러나 이것은 신앙 생활이라는 미명 아래 아내나 남편이 상대방에게 절제를 강요해도 된다는 것을 뜻하지는 않는다. 본문에서는 "합의상" 그리고 "얼마 동안"이라는 명백한 제한을 두었다. 남편과 아내는 자신의 몸을 마음대로 할 수 없기 때문에 서로의 인격적인 합의에 의해서만, 그것도 잠시 동안만 떨어져 살 수 있다.

어떤 상황에서든지 부부가 떨어져 살 때는 상호간의 "합의"가 있어야 한다. 이것은 하나님께서 부부 모두에게 동등한 결혼의 의무와 권리를 주셨다는 것을 뜻한다. 아내가 집을 비우고 나갈 때는 반드시 남편의 동의를 얻어내야 하지만, 남편들은 아무 이야기도 없이 외박하는 사람들이 우리 사회에 얼마나 많은가! 바울의 표현을 빌려 말한다면 그런 남편들은 도둑질하는 사람이요 사기질하는 사람들이다. 그는 "속이지 말라"(아포테레이스떼)고 말한다. 아내나 남편이 집을 떠나서 며칠 밤을 외박하게 될 때는 반드시 집에 전화를 걸어 상대방의 동의를 얻어내야 한다.

이것이 바로 성경 말씀이 명하는 것이며 부부간에 신뢰할 수 있는 조건들이 되는 것이다. 신앙이 있다고 하는 사람들이 이런 성경적 원칙 하나 지키지 못한다는 것은 그들의 신앙에 무언가 큰 결함이 있다는 것을 의미한다. 기도 많이 하고 전도 많이 하고 금식 많이 했다는 것이 단지 좋은 신앙의 표지가 될 수는 없다. 좋은 신앙은 일상적인 부부 생활에서도 표현되고 논증되어야 한다.

뿐만 아니라 부부가 떨어져 살 때는 상호간의 합의도 있어야 하지만, "잠시 동안"이라는 조건도 지켜져야 한다. 결혼 생활은 부부가 함께 살기 위해 제정된 것이다. 돈을 번다는 명분에서나 기도생활이라는 명분에서 부부가 오랫동안 떨어져 사는 것은 그만큼 성경적 원칙을 어기는 것이다. 이런 조건들을 무시하고 인간적인 명분들을 앞세워 오랫동안 상대방에게 금욕을 명하거나 강요하다가 결혼 생활이 시험에 들거나 깨어지는 경우가 얼마나 많은가! 아무리 신앙인이라 하더라도 연약하다는 사실을 알고 있는 바울은 오래 떨어져 살기 때문에 결혼 생활이 멍들고 애정이 식고 시험에 빠지지 않도록 조심할 것을 권면하다.

바울은 모든 사람이 자신과 같이 주님께 온전한 헌신 생활을 하기 위해 독신 생활을 하기를 원하지만, 이런 생활은 아무나 할 것이 못되고 오직 독신 생활의 은사(카리스마)를 받은 사람만이 할 수 있다.(7절) 본 절에서 말하고자 하는 것은 모든 독신 생활이 다 하나님께서 주신 은사라는 것이 아니다. 서구 사회에서는 결혼의 굴레에 씌어 사는 것을 싫어하여 독신으로 지내는 사람들이 많다. 그들은 결혼 생활은 하지 않지만 원하는 사람들끼리 동거도 하다가 마음에 맞지 않으면 다시 헤어지기도 한다. 이런 성 개방화 추세는 지금 한국 사회에도 상륙하고 있는 중이다. 바울은 이렇게 살아가는 사람들이 다 은사를 받았다고 생각하지는 않는다.

그가 말하는 은사란 성령의 능력으로 "혼자 살 수 있는 능력"을 갖게 된 것을 지칭한다. 이렇게 하나님이 주시는 성령의 능력도 없이 아무나 함부로 독신 생활을 추구해서는 안 된다. 바울은 각각의 그리스도인이 하나님께 받은 은사가 다르다는 것을 인정한다. 그래서 어떤 사람은 독신 생활을 할 수 있는 은사를 받았지만, 다른 사람들은 또 다른 은사를 받았다. 그러므로 혼자 사는 것이 환난이 임박한 상황에서 아무리 추천할 만하더라도 그것이 모든 사람에게 의무로 지워질 수는 없다.

## 2. 독신 생활에 대한 교훈 7:8-9

바울은 이제 교회 내의 특정 계층의 사람들을 다룬다. 그는 먼저 혼인하지 않은 처녀들이든 과부들이든 간에 결혼 관계에 있지 않은 여자들에 대해 논한다. 특히 여기서 과부들에 대해 언급하는 이유는(8절) 아마도 그들이 특별히 재혼하려는 유혹 등 외부의 유혹을 받기 쉬운 위치에 있기 때문일 것이다. 바울은 이들이 자신처럼 독신으로 지내는 것이 좋다고 주장한다. 그러나 이것은 그들이 절제의 은사를 소유했는가에 달려 있다.(9절) 정욕이 불타는 상태에서 혼자 지내는 것보다는 이 경우에 결혼하는 것이 더 낫다.

후대의 저자들이 주장했듯이 성적인 욕망을 억누르고 지내는 것을 보다 경건한 것처럼 보려거나 마치 공적이나 되는 것처럼 생각하는 것은 분명히 바울의 생각이 아니다. 사실 혼자 살 수 있는 능력도 없으면서 내면에서 불타오르는 정욕을 억지로 억제하며 산다는 것은 결코 하나님이 인정하시는 삶이 아니다. 이 경우에는 오히려 결혼하여 남편과 아내를 두고 사는 것이 더 낫다.

## 3. 이혼에 대한 교훈 7:10-16

바울은 본 절에서 결혼한 자들에게 교훈한다. 그가 결혼한 자들에게 주는 교훈은 특히 주께서 친히 하신 명령이기 때문에 신적인 권위가 있다. 그는 자신의 명령이 개인적인 생각이 아니라 주의 지침이라는 것을 강조한다. 아마도 바울은 10-11절의 말씀을 직접 계시로 받았을 수도

있고 또는 공관복음에서 이혼 문제에 관한 예수님의 말씀을 지칭하고 있는지도 모른다.(마 5:31-32)

바울은 지금 상대방이 모두 그리스도인인 경우의 결혼을 말하고 있다. 그는 그리스도인 아내는 남편에게서 "갈리지" 말아야 한다고 본다. "갈린다"는 동사는 이혼을 지칭하는 기술적인 술어다. 이혼하는 것은 전혀 하나님의 뜻이 아니다. 필자는 어느 미국 장교 부인과 대화하는 중에 그 부인이 오늘날 미국의 이혼 가정들에 대해 이렇게 말하는 것을 들은 적이 있다. 대부분 이혼하는 부부들의 말을 들어 보면 부부 관계가 깨어지고 파경으로 치닫게 되는 것은 그들 사이에 품은 이기적인 동기들 때문이라는 것이다. 복음서를 읽어 보면 "음행의 연고" 외에는 하나님께서 이혼을 절대로 허용하지 않는다는 것을 알 수 있다.

남편이나 아내가 불륜을 저질러 결혼 관계에 근본적인 상처를 주기 전까지는 서로 헤어져서는 안 된다는 말씀이다. 그러나 11절에 "갈릴지라도"라는 말은 신자들일지라도 바울의 이 교훈에 불순종할 가능성을 내다본 말이다. 이혼이 결코 하나님의 뜻이 아님에도 불구하고 신자들이 인간의 이기심 때문에 그 하나님의 뜻을 거역하고 불순종한다는 말이다.

바울은 이미 6:9에서 간음하는 자나 음행하는 자들이 결코 하나님 나라에 들어가지 못한다고 경고한 적이 있다. 신자도 다윗 왕처럼 자신의 정욕 때문에 자기 아내를 속이고 간음을 하는 죄에 빠질 수도 있지만, 참된 신자라면 자신의 죄를 감추거나 은폐하지 않고 그것을 슬퍼하고 회개하는 마음을 갖게 되어 있다. 어떤 사람들은 교회 내에서 중직을 소유한 사람이면서도 남몰래 습관적으로 간음을 행하는 경우도 있다. 신자라고 하면서도 자신의 죄를 회개하지 못하고 남들이 모른다고 해서 계속 습관적으로 죄를 짓는다면, 그것은 그 사람이 구원을 얻을 만한 참 신앙을 가지지 못했다는 것을 의미할 뿐이다. 회개는 "구원에 이르게" 하기 때문이다.(고후 7:10) 어떤 신자가 구원을 받았다면, 그는 죄를 범할지라도 회개하는 삶을 통해 구원받은 사실을 회개를 통해 본증해야 한다. "너희가 믿음 안에 있는가 너희 자신을 시험하고 너희 자신을 확증하라 예수 그리스도께서 너희 안에 계신 줄을 스스로 알지 못하느냐 그렇지 않으면 너희가 버리운 자니라".(고후 13:5)

상대방의 불순종 때문에 이혼했을 경우에 바울은 이혼한 아내가 다시 재혼하지 말고 그대로 남든지, 아니면 그녀의 전 남편과 다시 화합하여 살아야 한다고 본다. 마찬가지로 남편도 자기 아내와 이혼하지 말아야 한다. "버린다"는 동사는(11절) 아내에 대해 사용된 동사와 다르지만 결과는 동일하다. 여기서 바울은 예수께서 말씀하신 "음행의 연고"라는 이혼 조건을 제시하지 않는다.(마 5:32; 19:9) 그러나 우리가 주목할 것은 그가 여기서 이혼에 관해 조직적인 논문을 쓰기보다는 특정한 문제들에 답하고 있다는 점이다. 오히려 다음 절에서 그는 공관복음에 기록되지 않은 이혼할 수 있는 예외적인 새로운 상황을 거론한다.

12-16절의 교훈은 10-11절의 교훈과는 달리 혼합된 결혼, 즉 남편이나 아내쪽만이 하나님을 믿는 경우에 대해서 말한다. 이 경우에 바울은 주님께 직접 받은 계명이 없음을 말한다. 하지만 뒤의 40절에서 바울은 "나도 또한 하나님의 영을 받은 줄로 생각한다"고 주장한다. 성령을 소유하는 것이란 바울 사도에게만 독특하게 존재하는 특권이 아니라 모든 신자들이 공통적으로 소유하는 특권이다.

그런데도 바울이 "나도 성령을 소유한다"고 강조하는 이유는 무엇일까? 아마도 "나도"(카고)라는 말은 고린도인들이 성령을 소유한다고 주장하기는 하지만 실제 그들의 부도덕하고 불순종하는 삶을 보면 그들이 전혀 성령의 지배를 받는 자들이 아니라는 것을 보여 준다. 그들의 생활은 모순에 빠졌다. 이러한 상황에서 "나도 성령을 소유한다"고 강조한 것은 바울이 삶의 모순에 빠진 고린도인들을 부끄럽게 하려는 의도가 있었던 것 같다.

다시 말해서 진정 성령을 소유한 사람들이라면 성령을 따라 사는 사람들답게 살라는 것이다. 바울 자신은 그들 앞에서 어떻게 성령의 인도하심과 지시를 따라 사는 것인지 자신의 삶을 통해서 본을 보이고자 하는 것 같다. 그는 자신의 생각이 구체적인 상황에 대해서 성령을 의지하여 판단한 것에 의지하고 있음을 시사한다. 바울은 이미 신령한 자는 모든 것을 판단할 수 있다고 주장한 적이 있다.(2:15) 이것은 그가 자신도 하나님의 영을 소유하고 있다고 한 주장에서 분명히 나타난다.(7:40)

12-13절은 어떤 믿는 아내나 남편이 믿지 않는 상대방이 있으나 그가(또는 그녀가) 같이 살기를 원할 때는 그 상대방을 버리지 말라는 내용을 담고 있다. 그 이유는 좀 난해하게 보이는 14절의 말씀에 나타나 있다. 믿지 않는 남편이나 아내가 믿는 남편이나 아내로 인하여 거룩하게 된다는 것이다. "거룩하게 된다"는 말의 기본적인 사상은 도덕적인 정직성을 가리키기보다는 하나님과의 관계성을 나타낸다. 이 말의 기본 개념을 정확하게 정의하기는 어렵다.

그러나 성경은 시종일관 하나님과의 교제에서 연원되는 축복들은 당사자들뿐만 아니라 다른 사람들에게도 미친다는 것을 말한다.(예를 들어, 창 15:18; 왕상 15:4; 사 37:4) 바울은 여기서 믿는 상대방의 성화聖化는 불신 상대에게도 확장된다고 교훈한다. 그는 이 점을 자녀들의 위치를 설명할 때도 적용한다. 만일 신자의 성화가 자신 밖에 미치지 못한다면 그의 자녀들도 부정할 것이다. 여기서 거룩의 개념이 깨끗함, 정결함의 개념과 상관이 있음을 보여 준다.(엡 5:26) "그러나 이제 거룩하니라"는 구절이 덧붙여진 것은 이 점에서 믿는 아내나 남편에게 붙어 있는 상대방과 그들의 자녀들이 신자인 아내나 남편의 축복의 관계 속에 있음을 보여 준다.

그러나 이 말은 불신 남편이나 아내가 "구원받았다"는 의미로 해석되어서는 안 된다. 16절에서 바울이 "아내 된 자여 네가 남편을 구원할는지 어찌 알 수 있으며 남편 된 자여 네가 네 아내를 구원할는지 어찌 알 수 있으리요"라고 질문하기 때문에 그는 "거룩하게 된다"는 것과 "구원받는다"는 것을 구분짓는다는 것이 분명하다. 다시 말해서 불신 아내나 남편은 신자인 아내나 남편 때문에 하나님의 축복이 주어지는 울타리 안에 있고, 또한 더욱이 다른 사람들보다 구원받을 수 있는 기회가 더 많이 주어지는 것이 사실이지만, 신자인 아내나 남편과 함께 산다는 것 자체가 그들에게 구원의 축복을 가져다 주는 것은 아니다.

반면에 불신하는 상대방이 믿는 아내나 남편과 같이 살기를 거부할 때는, 바울은 이런 문제에 구속받을 것이 없이 이혼을 허용해 줄 것을 말한다. 이 경우에 주도권을 행사하는 사람은 불신 상대방이고, 그리스도인 아내나 남편이 아니다. 이것은 아마도 이혼당한 믿는 아내나 남편이 자유롭게 재혼할 수 있음을 뜻할지도 모른다. 15절의 "구속받을 것이 없다"는 말은 재혼의 가능성을 암시하는 말인지도 모른다.

그러나 이 구절 자체가 모호하기 때문에 그런 적극적인 권면이 담겨 있는지는 확실치 않다. 아무튼 하나님께서는 신자를 화평 속에서 부르셨기 때문에 이런 문제를 싸움과 다툼으로 해결하기보다는 불신 상대와 함께 기꺼이 살든지, 그가(또는 그녀가) 원하지 않을 경우 결혼 생활을 이제 끝내자는 불신 상대방의 결정을 받아들임으로써 믿는 자는 화평을 따라야 한다. 사실 이런 일이 현실로 나타난다면 얼마나 가슴 아픈 일이겠는가? 그러나 불신 상대방이 이혼하자고 우기고 이미 자신은 신자인 상대방을 사랑하지도 용납할 수도 없다고 주장한다면 신자가 이혼하지 않고 끝까지 고집을 부린다는 것은 어떤 면에서 추천할 만한 것 같지는 않다. 반면에 불신 상대가 신자인 남편과 아내와 계속 살기를 진심으로 원할 때는 이혼해서는 안 된다. 왜냐하면 불신 상대가 믿는 아내나 남편을 통해 구원을 받을지 모르기 때문이다.(16절)

바울은 17-24절에서 하나님께서 각 사람을 부르신 그대로 살아갈 것을 권면한다. 그는 결혼 문제를 잠시 뒤로 하고 당분간 사람이 어떤 상태나 신분에 있든지 있는 그대로 만족하며 살아갈 것을 권면한다. 어떻게 보면 모든 것이 하나님의 뜻이니까 체념하면서 살라는 말인 것처럼 들리기도 한다. 그러나 자세히 살펴보면 그렇지는 않다. 바울은 이 원리를 각 사람의 과제와 소명, 그리고 그의 시대를 갈라놓았던 할례, 노예제도, 종교, 사회적인 구분들에 적용한다.

17절 처음에 나오는 "오직"이라는 말은 본래 예외적인 권면에 적용되는 말이다(에이 메). 바울은 15절에서 그리스도인의 자유에 대해서 말했으나, 17절에서는 각 사람이 있는 그대로 지내라는 권면을 한다. 그리스도인의 자유는 방종이 아니다. 그리스도인은 자신의 현 상태와 신분을 혁명적으로 바꾸려고 화평을 깨뜨리기보다는 그것을 하나님의 부르심으로 알고 그대로 지내야 한다. 어찌 보면 이것은 현실 안주적이고 염세적인 태도같이 보인다.

그러나 바울이 이런 태도를 취하게 된 것은 그의 특별한 종말론적 세계관에 기초한다. 그리스도인이 살고 있는 세계의 모든 종교, 사회, 문화적 차이들과 구분들은 결코 영원한 실재들이 아니다. 그것들은 오는 영원한 세상에 비할 때 상대적 가치밖에 없으며 결국은 "지나가는 형적"에 불과하다.(31절) 유대주의자들은 자신들의 신분 표지인 할례를 영구적이고 궁극적인 가치를 지닌 어떤 것으로 생각하며, 자유인들은 자신들의 신분을 생의 최고 가치로 평가할 것이다. 할례냐 무할례냐, 히브리인이냐 이방인이냐 하는 구분법은 사람의 가치를 평가하는 궁극적 표준인 것처럼 보인다. 그러나 그런 구분법은 이제 그리스도 안에서 아무것도 아니다. 유대인들이 할례 의식을 지키는 것은 이제 단순히 하나님의 계명을 지킬 따름이다.(19절) 할례는 그들에게 하나님이 제정한 의식적 계명에 불과하며, 바울은 거기에 문화, 종교적 차이 외에 다른 구원론적 의미를 부여하지 않는다.(갈 5:6)

21절에서 바울은 종교적 구분에서 사회적 구분으로 관심을 돌린다. 그는 어떤 사람이 종, 즉 노예로 있을 때 부르심을 받았다면 자신이 종인 것을 염려하지 말라고 권면한다. 중요한 것은 하나님을 섬기는 것이지 자신의 신분은 오직 상대적인 것에 불과하다. 그가 세상에서 비록 종이라고 할지라도 하나님 앞에선 그의 신분이 여전히 종으로 남아 있는 것이 아니다. 세상에 존재하는 사회적 구분은 단지 세상적인 구분일 뿐이다. 세상에서 종이라고 해서 하나님 앞에서도 종인 것이 아니듯, 그가 세상에서 자유인이고 주인일지라도 하나님 앞에서 여전히 자유인이고 주인인 것은 아니다. 세상의 모든 구분들과 신분들은 단지 지나가는 형적일 뿐이다. 그것들은 결코 영구적인 가치를 지닌 표지일 수가 없다. 바울은 그리스도인이 세상의 모든 조건들을 상대화시키라고 말함으로써 하나님 안에서 모든 사람들이 자유하다는 혁명적인 사상을 심어 놓을 수 있었다.

바울은 노예가 자유할 수 있는 기회가 오면 오히려 그 기회를 사용하라고 제안한다. "사용한다"(크레사이)는 동사는 논쟁의 대상이 되어 왔다. 어떤 사람들은 이 동사를 "네가 비록 자유할 수 있을지라도 대신 너의 현 상태를 최대한 활용하라"는 의미로 해석한다. 이 의미를 지지하는 구절은 20절에서 찾는다.

그러나 바울은 부정과거 명령법을 사용하기 때문에, 이 동사가 옛 상태를 계속하는 것보다는 새로운 조건을 받아들이는 것을 의미한다고 보는 것이 더 자연스럽다. 따라서 그가 자유할 수 있다면 그 기회를 사용하여 자유인이 될 것을 바울은 권면한다. 왜냐하면 하나님은 값을 지불하고 그리스도인들을 구속하고 그들에게 자유를 주셨기 때문에 그들은 사람들의 종이 되어서는 안 되기 때문이다.(24절) 그러나 그들이 자유할 수가 없을지라도 염려할 필요가 없는 것은, 그들은 비록 세상에서 노예일지라도 하나님 앞에서는 "주께 속한 자유자"이기 때문이다.(21절) 바울은 이 점에서 염세주의 사상가라기보다는 세상의 가치를 상대화시키고 하나님 앞에서 자신의 참된 신분을 재평가하게 만드는 혁명적 사상가라고 할 수 있다.

## 4. 처녀의 결혼에 대한 교훈 7:25-38

바울은 이제 25-38절에서 처녀들에 대해서 말한다. 그는 처녀에 대해서 주님께 직접 받은 계명과 계시는 없지만 그도 역시 성령을 소유하고 있고,(40절) 주의 자비하심을 받은 충성된 일꾼으로서 의견을 제출할 수 있음을 말한다. 성령을 소유한 그리스도인이라면 일상 생활에서 부딪치는 구체적인 문제들에 대해서 무엇이 하나님의 뜻인지를 분별할 수

있다.(롬 12:2; 고전 2:15)

바울은 성령의 지시와 인도하심을 따라 판단할 때 환난이 임박한 상황에서 처녀, 총각들이 결혼하게 되면 여러 고난과 어려움을 당할 것을 알고(28절) 그들을 아끼는 마음으로 그냥 그대로 지낼 것을 권면한다. "임박한 환난"이 여기서 무엇을 지칭하는지 우리는 모른다. 어떤 학자들은 이 환난이 재림 전에 있을 대환난을 가리킨다고 말한다. 이것은 29절의 "때가 단축하여졌다"는 바울의 종말론적 전망에 의해 지지를 받는다. 그러나 이 말은 무서운 핍박 때문에 복음을 증거할 수 없고, 또한 여러 고난을 당하게 될 초대 교회의 역사적인 상황을 반영하는 것임을 의심할 수 없다. 그들이 이제 조만간 당할 고난과 핍박은 어떤 의미에서 재림의 징조일 수 있다.

바로 이러한 종말론적 전망에서 평가할 때 모든 인간 가치들은 상대화될 수밖에 없다. 그리스도인은 자신의 세상적 환경들과 조건들이 마치 영원한 것처럼 집착해서는 안 되고 가능한 초연하고 초월적 태도를 취해야 한다. "이 세상의 형적은 지나가기 때문이다".(30절 하) 우는 자들이 울지 않는 자처럼 행동할 수 있고, 재물이 많은 자들이 아무것도 없는 자처럼 행동할 수 있고, 세상 물건을 사용하는 자들은 아무것도 쓸 것이 없는 자처럼 행동할 수 있는 것은 그들이 오는 하나님 나라의 관점에서 세상적인 모든 것을 상대적으로 평가하기 때문이다.

그리스도인은 돈이 많지 않아도 모든 것을 소유한 것처럼 행동할 수 있는 것은 그가 하나님 안에서 모든 것이 부요하다는 것을 알기 때문이다.(빌 4:11, 18) 남들이 부러워하는 것을 부러워하지 않을 수 있는 것은 세상 가치들을 상대화시킬 수 있는 신앙의 힘이 아니고서는 불가능한 일이다. 신앙의 힘이 약해질 때 사람은 자꾸 보이는 세계에 붙들려 살게 되고 세상적 가치들을 궁극적인 것으로 생각하게 된다. 그러나 신자는 보이는 것에 따라 살지 않고 "믿음을 따라" 사는 사람이다.(고후 5:7) 모든 것을 하나님의 관점에서 판단할 줄 아는 사람이 참 믿음을 소유한 사람이다. 하박국 선지자가 말한 대로 자기집 외양간에 송아지가 없고 포도나무에 포도열매가 없고 무화과나무에 열매가 없을지라도 여호와 한분으로 만족하겠다는 신앙이 오늘날 우리에게 얼마나 필요한가!

바울은 32-35절에서 27절 이하에서 전개된 사상, 다시 말해서 자기 독자들이 임박한 환난을 당하여 고난을 당하지 않기를 원하다는 사상을 반복한다. 결혼한 자들은 상대방에 대한 의무와 사랑 때문에 그를(또는 그녀를) 기쁘게 하려다가 마음을 주님께만 집중시키지 못하고 갈린 마음을 가지게 된다. 반대로 결혼하지 않은 과부들과 처녀들은 오직 주님께만 헌신하고 주님께 속한 일들만 염려하며, 자신의 몸과 영을 거룩하게 할 수 있다. "몸과 영을 거룩하게 한다"는 것은 윤리적 성취를 뜻하기보다는 자신을 거룩하게 성별하는 것을 뜻할지 모른다. 처녀라고 해서 결혼한 여자보다 더 윤리적으로 거룩한 것은 아니다. 바울이 강조하는 것은 오직 한 마음으로 주님께 헌신할 수 있음을 말할 뿐이다. 이러한 권면들은 바울이 고린도인들의 유익을 위한 것이었다. 즉 그들이 질서 정연하게 주님을 섬기는 일에 집중할 수 있도록 권면한 것뿐이다.

36-38절은 아마도 약혼한 처녀에 대한 바울의 교훈일 것이다. 우리말 성경과 같이 어떤 학자들은 이 구절이 부모가 성년이 된 처녀 딸에게 결혼시키지 않는 경우를 지칭한다고 생각한다. 그러나 여기에는 두 가지 주된 반대 주장이 제기된다. 하나는 "자기의 처녀 딸"virgin이라는 말이 딸에게 흔히 쓰이는 말이 아니라는 점이다. 또 다른 점은 그들로 "혼인하게 하라"(36절)는 말이 앞 절에서 언급된 남자와 처녀를 지칭하는 것

이 자연스럽다는 사실이다. 따라서 본문에 적합한 설명은 본 절이 약혼 관계에 있는 남녀의 경우를 말한다고 보는 것이다(RSV). 이들 남녀는 서로 약혼만 해놓고서는 먼저 독신으로 남아 살자고 동의한 것으로 보인다. 바울은 그들이 비록 마음을 바꾸어 결혼해도 죄짓는 것이 아님을 가르친다.

이 해석의 문제는 그들이 결혼하여 함께 살 의사도 없으면서 왜 약혼했는가 하는 점이다. 그리고 남자가 그의 약혼녀에게 "이치에 합당치 못하게 행동한다"는 말이 무엇을 뜻하는지 이해하기가 어렵다. 그래서 최근의 학자들은 바울이 여기서 "영적인 결혼"을 지칭한다고 주장한다. 아마도 그들은 결혼 예식은 행했으나 육체적인 결합은 하지 않고 단지 형제, 자매 사이로 살기로 동의했던 것 같다. 그렇게 결정하게 된 동기는 아마도 매우 영적인 결심에서 나왔을 것이다.

그러나 그들이 떨어져 살기에는 절제하기가 매우 어렵고 육체적으로 다시 결합하기를 원할 경우, 바울은 그들이 다시 결혼해도 죄짓는 것이 아님을 권면한다는 것이다. 그러나 이 견해에도 반대가 없는 것은 아니다. 바울은 이미 5절에서 결혼한 사람들이 "합의상, 그것도 잠시 동안만" 떨어져 살 것을 허용하고 있고, 정당한 근거 없이 자신의 몸을 주기를 거절하는 일을 강요하는 것은 "사기"라고 보았다. 뿐만 아니라 이런 영적인 결혼은 2세기 이후에나 존재했다는 증거가 있다.

아마도 세 견해 중에서 가장 개연성 있는 설명은 본 절이 약혼한 남녀의 문제를 다룬다고 보는 것일 것이다. 37-38절은 약혼한 남자가 마음을 굳게 하고 독신으로 있기를 원하고 약혼녀도 그대로 있기를 원할 경우, 독신으로 있기를 결정하는 일이 앞으로 있을 환난에 비추어 더 추천할 일로 제시한다.

## 5. 과부의 재혼에 대한 교훈7:39-40

마지막으로 바울은 39-40절에서 과부들에게 교훈한다. 죽음 이외에는 결혼 관계가 해소될 수 없다.(39절) 그러나 남편이 죽을 경우 과부들은 자유롭게 결혼할 수 있으나 "주 안에서만" 해야 한다. 이 말은 남편을 여읜 과부가 다시 재혼할 때는 오직 믿는 남자와만 결혼할 것을 추천하는 말이다. 위에서 언급한 이유들을 근거로 해서(26-29절) 바울은 과부들이 결혼하지 않고 그냥 독신으로 지내는 것이 더 복되다고 말한다. 40절 하반절의 "나도 하나님의 영을 받은 줄로 생각한다"는 표현을 우리는 이미 앞에서 살핀 적이 있다.

바울은 이 표현을 통해 이러한 일상적인 일들에 대해서도 성령이 옳은 판단과 행동을 하도록 능력과 방향을 제공해 주심을 지시한다. 사실 고린도인들은 성령을 소유하고 있고 하나님의 지혜를 지니고 있다고 자만해 하면서도 그들의 생활은 모순에 빠졌고, 분쟁과 시기하는 삶을 삶으로써 세상의 영을 좇고 육을 따라 행하고 있었다. 그들이 진정한 그리스도인이라면 바울처럼 그들의 일상 생활에서 무엇이 하나님의 뜻인지를 찾아낼 수 있는 영적 분별력을 가져야 한다. 이런 분별력은 오직 신자가 날마다 자신의 마음을 새롭게 함으로 변화를 받을 수밖에 없다. 영적인 판단력은 불순종하는 육신의 삶을 살 때 현저하게 떨어진다. 그 결과는 무엇이 하나님의 뜻인지를 분간할 수 없기 때문에 육신과 정욕의 소리를 따라 사는 것이다.

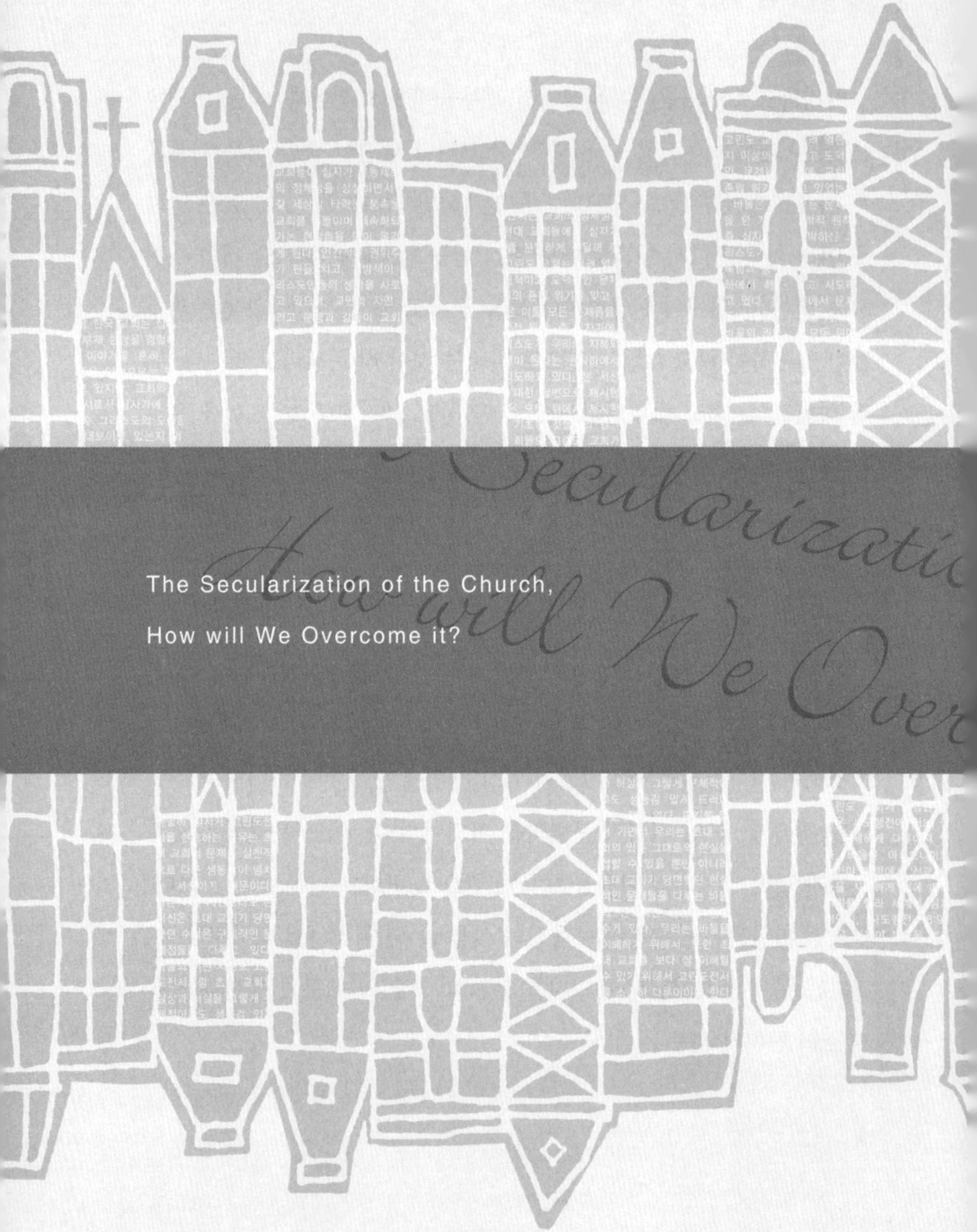

# The Secularization of the Church,

# How will We Overcome it?

5장

# 우상의 제물에 관한 문제들

8:1–11:1

# The Secularization of the Church, How will We Overcome it?

모든 것이 가하나 모든 것이 유익한 것은 아니요 모든 것이 가하나 모든 것이 덕을 세우는 것은 아니니 누구든지 자기의 유익을 구하지 말고 남의 유익을 구하라 무릇 시장에서 파는 것은 양심을 위하여 묻지 말고 먹으라 이는 땅과 거기 충만한 것이 주의 것임이라 불신자 중 누가 너희를 청할 때에 너희가 가고자 하거든 너희 앞에 차려 놓은 것은 무엇이든지 양심을 위하여 묻지 말고 먹으라 누가 너희에게 이것이 제물이라 말하거든 알게 한 자와 그 양심을 위하여 먹지 말라 내가 말한 양심은 너희의 것이 아니요 남의 것이니 어찌하여 내 자유가 남의 양심으로 말미암아 판단을 받으리요 만일 내가 감사함으로 참여하면 어찌하여 내가 감사하는 것에 대하여 비방을 받으리요 그런즉 너희가 먹든지 마시든지 무엇을 하든지 다 하나님의 영광을 위하여 하라 유대인에게나 헬라인에게나 하나님의 교회에나 거치는 자가 되지 말고 나와 같이 모든 일에 모든 사람을 기쁘게 하여 자신의 유익을 구하지 아니하고 많은 사람의 유익을 구하여 그들로 구원을 받게 하라 **고전 10:23-31**

## 1. 지식보다 귀한 사랑 8:1-13

바울은 여기서 고린도 교회에서 제기된 또 다른 새로운 주제를 다룬다. 우상의 제물로 바쳐진 음식 모두가 고린도에 있는 시장에서 다 팔린 것은 아니지만, 많은 부분의 음식이 신전에 제물로 드려진 뒤에 시내의 시장에서 팔렸다.

그런 음식을 경건한 유대인들은 다음 세 가지 이유 때문에 먹지 않았다. 첫째로 우상의 제물은 우상 숭배를 거친 것이고, 둘째로 이교도들이 그 제물의 십일조를 바쳤다고 생각할 수 없으며, 셋째로 그것이 고기일 경우 (피를 온전히 다 빼는 것과 같은) 올바른 방법으로 살해되었다고 생각될 수 없기 때문이었다. 아마도 고린도에 여행하거나 거주하는 유대인들이 이방 그리스도인들에게 그런 제물은 먹어서는 안 된다고 부추겼을 것이다. 유대인들의 부추김을 받은 고린도인들에게 우상에게 바쳐진 음식을 먹는 일은 죄로 여겨졌을 것이다.

구약에서 다니엘이 포로가 되어 바벨론에 끌려 갔을 때 그는 다른 친구들과 함께 우상에게 바쳐진 음식을 먹지 않기로 굳게 결심하였다.(단

1:8-16) 당시 바벨론의 이교도들은 음식과 술을 먹고 마시기 전에 먼저 신에게 봉헌하는 관습이 있었다. 이런 의미에서 이방인의 음식은 이스라엘 사람들에게 우상 숭배 제물을 의미했고,(레 11:10-12; 신 12:23-24) 이런 음식을 먹는 사람은 이교도의 우상 숭배에 동참하는 자들로 간주되었다. 아마도 "더러워지고 약한" 양심을 가지고 거리낌으로 우상의 제물을 먹는 어떤 고린도인들은 유대인들의 이러한 전통적인 사고방식에 의해 영향을 받은 자들일 것이다.

그러나 고린도인들 가운데 많은 사람들은 우상의 제물에 대해 자유로운 태도를 취하였다. 그들은 시장에서 팔리는 고기가 비록 우상의 제물이라 할지라도 세상에 존재하는 만물이 모두 하나님의 것이기 때문에 먹어도 상관이 없다고 생각하였다. 사실 이들의 이러한 자유스러운 태도는 하나님과 세계에 관한 "지식"에 근거한 것이다. 어떤 면에서 고린도인들이 지니고 있던 지식은 정당한 것이고 바른 것이라 할 수 있다. 그들의 이러한 지식이 영지주의 이단에 의해 영향을 받았는지는 분명하지 않다. 영지주의자들의 지식에 대한 강조가 어느 면에서 간접적으로 고린도인들의 자유스러운 태도에 영향을 미쳤을지 모르지만, 하나님과 세계에 대한 그들의 지식은 어쨌든 정당한 것이다.

그러면 그들이 지니고 있는 지식은 어떤 것인가? 4-6절은 그들의 지식 내용을 담고 있다. "우리가 우상은 세상에 아무것도 아니며 또한 하나님은 한 분밖에 없는 줄을 아노라 비록 하늘에나 땅에나 신이라 칭하는 자가 있어 많은 신과 많은 주가 있으나, 그러나 우리에게는 한 하나님 곧 아버지가 계시니 만물이 그로 말미암고 우리도 그로 말미암았느니라." 이 구절에 따르면 고린도인들은 우상이 실제 아무것도 아니고, 하나님은 한 분뿐이시라는 것, 세상에는 신들과 주들로 불려지는 여러 존재들이 있지만 만물을 창조하신 분은 한 분 하나님과 한 분 그리스도밖에 없다는 것을 아는 지식을 가지고 있었다. 이런 지식은 바르고 정당한 것이다.

사실 고린도인들의 "자유"는 이런 바른 지식에 기초한 것이다. 참된 지식이 없는 사람들은 참으로 자유할 수가 없다. 요한복음의 저자도 "진리를 알지니 진리가 너희를 자유케 하리라"는 말씀을 했는데, 이것은 자유가 진리를 아는 데 기초한다는 것을 인정한 것이라 할 수 있다. 바울은 고린도인들이 가지고 있는 이 자유를 근본적으로 나쁜 것으로 평가하지 않는다. 그리스도인들은 사실 자유를 위해 부르심을 받은 자들이기 때문에 굳세게 서서 다시는 종의 멍에를 메지 않도록 조심해야 한다.(갈 5:1) 이러한 자유를 소유하기 위해서는 하나님을 바로 알아야 하고 그리스도 안에 나타난 구속의 의미를 바로 깨달아야 한다.

그리스도인들은 이런 지식을 마땅히 다 가지고 있어야 함에도 불구하고(7절) 아직도 고린도인들 가운데 어떤 사람들은 아무것도 아닌 우상을 실재實在하는 참된 존재로 인식하기 때문에 "더러워지고 약한" 양심을 가지게 되고, 이것은 곧바로 그들로 하여금 죄를 범하도록 만든다. 바울은 떳떳한 양심과 담대한 확신을 가지고 행동할 수 있는 사람은 복된 사람이라고 말한다.

그러나 이러한 내면적인 신앙의 확신이 없고 여전히 "거리끼는 마음"을 가지고 행동하는 사람은 이미 죄를 범하고 있는 것이나 다름이 없다. 왜냐하면 바울은 "의심하고 먹는 자는 정죄되었나니 이는 믿음으로 좇아 하지 아니한 연고라 믿음으로 좇아 하지 아니하는 모든 것이 죄니라"(롬 14:23)고 말하기 때문이다. 여기서 "믿음"이란 것은 신앙인의 내적인 확신을 가리킨다. 자신이 하나님의 뜻을 따라 행하고 있다는 내면적

확신이 여기서 "믿음"이라고 불려진다.

신자는 모두 성령을 소유하기 때문에 무엇이 옳고 그른지 스스로 판단할 수 있는 능력이 있다.(고전 2:15) 성령의 인도하심을 따라 무엇이 옳고 그른지 "판단하는" 능력을 바울은 주로 "도키마제인" 동사를 가지고 묘사한다.(예를 들어, 롬 12:2; 14:22; 살전 5:21) 바울은 "범사에 헤아려(도키마제인) 좋은 것을 취하고 악은 모양이라도 버리라"(살전 5:21)고 권면한다. 모든 일을 헤아리고 판단하여 좋은 것을 취할 수 있는 자유, 이것은 바울이 모든 신자들에게 마땅히 있어야 한다고 생각하는 그리스도인 생활의 필수적인 요소다.

그러나 자유는 자기 마음대로 판단하고 행동하는 것을 뜻하지는 않는다. 바울은 그러한 행동을 오히려 위험스러운 방종이라고 경고한다. 그가 말하는 참된 자유는 성령의 지도와 인도를 받으면서도 스스로 하나님의 뜻이라고 판단하고 행동할 수 있는 내면적인 능력을 가리킨다. 이러한 영적인 판단 능력은 신자의 신앙 정도에 따라 크게 다르다. 고린도인들처럼 성령을 따라 행동하지 않으면서도 자신은 신령한 사람이라고 오해하는 것이 바로 그 경우다.

따라서 참된 자유를 가지고 자유롭게 하나님의 뜻을 헤아리고 그 뜻에 따라 행동할 수 있기 위해 바울 사도는 신자가 언제나 "마음"을 새롭게 하여 변화를 받으라고 권면한다.(롬 12:1-2) 마음은 하나님을 만날 수 있는 창문인데, 세상 풍습이나 가치관을 본받아 살다 보면 이 마음의 창문이 흐려지고 더러워져 하나님의 인도를 받을 수가 없게 된다.

어떤 사람은 양심을 따라 살라고 권면한다. 양심이란 무엇이 옳고 그른지 판단할 수 있는 마음의 능력을 가리키는데, 이것은 본래 하나님께서 자기의 형상을 따라 창조된 모든 인생들의 마음속에 심어 주신 고귀한 선물이다.(롬 2:14-15) 일반 세상 사람들에게는 적어도 이 양심을 따라 사는 것이 고상한 삶을 영위하는 표준과 규범이 된다고 할 수 있다. 그러나 이 양심이란 것이 그리스도인이 따라 살아야 할 궁극적이고 중립적인 표준이라고 말할 수 있는가? 이 양심을 따라 살 때 사람들에게 참된 자유가 주어진다고 말할 수 있는가? 어떤 경우에는 그렇다고 말할 수 있을 것이다. 때로 예수를 믿지 않는 불신자들 가운데 자신의 양심을 따라 한 점 부끄럼이 없이 살아가려고 노력하는 사람들이 있다. 그러나 성경은 하나님을 인정하지 않는 인생에게 양심이 삶의 궁극적인 표준이라고 말하지는 않는다. 양심은 분명히 고귀한 하나님의 선물이면서도 이 양심은 지금 죄로 물들어 있고 더러워져 있다.

그래서 고린도인들 중에 어떤 사람들은 하나님과 세계에 대한 바른 지식을 지니지 못하고 거리낌없는 태도로 살았기 때문에 그들은 "약하고 더러워진" 양심을 가지게 되었다.(7절) 이 구절이 보여 주듯이 양심이라고 해서 다 좋은 것이 아니고 어떤 경우에는 더러운 양심도 있고, 약한 양심도 있으며, 때로는 죄를 느끼지도 못하는 화인 맞은 양심도 있다.(딤전 4:2)

바울 서신에서 "선한 양심"은 흔히 "믿음"과 연결되어 자주 나타난다. 그래서 바울은 "믿음과 착한 양심을 가지라"고 권면한다.(딤전 1:19) 집사들을 선정할 때도 "깨끗한 양심에 믿음의 비밀을 가진 자라야 한다"는 조건이 붙는다.(딤전 3:9) 착하고 깨끗한 양심은 사람이 오직 하나님과 바른 관계를 맺을 때에만 존재할 수 있다. 믿음이 파선한 사람은 선하고 정결한 양심을 가질 수가 없다. 그래서 어떤 사람이 "믿음에서 떠난다"는 것은 그가 "자기 양심에 화인 맞았다"는 것을 뜻하는 것이다.(딤전 4:1-2) 따라서 사람의 양심은 결코 중립적인 안내자일 수 없다. 바울도 이 점을 인정하기 때문에 그리스도인의 양심도 날마다 성령의 인도하심을 받아야 한다고 가르친다.(롬 9:1) 성령의 인도하심을 받지 않는 양심은 곧바로 부패하기가 쉽다.

그런데 바울은 하나님과 세계에 대한 바른 지식이 신자에게 참 자유를 가져다 준다는 점을 인정하지만, 그는 이 지식이 아무리 자유를 가져다 준다고 하더라도 "사랑"에 의해 통제를 받지 않을 때 도리어 위험스러울 수 있음을 강조한다. 바울은 1절에서 "우리"라는 대명사를 사용함으로써 어쨌든 지식의 중요성을 강조하는 고린도인들과 동일한 의견을 가지고 있음을 시사해 준다. 그러나 곧 바울은 지식과 사랑을 대조시키고 사랑의 우선성을 강조한다. 참된 지식은 그리스도인들에게 반드시 있어야 할 정당한 요소이기는 하지만, 그것이 사랑으로 통제받지 않을 경우 공동체의 삶에 해를 끼칠 수가 있다.

첫째, 지식은 "교만하게 하는" 경향이 있다.(2절) "교만하게 하다"는 동사는 이미 4:6에서도 사용된 바 있는데, 사실 고린도 교인들이 빠졌던 일차적인 죄는 교만이었다.(4:6, 18, 19; 5:2) 사랑은 사람들의 허물을 덮고 덕을 세우지만, 지식은 그것이 이웃에게 봉사하는 방향으로 사용되지 못할 때 사람을 도리어 교만하게 만든다. 교만한 사람은 자신을 실제 모습 이상으로 생각하게 되며,(2절) 교회 내에서 그룹을 지어 분열케 하고, 심지어는 믿음이 약한 형제를 멸망시킬 수 있다.(11절)

그러나 지식과 사랑은 사실상 서로 모순된 것도 아니고 양립 불가능한 것도 아니다. 그 좋은 예가 사도 바울 자신이다. 그는 누구보다도 많은 지식을 소유한 사람이었지만 그 지식으로 하나님의 교회와 약한 형제들에게 봉사하였다. 히브리인의 "안다"(야다)는 개념은 단순한 지식만이 아니라 인격적인 교제, 헌신, 순종, 사랑 등을 내포한다. 하나님을 참으로 아는 사람은 그분을 사랑하고 그의 말씀과 뜻에 헌신하는 사람이다. 그 대표적인 구절이 호세아에 나온다. "내가 네게 장가들어 영원히 살되 의와 공변됨과 은총과 긍휼히 여김으로 네게 장가들며 진실함으로 네게 장가들리니 네가 여호와를 알리라".(호 2:19-20) "나는 인애를 원하고 제사를 원치 아니하며 번제보다 하나님을 아는 것을 원하노라".(호 6:6) 이 마지막 구절에서 하나님께서 그의 백성이 가지기를 원하는 "인애"는 "하나님을 아는 것"과 연결되어 나타난다. 하나님을 성실하게 사랑하고 순종하며 헌신하려는 삶이 "인애"(헤세드)를 따라 하나님과 교제하는 삶이며 그를 참되게 아는 삶이라고 할 수 있다. 따라서 참된 지식은 이렇게 사랑의 특징을 나타내지만, 그것이 사랑이 결핍되거나 사랑의 통제를 받지 않을 경우 오히려 공동체에 해가 될 수 있다.

그래서 바울은 3절에서 사랑과 지식의 관계를 하나님 자신의 측면에서 재정의한다. 만일 사람이 하나님을 사랑하면 그는 하나님에 의해 "알려진 바" 된 사람이다. 이 수동태 동사는 인간적인 지식보다 하나님 지식의 우월성과 주도권을 강조한 말이다. 이 말은 아마도 두 가지 의미로 사용될 수 있을 것이다. 사람이 하나님을 사랑하면 하나님께서 그를 인정하심으로써 그에게 보상하신다는 뜻일 수도 있고, 또는 사람이 하나님을 사랑하면 이것은 하나님께서 그를 인도하고 계신다는 증거라는 뜻일 수도 있다. 아무튼 바울은 무엇을 안다고 자위하는 인간 편에서의 지식보다는 사랑의 삶을 통해 논증되는, 하나님이 인정하시는 참 지식을 가질 것을 권면한다. 이렇게 함으로써 그는 인간적인 지식에서 하나님에 의해 인정되는 지식쪽으로 강조점을 옮긴다.

그렇다면 하나님이 인정하시는 지식은 사랑의 원리에 의해 지배되는 지식이다. 성경을 알되 사랑으로 무장한 지식을 가지라는 것이다. 이성은 냉철하고 가슴은 차가운 지식을 갖기보다는 가슴에 뜨거운 사랑을 품은 살아 있는 지식을 가지라는 것이다. 이런 지식이야말로 이웃을 살리고 형제의 덕을 세우는 참 지식이다. 어떤 사람들은 지식은 많으나 교만하고 가슴이 차가운 경우가 있는데, 이것은 결코 성경이 권면하는 그리스도인 상이 아니다. 참다운 지식을 가진 사람은 자신의 지식을 가지고 형제와 이웃에게 봉사하고 뜨거운 사랑의 마음으로 약한 형제들을 바로 세워 주는 사람이어야 한다.

그래서 바울은 갈라디아서에서 파격적인 진술을 한다. 그리스도인은 자유를 위해 부르심을 받은 사람들이지만,(갈 5:1) 이 자유를 가지고 육체의 기회로 삼지 말고 도리어 사랑으로 서로 종노릇 하라고 권면한다.(갈 5:13) 참다운 자유는 사랑으로 종노릇 하는 삶에서 실현된다는 것이다. 사랑의 통제를 받지 않을 때 자유는 방종으로 타락하기가 쉽다. 오히려 신자는 성령의 음성을 따라 적극적으로 형제의 종노릇 하려는 사랑의 자세를 가질 때 성령 안에서 참다운 자유가 실현된다. 구약의 유대인들은 율법의 말씀이 사람들을 방종에 빠지지 않게 해주고 자유를 신장해 준다고 생각했다. 이제 바울은 성령의 인도하심을 받아 사랑하는 사람이야말로 적극적으로 율법의 본질을 성취하는 사람이라고 말한다.(갈 5:13-14; 6:2) 비슷한 교훈이 로마서에서도 나온다.

믿음이 강한 사람, 적어도 우상의 제물을 거리낌없이 먹을 수 있는 신자는 자신의 자유를 남용하여 다른 형제들을 걸려 넘어지게 하지 말고, 도리어 "연약한 자의 약점을 담당하는"(롬 15:1) 자세를 가져야 한다. 여기서 연약한 자의 약점을 담당한다는 것은 그의 약점의 짐을 대신 짊어지라는 것을 말한다. 다른 데서 바울은 "너희가 짐을 서로 지라 그리하여 그리스도의 법을 성취하라"(갈 6:2) 고 말한다. 모두 동일한 정신을 반영한 것이다. 상대방의 약점을 보고 이용하려거나 기뻐하려는 태도를 버리고 오히려 그가 성숙한 그리스도인이 될 때까지 참고 기다리며 그의 약점의 짐을 대신 져 주려는 태도를 가져야 한다. 이것이 서로 사랑으로 종노릇 하는 삶이고 자유를 실현하는 길이며 참된 그리스도인의 삶의 표지다.

그러나 바울은 연약한 형제가 옳다고 말하지는 않는다. 그는 사실 우상의 제물을 먹는 문제에 대해 떳떳한 양심을 가지고 있지 않기 때문에 그의 양심은 더러워지고 약한 양심을 가지게 된다. 바울은 우상을 아무것도 아니라고 볼 수 있는 지식이 모두에게 존재하지 않음을 인정하며,(1절과 7절을 비교) 이런 지식을 가지고 있지 않은 그리스도인을 "약한 형제"라고 부른다. 이들은 아직까지도 "우상에 대한 습관이 있고", "우상의 제물로 알고 먹고 있다".(7절)

"우상에 대한 습관이 있다"는 표현은 두 가지 의미를 지닐 수 있다. 고린도인들은 가운데 어떤 형제들은 기독교로 개종했음에도 불구하고 아직도 우상을 실재實在하는 존재로 생각하고 우상을 두려워하고 섬기려는 태도를 완전히 떨쳐 버리지 못하였다. 이는 또한 그들이 아직도 우상 숭배의 습관에서 완전히 벗어나지 못했음을 의미할 수 있다. 이 두 가지는 배타적인 것이 아니라 상호 보완적인 것일 수 있다. 하나님을 믿기로 결정했음에도 불구하고 아직도 귀신의 존재와 능력을 믿기 때문에 하나님과 귀신 사이를 서성거린다. 우상 숭배의 습관을 아직도 버리지 못하는 것이다.

한국 교회에서 이런 현상은 비일비재하다. 어느 기독교 잡지를 읽어 보았는데, 아직도 그리스도인들 가운데 궁합을 본다든지, 토정비결을 본다든지, 이루 헤아릴 수 없는 미신들을 여전히 따르는 사람들이 많다는 통계가 있었다. 어느 교회의 권사라는 분이 오랫동안 미국에 살던 딸이 한국에 나오려고 하는데 어느 날은 비행기를 타면 옴이 붙은 날이기 때문에 절대로 그 날은 귀국하지 않기를 종용했다고 한다. 우리 나라의 민간 신앙 속에는 수많은 미신적 신앙들이 존재한다. 이사를 갈 때는 특별히 어떤 날을 피해야 한다거나, 장사를 시작할 때는 특히 어떤 날을 피해야 한다는 그런 생각들이 불신자들뿐만 아니라 믿는 사람들까지 깊이 사로잡고 있다. 아마도 이런 미신적인 생각들은 남자쪽보다는 여자쪽에서 더 많이 발견되는 것 같다.

예수를 오래 믿은 어떤 여집사님께 이런 이야기를 드렸더니 그분이 하시는 대답이 상당히 실용적인 것처럼 들렸다. 반드시 미신을 믿어서 특정한 날짜와 장소를 피하는 것은 아닌데 남들이 다 안 좋다는 날과 장소를 택할 필요가 어디 있느냐는 투였다. 주변 사람들이 다 어느 날 이사가면 안 좋다고 말한다면, 자신은 그날 이사가는 일을 피하는 것이 좋다고 생각한다는 것이다. 아마도 그 여집사님 마음 밑바닥에는 혹시나 안 좋다는 날짜에 이사를 갔다가 정말 안 좋은 일을 당하게 되면 어쩌나 하는 두려움이 숨어 있는 것으로 보인다. 그래서 아예 이런 두려움을 가지지 않기 위해서라도 자신은 그런 날에 이사를 안 간다는 말일 것이다.

그러나 오히려 모든 날은 다 주님께서 지으신 날이고 세상에 존재하는 것은 다 주님께서 우리에게 주신 선물이라는 인식을 갖는다면 얼마나 복된 자세인가! "혹은 이 날을 저 날보다 낫게 여기고 혹은 모든 날을 같게 여기나니 각각 자기 마음에 확정할지니라 날을 중히 여기는 자도 주를 위하여 중히 여기고 먹는 자도 주를 위하여 먹으니 이는 하나님께 감사하느니라".(롬 14:5-6) 이 구절에서 교훈하듯이 중요한 것은 어떤 날이냐가 아니고 모든 날이 다 하나님이 지으신 날이기 때문에 어떤 형편에 있든지 하나님께 감사하는 삶을 살아야 한다는 자세다.

또한 바울은 이 약한 형제들이 "우상의 제물로 알고 먹는다"고 말한다.(7절 하) 물론 이들의 "아는" 지식은 잘못된 지식이다. 신령한 그리스도인은 그의 생활과 생각에 있어서 양심의 가책을 받지 않고 자유롭게 행동한다.(9절 상) 그러나 올바른 지식을 소유하지 못한 사람은 우상이 진짜 실재하는 귀신이라고 생각하면서 하나님을 믿는 신앙과 우상을 믿는 신앙 사이를 서성거린다. 또 그의 거리끼는 마음 때문에 약해지고 더러워진 양심을 가지게 된다. 바울에 따르면, "믿음을 따라 행하지 않는 것은 모두 죄이다".(롬 14:23) 9절의 "자유"라는 말은 만물이 다 하나님의 것이고 그의 만드신 모든 것이 정하기 때문에(롬 14:14) 우상에게 바쳐진 제물이라 할지라도 떳떳한 양심을 가지고 먹을 수 있는 자유를 가리킬 것이다. 그러나 약한 자들은 이러한 올바른 지식과 떳떳한 양심, 그리고 거기에서 나오는 자유를 누리지 못하고 더러운 양심 속에서 정죄를 받게 된다.

그러나 바울이 본 절에서 문제 삼는 것은 떳떳치 못한 양심을 가지고 사는 약한 형제가 아니라, 도리어 자신의 자유를 남용하여 약한 자들을 걸려 넘어지게 만드는 강한 형제들에게 있다. 이들은 세상의 우상이 아무것도 아니라고 생각하고 심지어 "우상의 집", 즉 신전 축제에 직접 참여하여 먹고 마셨던 것으로 보인다.(10절) 그렇지 않아도 약하고 더러운 양심을 가진 신자들이 믿음이 강한 신자들의 이러한 대담한 행동을 본받아 귀신의 집에 직접 들어가 우상의 제물을 먹고 마시며 귀신과 교제하는 일을 하도록 만들었다면 누가 이 일에 대한 책임을 져야 하는가?

결국 믿음이 연약한 신자들은 선배 신앙인들의 자신만을 생각하는 이기적인 태도 때문에 자신들의 믿음을 파산시키고 멸망할 수밖에 없다.(11절) 사실 그들은 우리 주님께서 십자가에 피 흘려 대신 죽으신 귀한 형제들인 것이다.(6:20 참조)

이렇게 강한 자들의 이기적이고 사랑 없는 행동 때문에 약한 자들은 멸망할 수도 있다. 진정한 그리스도인들은 남의 약점과 믿음 없음을 무시하거나 멸시하지 않는다. 오히려 그들을 이해하고 그들의 약점을 담당해야 한다.(롬 15:1-2) 바울은 1-2장에서 십자가에 못 박히신 그리스도가 하나님의 지혜이며 이 지혜를 전하는 것이 자신의 십자가 복음이라는 것을 말한 적이 있다.

이로써 형제의 덕을 세우고 자신의 지식과 자유를 앞세우기보다는 약한 형제들의 입장에서 이해하며 섬기는 태도가 바로 십자가 복음의 정신이라는 것을 알 수 있다. 고린도인들의 사랑 없는 자유분방한 태도, 지식을 가졌다고 교만해하는 태도는 결국 십자가 복음의 부재 현상을 노출시킨 것이라고 할 수 있다. 약한 형제를 이해하지 못하고 자유를 남용하여 형제를 실족케 하는 것은 결국 형제에게 죄를 짓는 것이다. 특별히 그를 사랑하여 피 흘려 구속하신 그리스도에게 죄를 짓는 것이다.(12절)

따라서 바울은 고기를 먹고 안 먹는 일은 죄도 아니요 아무것도 아니지만, 고기를 먹는 일로 형제에게 덕이 되지 않고 도리어 실족케 하면 영원히 고기를 먹는 자유를 포기하거나 유보하겠다고 선언한다.(13절) 그리스도인의 지식과 자유는 이렇게 사랑이라는 철로를 따라 움직여야 한다.

## 2. 모범적인 경주자9:1-27

9장의 주제들은 겉으로 보면 바울의 앞선 논의와 전혀 다른 주제인 것처럼 보이지만 그렇게 생각할 필요는 없다. 바울은 이제까지 다른 사람에게 해를 끼치면서 자신의 권리와 자유를 주장하는 사람들을 다루어 왔다. 그는 이런 태도가 잘못되었음을 말하고 이제 스스로 이 원리를 자신의 경우에 적용한다. 그는 자신이 설교한 대로 실천하는 사람이다. 사람들은 흔히 남들에게는 훈계와 설교를 잘하면서도 자신은 그렇게 살지 않는 경우가 많다.

예수께서도 바리새인들을 비평하면서 그들이 바로 이런 오류에 빠진 사람들이라고 지적하셨다. 그들은 "무거운 짐을 묶어 사람의 어깨에 지우되 자기는 이것을 한 손가락으로도 움직이려 하지 않는" 사람들이었다. 그래서 예수께서는 "저희의 말하는 바는 행하고 지키되 저희의 하는 행위는 본받지 말라 저희는 말만 하고 행치 아니한다"고 신랄하게 비평하셨다.(마 23:3-4) 이와 비슷한 모순에 빠진 사람들이 우리 한국 교인들은 아닐까? 일반 세상 사람들의 눈에 그리스도인들은 말은 잘하지만 실천과 삶이 없는 자라는 인상이 깊게 새겨진 지 오래다. 그러나 적어도 바울은 말한 대로 산 사람이다. 그의 삶이 그의 신분을 말해 준다.

바울은 1-14절에서 자신의 권리들을 제시한다. 그는 1절에서 모든 그리스도인들이 소유하고 있는 일반적인 권리들뿐만 아니라 또한 그의 사도적 권리도 열거한다. 그는 자유인이다. 누가 뭐라고 해서 고생스러운 복음 전도 사역에 동참하는 사람이 아니다. 자유인임에도 불구하고 자유인의 모든 권리를 포기했다. 시간도 정력도 재산도 모두 그리스도와 고린도인들을 위해 사용했다. 그는 또한 부활하신 주님을 친히 목격한 이방인 사도였다. 다메섹 도상에서 극적으로 부활하신 주님을 만나 뵌 이후로 그는 이방인에게 복음을 전하는 사도로 부르심을 받았다.(갈 1:16) 특별히 그는 고린도 교회를 창립하고 그들에게 말씀을 전하여 예수를 믿게 한 영적인 아버지다. 바울은 예수 그리스도 안에서 복음으로써 고린도 교인들을 "낳았다".(고전 4:15) 그렇다면 바울은 고린도인들에게는 사도이고, 또한 고린도 교회의 창립자요 영적인 아버지로서 마땅히 자신의 권리를 주장할 만하다.

아마도 3절의 "힐문하다"는 말에 비추어 볼 때 고린도 교회 내에는 바울의 사도직에 도전하고 그를 비판하는 자들이 있었던 것 같다. 바울은 그들에게 단호하게 말한다. 그는 그들의 영적인 아버지로서, 교회의 설립자로서, 부활하신 주님의 부르심을 받은 예수 그리스도의 사도로서 그들에게 "먹고 마시는 권리"를 요구할 수 있고(4절) 다른 사도들처럼 "자매 된 아내를 데리고 다닐 권리"가 있었다.

5절에서 "주의 형제들"은 요셉과 마리아의 자녀들, 즉 예수님의 동생들을 가리킨다. 이들은 다 결혼하여 교회 일에 봉사하는 자리에 있었던 것으로 보인다. 그들은 사실 처음에는 예수를 믿던 사람들이 아니었다. 가장 가까운 친족일수록 전도하기가 어려운 것처럼, 예수님의 부모와 형제들은 너무나도 예수와 가깝게 살았기 때문에 그를 메시아와 하나님의 아들로 받아들일 수 없었다. 때로 그들은 예수님의 사역을 귀신 들려 하는 것으로 오해하기도 했다. 공관복음서에서 불신자들이었던 예수님의 형제들이 고린도전서에서 복음 사역에 동참한 것을 보면, 이들은 부활 이후에 예수를 메시아로 믿게 된 것으로 보인다.

아무튼 여기서 바울이 "자매 된 아내를 데리고 다닐 권한"을 말하는 것은 사도들의 결혼할 수 있는 권리를 주장하는 것이라기보다는 오히려 교회가 그들을 경제적으로 부양할 책임이 있다는 것을 말하려는 것이다. 주의 사역자들은 교회로부터 생계 유지비를 요구할 수 있는 권한, 그리고 가족 부양비를 요구할 수 있는 권한이 있음에도 불구하고 바울과 바나바는 이 모든 권리를 포기하고 스스로 일하면서 복음을 전파하였다.(행 18:3)

바울은 복음을 위해 일하는 사람이 마땅히 재정적 지원을 받을 수 있는 권한이 있다는 점을 여러 각도에서 논증한다. 첫째로 "사람들의 예", 즉 일반 세상 사람들의 관습도 일하는 자가 보수를 받는 것이 마땅하다는 점을 분명히 예증해 준다. 병정 일을 하는 사람이 어떻게 자신의 비용이나 재산을 탕진해 가면서 전쟁에 나가 싸우겠는가? 국가가 그의 비용을 대신 담당하지 않는가? 또한 포도를 심는 사람이 포도 열매를 따먹지 못한다면 어떻게 포도를 심을 수 있겠는가? 양떼를 치는 사람이 양의 젖을 먹지 못한다면 누가 양떼를 치는 수고를 하겠는가? 이 모든 것은 자연의 법칙이요 세상의 관습이다.(7절)

하물며 복음을 전도하는 사람이 어떻게 복음 전도를 받는 사람들의 재정적 지원을 받지 못하면서 일할 수 있는가? 이런 원칙은 세상 사람들의 습관에서 뿐만 아니라 모세의 율법에서도 규정하는 것이다. 율법은 곡식을 떠는 소에게 망을 씌우지 말라고 말한다.(신 25:4) 이것은 단순히 하나님께서 곡식을 떠는 소를 배려하기 위해 하신 말씀이 아니라, 사실은 복음 사역자들이 재정적 지원을 받을 권리가 있음을 말하기 위해 하신 말씀이다.(10절) 또한 바울은 계속해서 복음 전도자들의 권리를 논증하는 데 관심을 보인다. 성전에서 일하는 제사장들이 성전에서 나오는 것으로 먹고 살 권리가 있을 뿐만 아니라,(13절) 예수께서 말씀하신 대로 "복음을 전하는 자들은 복음으로 말미암아 살게 되어 있다".(14절;

마 10:10) 그렇다면 세상의 일반 관례로 보거나 모세의 율법을 보거나 일하는 자는 마땅히 재정적 지원을 받는 것이 당연한 것이다. 그렇다면 복음을 전해 듣는 사람들은 자신들에게 복음의 말씀을 전하여 준 자들을 "육신의 것"으로 부양할 책임이 있다.(11절)

어떤 사람들은 목회자들도 바울처럼 스스로 일하면서 복음을 전하면 어떻겠느냐고 제안한다. 구차하게 교회의 눈치를 살펴 가면서 사례를 받느니 차라리 스스로 일하면서 자비량 선교를 하는 것이 훨씬 더 복음의 정신에 합당하게 보일지도 모른다.

그러나 예수께서는 열두 제자를 전도 파송하면서 전대에 아무것도 준비하지 말고 떠나라고 명하셨다. 그들이 여행하면서 의식주 문제에 신경을 쓴다면 하나님 일을 하는 데 방해가 될 뿐만 아니라 사실 복음 전도자들은 그들의 삶 속에서 모든 것을 채우시고 인도하시는 하나님의 능력을 체험하고 거기에 온전히 의존하는 법을 배울 필요가 있다.

목회자들이 자신의 직업을 가지면 온전히 하나님의 교회를 봉사하는 데 마음과 시간과 정력이 갈릴 뿐만 아니라, 사실 교회가 아닌 다른 곳에서 생계를 이어 갈 수 있는 재원이 있을 때 그는 자칫 교만해질 수도 있다. 성도들을 바라볼 때 "나는 당신들이 도와주지 않아도 충분히 살 수 있어"라는 자세가 생긴다면 그것은 결코 바람직한 목회 태도가 아닐 것이다.

복음 전도자들의 필요를 채우시는 분은 하나님 자신이시다. 하나님께서 그렇게 약속하셨다. 그들이 가는 곳마다 거처할 곳을 주시고 비록 전대에 돈을 넣고 다니지 않을지라도 성실하게 주님의 일을 하노라면 분명히 하나님께서 채워 주실 것이다. 이것은 우리 주님 자신이 친히 약속하신 것이다.

그렇다면 바울은 왜 고린도 교회로부터 재정적 지원을 받지 않았는가? 그는 사실 다른 아시아와 구라파 교회들로부터는 재정적 지원을 받았다.(빌 4:15-16 참조) 바울이 고린도 교회의 재정적 지원을 거절하고 스스로 일하며 복음을 전한 것은 그가 처해 있던 특수한 상황 때문이었다. 그러므로 일반적인 사역의 원리라고 말한다면 "복음을 전하는 자는 복음으로 말미암아 살리라"는 예수님의 말씀이다. 그러나 때로 바울과 같은 특수한 사정에 있을 때 목회자들은 스스로 일해 가며 자비량 선교를 해야 한다. 너무나 가난한 동네에 들어가서 도저히 생계를 유지할 환경이 아니라고 한다면 바울처럼 일하면서 복음을 전해야 할지도 모른다. 무엇보다도 생계 유지 수단이 없는 해외 선교사들의 경우에는 본국의 교회들이 재정적인 지원을 할 필요가 있다. 이런 경우에 바울과 같은 특수목회가 적용될 수 있다.

그렇다면 복음을 받는 성도들이 "육신의 것"으로 목회자들을 지원하는 것은 성경에서 말하는 근본적인 원칙이다. 갈라디아서 6:6을 보면 "가르치는 자와 가르침을 받는 자들은 모든 선한 것들을 서로 나누어 가지라"고 권면한다. 여기서 "선한 것들" 또는 "좋은 것들"은 물질적인 것, 정신적인 것, 영적인 것을 모두 포함하는 말이다. 이런 것을 서로 나누는 것은 그리스도인이 마땅히 실천해야 할 "그리스도인의 교제"다. 받기를 좋아하고 자신의 것을 나누어 주기를 싫어하는 것은 참 그리스도인의 모습이 아니다.

어떤 목회자는 성도들에게 오로지 대접만 받기를 원하는 경우도 없지 않다. 성도는 하나님의 종을 마땅히 잘 섬겨야 복을 받는다고 하면서 성도들에게 자신을 섬길 것을 의무처럼 강요하는 목회자들이 많다. 심지어 어떤 목회자들은 구약의 제사장이 가장 기름진 고기와 좋은 옷을 입었던 것처럼(우림과 둠밈과 같은 보석을 달고 다닌 것을 의미하는 것 같다) 성도들은 마땅히 가장 좋은 음식과 집과 가구와 차를 가지고 목사를 섬겨야 한다고 으름장을 놓는다고 한다. 이 모든 태도는 잘못된 것이다. 목회자나 성도들은 신약에서 "섬기는 자들"이며,(막 10:45) 신약에서 모든 신자들은 "제사장적 직분"을 가지고 있다.(벧전 2:5) 목회자들은 성도들을 섬기고 성도들은 목회자들을 존경하고 복종하는 태도를 취해야 한다.

그리고 좋은 것이 있을 때 서로 나누어 주기를 좋아하는 것이 바로 사람이요 참다운 교제다. 하나님은 이런 사람들을 축복하신다. 그러나 대체로 목회자들은 성도들에게 신령한 말씀을 전하는 것이 일반적인 패턴인 듯하다. 그래서 바울은 고린도인들에게 신령한 양식을 먹이고 그들은 바울에게 육신의 것으로 부양할 책임이 있다고 말한다. 본문에서는 특히 물질적인 지원을 지칭한다.

다른 사도들은 다 이렇게 재정적 지원을 받고 사역하는 데 반해, 바울은 그런 지원을 받지 않고 절제하는 것은 "그리스도의 복음에 아무 장애가 없도록" 하기 위함이다.(12절) 첫째, 이 말은 아마도 전도를 받은 첫 신자가 교회에 들어온 후 전도자들을 재정으로 지원해야 할 것을 알게 되었을 때 예수 믿는 일을 재고할지 모를 가능성을 염두에 둔 말일 것이다. 믿음이 성장한 사람이라면 마땅히 서로 좋은 것을 나누어 주고 그리스도인의 참된 교제를 실천하는 일을 해야 한다. 그리고 목회자들은 또 그렇게 가르쳐야 한다. 그러나 아직 그와 같이 성숙한 단계에 이르지 않은 초신자들에게 재정적 부담을 지우는 일은 신앙 성장의 기회를 상실하게 만들지 모를 위험이 있다. 바울은 그들이 예수를 믿는 데 방해가 되는 이런 요인을 제거하기 위해 자신의 권리를 포기하고 스스로 일하면서 복음을 전하였다. 이것은 전적으로 초신자들을 사랑하는 마음 때문에 실천한 것이라 할 수 있다.

둘째, 바울이 자신의 권리를 포기한 것은 구제 헌금 수집과 관련된 오해가 없기를 바라는 그의 태도 때문일 것이다.(16:1) 고린도인들 가운데는 물질 문제 때문에 바울의 사역에 의심스러운 눈초리를 돌리는 자들이 있었던 것 같다. 아직도 그들은 육에 속한 자들이었고 시기와 분쟁을 일삼는 사람들이었기 때문에 다른 교회들로부터는 물질적 지원을 받아도 고린도 교인들에게는 지원을 받지 않은 것은 그들의 오해를 피하기 위함이었다.(고후 7:2; 11:7-9) 바울은 후에 그가 고린도인들에게 물질적 지원을 받지 않은 것은 그들을 사랑하지 않기 때문이 아니라고 해명한다.(고후 11:11)

셋째, 그것은 자신의 자랑을 헛되게 만들지 않으려는 의도 때문이었다.(15절) 바울은 그리스도인의 자랑을 모두 거부하지 않고 마땅히 주 안에서,(1:31) 또한 각자 자기 일의 분량 가운데서(갈 6:4) 자랑할 것을 말한다. 그러나 본문에서의 자랑은 배고픔과 곤고함, 재정적 지원을 거부함으로써 나오는 고통스러운 환경에 대한 자랑을 뜻할 것이다. 16절은 복음을 전하는 일이 자랑의 문제가 아님을 강조한다. 15절과 16절의 자랑은 이 점에서 긍정적이고 부정적인 면을 내포한다. 그는 그리스도의 복음을 위하여 당하는 고난과 배고픔, 그리고 약함은 자랑할지 몰라도 그것이 자신의 공적이라는 생각에서는 자랑하지 않는다. 복음 전하는 일은 "부득불 하는" 일이다. 이 말은 할 수 없이 억지로 한다는 뜻이라기보다는 그리스도의 사랑의 충동에 붙잡혀(빌 3:12) 그리스도의 종 된 자로서 복음을 전도한다는 것을 뜻할 것이다.

특별히 바울은 만일 복음을 전하지 않을 때 "화"(아낭케)를 당한다고 말한다. 이 화가 무엇을 뜻하는지 분명치 않으나 어떤 처벌의 뜻을 가지는 것 같다. 바울이 예수를 믿어 구원을 받고 사도가 된 것은 전적으로 하나님의 은혜였다. 다메섹 도상에서 나타나신 부활하신 예수 그리스도의 은혜가 아니었더라면 그는 결코 사도도, 구원받은 하나님의 백성도 될 수 없었을 것이다. 그가 구원의 은총을 경험하게 된 것은 이방인 사도로 부르심을 받은 다메섹 경험과 깊은 연관을 가지고 있다. 다시 말해서 이방인에게 복음을 전하라고 부활하신 예수님의 부르심을 받았는데, 그가 이 복음을 전하지 않는다는 것은 책임 유기이며 그의 부르심의 목적을 저버리는 것이다. 이런 의미에서 복음을 전하지 않는다는 것은 바울에게 크나큰 재앙을 불러일으키는 일이 될 것이다.

"상급"이란 것은 임의로, 자발적인 뜻에 따라 할 때 주어지는 것이다. 바울의 경우 그의 사도직은 임의로 하는 것이 아니라 하나님이 주신 직무를 수행하는 것이기 때문에 월급을 받듯이 보상을 받을 성질의 것이 아니다. 단지 그가 자랑할 수 있는 상급이 있다면 그가 아무런 값없이, 자신의 마땅한 권리를 쓰지 않고 사도직을 감당한 것이다.(18절) 따라서 하나님이 결정하신 대로 그의 사도직을 행하는 일에 있어서 그는 보상을 요구할 위치에 있지 않으나 자신의 권리를 포기하고 값없이 복음을 전한 것에 대해서는 하나님께 보상하실 것이다.

바울은 이제 19-23절에서 그가 복음을 전하기 위해 모든 사람을 섬기는 위치에 섰음을 말한다. 그가 어느 정도 자신의 권한을 포기했는가는 이 부분에서 제시된다. 그는 자유인이지만 더 많은 사람을 얻기 위해 모든 사람에게 종이 되었다.(19절) 바울이 자신을 종으로 묘사하는 것은 고린도후서 4:5에서 나온다. "우리가 우리를 전파하는 것이 아니라 오직 그리스도 예수의 주 되신 것과 또 예수를 위하여 우리가 너희의 종 된 것을 전파함이라." 바울이 모든 사람의 종노릇 하는 것은 순전히 사랑의 원리 때문이며 그가 본받고자 했던 십자가 정신에 기초한 것이다. 섬기는 자로 오신 예수님은 이제 그의 제자들에게도 섬기는 자들이 되기를 요구하신다. 예수께서 섬기셨기 때문에 죄인들이 살 수 있었던 것처럼 제자 된 사람들이 섬길 때 다른 사람들을 구원받은 하나님 백성이 되게 할 수 있다. 바울의 이러한 종노릇 하는 태도는 자신의 권리를 주장하고 자유분방하게 처신하여 약한 형제를 실족케 하는 고린도인들과 대조된다.(8:9-13)

그는 또한 유대인들에게 유대인처럼 되었는데,(20절) 아마도 바울이 디모데에게 할례를 베푼 일과 같은 어떤 일을 지칭하는 것 같다. 그는 율법에 속박되어 있지 않다("율법 아래 있지 않다"). 그리스도께서 율법의 마침이 되셨기 때문에,(롬 10:4) 그는 더 이상 율법 아래 있지 않다. 그럼에도 불구하고 그가 유대인처럼 된 것은 할례나 율법 준수가 구원의 길이기 때문이 아니라 그것이 유대인들이 살아가는 삶의 유형이요 문화적 특징임을 존중하기 때문이다. 여기서 "유대인처럼 되는 것"은 유대인처럼 살아가는 모든 행동 양식, 문화적 습관을 함축하는 말이다. 새로운 메시아 시대에는 유대인들이 이렇게 유대인으로서 살아가는 삶의 유형이 더 이상 타당성이 없으며 사람들에게 구속력을 발휘할 수도 없다. 그런데도 유대인들에게 유대인처럼 된 것은 유대인의 관습과 삶의 유형이 어쩔 수 없는 그들의 삶의 방식임을 인정하기 때문이다.

바울이 그들의 종교, 문화적인 삶의 패턴을 존중하는 것은 그가 그들에게 복음을 전파할 수 있기 위해서다. 유대인들의 문화와 관습을 인정하는 것은 거기에 어떤 궁극적 타당성이 있기 때문이 아니라 단순히 복음 전파의 적응성을 얻기 위해서다. 그들의 삶의 패턴과 관습을 인정해야 그들을 복음 안으로 끌어들일 수 있다. 이 적응성의 원리는 정확하게 말한다면 사랑의 원리이며 성육신의 원리다. 선교사가 된 사람이 그가 선교하기를 원하는 사람들의 의식주를 혐오하고 그들처럼 살기를 싫어한다면 그는 선교사 될 자격이 없는 사람이다. 과거 서양 선교사들 가운데 한국인의 옷을 입고 한국말을 하며 한국인의 음식을 먹기를 싫어하고, 선교지에서 별장 짓고 외제차 몰고 다니며 한국말을 배우기는커녕 통역자들을 대동하고 다니면서 서양 음식만 먹고 다니던 사람들이 없지 않았다. 그들은 한국인을 멸시하고 낮게 보며 마치 군주처럼 그들을 종 부리듯 하기를 원하는 자들이었다. 바울은 적어도 이런 사람들은 그리스도의 사람들이 아니라고 말한다.

앞에서 약한 자들에게 약한 자가 되었다는 것은 약한 그들을 이해하고 그들의 약점을 담당했다는 것이다.(롬 15:1) 이것은 결국 서로의 짐을 짊으로써 그리스도의 법을 성취하는 것이나 다름이 없다.(갈 6:2) 그리스도의 법이란 곧 사랑의 법을 가리킨다. 이렇게 복음 전도자가 자신을 여러 사람에게 여러 모양으로 적응시킨 것은 결국 그들을 사랑하기 때문이며, 아무쪼록 한 사람이라도 구원하고 싶어하기 때문이다.(22절하)

《사랑의 원자탄》의 주인공인 손양원 목사님이 나병 환자촌에서 목회를 할 때의 일이다. 손 목사님은 나름대로 열심히 목회하며 봉사하려고 했지만 그들이 좀처럼 손 목사님을 신뢰하려고 하지 않았다고 한다. 그래서 한 형제에게 "왜 나를 신뢰하지 않느냐?"고 물었더니 그가 하는 말이, "당신은 사지가 멀쩡한 사람이고 우리는 모두 병들어 죽어 가는 나병 환자들인데 어떻게 당신이 우리를 이해할 수 있소"라고 했다는 것이다. 손 목사님은 그의 말에 충격을 받고서 그 후 자신이 스스로 나병 환자가 되기로 결심했다고 한다. 참으로 실천하기 어려운 감동적인 장면이다. 그러나 손 목사님이 실천한 것은 바울과 예수님이 보여 주신 성육신의 원리다. 배고픈 사람만이 배고픈 사람의 쓰라린 고통을 알듯이, 바울은 예수님의 본을 따라 모든 사람에게 모든 모양으로 나타났다.

이렇게 약한 자에게는 약한 자처럼 되는 것은 철저하게 자신을 희생하는 사랑의 정신이 없으면 불가능한 일이다. 24-27절에서 바울은 자신이 얼마나 절제하면서, 때로는 자신을 쳐 복종시켜 가면서 살았는지를 말해 준다. 사랑에는 수고가 따르게 마련이다.(살전 1:3) 어린아이를 키우는 엄마가 아무 수고도 안 하고(때로 병든 아기 때문에 밤잠 못 자 가면서 애태우는 수고도 없이) 어떻게 아이를 훌륭한 성인으로 키울 수 있겠는가? 사랑에는 희생과 절제라는 비용이 들게 되어 있다. 이러한 희생적 사랑과 절제의 삶을 예증하기 위해서 바울은 달음질하는 경주자와 권투하는 선수를 들어 비유한다.

운동 경기는 헬라 세계에서 흔한 일이고 이스뜨미안 경기는 3년마다 고린도에서 화려하게 개최되었다. 바울은 흔히 이 경기로부터 그림 언어들을 가져와 자신의 삶이 어떠했고, 특히 그리스도인의 삶이 어떠해야 하는지를 설명하고자 한다. 복음에 참여하고 그것을 위해 일하는 것은(23절) 경주를 하고 복싱을 하는 경기에 참여하는 것과 마찬가지다. 세상 경기를 하는 사람들은 곧 시들어 버릴 썩은 면류관을 얻고자 뛰지만, 그리스도인은 썩지 않을 "의의 면류관", "생명의 면류관"을 얻기 위해 뛰기 때문에 그들보다 더 절제해야 한다. 그들의 하는 일은 세상 일이 아니기 때문에 영구한 가치를 지닌다. "그러므로 내 사랑하는 형제들아 견고하며 흔들리지 말며 항상 주의 일에 힘쓰는 자들이 되라 이는 너희 수고가 주안에서 헛되지 않은 줄을 앎이니라." 그러므로 하나님께서는 반드시 그들의 하는 일에 보상하실 것이다.(고전 15:58)

이렇게 경주하는 사람들은 다음 몇 가지 사실을 염두에 두어야 한다.

첫째, 경기할 때 자기를 쳐 복종시킨다는 것은 위에서 말한 대로 자기희생적인 절제 생활의 당위성을 말하는 것이다.(25절) 경기한다는 사람이 절제하지도 못하고 자기 하고 싶은 것 다 하고 먹고 싶은 것 다 먹을 때 그는 훌륭한 경기자가 될 수 없다. 또한 자기를 쳐 복종시킨다는 것은 신자들이 범하기 쉬운 죄를 피해야 할 뿐만 아니라 믿음의 경주에 방해가 되는 어떤 일도 피해야 한다는 것을 의미한다.(히 13:1-3) 죄는 신자의 믿음의 경주를 자꾸 무겁게 하고 부담스럽게 하며 얽어매는 기능이 있기 때문에, 신자는 마땅히 자기를 쳐 복종시키며 죄의 유혹과 싸워 이겨야 한다. 죄는 신앙의 경주자에게 가장 치명적인 병이다.

둘째, 그리스도인은 어디가 경기의 끝인지 알지 못하고 무작정 달리는 경주자도 아니고 적을 보지도 않고 무작정 공중을 치는 권투 선수도 아니다.(26절) 신자는 자신의 삶에 뚜렷한 방향 의식이 있어야 한다. 즉 그는 《천로역정》에 나오는 그리스도인처럼 중간 여행길에 찾아드는 모든 유혹의 손길들을 뿌리치고 천국을 향해 매진하는 순례자와도 같다. 바울이 믿는 기독교 신앙은 분명한 목표를 가지고 전진하는 신앙이다.

셋째, 바울이 자신의 몸을 쳐 복종시키는 것은 남들에게 복음을 전한 후에 스스로 버림이 될까 두려워하기 때문이다.(27절) "버림이 되다"(아도키모스)는 말은 본래 "시험에 통과하지 못하는 것"을 말하는데, 이는 보통 자격 상실을 지칭한다. 어떤 학자들은 이 단어가 단순히 주님을 만족시키지 못하고 사람이 얻을 상급을 상실하는 정도를 지칭하는 것으로 해석하기도 하고,(고전 3:15 참조) 또 어떤 학자들은 이 단어가 하나님이 주신 직분에 부적격한 자로 판명되어 자격을 상실하는 일을 지칭하는 것으로 해석하기도 한다.

그러나 이 단어가 바울 서신에서 사용될 때는 하나님께서 어떤 사람을 완전히 내버리는 것과 관련하여 사용될 때가 많다. 그래서 바울은 고린도후서 13:5에서 동일한 단어를 사용할 때 그것을 "버리우는 일"로 번역하였다. "너희가 믿음에 있는가 너희 자신을 시험하고 너희 자신을 확증하라 예수 그리스도께서 너희 안에 계신 줄을 너희가 스스로 알지 못하느냐 그렇지 않으면 너희가 버리운 자니라." 다시 말해서 사람이 자신이 믿음 안에 있는가를 – 즉, 고린도 교회의 경우 죄를 회개함으로 – 확증하지 못하면 그는 버리운 자인 것이다. 로마서 1:28에서 "상실한 마음"(아도키몬 눈)이라는 말은 하나님 믿기를 거절하고 불의를 좇는 불신자들의 타락된 마음을 가리킨다. 따라서 본문에서 바울은 하나님이 어떤 사람들을 버리실 수 있는 가능성을 염두에 두고 있다고 할 수 있다.

바울 자신도 몸의 욕망을 좇지 않고 자신을 쳐 복종시킨다고 말하는 것은 고린도인들에게 하나님의 뜻을 따라 성실하게 살 것을 자신을 빗대어 간접적으로 경고한 것이라고 할 수 있다. 본 절은 바울이 하나님께 버림 받을지 모른다는 두려움을 실제 가지고 있었다기보다는 오히려 헛된 영광을 구하여 교만해 하면서 형제를 실족케 하는 고린도인들에게 그 가능성을 상기시킴으로써 경고하는 말일 것이다.

## 3. 넘어질까 조심하라 10:1–13

앞 장에서 바울은 자신의 생활을 본으로 삼아 고린도인들을 교훈하고자 하였다. 그는 그리스도의 사도요 고린도 교회의 설립자로서 마땅히 고린도 교인들에게 재정적인 지원을 요구할 만한 위치에 있지만, 그들의 오해를 막기 위해서 자신의 모든 특권을 포기하였다. 그가 이런 자기 희생적인 태도를 취한 것은 고린도인들을 사랑하기 때문이었다. 그는 마땅히 자신의 권리를 주장할 위치에 있으면서도 아직도 믿음이 연약하고 그리스도인의 삶의 본질을 깊이 이해하지 못하는 고린도인들을 위해서 자신의 권리를 포기한 것이다.

전적으로 이것은 "모든 사람에게 모든 모양으로 나타내려는" 바울의 사랑 정신에 뿌리박은 것이다. 고린도인들은 "모든 것이 내게 가하다"는 방자한 태도를 취하면서 자기 멋대로 행동하려는 이기적인 태도를 취했지만, 사실 "모든 것이 유익한 것도 아니요 모든 것이 다 덕을 세우는 것이 아니기"(6:12; 10:23-24) 때문에 바울은 먼저 형제의 유익과 덕을 세우려는 사랑의 태도를 취하였다. 이로써 자기 중심적이고 이기적인 고린도인들의 태도와 남을 먼저 생각하고 남의 유익을 구하고자 하는 바울의 태도가 분명하게 대조된다.

바울은 이 부분에서 고린도인들의 세례와 성찬에 대한 잘못되고 안이한 태도를 문제 삼는다. 앞에서 했던 자신의 생활을 본으로 삼아 고린도인들을 교훈하는 일을 그만두고, 바울은 이제 비록 많은 특권을 소유했을지라도 궁극적인 축복의 세계에 들어가지 못할 수 있는 가능성에 대해 경고하고자 한다. 1절 초두에 "왜냐하면"이라는 접속사가 헬라어 본문에 나타나는데, 이것은 9:24-27에 나타난 운동 경기에 관한 설명과 관련이 있음을 보여 준다. 바울이 하나님에게서 버림을 받지 않기 위해 운동장에서 경기하는 사람들과 같이 스스로 절제하고 자신의 몸을 쳐 복종시켜야 했던 것처럼 신약 시대 성도들도 깨어 경성하는 생활을 해야 한다.

복종하고 경성하는 이러한 태도가 올바르다는 것을 예증하기 위해서 바울은 구약 시대 이스라엘 백성들에게 있었던 사건을 끄집어내어 교훈한다. 재미있는 것은 모세의 인도 아래 광야 생활을 하던 이스라엘 백성들의 이야기를 바울이 신약의 성례적인 언어를 빌려 묘사한다는 사실이다. 다시 말하면, 바울은 광야 생활을 하던 이스라엘 백성들이 신약의 성도들처럼 다 세례를 받고 성찬을 경험한 사람들이라고 보았다는 사실이다. 세례와 성례는 신약에 남아 있는 가장 중요한 의식들이다. 신약의 교회는 본래 의식을 강조하는 교회가 아니었다. 기독교회는 유대교가 가지고 있던 다양한 의식들을 다 폐지시켰지만 세례와 성찬만은 남겨두었다.

그런데 바울에 따르면 이러한 세례와 성찬 의식은 신약에 와서 비로소 생긴 것이 아니라 구약의 광야 시대에 살았던 이스라엘 백성들이 이미 실천한 것이었다. 바울은 왜 구약 이스라엘 백성의 광야 생활을 신약의 성례적인 용어들을 빌려 표현하였을까? 그는 무슨 이유로 그들이 모두 모세의 세례를 받고 신령한 음식을 먹으며 신령한 음료를 마셨다고 말하였을까? 한마디로 말해서 의식은 아무리 거룩하고 중요하다 하더라도 하나님께 순종하고 신뢰하는 마음이 없는 사람들의 궁극적인 운명을 보장해 주지 못한다는 것을 경고하고 교훈하기 위함이었다.

바울 자신도 버림을 받지 않기 위해서 열심히 전력을 다해 경기하는 경기자들처럼 스스로 절제하고 자신의 몸을 쳐 복종시켜야만 했다. 마찬가지로 신구약의 모든 성도들도 그들이 하나님의 참 백성이라면 이렇게 경성하고 절제하는 생활을 해야 한다. 특히 구약의 이스라엘 백성이 복종하며 경성하는 태도가 필요했다면, 신약의 성도들도 그러한 태도를 취해야만 한다.

이를 예증하기 위해서 바울은 광야 시대를 살았던 구약 이스라엘 백성들에게 관심을 돌린다. 이스라엘 백성들은 출애굽의 구원 사건도 경험했고 하나님의 계속되는 보호와 축복도 누렸지만, 하나님께서 저희 다수를 기뻐하지 않으셨기 때문에 거의 모두가 광야에서 멸망당하고 말았다. 당시 이스라엘 백성들은 구름 아래를 지나고 기적적으로 바다를 통과했으며 메마른 광야에서 "신령한 음식"과 "신령한 음료"를 마셨다.(2-4절 상) 놀라운 사실은 모세의 인도 아래 광야 여행에서 구름 아래를 지나고 바다를 건넌 사건을 이스라엘 백성이 "모세의 세례"baptism into moses를 받은 것으로 말하고, 또한 그들은 신령한 음식을 먹고 신령한 음료를 마셨다고 말한다는 것이다.

특별히 바울은 이스라엘 백성이 "신령한 음료"를 마실 수 있었던 것은 광야 여행 중에 내내 이스라엘 백성을 따라다니던 신령한 반석에서 흘러나오는 물을 마신 사실에 기인한다고 설명하는데, 놀랍게도 그는 이 신령한 반석이 곧 그리스도라고 해설한다. 분명히 여기서 바울은 광야 생활에 관한 어떤 랍비 전승을 기독론적으로 해석하고 있다. 이렇게 바울은 이미 구약의 광야 시대에 활동하시던 그리스도의 사역을 인정함으로써 그리스도의 선재성을 주장한 셈이다. 예수 그리스도는 성육신을 통해 최근에 활동하기 시작하신 것이 아니고 이미 구약 시대에도 활동하고 계셨다.

이미 위에서 말한 대로, 바울은 출애굽과 광야 생활과 관련된 사건을 기독교의 "성례전적" 용어를 빌려서 해석한다. 구름은 출애굽기에서 하나님의 안내와 지도를 가리키는데,(출 13:21, 22; 14:19, 24 등) 바울이 이스라엘 백성을 두고 "모세의 세례"를 받았다고 말한 것은 그들이 구름의 안내를 받고 홍해를 기적적으로 건너는 하나님의 구원 행위를 경험했으며, 결국 이 경험이 그들과 모세를 하나로 연합시키고 그들을 모세의 추종자가 되게 만들었기 때문일 것이다.

"세례를 받는다"는 표현은 이미 갈라디아서와 로마서에서 바울의 특정적인 신학 용어로 사용되었는데,(baptism into Christ, 갈 3:27; 롬 6:3 참조) 바울이 여기서 이 표현을 쓴 것은 모세를 그리스도의 모형으로 보고 있음을 보여 준다. 바울에 따르면, 사람이 예수 그리스도의 이름으로 세례를 받았다면, 그는 이제 그리스도와 연합한 것이요 그리스도의 지도와 통치를 받게 된 것이다. 그렇다면 출애굽의 사건들에 동참한 자들은 모세와 연합한 것이며 그의 지도를 받고 그에게 순종해야 할 사람들이다.(출 14:31 참조)

또한 그들은 비록 모세의 세례를 받았지만 광야 생활 내내 그들을 따라다니며 신령한 음료를 제공하신 그리스도의 도움과 구속 사역에 동참한 사람들이라 할 수 있다. 어떤 의미에서 그들은 사실 신약의 성도들이 참여한 세례와 성례를 이미 경험한 사람들이다. 바울의 입장에서 보면 세례와 성례에 관한 한 구약의 성도들과 신약의 성도들 사이에는 아무런 본질적인 차이점이 존재하지 않는다.

예를 들면, 세례 받은 그리스도인들이 성례 시에 신령한 음식과 음료인 떡과 포도주를 들 듯이, 모세의 세례를 받은 자들도 신령한 음식과 음료인 하늘의 만나와 반석에서 나오는 물을 마셨다. "신령한"이라는 형용사는 만나와 물이 보통 세상의 것이 아니고 하나님의 기적에 의해서 주어진 것이기 때문에 아마도 그 천상적이고 초자연적인 성격을 지칭할 것이다. 특별히 바울은 이스라엘 백성을 "따르는 반석"에서 물을 마셨다는 진술을 한다. 그는 이 유대교 전승을 그대로 이용하지 않고 기독론적으로 해석함으로써 반석이 곧 그리스도라고 말한다. 구약은 때때로 여호와 하나님을 "반석"이라고 지칭하곤 했는데,(신 32:15; 시 18:2 등)

바울이 이 칭호를 이제 그리스도 자신에게 이전시킨 것은 놀랍다. 결국 그는 그리스도께서 이미 예전부터 선재先在하셨다는 사상을 가지고 그리스도께서 바로 이스라엘 백성이 광야 여행에서 받은 축복들의 출처요 근원이었음을 밝히는 것이다.

그러므로 구약의 이스라엘 백성이나 신약의 그리스도인들이나 모두 동일한 세례와 성례를 경험했음을 보여 준다. 광야 시대를 살았던 이스라엘 백성이 모세의 세례를 받고 신령한 음식과 음료를 먹고 마신 것은 모두 그리스도의 선재적인 사역 덕분이었다. 신약 성도들이 그리스도의 이름으로 세례를 받고 신령한 떡과 포도주를 마시는 것은 구약 광야 시대의 사람들의 경험과 다른 것이 아니다. 그들은 모두 그리스도를 통해 나타나는 하나님의 구원 사건과 거기서 흘러나오는 온갖 축복들을 경험했으며, 그리스도의 이름으로 세례와 성례를 기념하였다. 시대의 차이만 있을 뿐, 그들은 그리스도의 구속 사역 덕분에 주어진 여러 특권과 축복들을 경험한 사람들이다.

5절의 "그러나"라는 반의 접속사는 매우 강조적인 표현이다. "그러나 저희의 다수를 하나님이 기뻐하지 아니하신고로 저희가 광야에서 멸망을 받았느니라." 이스라엘 백성이 출애굽이라는 놀라운 하나님의 사건과 거룩한 의식들을 경험하고 그들을 향한 하나님의 능력과 선의를 계속 체험했음에도 불구하고, 그들 대다수는 약속의 땅에 들어가는 데 실패하여 광야에서 멸망당하고 말았다. 놀라운 구원 사건을 경험했으며 여러 가지 축복을 누린 그들임에도 불구하고 왜 그들은 "하나님이 기뻐하시지 않는 다수"가 되었을까?

하나님께서 다수의 이스라엘 백성을 "기뻐하지 않으신" 결과는 그들이 심판을 받아 메마른 광야에서 다 멸망당한 것이었다. 그들이 광야에서 엎드러져 멸망당한 것은 그들이 구원 사건을 목격하지 못한 때문이 아니요 세례와 성례와 같은 거룩한 의식을 받지 않아서도 아니었다. 그들이 하나님이 주시는 축복에 들어가지 못했기 때문도 아니었다. 그들은 하나님의 능력도 체험했고, 홍해 바다를 가르시는 하나님의 기적도 목격했으며, 메마른 광야에서 만나와 메추라기를 먹이시는 하나님의 은총도 경험하였다. 마른 반석에서 물을 쏟아내시는 하나님의 도우심도 경험하였다. 그들은 온갖 표적과 기사를 다 경험하고 목도하였다.

그런데 왜 하나님께서는 그들 다수를 기뻐하지 않으시고 광야에서 멸망당하게 만드셨을까? 그 이유를 히브리서 기자는 구약을 인용하면서 이렇게 설명한다. "오늘날 너희가 그의 음성을 듣거든 노하심을 격동하여 광야에서 시험하던 때와 같이 너희 마음을 강퍅케 하지 말라 거기서 너희 열조가 나를 시험하여 증험하고 사십 년 동안에 나의 행사를 보았느니라 그러므로 내가 이 세대를 노하여 가로되 저희가 항상 마음이 미혹되어 내 길을 알지 못하는도다 하였고 내가 노하여 맹세한 바와 같이 저희는 내 안식에 들어오지 못하리라 하셨다 하셨느니라".(히 3:7-11) 히브리서 기자는 몇 구절 뒤에 그들이 하나님의 안식에 들어오지 못한 이유를 또 이렇게 설명한다. "또 하나님이 누구에게 맹세하사 그의 안식에 들어오지 못하리라 하셨느뇨 곧 순종치 아니하던 자에게가 아니냐 이로 보건대 저희가 믿지 아니하므로 들어가지 못한 것이라".(3:18-19)

뒤에 인용한 구절에서 놀라운 것은 광야 시대의 이스라엘 백성이 믿지 않았다는 것과 그들이 순종하지 않았다는 것을 동의어적으로 설명함으로써 "믿음"을 "순종"의 의미로 해석한다는 점이다. 결국 그들은 "순종하는 믿음"이 없었기 때문에 구원 사건을 경험하고 온갖 축복들을 경험했어도 하나님의 안식에 들어가지 못한 것이다.

이것은 구약 이스라엘 백성이나 신약의 성도들이 비록 거룩한 의식과 성례전을 행할지라도 마음속 깊이 하나님을 사랑하고 순종하려는 변화된 자세가 없으면 거룩한 의식이라도 아무런 소용이 없음을 보여주는 것이다. 바울은 여기서 왜 신약 성례전적인 용어들을 빌려 쓰면서 옛날 광야 시대를 살았던 이스라엘 백성의 멸망에 대해 설명하고 있는가?

아마도 고린도인들 가운데는 기독교의 성례전이 마치 마술적인 효과가 있어서 그것을 경험한 사람에게 궁극적인 운명이 자동적으로 보장되는 것처럼 생각하는 자들이 있었던 것 같다. 이것은 이교도적인 환경아래 살고 있었던 고린도인들이 성경적인 성례관을 가지지 못하고 신전 축제에서 거행되는 이교적인 의식 개념을 그들의 기독교 성례전 이해에 끌어들였음을 뜻할 것이다. 이교 세계에서는 종교 제의나 의식은 거의 마술적인 성격을 띠고 있었다. 일단 신전 제의에 참여하는 사람은 신들과 교제하는 사람이며, 신들은 그들에게 궁극적인 운명을 보장하는 것으로 여겨졌을 것이다.

그러나 기독교가 믿는 하나님은 그런 마술적인 신도 아니며, 인간의 거룩한 책임을 도외시하는 비윤리적인 신도 아니다. 하나님을 사랑하고 경외하며 신뢰하고자 하는 마음 내면의 변화된 자세가 없으면 아무리 그럴듯한 의식을 경험했다고 하더라도 그에게 궁극적인 운명이 자동적으로 보장되는 것은 아니다. 그 웅변적인 예가 광야에서 엎드러진 이스라엘 백성들 자신이다. 그들은 이미 거룩한 의식을 경험했고 온갖 축복들을 지닌 자들이었음에도 불구하고 그들의 순종치 않는 불신앙의 자세 때문에 하나님의 심판을 받아 광야에서 멸망당하고 말았다.

바울이 이렇게 광야 이스라엘 백성의 실패담을 이야기하는 이유는 사실 그들에 대한 어떤 역사적 관심 때문이 아니라 현재를 살아가는 고린도 신자들을 경계하고 교훈하려는 목적 때문이었다. 고린도 교인들 가운데는 기독교 의식이 마치 마술적인 효과를 지닌 어떤 이교 제의인 것처럼 오해하는 사람들이 있었던 것 같다. 그들은 믿는 사람들로서 변화된 생활도 없으면서 거룩한 의식에만 신뢰를 두는 그런 사람들이었던 것으로 보인다. 바울이 그들에게 해줄 수 있었던 이야기가 있다면, 그것은 기독교의 하나님은 신자들의 윤리적인 책임과 의무도 아랑곳하지 않는 이교도의 그런 저급한 신이 아니라는 것을 말해 주는 것이다. 신구약의 성도들이 믿었던 하나님은 반드시 그의 백성들의 거룩한 삶의 응답과 책임을 요구하시는 인격적인 하나님이시다. 고린도인들은 바로 이 점을 오해하지 말라는 것이다.

따라서 광야 시대를 살았던 이스라엘 백성의 실패담들은 신약 시대를 살아가는 우리에게 "거울" 역할을 한다. 하나님께서 그들의 실패담들을 기록하여 놓으신 것은 "말세를 만난 우리의 경계로 기록하기" 위한 것이었다.(10:11) 신약의 성도들은 그들의 범죄와 실패들을 읽고 다시는 그들의 실패 경험들을 반복하지 말아야 한다.(6절)

그러면 왜 그들은 하나님의 심판을 받아 광야에서 다 멸망당했는가? 히브리서 기자는 그들이 순종하는 믿음이 없었기 때문이라고 진단한다. 그러나 본문에서 바울은 그들이 "악을 즐겨하는" 백성이었기 때문이라고 말한다. "그런 일은 우리에게 거울이 되어 우리로 하여금 저희가 악을 즐겨한 것같이 즐겨하는 자가 되지 않게 하려 함이라".(5절) 바울이 이야기한 것과 히브리서 기자가 이야기한 것은 본질적으로 다른 것이 아니다. 광야 시대의 이스라엘 백성은 내면적으로 순종하는 믿음의 자세가 없었기 때문에 자연히 외적으로 악을 즐기는 삶을 나타낸 것에 불과하다. 하나님의 뜻대로 살려는 변화된 자세가 없는 사람은 자연히 악을 즐기는 삶을 살 수밖에 없다. 순종하는 믿음이 없는 사람은 하나님의 뜻을 거스리는 이기적이고 정욕적인 방향으로 삶을 살아갈 수밖에 없다.

본문 5절에서 이스라엘 백성은 악을 즐겨했다고 말한다. 신약에서 "즐기다"(에피뚜메인)는 동사는 선한 것과 나쁜 것에 모두 사용되지만, 바울은 본 절에서 그것을 "악한 정욕"에다 사용한다.(갈 5:16-17; 민 11: 4-34 참조) 악한 것들을 탐욕적으로 즐기는 이스라엘 백성의 태도는 다음 절에서 보다 자세하게 설명된다. 악을 즐기는 "탐욕"은 7-10절에서 구체적으로 우상 숭배, 간음, 하나님을 시험하고 원망하는 일과 연관된다. 즉 거짓된 신들을 반역적이고도 탐욕적으로 추구하는 일,(7절 상) 또 거짓된 신들에게 제사를 드리면서 앉아서 먹고 마시며 일어나서 뛰노는 일,(7절 하) 이방 신들에게 제사지내는 과정의 일부라고 할 수 있는 혼음 행위,(8절) 물과 음식을 탐욕적으로 추구하다가 하나님을 시험하고 원망하는 일(9-10절) 등이 모두 악을 즐기는 탐욕과 연결된다. 이 모든 것은 다 악을 탐욕하는 것이다. 우상 숭배하고 간음하고 하나님을 원망하며 시험하려는 행위들은 비록 다르게 표현되었을 뿐이지 사실은 인간의 자기 중심적이고 이기적인 탐욕에서 나온 것들이다.

놀라운 사실은 본 절에서 악을 즐기는 탐욕적인 행위들이 모두 우상 숭배와 직접, 간접으로 연관된다는 사실이다. 바울도 역시 탐욕이 곧 우상 숭배라고 말함으로써 우상 숭배의 본질이 탐욕이라는 것을 보여 준다.(엡 5:5) 신들을 섬긴다고 하지만 사실 이교도들은 신들을 섬기는 것이 아니라 자신들의 이기적인 정욕을 섬기는 것이다. 신들을 달래고 이용하여 자신들의 저급한 이익과 안녕을 꾀해 보려는 것이 우상 숭배의 본질이다. 기독교의 신앙에서처럼 하나님의 뜻과 거룩한 명령을 따라 살며, 그것이 비록 자신의 가시적인 이익과 맞지 않는다 하더라도 자신의 뜻과 이익을 기꺼이 포기하려는 삶이 이교도들의 우상 숭배에는 존재하지 않는다. 그들은 신들을 섬기는 것 같지만 사실은 자신의 배를 섬기는 것이며 자신의 정욕을 섬기는 것이다.(빌 3:19) 우리의 전통 샤머니즘 종교도 마찬가지다. 무속 신앙은 신들을 얼래고 달랠 수 있는 존재로 생각한다. 그래서 신들을 끌어내려 자신의 이익과 안녕에 섬기게 하려고 한다. 신들은 인간의 조작의 대상이다!

우상 숭배는 특히 고린도인들이 당면한 윤리적 위기의 초점이었다. 우상 숭배는 단순히 우상 숭배의 문제로 끝나지 않고 여러 다양한 성적인 타락들을 초래하게 만들었다. 고린도인들은 신전 축제와 관련된 음란한 행습을 잘 알고 있었을 것이고, 또한 그들 자신이 이러한 음란한 행습에 물들어 있던 사람들이었다. 고대의 종교들은 흔히 성과 관련된 종교들인 경우가 많았는데, 고린도의 신전 제의도 예외는 아니었다. 신전의 축제가 한참 절정에 달하게 되면 거기에 참여한 사람들이 신전 내의 거룩한 매춘부들인 여사제들과 혼음을 행하곤 하였다. 고린도인들도 이러한 사회, 종교적인 행습으로부터 상당한 영향을 받았을 것이다. 고린도전서 6:9-11이 그것을 잘 보여 준다. "음란하는 자나 우상 숭배하는 자나 간음하는 자나 탐색하는 자나 남색하는 자나…하나님의 나라를 유업으로 받지 못하리라 너희 중에 이와 같은 자들이 있더니…." "너희 중에 이와 같은 자들이 있었다"는 바울의 말은 고린도 교회에 들어온 신자들 가운데 과거에 이런 행습에 젖어서 살았던 사람들이 있었다는 것을 보여 준다. 6:9에 열거된 여러 성적 범죄들이 우상 숭배와 연결되어 나오는 것은 흥미롭다. 바울이 10:7-8에서 우상 숭배와 간음의 범죄를 연결지은 것은 구약 이스라엘 백성들의 범죄 환경이 고린도인들의 타락한 종교 행습과 아주 유사하다는 것을 보여 주기 위한 것이었다. 사실 10장에서 바울은 구약 이스라엘 백성의 우상 숭배와 간음 행위를 말하고 있지만, 그의 실제 의도는 현재 비슷한 환경에 빠져 있는 고린도인들의 부패된 삶을 비판하기 위한 것이었다.

이스라엘 백성이 이교도의 우상을 섬기면서 "앉아서 먹고 마시며 일어나서 뛰노는" 것은 고린도에 있었던 광란적인 신전 축제를 연상하게 만든다. 이렇게 먹고 마시고 일어나 춤추는 이교도들의 신전 축제는 흔히 집단적인 혼음 행위로 타락하기 마련이다. 인간의 저급하고 탐욕적인 정욕들이 바로 그러한 예배 행위 가운데서 터져나오는 것이다. 그러나 우리의 본문(7, 8절)은 그러한 우상 축제를 가리키기보다는 이스라엘이 모압의 딸들과 간음을 행하던 민수기 25장의 사건을 지칭하는 것 같다. 그 결과로 그들은 바알브올에게 부속되어 하나님이 염병으로 심판하셨고 그날에 이만사천 명의 사람들이 죽었다.(민 25:9) 바울은 여기서 이만삼천 명을 언급한다.(8절) 분명히 민수기와 바울의 숫자 계산은 정확한 계산이라기보다는 대강 어림짐작으로 한 계산일 것이다.

9절의 사건은 이스라엘 백성이 음식 때문에 하나님을 불평하다가 하나님의 심판을 받아 불뱀에 물려 죽은 민수기 21:59의 사건을 지칭한다. 이들이 이렇게 하나님의 심판을 받게 된 것은 그들이 하나님을 시험했기 때문이다. 그들은 하나님의 돌보심을 확실히 믿고 신뢰하는 마음으로 기다리기보다는, 과연 하나님께서 그들에게 필요한 음식을 제공하실 능력과 의지가 있는지 시험해 봄으로써 하나님께 도전적 행위를 하였다. 그것은 분명히 불신앙적인 행위였다.

10절의 사건은 고라와 그의 동료들이 하나님을 원망하다가 멸망당한 민수기 16장의 사건을 지칭한다. 우리의 본문에는 "멸망시키는 자"라는 말이 나오지만 구약에는 이 말이 나오지 않는다. 이 표현은 아마도 멸망시키는 천사의 존재를 믿었던 랍비들의 전승에서 온 것일 것이다.(출 12:23; 삼하 24:16 참조) 어쨌든 바울의 적용은 분명하다. 하나님을 원망하고 시험하는 일은 그의 심판을 자초한다.

결론적으로 이스라엘 백성은 출애굽이란 엄청난 하나님의 구원 사건을 목도했고 광야에서 모세의 세례를 받고 신령한 음식과 음료를 먹었지만 악을 즐겨하는 그들의 이러한 불순종 때문에 광야에서 멸망을 당하고 하나님의 심판을 당하였다. 위에서 말한 대로 이러한 사건들은 말세를 살아가는 신약의 성도들에게 "거울과 경계"가 된다.(11절) 더 정확히 말한다면, 구약의 사건들은 신약의 성도들을 교훈하려는 목적으로 기록되었다. 이것은 바울이 구약을 바라보는 한 관점이라고 볼 수 있다. 구약은 구속사에서 일어났던 단순한 과거의 사건들이 아니라 언제나 오늘을 살아가는 성도들에게 실존적 의미를 건네주는 그러한 사건들이다. 바울은 출애굽이나 광야 여행과 같은 구약의 사건들이 오늘날에도 일어날 수 있다고 생각하지는 않지만, 그러한 사건들이 지니는 교훈적인 의미는 여전히 오늘을 살아가는 성도들에게 그대로 적용될 수 있다고 본다. 바울은 여기서 과거와 현재를 연결짓는 일에 관심을 가진다. 그 연결고리는 신약 성도들의 덕을 세우는 일이다.

특별히 우리가 지적해야 할 것은 구약의 모든 것이 그리스도 안에서 완성되었고 그것들이 건네주는 교훈의 의미는 그리스도 안에서 자명하게 드러난다는 사실이다. 따라서 우리는 과거 시대의 경험이 건네주는 의미를 그리스도 안에서 보다 분명하게 적용할 수 있다. 구약과 신약은 분리된 것이 아니다. 여전히 구약의 교훈들은 그리스도를 신앙하는 신약의 성도들에게 보다 분명한 의미로 다가올 수 있다. 이것이 신약 성도들이 지니는 축복이요 특권이다.

그러나 이 점을 오해해서는 안 된다. 구약의 성도들은 실패하고 범죄할 가능성이 훨씬 많았지만, 신약의 성도들은 보다 분명한 축복과 넘치는 은혜 속에서 살기 때문에 그들처럼 실패하고 범죄할 수 없다고 생각해서는 안 된다. 바울의 요점은 신약의 성도들이 구약의 교훈들을 보다 분명하게 깨달을 수 있고 구약의 사건들을 거울 삼아 더욱더 경성하는 삶을 살 수 있도록 하는 일이다. 구약의 성도들이 악을 즐겨함으로 하나님의 심판을 자초했다고 한다면, 신약의 성도들은 그러한 심판을 면제받았다고 생각해서는 안 된다. 구약의 성도들에게 그들의 신분에 걸맞는 믿음과 순종이 요구된 것처럼, 신약의 성도들도 그들의 신분에 걸맞는 믿음과 순종의 삶이 요구된다. 그러한 믿음과 순종의 삶을 등한히 할 때 신약의 성도들도 구약의 성도들이 당했던 하나님의 심판을 결코 피할 수 없다.

12-13절은 이제까지의 모든 교훈을 결론적으로 적용한다. "그런즉 선 줄로 생각하는 자는 넘어질까 조심하라 사람이 감당할 시험밖에는 너희에게 당한 것이 없나니 오직 하나님은 미쁘사 너희가 감당치 못할 시험 당함을 허락지 아니하시고 시험 당할 즈음에 또한 피할 길을 내사 너희로 능히 감당하게 하시느니라."

모든 축복과 특권을 누리면서도 하나님의 심판을 받아 멸망당하는 구절과(10:1-11) 하나님의 신실성을 강조하는 구절이(12-13절) 함께 연결되는 것은 놀랍다. 특별히 12-13절은 바울이 앞에서 말해 온 논의를 결론 내리는 부분이기 때문에 더욱 그렇다.("그런즉", 12절) 우리는 흔히 하나님께서는 신실하고 미쁘시기 때문에 비록 우리가 범죄한다 하더라도 우리를 버리시지 않는다고 생각하곤 한다. 사실 하나님은 신실하시고 미쁘시기 때문에 우리가 좀 범죄한다고 해서 금방 심판을 내리거나 우리를 버리시는 그런 분은 아니시다. 하나님께서 호세아 선지자에게 주신 예언의 말씀이 바로 그것을 증명한다.

호세아의 아내인 고멜이 비록 호세아를 버리고 방탕한 길로 갔을지라도 호세아는 끊임없이 자기 아내를 되찾아 오려는 인내와 사랑을 보였다. 호세아가 보인 인내와 사랑의 태도는 분명히 하나님께서 자기 백성을 어떻게 다루시는가를 보여 주신 것이라 할 수 있다.(호 3:1-3) 호세아 선지자는 하나님의 변치 않는 미쁘심과 인간의 불성실함을 다음과 같이 대조한다. "그러므로 우리가 여호와를 알자 힘써 여호와를 알자 그의 나오심은 새벽빛같이 일정하니 비와 같이 땅을 적시는 늦은 비와 같이 우리에게 임하시리라 하리라 에브라임아 내가 네게 어떻게 하랴 유다야 내가 네게 어떻게 하랴 너희 인애가 아침 구름이나 쉬 없어지는 이슬 같도다".(호 6:3-4) 어떤 면에서 보면 인간들은 비록 불성실하다 할지라도 우리의 하나님은 일정하게 떠오르는 새벽빛과 같이, 땅을 적시는 늦은 비와 같이 변함없이 성실하신 것이 사실이다.

그러나 인간들이 범죄했음에도 불구하고 돌이키지 않고 오히려 하나님의 성실하심을 시험하고 도용하려고 할 때도 하나님은 변함없이 용서하시고 끝까지 그들에게 성실하실 것이라고 성경은 말하지 않는다. 우리 주변에는 하나님의 성실하심과 선택 교리를 이런 식으로 도용하려는 사람들이 없지 않은 것 같다. 하나님의 성실성을 자신의 범죄의 기회로 이용하거나 돌이키지 않고 계속 범죄하는 사람들에 대해서 성경은 분명하게 심판을 경고한다. 그 대표적인 예가 로마서 11:22이다. "그러므로 하나님의 인자와 엄위를 보라 넘어지는 자들에게는 엄위가 있으니 너희가 만일 하나님의 인자에 거하면 그 인자가 너희에게 있으리라 그렇지 않으면 너도 찍히는 바 되리라." 비슷한 말씀이 로마서 2:4-5에서도 발견된다. "혹 네가 하나님의 인자하심이 너를 인도하여 회개케 하심을 알지 못하여 그의 인자하심과 용납하심과 길이 참으심의 풍성하심을 멸시하느뇨 다만 네 고집과 회개치 아니한 마음을 따라 진노의 날 곧 하나님의 의로우신 판단이 나타나는 그날에 임할 진노를 네게 쌓는도다."

마지막에 인용한 이 구절은 하나님의 인자하심과 길이 참으심이 있는 것은 사람들로 하여금 회개할 기회를 주시기 위해서 그들이 계속 범죄할지라도 하나님이 여전히 신실하시다는 것을 보여 주기 위한 것이결코 아니다. 오히려 신구약 성경은 시종일관 하나님께서 신실하시기 때문에 인간도 마땅히 성실해야 할 것을 교훈한다. 하나님의 성실성은 인간의 책임 있는 성실성의 기초가 된다.(수 2:41-14)

바울은 놀랍게도 자신의 책임을 다해 신앙인으로서 성실한 삶을 사는 사람들을 가리켜 하나님의 택하심을 받은 자들이라고 말한다.(예를 들어, 살전 1:3-4; 살후 2:13-14; 벧후 1:10-11 참조) 바울은 인간이 성실하게 살면 그 때서야 하나님께서 그를 선택하신다고 말하지는 않는다. 그러나 인간이 성실한 믿음의 삶을 살 때 그를 가리켜 하나님께서 창세 전에 택하신 사람이라고 말한다.(롬 8:28-33) 이러한 현상을 우리는 논리적으로 충분히 설명할 수는 없지만 바울이 말하는 분명한 현상인 것은 사실이다.

그러므로 하나님의 미쁘심을 발견하는 사람은 더욱더 하나님을 의지하고 그의 성실하심을 신뢰해야 한다. 인간은 타락하고 범죄하기가 쉽기 때문에 자신의 육신을 의지해서는 안 되고 하나님의 성실하심을 의지해야 한다. 하나님은 신실하시다. 하나님은 우리의 인생 항로가 끝날 때까지 자신을 의지하고 신뢰하는 백성을 버리지 않고 지켜 주신다.

본문 13절을 보면, 하나님은 "미쁘시기" 때문에 우리가 감당치 못할 시험당함을 "허락지 않으신다"고 한다. "허락한다"는 말은 아주 중요한 단어다. 우리가 세상을 살다 보면 기쁜 일, 슬픈 일, 아픈 일, 괴로운 일을 다 경험한다. 어떤 사람은 이런 괴롭고 고달픈 일을 당할 때 하나님께서 자신을 버리셨다고 생각한다. 어떤 사람은 하나님은 자기 곁을 떠나시고 자기 홀로 살아간다고 생각한다. 어떤 때는 "하나님도 어쩔 수 없어" 하고 속으로 불평하기도 한다.

그러나 본문은 그렇게 말하지 않는다. 물론 하나님을 사랑하는 신자들도 세상에서 이런 일, 저런 일 다 당하는 것이 사실이다. 괴롭고 슬픈 일들이 신자들에게도 찾아든다. 그럼에도 불구하고 바울이 우리에게 분명하게 교훈하는 것은 신자들이 당하는 어떤 일도 우리 하나님이 "허락하시지" 않으면 그들에게 결코 임하지 않는다는 사실이다. 우리 주님의 손 밖에서 일어나는 일이란 아무것도 있을 수 없다. 참새 한 마리가 전신주에서 떨어지는 것도 하나님이 허락하심이 없이는 일어날 수 없다. 모든 역사와 개인의 사건들이 하나님의 손아귀 안에서 통제를 받는다.

그런데 그 하나님이 잔인하고 변덕스럽고 무서운 폭군이라고 생각해 보라. 우리에게 어떤 일이 일어날지 정말 조마조마하고 섬뜩할 것이다. 자신의 피조물이 고통이나 당하는 것을 즐기는 그런 분이라면 우리는 아마도 하나님께 아무것도 기대할 것이 없을 것이다. 피조물은 폭군 하나님 앞에서 고통이나 당하고 미래도 소망도 없이 살아갈 것이다. 그러나 본문은 하나님이 그런 폭군 신이 아니라 "미쁘신" 하나님이라고 했다. 신자들이 믿고 신뢰하는 하나님은 좋으신 하나님, 우리의 아버지가 되신다. 성실이 한이 없으시고 인자와 긍휼이 풍성하신 하나님, 언제나 푸근하시고 참으로 신뢰할 만한 나의 아버지시다. 언제나 내 곁에 계셔서 나를 붙들어 주시고 나의 아픔과 외로움과 모든 고통을 외면치 않고 돌보시는 좋으신 하나님이시다. 그분은 내가 시험을 당해 괴롭고 어려울 때도 나를 결코 자신의 손에서 놓으시는 법이 없다. 우리는 미쁘시고 선하신 하나님의 손길을 의지하고 신뢰하기 때문에 우리 앞에 다가오는 시험을 두려워하지 않는다. 우리가 믿음이 없어서 그가 멀리 계신 것처럼 느낄 뿐이지 믿음의 눈만 크게 뜨면 그분은 언제나 인자하신 모습으로 내 곁에 계시는 분이심을 발견할 수 있다.

그러면 왜 시험이 다가오는가? 하나님의 미쁘심이 모자라서 그런가? 아니다. 하나님은 미쁘셔서 우리가 감당치 못할 시험당함을 허락지 않으실 뿐만 아니라 비록 우리가 시험을 당해도 피할 길을 주신다. "피할 길"이란 무엇을 뜻하는가? 이는 두 가지 의미로 해석할 수 있다. 첫째로 하나님은 미쁘시기 때문에 우리를 괴롭히는 시험거리를 치워 주실 수 있다. 둘째로 하나님은 미쁘시기 때문에 우리가 시험당할 때 그것을 능히 극복할 수 있는 지혜와 능력을 주신다.

둘 중에 하나님께서 선택하시는 방법은 어떤 것일까? 하나님은 두 가지 방식을 모두 택하신다. 어떤 때는 그야말로 기도의 응답으로 하나님께서 우리가 고민하던 문제 자체를 없애 주시는 경우가 있다. 인간의 힘으로 어쩔 도리가 없어 보이던 문제가 어느 순간 사라져 버릴 때가 있다. 우리 주변에 이런 식으로 하나님께 응답을 받는 사람들이 얼마나 많은가! 그러나 때로 하나님께서는 문제 자체를 없애 주시기보다는 "내가 너를 붙들어 줄 테니까 한번 문제를 정면으로 돌파해 보라"고 말씀하실 때가 있다. 하나님은 흔히 문제와 씨름하지 않고 그것을 우회해 피해 가는 길을 보여 주실 때도 있지만, 때로는 문제를 정면 돌파하라고 명령하시는 경우도 있다. 그렇게 하시는 것은 우리를 보다 굳세고 강한 자녀로 키우시기 위해 그들에게 정면 돌파의 명령을 내리시는 것이다. 이때 믿음을 가지고 문제를 정면 돌파하면 얼마 전까지 그렇게 크게 보이던 문제가 아주 적게 느껴질 때가 있다. 하나님께서 문제를 극복할 수 있는 지혜와 능력을 주시기 때문에 일단 문제를 돌파하고 나면 그것이 보잘것없는 문제였다는 것을 깨닫게 되는 수가 있다. 그리고 문제를 통해서 신자들은 더욱더 하나님의 깊으신 사랑을 체험하게 되고 그분과 더 가까워지게 된다. 이런 경우에 고민거리와 같은 문제는 신자들의 삶의 방해거리라기 보다는 신앙을 더 깊은 차원으로 들어가게 만드는 관문 역할을 하게 된다.

바로 이 사실을 우리는 바울의 경험을 통해서 발견하게 된다. 그는 온갖 어려움과 죽을 고비를 다 겪었지만 끝내 이렇게 고백한다. "형제들아 우리가 아시아에서 당한 환난을 너희가 알지 못하기를 원치 아니하노니 힘에 지나도록 심한 고생을 받아 살 소망까지 끊어지고 우리 마음에 사형 선고를 받은 줄 알았으니 이는 우리로 자기를 의뢰하지 말고 오직 죽은 자를 다시 살리시는 하나님만 의뢰하게 하심이라"(고후 1:8-9).

본문에서 피할 길은 "능히 감당케 하신다"는 표현이 쓰인 것으로 보아서 첫 번째 경우보다는 문제를 능히 감당할 수 있도록 지혜와 능력을 주신다는 것을 뜻하는 것 같다.

12절에서 "선 줄로 생각한다"는 말은 고린도인들의 "자만"을 지칭하는 말이다. 그들은 사실 육적인 그리스도인들에 불과한데도 자신들을 스스로 선 자들로 생각하였다. 이런 자만의 태도는 넘어질 수밖에 없다. 신앙적 자만과 교만은 잠언의 말씀대로 패망의 선봉이요 넘어짐의 앞잡이다. 이스라엘 백성들은 성례도 경험했고 온갖 축복과 특권들을 다

지녔지만 죄에 빠져 멸망당하고 말았다. 고린도인들도 마찬가지로 성례 의식을 의지하고 자신들을 하나님의 선택된 백성으로 여겼지만, 그들의 자만은 변화된 인격과 성실한 삶의 자세가 없는 한 거짓된 안전책에 불과했다.

자만과 교만은 자신을 올바로 평가할 수 있는 마음의 기능을 마비시킨다. 하나님과 이웃 앞에서 자신을 과대포장하게 만들기 때문에 자신을 올바로, 객관적으로 바로 볼 수 없게 만든다. 이러한 자만에 빠져서 결국 하나님의 심판에 빠진 사람들은 신구약 성경 여러 곳에서 발견된다. 예레미야 선지자 시대에도 스스로 택함을 입은 백성이요 거룩한 땅 가나안에 사는 하나님의 백성이라고 자만하면서 사실 온갖 반 언약적이고 타락한 행습을 일삼는 이스라엘 백성에게 하나님의 준엄한 심판이 선포되었다. "너희가 도적질하며 살인하며 간음하며 거짓 맹세하며 바알에게 분향하며 너희의 알지 못하는 다른 신들을 좇으면서 내 이름으로 일컬음을 받는 이 집에 들어와서 내 앞에 서서 말하기를 우리가 구원을 얻었나이다 하느냐 이는 이 모든 가증한 일을 행하려 함이로다".(렘 7:9- 10)

이스라엘 백성은 예루살렘 성전을 의지했고 하나님이 주신 거룩한 땅을 의지했다. 또한 자신들이 그의 택하신 백성이라는 것을 의지했다. 그러나 그들의 삶은 하나님의 택하신 백성 된 자들로서의 삶을 보여 주지 못하고 온갖 타락된 반 언약적 행위들을 자행하였다. 그리고는 성전에 와서 그들은 "우리가 구원을 받았나이다"라는 가증스러운 고백을 했는데, 하나님께서는 그런 가증스러운 고백을 하는 이스라엘 백성들을 심판하겠다고 선언하신 것이다.

순간순간 그리스도인은 오직 믿음을 가지고 경성하는 삶을 살아야 한다. 13절의 말씀은 고린도인들에게 보다 심한 시험들이 기다리고 있음을 암시한다. 그래서 바울은 변화된 삶과 인격이 전제되지 않은 채 치러지는 어떤 종교 의식도 그들을 안전하게 지켜 주지 못하기 때문에 그들은 하나님의 미쁘심을 따라 성실한 삶을 살아야 한다는 것을 교훈하고자 한다. 신자들이 시험당하는 것도 역시 하나님의 허락하시는 주권 속에 있고 또 그의 백성을 시험에 굴복당하게 하여 멸망받게 하실 수 없는 하나님의 신실하심이 존재하기 때문에 고린도인들은 하나님의 미쁘심을 신뢰해야 한다.(살전 5:9, 24 참조) 13절의 말씀은 하나님께서 그의 백성들이 전혀 시험당하지 않도록 하신다는 말이 아니다. 그들이 시험을 당해도 그것을 감당할 힘과 지혜를 주신다는 말이다. 피할 길이란 이 점에서 도피가 아니라 극복의 길일 것이다. 피할 길은 그 길을 찾는 자들에게서 발견되는 것이다. 다음 절이 이를 분명히 해준다.

## 4. 우상 숭배를 피하라 10:14-22

앞에서 바울은 이스라엘 백성들이 모세의 세례를 받고 신령한 음식과 음료를 먹었음에도 불구하고 우상 숭배를 하다가 멸망당한 사실을 지적하였다. 그래서 이제 그는 고린도인들 가운데 자행되는 우상 숭배 행위를 경계하는 교훈을 덧붙인다. 14절 초반의 "그런즉"이라는 말은 바울이 우상 숭배에 관한 앞 절의 교훈을 보다 구체적으로 적용하고 있다는 것을 보여 준다. 또한 우상 숭배를 피하는 일이 신자로서 마땅히 하나님의 미쁘심을 신뢰하는 태도의 한 예라고 할 수 있다.

신자들은 우상 숭배를 인정하지 않아야 할 뿐만 아니라 그것으로부터 도망해야 한다. 신자들은 아예 우상 숭배와 접촉할 수 있는 상황을 피해야 한다. 기독교 신앙이 우상 숭배와 양립할 수 없는 것을 바울은 고린도인들 자신의 건전한 양식에 호소한다(15절). 그들은 스스로 판단할 수 있는 은사적인 지혜와 지식을 가지고 있다. 그들이 참여하는 성례의 잔과 떡은 단순한 예식이 아니라 그들이 기도함으로 거룩하게 성별하는 잔과 떡에 참여하는 것이요, 이것은 곧 그리스도의 피와 몸에 참여하는 것이다.

헬리어로 "참여"(코이노니아)라는 말은 교제, 연합의 의미가 있다. 믿음으로 성례에 참여할 때, 그것은 그리스도를 영접하고 그와 연합하여 그의 구속 사건에 동참하는 것이다. 성례의 떡과 잔에 참여하는 것은 그 성례에 참여하는 신자 개인들을 연합시킬 뿐만 아니라 그리스도와도 연합시키는 것이다. 17절에 "우리가 다 한 떡에 참여한다"는 말이 나온다. 다시 말해서 공동체 전체가 떡이 상징하는 그리스도의 구속 사건에 참여함으로 하나로 연합되고 한 몸을 이루게 된다는 것이다. 그래서 신자들은 모두 그리스도의 구속 사건에 동참하여 "한 몸을 이룬다".(17절)

이것은 구약 이스라엘의 성전 제사에도 적용된다. 그들이 연합된 공동체를 이루는 근거는 그들이 제물을 먹음으로 제단이 상징하는 모든 것에 동참하게 되고 동일한 하나님의 백성이 되는 데 있다.(삼상 9:10-24) 제단의 제물을 먹는 것은 어떤 의미에서 하나님께서 식주食主가 되어 이스라엘을 초청하고 그들과 함께 앉아 잡수신다는 뜻이 있다고 한다.[S. Aalen] 이것은 결국 제단의 제물을 먹는 자들은 서로 연합하여 공동체를 이룰 뿐만 아니라 하나님과도 연합되어 그에게 속한 "가족 일원"이 된다는 것을 뜻한다. 고대 세계에서 식탁 교제라는 것은 깊은 종교적 의미가 있었다. 하나님께서 식주가 되어 이스라엘 백성에게 제물을 먹게 하는 것은 그들을 한 가족으로 대우하신다는 것을 의미한다. 바로 이 사실을 지적하면서 바울은 신자들이 우상의 잔과 떡에 참여하는 일을 하지 말도록 경계한다.(20절) 이방인이 그들의 귀신에게 제사하고 그 제물을 먹는 것은 귀신의 가족 구성원으로서 귀신과 교제하고 연합한 자들이 된다는 것을 뜻한다.(20절)

바로 이 사실 때문에 기독교의 성례전에 참여하는 일은 귀신의 상과 잔에 참여하는 일과 본질적으로 양립될 수가 없다.(21절) 22절의 말씀은 고린도인들이 이 모든 의미를 깨닫지 못했다는 전제하에서 한 말이다. 만일 고린도인들이 우상 숭배를 지속한다면 그들은 고집을 부려 가면서 주를 노엽게 만드는 일이 된다. 두 번째 질문은 그들의 창조주 앞에 모든 인간이 얼마나 약한가를 지적해 준다. 우상 숭배를 하는 일은 크나큰 어리석음을 범하는 일이 된다.

## 5. 모든 사람을 기쁘게 10:23-11:1

우리는 이미 6:12에서 "모든 것이 가하나"라는 문구를 발견한 적이 있는데 본 절에서 또다시 만나게 된다. 이 문구는 아마도 영지주의적인 자유방임주의자들의 슬로건을 나타낼 것이다. 6장에서는 바울이 간음과 같은 부도덕의 문제와 관련하여 이 슬로건을 비평하지만, 여기서는 우상의 제물을 먹는 문제와 관련하여 그것을 비평한다. 영지주의 사상의 영향을 받아 자유를 잘못 오용하게 되면 오히려 신자의 자유는 공동체에 덕을 세우는 것이 아니라 약한 양심을 가지고 있는 형제를 걸려 넘어지게 만들 수 있다. 참다운 신자의 자유는 사랑을 실천하고 남의 유익을 구하는 방식으로 나타난다.(갈 6:13) 바로 그것이 십자가에 못 박히신 그리스도의 마음을 따라 사는 것이다.

물론 그리스도인은 신전 축제에 참여하여 제물을 먹지는 않지만(20-21절) 시장에서 팔려질지 모르는 제물에 대해서는 거리낌없이 먹을 수 있는 자유를 가지고 있다.(25절) 왜냐하면 "땅과 거기 충만한 것이 주의 것이기" 때문이다. 따라서 신자는 비록 우상의 제물이라 할지라도 기도하고 그것을 감사한 마음으로 먹을 수 있는 자유가 있다.(롬 14:20) 심지어 바울은 디모데후서에서 이렇게 말하기도 한다. "하나님이 지으신 모든 것이 선하매 감사함으로 받으면 버릴 것이 없나니, 하나님의 말씀과 기도로 거룩하여짐이니라."

그렇다면 불신자가 신자를 초청하여 시장에서 판 고기나 음식을 대접할 때 신자는 그것이 우상의 제물인가를 묻지 않고 자유롭게 먹을 수 있으나, 어떤 사람이 그것이 제물이라고 말할 경우 바울은 "알게 한 자와 양심을 위하여"(28절) 먹지 말라고 권한다. 여기서 바울이 말하는 "양심"은 29절에서 명기하듯이 "다른 사람의" 양심을 가리킨다. 다시 말해서 신자 자신의 양심은 이런 문제에 대해서 떳떳하지만, 그런 양심을 가지지 못한 사람은 우상의 제물에 대한 올바른 지식을 가지지 못하고,(8:7) "약하고 더러워진 양심을" 따라 의심하는 태도를 취하는 것이다.(롬 14:23)

바울은 여기서 우상의 제물을 먹지 말아야 할 이유를 두 가지로 제시한다. 첫째로 아직도 약한 양심을 가지고 의심하는 자를 이해하고 그를 실족치 않게 하려는 사랑의 배려 때문이고,(24절) 둘째로 온전한 신앙을 가진 그리스도인의 자유가 의심하는 양심을 지닌 약한 형제에 의해 이러쿵저러쿵 판단을 받지 않기 위해서이다.(29절) 바울은 이미 2:15에서 신령한 자는 모든 것을 판단하나 자기는 아무에게도 판단받지 아니한다고 말한 적이 있다. 의심하는 양심을 지닌 사람은 자신이 가지고 있는 세상적이고 부정확한, 때로는 육적인 기준과 표준을 가지고 신령한 사람을 판단하지만, 그가 신령한 사람을 올바르게 판단한 것이라고 할 수 없다. 따라서 신령한 자는 그런 사람들에게 판단받을 만한 기회도 주지 말아야 한다. 왜냐하면 자신이 누리는 자유와 감사에 대해 남들에게 비방을 받는 것은 오히려 약한 양심을 가진 자들을 성숙한 신앙인이 되도록 만들 수 있는 기회와 접촉점을 잃게 할 수 있고, 심지어는 하나님의 영광을 가릴 수도 있기 때문이다. 그래서 바울은 그리스도인의 행동이 통제받아야 할 또 다른 근본 동기를 제시한다. 그것은 모든 일을 하나님의 영광을 위해 하라는 것이다.(31절)

신자의 참된 자유는 남은 아랑곳하지 않고 자기 마음대로 행하여 사람들에게 거치는 행동을 하는 것이 아니다. 성숙한 신자는 유대인이든 헬라인이든 공동체 회원 중의 어떤 사람도 실족하게 만들어서는 안 된다. 아직 그들은 성숙한 신자의 자유와 감사를 이해하지 못하기 때문에 그의 행동으로 말미암아 실족할 수 있다. 이때 성숙한 그리스도인은 자신의 자유와 유익을 추구하기보다는 자기보다 약한 형제를 이해하고 그의 유익을 도모해야 한다.

이것이 바로 고린도전서 9:19-22에서 제시된 근본적인 원리다. 즉 모든 사람을 기쁘게 하고 그들의 유익을 구하여 저들로 구원을 얻게 하는 것을 뜻한다. 모든 사람을 기쁘게 하고 유익을 주는 것은 "여러 사람에게 여러 모양이 되려는" 바울의 선교정책의 기본적인 원리일 뿐만 아니라 그리스도의 십자가 정신이요 성육신 정신이다. 이것은 복음의 진리를 타협하자는 것이 아니고 복음의 진리를 연약한 사람들이 받아들일 수 있도록 적응시키자는 것이다. 하나님의 진리가 하나님의 수준에서 인간에게 그대로 전달되었다면 어느 누구도 그것을 이해하거나 받아들일 수 없었을 것이다. 그래서 하나님께서는 자기의 아들 예수 그리스도를 세상에 보내시어 우리와 동일한 인간이 되게 하셨고 그를 통해 자신의 진리의 말씀을 인간의 언어로 전달하셨다.

복음을 보다 용이하게 전하게 하기 위해서 바울은 때로 자신의 유익과 자유를 희생해 가면서 연약한 자들에게 접근하였다. 이것은 연약한 자들의 판단 기준이 옳다는 것을 인정한다는 뜻이 아니다. 그들도 언젠가 바울처럼 성숙한 그리스도인이 되면 만물이 다 하나님이 지으신 것이기 때문에 비록 우상의 제물이라 할지라도 감사한 마음으로 먹을 수 있는 자유를 향유하게 될 수도 있을 것이다. 그때를 기다리며 성숙한 신자들이 자신을 연약한 자들의 생각과 판단에 적응시키는 것이 신자가 취해야 할 바른 자세다. 바울은 이러한 삶이 결국 그리스도를 본받는 삶이라고 보고 자기 스스로 이런 삶을 실천했기 때문에 자신을 본받으라고 권한다.(11:1)

# 6장

# 공중 예배에 관한 문제들

11:2–14:40

## The Secularization of the Church, How will We Overcome it?

너희가 모든 일에 나를 기억하고 또 내가 너희에게 전하여 준 대로 그 전통을 너희가 지키므로 너희를 칭찬하노라 그러나 나는 너희가 알기를 원하노니 각 남자의 머리는 그리스도요 여자의 머리는 남자요 그리스도의 머리는 하나님이시라 무릇 남자로서 머리에 무엇을 쓰고 기도나 예언을 하는 자는 그 머리를 욕되게 하는 것이요 무릇 여자로서 머리에 쓴 것을 벗고 기도나 예언을 하는 자는 그 머리를 욕되게 하는 것이니 이는 머리를 민 것과 다름이 없음이라 만일 여자가 머리를 가리지 않거든 깎을 것이요 만일 깎거나 미는 것이 여자에게 부끄러움이 되거든 가릴지니라 남자는 하나님의 형상과 영광이니 그 머리를 마땅히 가리지 않거니와 여자는 남자의 영광이니라 **고전 11:2-7**

## 1. 머리됨의 의미 11:2-16

지금까지 바울은 고린도인들이 보내온 편지의 내용을 언급하면서 그들이 제기한 질문들에 답변해 왔다. 그의 답변은 고린도인들 사이에 벌어지고 있는 비복음적인 행습들에 대한 비판을 담고 있지만 그렇다고 그들이 잘한 일에 대해 칭찬하기를 주저하지는 않는다. 흔히 사람들은 남을 비평하기는 잘하지만 자기를 반대하는 사람들의 장점은 의도적으로 지나쳐 버리는 수가 많다. 이런 의미에서 바울은 달랐다. 바울은 고린도인들의 행습과 견해가 항상 옳다고 인정하는 것은 아니지만, 그들을 비평하기 전에 먼저 칭찬한다.

바울이 고린도인들을 칭찬한 것은 고린도인들이 그들에게 주어진 유전들을 잘 지켰기 때문이다.(2절) 그는 이미 전에 기독교 신앙의 중심 진리들을 전해주었고, 또 그들은 그것들을 신실하게 받아들이고 준수하였다. 아마도 얼마간의 빗나간 사람들이 바울이 전해준 유전을 어기고 제멋대로 행동하는 경우가 있었겠지만, 대다수의 교인들은 그 유전을 신실히 지켰을 것이다.

바울은 3-16절에서 고린도인들 중에 남자와 여자의 관계에 대해 잘못된 오해와 행습이 존재함을 깨닫고 그것들을 교정하고자 한다. 본문을 살펴보면 바울은 여기서 일차적으로 결혼한 부부들의 상황을 다루지만, 그는 또한 공중 예배 시에 여자들이 처한 일반적인 상황도 다룬다. 특히 문제가 된 것은 고린도의 어떤 여자들이 기도하고 예언하는 예배 활동 중에 하나님께서 남자들에게 위임한 "머리" 역할을 거부한 데서 비롯된 것 같다. "머리에 쓰는 문제"에 대해서 이들 여자들은 아주 자유로운 태도를 취한 것으로 보인다. 환언하면, 공중 예배 때 남자와 여자가 머리에 무엇을 쓰거나 쓴 것을 벗고 "기도하고 예언하는"(4절) 행위가 과연 정당한가 하는 것이다.

넓은 문맥에서 볼 때 문제가 된 것은 공중 예배 때의 여자들의 자유분방한 태도였다. 기도하고 방언하고 예언하는 행위들에 대해서 교훈할 때 바울은 특히 "교회에 덕을 세우는" 문제에 깊은 관심을 보이며,(14:5, 12, 17) 또한 그의 교훈 자체가 "온 교회가 함께 모일 때"(14:23, 26, 34) 그들이 취해야 할 자세를 문제 삼고 있다. 따라서 우리의 본문은 일차적으로 온 교회가 다함께 모여 예배할 때 남자와 여자들이 어떤 처신을 해야 할지를 교훈하는 것이라 할 수 있다.

그러나 바울은 고린도 교회가 처한 특수한 상황을 초월하여 남녀 관계에 관한 보다 깊은 신학적 원리를 추론하려고 한다.(3절 참조) 후에 살필 테지만, 그의 신학적 원리는 남편과 아내의 관계를 논하는 에베소서 5:23 이하에서도 동일하게 적용된다. 따라서 본문에서 바울이 제시하는 신학적인 원리는 예배라는 상황에서만이 아니고 일반 가정 생활에서도 적용 가능한 것이다.

고린도 교회에서 일차적으로 문제가 된 것은 예배 시에 머리에 베일을 쓰는 문제와 관련된 것이었다. 바울은 여기서 어떤 "베일"을 말하는지 분명하게 명기하지 않는다. 나중에 우리는 이에 대해서 상세하게 다룰 것이다. 머리에 무엇을 쓰고 벗는다는 것은 현대인들에게는 별 중요성이 없는 문제지만, 그것은 고린도인들의 예배에서 문제시된 것이 분명하다. 더욱이 우리의 관심을 끄는 것은 머리에 쓰는 문제 자체에 있는 것이 아니라, 이를 계기로 바울이 교회에서 남자와 여자의 역할과 관계가 어떠해야 하는지를 교훈한다는 점이다. 요즈음 어떤 교단에서는 여성에게 목사 안수하는 문제가 제기되고, 고대 사회와는 달리 여성의 권리와 해방이 주장되는 오늘날의 사회에서 남녀의 역할과 관계에 관한 바울의 교훈은 더 우리의 주목을 끌 수밖에 없다.

바울이 11:2-16에서 보인 반응은 매우 복잡하고, 또 여러 다른 문제들을 제기한다. 본문에서 두드러지게 나오는 단어는 "머리"(케팔레)라는 말이다. 그는 처음부터 이런 결론을 진술한다. "각 남자의 머리는 그리스도요 여자의 머리는 남자요 그리스도의 머리는 하나님이시라".(3절) 이 구절은 뒤에 따라오는 남녀 관계를 규정하는 결론적 진술 역할을 한다. 다시 말해서, 여자가 예배 시에 베일을 써야 하는 것은 남자가 여자의 머리 되기 때문이라는 것이다. 그러나 문제는 바울은 "머리"라는 말이 여기서 무엇을 뜻하는지 정의하지 않는다는 것이다. 따라서 무엇보다도 먼저 "머리"가 정확하게 어떤 의미를 갖는지 파악해야만 베일을 쓰는 문제와 관련된 바울의 신학적인 입장을 이해할 수 있고, 또 바울의 입장이 현대 교회의 남녀들에게 건네주는 현재적인 의미를 다룰 수 있다.

고린도인들은 아마도 그리스도께서 모든 성도들의 머리가 되신다는 바울의 주장에 동의했을 것이다. 그러나 그들이 남자가 여자의 머리가 된다는 말에 대해서 어떤 생각을 했는지는 분명치가 않고, 또한 하나님께서 그리스도의 머리가 되신다는 말에 대해서 잘 이해했는지도 분명치가 않다. 그러므로 우리는 2-16절의 교훈에서 핵심적 개념인 "머리"가 정확하게 무엇을 뜻하는지를 자세하게 다루어야 할 필요가 있다.

오늘날 머리라는 말은 사람의 신체 중에서 "생각하고 그 생각을 집행하는 좌소"라고 알려져 있다. 그러나 고대 세계에서는 그렇지 않았다. 머리는 몸 중에서 가장 위쪽에 있는 탁월한 기관이다. 그래서 그것은 흔히 몸의 "윗 부분", "처음" 부분을 가리킬 때 사용된다. 그러나 바울 당대에 와서 의미의 변화가 생기기 시작했다. 히브리어 "로쉬"를 번역한 헬라어 "케팔레"는 "기원" 또는 "우월함"을 지닌 위치에 있을 뿐만 아니라 권위를 지니거나 또는 명령을 내릴 수 있는 위치에 있는 어떤 사람을 지칭하는 데 사용되었다. 그러므로 바울이 살던 시대에 "머리"라는 말은 사람의 육신적인 머리, 권위를 지닌 사람 또는 어떤 것의 기원을 의미할 수 있었다. 주후 1세기에 머리라는 말은 "통치자"(아르콘)와 "출처"(아르케)의 뜻을 지닌 표현으로 사용되었다. 그래서 남자가 여자의 머리라고 말하는 것은 남자가 여자의 기원이며(즉, 여자는 남자에게서 나왔다) 남자가 여자에게 권위 있는 위치에 있다는 것을 말하는 것이 된다. 이 두 의미는 서로 배타적인 관계에 있지 않다. 머리라는 말이 "권위"와 "기원"의 의미를 담고 있다는 사실은 바울의 다른 구절들을 통해서도 확인될 수 있다.

첫 번째 예로, 바울은 머리라는 말을 에베소서 5:23과 1:22-23 두 군데서 사용한다. 여기서 그리스도와 남편이 모두 "머리"라고 지칭되며, 따라서 교회 또는 아내는 그들의 머리 되신 그리스도 또는 남편에게 "복종"해야 한다. 1장의 전후 문맥을 살펴보자. 하나님께서 자신의 신적인 능력으로 그리스도를 죽은 자 가운데서 다시 살리시고 이제 그를 하늘에 있는 하나님의 보좌 우편에 앉게 하셨다.(20절) 예수께서 부활하셔서 하나님의 보좌 우편에 앉게 된 결과는 무엇인가? 하나님은 부활하신 예수를 이제 "만물 위에 교회의 머리"로 삼으셨기 때문에 만물과 교회를 그의 발 아래 "복종"하게 만드셨다.(22절) 이 구절이 머리와 발의 언어를 사용한 것은 머리 되신 예수께서 만물을 통치하실 수 있고 또 만물은 마땅히 그에게 복종해야 한다는 것을 교훈하기 위함이었다.

그 다음에 5:23을 살펴보자. 이 구절은 아내가 남편에게 복종해야 할 근거를 그리스도께서 교회의 머리됨과 같이 남편도 아내의 머리 된다는 사실에서 찾는다. 그리스도께서 교회의 머리가 되어 교회를 다스리고 인도하시는 권위가 있기 때문에 교회는 마땅히 그리스도께 복종해야 하는 것처럼, 다스림과 복종의 동일한 관계가 남편과 아내의 관계에서도 적용된다.

두 번째 예는 골로새서 2:19과 에베소서 4:15이다. 이 두 구절에서 바울은 머리와 몸이라는 그림 언어를 통해서 그의 몸 된 교회가 머리 되신 그리스도에게까지 자라 가야 할 것을 주장한다. 더욱이 그는 그리스도를 그의 몸 된 교회의 성장을 지탱하고 지원해 주는 힘의 "출처"source로 이해한다. "그에게서 온몸이 각 마디를 통하여 도움을 입음으로 연락하고 상합하여 각 지체의 분량대로 역사하여 그 몸을 자라게 하며 사랑 안에서 스스로 세우느니라".(4:16) 이 구절들에서는 머리의 권세라는 개념이 부각되지 않는다. 그러나 "권세"와 "출처"로서 머리 개념은 아마도 골로새서 1:15-20에서 결합되어 나타나는 것 같다. 여기서 그리스도는 만물의 출처가 되시며, 그의 몸 된 교회의 머리가 되시고, 자신의 피조세계에 대한 절대 권세를 가지고 계신 분으로 묘사된다. 이들 구절에서는 결혼이라는 그림 언어는 적용되지 않는다.

그러면 고린도전서 11장에서 "머리"라는 말은 권위의 뜻을 담고 있는가, 아니면 출처의 뜻을 담고 있는가? 만일 11:3에서 머리가 출처의 뜻을 담고 있다면, 바울의 평행구적 표현은 아주 어색할 뿐만 아니라 사실상 하나님께서 그리스도의 출처가 되시며 결과적으로 그를 만드셨다는 것을 가르치게 된다. "각 남자의 머리는 그리스도요 여자의 머리는 남자요 그리스도의 머리는 하나님이시라." 여자가 남자의 갈빗대에서 나왔다는 말에서 남자가 여자의 출처가 될지는 몰라도, 남자가 그리스도의 몸에서 취해졌다는 의미에서 그리스도가 남자의 출처라고 말할 수는 없다. 더욱이, 비슷한 의미로 하나님이 그리스도의 출처가 되신다고 볼 수도 없다. 고린도전서 11장에서 문제가 되는 것은 머리에 베일을 쓰고서 예배를 보는 것인데, 1세기적인 상황에서 머리에 베일을 쓰는 문제는 남자가 여자의 출처가 된다는 사상과 아무런 관련이 없었다.

고린도전서 11장의 전후 문맥조차도 고린도 교회에서 문제가 되는 것은 권위 문제였다는 것을 분명히 보여 준다.(10절) 따라서 3절에서 바울이 교훈하려는 것은 머리 권위에 있어서 어떤 위계 질서가 존재하며 그것은 다음과 같이 순서가 정해져 있다는 것이다: 하나님, 두 번째 아담으로서의 그리스도, 남자, 여자.

그러나 이 순서는 하나님과 그리스도의 관계에 있어서 오해되어서는 안될 측면이 있다. 만일 하나님께서 그리스도의 출처라고 한다면 교회가 정죄한 아리안Arian 기독론에 빠지게 되고, 만일 하나님께서 그리스도를 다스리시는 머리라고 한다면 교회가 또한 정죄한 종속론적인 subordi-nationist 기독론에 빠지게 된다. 그러나 고린도전서 11:3이 염두에 두고 있는 것은 "인류의 머리"로서의 그리스도 개념이다.

고린도전서 자체도 그리스도께서 하나님 나라를 하나님께 바침으로써 하나님의 머리 되심을 인정한다고 교훈한다.(고전 15:24) 그리스도께서 복종하는 것은 영원한 성자 하나님으로서가 아니라, 인류의 머리 된 자로서 또는 두 번째 아담 된 자로서 복종한 것이다. 그러므로 우리는 아리안 기독론이나 종속론적 기독론을 모두 거부할 수밖에 없다. 바울이 권위의 순서를 하나님, 두 번째 아담 되신 그리스도, 남자, 여자의 순서로 정한 것은 이런 의미였다. 그는 이 권위의 순서가 수건을 쓰는 문제에도 적용된다고 생각하였다.

그러면 바울은 여자의 머리에 무엇을 쓰기를 원하였는가? 15절을 보면, "긴 머리는 쓰는 것을 대신하여 주신 연고니라"라는 말씀이 나온다. 흔히 이 말씀은 여자가 긴 머리가 있으면 머리에 베일과 같은 다른 것을 쓰지 않아도 된다는 의미로 해석되기도 했고, 때로 다른 학자들은 여자의 긴 머리가 얼굴을 가리는 역할을 하는 것은 그녀의 머리에 수건과 같은 다른 베일을 써야 할 필요성을 보여 주는 것이라고 해석하기도 했다. 이 문제에 답변하기 전에 우리는 고대 그리스, 로마, 유대 사회에서 머리에 수건 쓰는 관습과 긴 머리를 가꾸는 행습에 대해 먼저 살펴볼 필요가 있다.

헐리J. Hurley의 연구에 따르면, 구약이나 후기 유대 사회에서 베일을 쓰는 관습과 머리 스타일들을 살펴볼 때 베일을 쓰는 것은 구약 이스라엘 백성 중에서 실천된 적이 없으며, 큰 도시에 사는 부유한 사람들을 제외하고는 그런 행습이 예수님 당대의 유대인들에게 요구된 것 같지 않다고 한다. 그러나 헐리는 머리의 길이와 머리를 가꾸는 방식은 상당한 중요성이 있었다고 말한다. 그리스와 로마, 그리고 유대의 여자들은 머리를 길게 길렀으며 머리를 여러 형태로 따올렸다. 이들 사회에서 머리를 풀어 헤치거나 밀거나 잘라 버리는 것은 그 여자가 사회에서 떨어져 살았다는 징표가 되었다. 풀어 헤친 머리에 대해서 말하는 구약성경의 한 구절을 든다면 민수기 5:18을 언급할 수 있다. 부정을 범했다는 혐의를 받는 "여인을 여호와 앞에 세우고 그 머리를 풀게 하고 생각하게 하는 소제물 곧 의심의 소제물을 그 두 손에 두고 제사장은 저주가 되게 할 쓴 물을 자기 손에 들고…." 여인이 이렇게 머리를 풀어 헤친 것은 간음으로 인해 부정의 혐의를 받는 자라는 것을 보여 주는 표시였다. 그러나 부정의 혐의가 없어졌을 때 그 여자는 다시 머리를 따서 올릴 수가 있었다.

그러나 신약 시대에 이르러 유대인들은 간음을 행한 여자를 민수기 식으로 처벌할 수는 없었고 다만 머리를 깎게 하고 회당에서 출교시키는 일을 하였다. 아마도 고린도인들에게 한 바울의 말은 이런 배경에서 이해되어야 할 것이다. 4절에서 긴 머리나 또는 머리에 베일을 쓰고 기도나 예언을 하는 남자는 자신의 머리를 욕되게 하는 것이라는 말이 나온다. 아마도 "그 머리를 욕되게 한다"는 말에서 "그 머리"는 그리스도를 의미하는 것 같고 또한 자기 자신의 머리도 의미할 것이다. 어떻게 그는 그리스도와 자기 자신을 욕되게 하는가? 또한 어떻게 머리에 베일을 쓰지 않은 여자는 머리를 민 것이나 다름없이 스스로를 부끄럽게 하는 자가 되는가?

우리는 이미 아내가 쓰는 베일은 남편의 권위를 표시하는 것이라는 사실을 살핀 적이 았다.(11:10 참조) 그렇다면 아내가 자신이 쓴 베일을 걷어내는 행위는 남편의 권위, 즉 그의 머리됨을 거절하는 것이나 다름이 없다. 만일 아내가 남편의 권위를 거절했다면, 이것이 머리 된 남편을 욕되게 한 것이라는 점은 쉽게 이해할 수 있다. 또한 만일 머리 되신 그리스도를 모신 어떤 남자가 자신의 머리에 다른 남자의 권세 아래 있다는 표시를 하고 다닌다면, 이로써 그리스도를 욕되게 하는 것이라는 점도 쉽게 이해할 수 있다. 그리스도의 권위 아래 있는 사람이 자신의 머리에 베일을 쓰는 것은 그가 또 다른 머리에 복종한다는 것을 공개적으로 선언하는 것이나 다름이 없다.

고린도의 남자들이 머리에 베일을 쓰고 예배를 드린 것 같지는 않은 반면, 고린도의 여자들은 그들이 썼던 베일을 벗고 기도하고 예언했을 가능성이 많다. 그들은 그리스도와 함께 부활함으로써(고전 4:8-10) 그리스도 안에서 새로운 위치를 얻게 되었고, 따라서 예배 시에 기도하고 예언하는 일에 참여할 수 있는 자유를 얻었기 때문에 더 이상 남편의 권위에 복종한다는 표시로서 베일을 쓸 필요가 없다고 결론내렸을지도 모른다.

바울은 여자들이 기도하고 예언할 수 있는 권한을 변호하기는 하지만, 그렇다고 해서 그 권한이 결혼 관계를 제거한다고 생각하지는 않았다. 이미 실현된 하나님 나라의 시민으로서 여자들은 그 나라에 참여할 수 있게 되었지만, 그것은 아내가 머리 된 남편의 권위에 복종해야 할 당위성을 제거하는 것은 아니다. 미래의 하나님 나라에서는 결혼 관계가 궁극적으로 해소되겠지만,(마 22:30) 고린도의 여자들은 비록 여기서 하나님 나라를 경험한다고 할지라도 그들이 아직도 이 세상에서 살고 있다는 것을 깨닫지 못하였다.

그러면 여자가 머리에 베일을 써야 한다고 할 때 바울은 어떤 "베일"을 염두에 두고 있는가? 바울은 직접적으로 "수건"이라는 말을 쓰지 않고 "머리 위에 드리운"(카타 케팔레스 에콘, 114) 또는 "가리운"(카타칼립토스, 11:6, 7, 13)이란 표현들을 사용한다. 바울은 이렇게 베일의 성격을 명기하지 않는다. 그렇다면 가리운 것을 반드시 수건이라고 말할 필요는 없다. 민수기 5:18에서 부정의 혐의를 받는 여자는 그 표시로서 자신의 머리를 풀어 헤쳐 내려야만 했다. 풀어 헤쳐 내린 머리를 묘사하는 데 사용되는 히브리어 단어는 구약 헬라어 성경에서 아카타칼립토스("안 가리운")라 헬라어 단어로 번역되었는데, 본 절에서 바울은 이 헬라어 번역어를 사용한다.(11:5, 6)

이러한 배경이 인정된다면 우리는 다음과 같은 결론을 내릴 수 있다. 만일 "머리를 풀어 내린" 행위가 "가리운"이란 말로 이해될 수 있다면, 이렇게 얼굴을 "가리운" 행위는 또한 간음 혐의를 받고 있는 여인이라는 뜻의 표시라고 할 수 있다. 이렇게 얼굴을 가리운 여자들은 결혼 관계가 더 이상 적용되지 않고 있으며, 따라서 그들의 남편에게 복종하지 않는 상태에 있음을 나타내는 것이다. 바울 당대의 유대 사회에서 간음 혐의를 받고 있는 여자는 머리를 풀거나 짧게 깎거나 밀었으며, 그들은 회당에서 축출당했다. 이러한 머리 형태는 그녀의 수치를 가시적으로 나타내는 표시였다.

결론적으로 여자들이 그리스도 안에서 새로운 지위를 얻고 기도와 예언과 같은 공적인 예배 행위에 참여할 수 있는 자유를 얻었다고 해서 남편들에게 복종한다는 표시를 없애 버려서는 안 된다. 그리스도 안에 있는 그들의 새로운 지위가 결혼 관계를 무효화시키는 것은 아니다. 오히려 고린도의 여자들이 자신들의 자유를 남용하여 머리를 밀거나 풀어 내렸다면 그것은 남편의 머리 된 권위를 인정하지 않는다는 표시이며, 결국 다른 사람들에게 그녀가 부정한 여인이라는 표시가 되기 때문에 수치스러운 일이다.

우리는 이제까지 남편이 아내의 머리가 된다는 것과, 따라서 아내는 마땅히 남자에게 복종해야 한다는 바울의 진술의 의미를 살펴보았다.

머리에 쓰거나 가리우는 행위는 바로 바울의 이러한 신학적 진술에서 추론되어 나온 것이다. 그러나 남자가 여자의 머리가 되기 때문에 여자는 무조건 남자에 대하여 복종과 굴종의 관계에 있다는 뜻으로 바울의 진술을 이해해서는 안 된다. 남자가 여자의 머리가 된다는 것은(3절) 8, 9절에서 창조의 순서와 목적과 관련이 있다. 여자가 남자에게서 나왔고(8절) 또 여자가 남자를 위해 창조되었기 때문에 후자는 전자의 머리가 된다. 따라서 여자는 남자에게 순종해야 한다.

그러나 남자와 여자의 관계는 단순한 굴종의 관계가 아니다. 11, 12절에서 언급하는 대로 상호간의 동반자적 관계도 강조된다. "그러나 주 안에서 남자 없이 여자만 있지 않고 여자 없이 남자만 있지 아니하니라 여자가 남자에게서 난 것같이 남자도 여자로 말미암아 났으나 모든 것이 하나님에게서 났느니라." 이 구절은 여자가 남자의 몸에서 나왔고 또 남자를 "돕는 자"로 지음 받았기 때문에 남자에게 복종해야 하지만, 다른 한편 생리학적으로 남자도 여자의 몸에서 출생했기 때문에 남녀 관계의 상호 의존성을 부각시킨다. 창조의 질서 속에서 남녀는 그들이 맡은 역할과 기능이 다르다. 그들은 상호 보완적인 관계 속에 있다.

바울은 7절에서 남자가 머리에 쓰지 않는 이유는 그가 "하나님의 형상과 영광"이기 때문이라고 말한다. 이 말은 창세기 1:6-27을 지칭하는데, 바울은 남자가 창조의 정상이기 때문에 다른 어떤 것보다 하나님의 영광을 드러낸다고 생각한다. 그래서 그는 남자가 예배할 때 그에 관하여는 굴복의 표시가 없어야 한다고 느끼는 것 같다.

그러나 이 구절을 여자가 남자와 달리 하나님의 형상을 가지지 못한다는 뜻으로 이해해서는 안 된다. 남자는 하나님의 직접적인 창조 행위의 산물이기 때문에 그의 목적에 봉사하도록 창조되었다. 따라서 남자는 하나님과 바른 관계 속에 있을 때 하나님의 영광이다. 그는 하나님께 영광 돌리기 위해 존재하며(롬 1:21 참조) 하나님께 순종하는 피조물로 존재함으로써 하나님께 영광을 돌린다. 그는 하나님 아래서 피조 세계에 대한 하나님의 통치를 반영하며 그의 행위 속에서 하나님의 통치를 나타낸다. 이와 마찬가지로 여자도 남편과 바른 관계에 있을 때 남편의 영광이라 할 수 있다. 여자는 남자에게서 취해졌고 또 그에게 순종하는 동반자로 존재함으로써 남자에게 영광이 될 수 있다.

그러나 여자가 "천사들을 인하여 권세 아래 있는 표를 그 머리 위에 두어야 한다"(10절)는 말은 무엇을 뜻하는가? 이 난해한 진술은 많은 논쟁의 대상이 되어 왔는데, 이제까지 제기되어 온 해석들은 다음 세 가지다. (1) 교회 모임에 임재하는 천사들이 여자의 벗은 머리로 말미암아 성적으로 자극을 받지 않도록 그녀는 자신이 한 남자의 권위 아래 있다는 표시를 지니고 있어야 한다. (2) 여자는 신적인 질서의 수호자인 천사들을 거스리지 않도록 한 남자의 권세 아래 있다는 표시를 지니고 있어야 한다. (3) "권세의 표시"는 여자에 대한 남자의 권세의 표시이기도 하고 또한 나머지 피조물, 특별히 천사들에 대한 그녀의 권세의 표시이기도 하다.

여자들 때문에 천사들이 성적인 충동을 일으킨다는 이론은 창세기 6:2에서 "하나님의 아들들"이 악한 천사들이라는 유대적 사변에 뿌리를 두고 있는데, 사실 하나님의 아들들은 하나님께 충성하는 남자들을 가리킨다고 보아야 한다. 구약에 관한 주석 문제를 떠나서, 이러한 견해는 신약에서 매우 낯선 사상이다. 사탄과 그 하수인들은 그리스도의 승리로 패배를 당했기 때문에, 크리스천 여자들이 천사들에 의해 성적으로 공격을 당할 것이라는 두려움을 가지고 살 필요가 없다. 오히려 천사들에 대한 존경심을 말하는 두 번째 견해가 더 신빙성이 있어 보인다. "천사들을 인하여"라는 말은 선한 천사들이 예배 시에 여자들과 함께 있음을 함축할지도 모른다. 고린도인들은 어떤 방언은 "천사의 말"로 생각했음이 분명하다.(13:1) 이 경우에 천사들도 여자들이 하는 일을 관찰하기 때문에 그들 앞에서 단정치 못한 행위를 해서는 안 된다는 이야기가 된다.(히 1:14 참조)

그러나 헬라어 본문에는 "권세의 표"란 표현이 없다. 단지 헬라어로 "권세"(엑수시아)라는 말이 우리 한역성경에서 "권세의 표"란 표현으로 의역되었을 뿐이다. 한역성경의 이 번역은 아마도 머리에 쓰는 수건과 같은 어떤 것을 염두에 둔 데서 기인한 것 같다. 후커M. D. Hooker는 이러한 전통적인 해석을 지지한다. 바울이 수건 쓰는 일을 권장하는 것은 여자들이 "어떤 다른 사람의 권세 아래에 있다는 표시"를 나타내야 하기 때문이라는 것이다. 하나님의 영광은 남자이기 때문에 예배 때도 남자가 능동적인 역할을 하게 된다.

그러나 이제 여자가 공적인 예배 때 기도하고 예언의 말씀을 선포하기 때문에, 그런 일을 할 수 있기 위해서 여자들은 하나님에게서 오는 권세를 필요로 한다. 만일 여자들이 공중 예배 시에 벗은 머리로 기도하고 예언하면 자신에게 수치가 되지만, 이제는 머리에 수건을 씀으로써 하나님이 주신 권세 아래 있음을 보여 주고 또 기도하고 예언할 권세가 주어졌다는 것을 보여 주게 된다. 후커에 따르면, 그녀의 수건은 전에는 금지된 것들을 하도록 여자에게 주어진 새로운 권세를 나타낸다는 것이다. 그러나 위에서 말한 대로 "권세의 표"란 말의 본래 헬라어는 단순히 "권세"일 뿐이다. 이 술어는 능동적인 뜻을 가지기 때문에 어떤 다른 사람의 권세의 표시를 의미하기보다는(예를 들면, 그녀의 남편의 권세) 그녀 자신의 권세를 지시한다고 해석할 수 있다.

이제까지 여자의 긴 머리는 자기 남편의 권위를 인정한다는 의미를 지니고 있음을 살펴보았다. 그러나 그녀의 긴 머리가 남편의 권세 아래 있음을 보여 주는 표시이면서 어떻게 동시에 그녀 자신의 권세의 표시가 될 수 있는가? 바울은 "천사들 때문에"라고 말한다. 여자의 머리는 그녀가 여자임을 보여 주는 표시다. 긴 머리를 소유한 것은 하나님의 창조에 있어서 여자가 자신의 역할을 포용한다는 것을 나타낸다. 기독교 신앙에서 여자의 위치는 동방 세계에서처럼 공허하고 무가치한 것이 아니었다. 여자 역시 하나님의 형상을 좇아 지음을 받은 존재이기 때문에 그녀의 위치는 천사를 포함하여 모든 창조 세계보다 우월한 것이다.(6:3 참조) 그렇다면 그녀의 긴 머리는 남편에 대해서는 그의 권세 아래 있다는 표시가 되지만, 천사를 포함한 다른 피조물에 대해서는 그녀 자신의 권세의 표시가 된다.

고린도의 여자들은 아마도 머리를 짧게 깎거나 푸는 것은 그들이 남자들과 대등한 권세를 소유했다는 표시로 생각했을 것이다. 바울은 그들의 행위가 사실 하나님의 질서뿐만 아니라 여자들의 역할도 거부하는 행위라고 지적하였다. 깎거나 풀어 내린 머리는 거역과 수치의 표시였다. 대신에 긴 머리를 소유하는 것은 거역하는 천사들의 심판에 참여하는 권세를 지닌 존재로서 여자를 구분짓는 역할을 한다.

15절에서 바울은 여자들이 그들의 머리를 덮을 또 다른 수건을 써야 한다는 생각을 거절한다. "만일 여자가 긴 머리가 있으면 자기에게 영광이 되나니 긴 머리는 쓰는 것을 대신하여 주신 연고니라." 긴 머리로 족하다는 바울의 생각이 강하게 개진되기 때문에 그는 그에 관해 변론하려는 자들이 있을지라도 자신이나 하나님의 교회에서는 그러한 관습이 없다고 주장한다. 어떤 사람들은 바울이 여기서 말하는 "관습"이란 머리를 풀어 내림으로써 벗은 머리처럼 하는 관습뿐만 아니라 수건과 같은 것을 씀으로써 머리에 또 다른 베일을 더하는 관습을 모두 지칭한다고 생각한다. 그러나 바울이 단수 형태인 "관습"을 사용하기 때문에 이 주장은 맞지 않다. 아마도 바울의 결론적 진술은 여자가 독특한 머리를 지녀야 할 뿐만 아니라 또 수건도 써야 한다고 생각하는 고린도의 보수적인 신자들을 겨냥한 말인지도 모른다. 바울은 그들에게 만일 여자가 긴 머리가 있으면 수건을 쓰는 것과 같은 일을 해서는 안 된다고 가르치는 셈이 된다.

결론적으로 바울은 고린도전서 11장에서 결혼 관계에서와 교회 내에서 머리됨의 문제를 다룬다. 그의 논의는 일차적으로 결혼한 부부들의 상황을 다루지만, 그것은 또한 예배 시 여자들이 처한 일반적인 상황도 다룬다. 여자들이 하나님께서 남자들에게 위임한 머리됨의 역할을 거부한 것은 적어도 그들이 공중 예배 시에 기도하고 예언할 때였다. 이처럼 카리스마적인 활동을 할 때 여자들이 어떻게 성적인 차별이 별 관계가 없다고 느끼게 되었는지를 쉽게 이해할 수 있다. 만일 하나님께서 회중의 지도력을 남자들의 손에 주신 것이라면, 성적인 역할의 차이를 거부하는 것은 하나님의 질서를 거부하는 것이다.

바울의 이러한 주장들은 오늘날과 같은 현대 사회에서 진부하고 설득력 없는 주장들이라고 치부되는 경향이 있다. 남자와 여자의 평등을 주장하고 심지어는 여성 해방을 주장하는 사회에서 그의 논의들은 옛날 이야기에 불과한 것으로 여겨질지도 모른다.

그러나 가정이나 교회에서 남녀의 관계에 관한 바울의 교훈은 오늘날에도 적용될 수 있다고 생각한다. 하나님이 남자들에게 주신 머리됨의 역할은 예배에서 뿐만 아니라 가정에서도 적용되어야 한다. 특별히 이 진리는 가정에서 뿌리를 내려야 한다. 사실 산업화가 이루어지면서 점점 아버지가 집을 많이 비우게 됨으로써 아버지의 역할을 다하지 못하고 모든 가정 문제가 어머니의 권한에 내맡겨진 경우가 많다. 옛날 가부장적인 사회에서는 아버지가 집안의 질서나 가풍이나 권위를 지탱하는 요소였으나, 이제는 집안의 권위 자체가 공백기를 맞게 되었거나 어머니에게 다 위임되어 버렸다. 사회 환경 자체가 입시 위주로 되어 있다 보니 자식들을 학원에 내몰아 버리고 부모들은 어버이의 의무를 다했다고 생각한다. 그러나 오늘날 하나님이 주신 권위를 아버지가 행사하지 못하기 때문에 가정의 질서는 무너지고 자녀들 문제는 골이 깊어지고 있다.

하나님께서 남편을 아내의 머리로 삼으셨다는 것은 아내와 자녀들을 주관하고 다스리는 영적 리더십의 권위를 주셨다는 뜻이다. 남편의 이 리더십 권위는 세상적인 의미에서 어떤 특권이나 권세 부림이 아니고 하나님 앞에서 "책임을 진 지도력"을 의미한다. 가정에서, 교회에서, 사회에서 일어나는 자녀와 아내에 대한 책임은 일차적으로 남편에게 있다. 이 책임 있는 권세는 폭군과 같은 자세로 권세 부리려는 태도와는 아무 관련이 없다. 그것은 아내와 자녀들에게 맹목적인 복종을 강요하는 그런 권세가 아니다. 즉 책임이 전제된 권세라는 말이다. 심지어 에베소서 5장에서는 남편들이 아내 사랑하기를 그리스도께서 그의 몸 된 교회를 위해 자신의 목숨을 내버리신 것처럼 사랑하라고 말씀한다.

따라서 하나님께서 주신 권위를 지닌 진정한 남편이라면 자신의 권세와 특권만을 주장할 것이 아니라 아내와 가정을 부양하고 지도하며 양육하고 보호해야 할 책임을 먼저 져야 한다. 심지어 아내와 자녀가 위험에 처해 있을 때는 예수님처럼 자기 생명이라도 내던질 만한 책임 있는 희생과 사랑의 리더십을 가져야 한다.

가정에서 아내는 하나님께서 남편에게 주신 이러한 영적인 리더십 권위를 인정해야 한다. 이 권위를 무너뜨리게 되면 아내 자신이 상처를 받고 자녀들도 갈피를 잡지 못하게 된다. 그러므로 가정의 건강을 위해서도 남편에게 주어진 영적인 권위를 인정해야 한다. 그러므로 남편이 알고 있지 않은 어떤 일도 가정에서 일어나면 안 된다. 그리고 하나님께서 남편에게 가정을 맡기셨기 때문에 그는 경제적으로뿐만 아니라 영적으로도 자기 자녀들이 건강하게 자라고 있는지 살필 책임이 있다. 학원에 잘 다니는지만 살펴서는 안 되고 교회 생활과 영적인 생활도 살필 책임이 있다. 일단 아내나 자녀들에게 문제가 생기면 하나님께서 남편에게 일차적인 책임을 물으실 것이다.

그러므로 남편은 그리스도의 지배하에서 생활하고 그리스도 앞에서 가정 일을 지도하고 보살필 책임이 있으며, 아내는 남편의 권위 아래서 생활하고 남편 앞에서 집안 일을 돌보며 자녀를 보살필 책임이 있다. 자녀들은 양친의 지배하에서 생활하지만 어머니의 권위는 파생적이요 아버지의 권위가 직접적이다.

남편이 아내의 머리가 된다는 것은 아내의 달란트나 은사들을 무시해도 된다는 뜻이 아니다. 남편이 권위가 있다고 자기 고집대로 주장해서는 안 된다. 지도력을 발휘하되 모든 일을 혼자서 하지 않고 아내를 통해 하며 자녀들과 의논하면서 해야 한다. 머리는 몸의 일을 하지 않는다. 잘 다스리는 사람은 다른 사람에게 일을 시킬 줄 아는 사람, 곧 다른 사람의 장점을 인정하고 그것을 발휘하도록 기회를 주는 사람이다. 이렇게 영적인 지도력을 지닌 남편은 가족 구성원들의 장점을 살리고 그들의 의견을 존중하되 일단 최종적인 결정을 내릴 때는 그 책임을 자신이 져야 한다.

때로 아내가 남편보다 더 생활력이 있고 똑똑하다고 할지라도 집안에서 남편의 권위가 세워지도록 행동하는 아내가 지혜로운 아내다. 아내가 똑똑하다고 남편과 상의 없이 가정 일을 독단적으로 처리하게 되면 하나님이 남편에게 주신 권위는 크게 손상을 입게 되고, 자녀들은 어머니의 의견을 따르고 아버지의 견해는 무시하게 될 것이다. 결과적으로 아버지의 영적 권위를 무시하고 거부하는 법을 배우게 된 자녀들은 끝내 아버지만이 아니라 어머니의 권위도 부정하게 될 것이다. 아버지가 하나님이 주신 권세로 책임과 사랑을 다해 가정을 잘 다스리고 아내는 그 권위를 인정하고 남편을 신뢰하고 순종할 때, 자녀들도 부모에게 순종하는 방법을 배우게 된다.

자녀들은 어머니에게서 순종하는 것을 배운다. 어머니가 아버지의 권위에 도전하는 것을 배우게 되면 자연히 자녀들은 어머니를 통해서 부모에게 도전하는 것을 배울 것이다. 따라서 자녀들은 어머니의 순종하는 자세에서 부모에게 순종하는 것을 배우고, 아버지로부터 책임을 다해 가정을 돌보고 지키며 희생하고 사랑하는 것을 배우게 될 것이다. 이것이 하나님께서 창조 시에 남자와 여자에게 주신 가정의 질서다.

이와 같은 질서는 또한 교회 내에서도 적용될 수 있다. 그러나 한 가지 한국 교회에 아쉬운 것이 있다면 대다수의 교회 구성원들이 여자들이면서도 여성 지도자들이 활동할 여지를 마련해 놓지 않는다는 점이다. 이미 앞에서도 지적한 대로, 남편이 아무리 하나님이 주신 영적 권위를 가지고 있다 하더라도 그것은 자신의 마음대로 할 수 있는 그런 자의적인 권위가 아니다. 훌륭한 남편이라면 아내의 은사와 지혜를 잘 활용하고 또한 그녀가 창조적으로 일할 만한 많은 기회를 베풀어 줄 것이다. 마찬가지로, 훌륭한 목회자요 교인들의 대표인 훌륭한 당회라고 한다면 교회 내에 신앙심이 깊고 리더십이 있는 여자들로 하여금 그들의 지혜와 능력을 발휘할 수 있는 많은 자리와 기회들을 마련해야 한다.

한국 교회는 교회 내에 수많은 훌륭한 여성들이 있음에도 불구하고 그들을 활용하지 못하는 폐쇄적이고 보수적인 경향을 보이고 있다. 바울이 공중 예배 시에 여자들이 예언의 말씀을 회중들에게 선포할 수 있도록 허용한 것은 놀랍다. 그렇다면 공동체 내에서 여성들의 활동을 제한하고 썩혀 두는 것은 불행한 일이라 할 수 있다. 목회자와 당회의 지도 아래서 여성(평신도) 지도자들로 하여금 다른 성도들을 신앙적으로 상담하고 지도하는 일을 하도록 주선해야 한다. 이를 위해서는 목회자들과 평신도들의 인식의 전환도 있어야 할 것이다.

## 2. 만찬을 기념할 수 없는 교회 11:17-34

고린도인들이 당면했던 또 다른 문제는 성만찬과 관련된 무질서와 분파적인 행동이었다. 그들은 교회에 모여 예배할 때 성만찬을 기념한 것으로 보인다. 이 거룩한 예식은 그들 사이에 자행된 분쟁과 무질서 때문에 더럽혀지고 유린되었으며, 그들의 예배 모임은 공동체 생활에 유익이 되기는커녕 해가 되고 말았다.(18절) 18절의 분쟁이란 말은 이미 1:10에서 사용되었는데, 이제는 예배 행위 가운데 가장 거룩한 순서 중의 하나인 성만찬에 대해서도 사용된다. 고린도인들은 자기 주장적 태도로 마치 그들의 행위가 옳다 공인된 것처럼 행동하면서 분파를 조성

하였다. 그러나 그들이 분쟁 속에서 행하는 성만찬은 더 이상 주의 만찬이 아니었다.(20절)

우리는 고린도 교회의 성만찬 문제를 다루기 전에 먼저 고린도 교회나 초대 교회에서 실행된 "주의 만찬"이 어떤 것인지 살펴보아야 한다. 본 절에 나와 있는 내용에 미루어 볼 때 몇 가지 점을 살필 수 있다.

첫째, 고린도 교회가 기념한 주의 만찬은 현대 교회가 실천하는 그런 상징적인 식사가 아니라 실제 식사였음이 분명하다. 성도들이 만찬을 먹을 때 "어떤 이는 시장하고 어떤 이는 취했다"(21절)는 표현이 이를 증명한다. 배부르고 취할 정도로 먹고 마시는 만찬이라면 그것은 상징적 식사가 아니라 실제 식사였다.

본문에서 또한 주목할 점은 고린도인들이 이 식사를 위해 각자 자기 집에서 음식을 가져왔다는 사실이다. 그들은 "먹을 때 각각 자기의 만찬을 먼저 갖다 먹었다".(21절) 자기의 만찬이란 말은 성도들이 교회에서 성만찬을 위해 특별히 준비한 음식이 아니라 각자 만찬에서 먹고 마실 만큼의 음식을 집에서 준비하여 가져왔음을 뜻한다. 한때 초대 교회에서는 만찬을 가리켜 "애찬"이란 말을 사용하였다.(벧후 2:13; 유 12) 어떤 사람들은 만찬과 애찬이 바울 당시에 구분된 식사였다고 주장하기도 하지만, 사실 바울 시대의 교회 중에서는 만찬과 애찬이 그렇게 구분된 것이 아니었다.

이들 두 식사가 구분되기 시작한 것은 훨씬 후대의 일이었다. 후대 교회에서는 애찬이라 불리는 일차적인 실제 식사가 있은 다음에 보다 구별되고 상징적인 만찬이 거행되었다. 그렇다면 고린도 교회가 실행했던 만찬은 애찬이라고 불릴 수 있는 실제 식사였다고 할 수 있다. 초대 교회가 기념했던 애찬은 본래 "사랑의 식사" 또는 "친교의 식사"의 형식을 띤 것이다. 이때 성도들은 식사를 하면서 형제 자매로서 서로 교제하고 사랑을 확인하는 기회를 가졌다.

만찬이 특별히 식사의 형태를 띠었다는 것은 예수께서 "떡을 가지사 축사하셨다"(23-24절)는 표현에서 나타난다. 유대인들은 흔히 식사를 하기 전에 축복을 비는 기도를 드렸는데, 이때 식사에 참여한 사람들은 주인이 떡 위에 빈 축복에 동참하는 것으로 알려져 있었다. 그러므로 유대인들은 축복을 받을 만한 상태나 신분에 있지 않은 죄인들이나 이방인들 하고 식탁 교제하는 일을 의도적으로 기피했다. 그들에게 식사는 단순한 식사가 아니라 커다란 종교적 의의를 지녔다. 따라서 식사는 하나님의 백성이라고 여겨지는 사람들 사이에 이루어지는 교제와 연대를 공고히 하는 성격을 지녔다.

만일 이러한 배경이 인정된다면, 예수께서 식주食主가 되어서 제자들과 함께 식사를 하신 것은 그들과의 교제와 연대를 더욱 확고하게 한다는 의미를 갖는다. 예수께서 식탁 교제를 나누신 것은 그들에 대한 자신의 사랑과 성실성을 확증시키시는 기회였다. 그리고 제자들은 예수께서 베푸신 식사에 참여함으로써 예수의 축복에 참여할 뿐만 아니라 서로간에 동일한 하나님의 백성이 되고, 그리스도의 찢기신 몸으로 형성된 구속 공동체가 되었음을 확인하게 되었다.

초대 교회는 이렇게 주의 만찬이란 식사를 기념함으로써 그들에 대한 예수의 성실성과 사랑을 확인하는 기회를 가졌다. 또한 식사에 참여하는 동료 신자들은 같은 하나님의 백성이요 그리스도의 피로 구속된 형제 자매라는 것을 확인하는 기회를 가졌다. "주의 만찬"은 이 점에서 그들의 주 되신 예수님에 대해서 뿐만 아니라 다른 형제 자매들에 대해서도 교제와 사랑의 연대성을 확인하는 장소라고 할 수 있다.

둘째, 주의 만찬은 본래 "주 예수께서 잡히시던 밤에" 자신의 구속적인 죽음을 기념하기 위해 제정하신 것이다. 예수께서 잡히시던 밤은 특별히 유대인들의 유월절과 관련된 의미 깊은 밤이었다.(마 26:18-29; 막 14:12-25; 눅 22:7-23) 만찬을 베풀던 밤이 정확하게 어떤 날이었는지 학자들간에 논쟁이 되고는 있지만 예수께서 유월절을 의식하면서 제자들과 특별한 만찬을 베풀었던 것은 의심할 여지가 없다.

이스라엘 백성이 출애굽이라는 하나님의 구원 사건을 앞에 두고 밤에 유월절을 기념한 것같이, 예수께서도 인류 구속이라는 하나님의 구원 사건을 앞에 두고 밤에 제자들과 만찬 식사를 나누셨다. 유월절을 앞두고 이런 특별한 식사를 베푸신 것은 예수께서 유월절의 진정한 구속사적 의미가 자신의 죽음을 통해 실현될 것이라는 분명한 의식을 가지셨음을 보여 준다. 한마디로 주의 만찬은 구속을 기념하는 식사다.

셋째, 초대 교회는 "모일 때에" 주의 만찬을 기념하였다.(18절) 이 말은 초대 교회가 실천한 만찬은 현대 교회에서처럼 간헐적으로 또는 일년에 몇 번만 기념하는 그런 상징적인 식사가 아니라 모일 때마다 실천한 정규 예배의 한 부분이었음을 의미한다. 그들은 모일 때마다 십자가상에서 보이신 그리스도의 사랑과 성실을 기억하고 서로간의 교제와 사랑의 연대를 공고히 하기 위해 만찬을 축하하였다.

바울은 만찬에 관한 교훈이 "주께 받은 것"이라고 말한다. 성만찬 예식은 바울 자신이 제정한 것이 아니라 예수 그리스도께서 친히 제정하신 것이다.(23절) 본래 주님께서 만찬을 제정하신 이유를 본문에서는 다음과 같이 설명한다. 첫째, 주의 만찬은 예수의 구속적인 죽음을 우리에게 일깨워 준다.(24, 25절) 그의 피와 몸은 "우리를 위한" 대속적인 주님의 죽음을 가리킨다. 그의 피는 가톨릭이 주장하듯이 축복 기도를 하는 순간 주님 자신의 피로 변하는 것이 아니다. 도리어 주께서 가지고 기도하신 포도주 잔은 그의 "피로 세운 새 언약"을 가리킨다. 구약 시대에는 짐승을 죽여 그것의 피를 가지고 하나님의 백성의 죄를 사하는 일을 했지만, 이제 하나님의 아들이신 예수께서 친히 오셔서 자신의 몸을 죽는 데 내어 주시고 자신의 피를 흘려 많은 사람들의 죄를 사하셨다.(막 10:45 참조)

둘째, 주의 만찬은 자신의 몸을 버려 사람들을 구속하신 그리스도와 교제케 하며 그를 믿는 자들이 한 몸이 되었음을 확인하게 만든다.(18, 22절) 이미 우리는 그리스도의 죽음을 기념하는 만찬이 식사 형태를 띤 것은 교제와 사랑의 연대성을 확인하는 계기가 되기 때문이라는 것을 지적한 바 있다. 그리스도의 만찬에 참여한 사람은 이제 그의 흘리신 피와 찢기신 몸으로 인해 서로 한 몸, 한 구속 공동체에 속하게 된다. 떡과 잔에 참여하는 자는 믿음으로 주와 맺은 언약에 들어가(출 24장 참조) 그 때부터 주의 백성이 된다.

셋째, 주의 만찬은 그리스도를 통한 구원을 기념한다.(24절) 예수께서 친히 주의 잔과 떡을 먹고 마실 때마다 "나를 기념하라"(24, 25)고 말씀하셨다. 이로써 주의 만찬을 기념하는 교회는 십자가 공동체다. 교회의 본질은 십자가에 달리신 그리스도에 의해 성격이 규정된다. 십자가 공동체임을 나타내지 못하는 교회가 있다면 그것은 이미 교회가 아니다.

넷째, 주의 만찬은 그리스도의 죽음을 전파하는 수단이 된다.(26절) 교회는 말씀 전파를 통해서 십자가에 못 박히신 그리스도를 전파할 수 있지만, 주의 만찬이란 예식을 통해서도 그리스도의 십자가를 전파할 수 있다. 성찬은 이 점에서 주님이 오실 때까지 그의 죽음을 가시적 형태로 전파하는 은혜의 수단이다. 예로부터 말씀 전파와 만찬은 교회가 세상을 향하여 그리스도를 전파하는 두 가지 수단으로 인정되어 왔다.

다섯째, 주의 만찬은 그리스도의 죽음을 통해 가능해진 미래의 소망을 가지게 하는 계기가 된다. "너희가 이 떡을 먹으며 이 잔을 마실 때마다 주의 죽으심을 오실 때까지 전하는 것이니라".(26절) "오실 때까지"라는 말은 교회가 십자가에 못 박히신 그리스도께서 재림의 주로 오실 것을 고대하며 만찬을 기념했다는 뜻을 갖는다.

바울은 이런 근거 위에서 어떻게 주의 만찬을 실천해야 할지를 설명한다.(27-34절) 성도들은 주의 만찬을 엄숙하고 거룩한 자세로 지켜야 한다. 먼저, 그들은 자신을 살펴야 한다.(28절) 이 구절은 이미 앞 절에서 바울이 비판한 분파적이고 몰지각한 행동이 자신에게 있는지, 또는 자신이 새 언약의 백성답게 살지 못한 것은 없는지 살피라는 권면이다. 그렇지 않으면 주님의 피와 몸에 대해 죄를 짓는 것이다. 둘째로 그들은 주님의 몸을 분변해야 한다.(29절) 이 구절은 주의 만찬과 다른 식사들을 구별할 줄 알아야 한다는 권면이다. 주의 만찬을 다른 식사들처럼 먹고 마시면 그것은 자신의 죄를 먹고 마시는 것이다.

육적인 태도로 성찬을 대하면 고린도인들처럼 하나님의 심판을 자초한다. 고린도인들 중에는 하나님의 심판을 받아 육체적으로 약하고 병들고 심지어 죽는 사람들까지 생겼다.(30절) 얼마나 두려운 심판인가! 언젠가 교회 회의 석상에서 어떤 목사님이 화가 나서 성만찬 상을 뒤엎어 버렸다가 집에 돌아가 죽었다는 이야기가 있다. 성만찬은 믿음으로 참여할 때 은혜의 수단이 되고 성도들에게 여러 가지 축복을 가져다 준다. 성만찬을 통해서 그리스도의 구속의 은혜를 더 감격적으로 체험할 수 있고, 어떤 성도들은 성만찬을 통해서 자신의 병까지 낫는 경험도 한다. 하나님은 간절히 회개하는 마음으로, 그를 사랑하고 신뢰하는 미음으로 성만찬을 기념하는 자들에게 다양한 은혜와 축복을 내리신다. 반면에 육적인 태도로 성만찬을 유린하는 사람들에게는 하나님의 심판이 임한다. 그러나 그들이 당하는 심판은 궁극적인 정죄의 심판이 아니라 징계의 심판이다.(32절) 합당치 못한 태도로 성만찬을 행하는 신자들의 죄는 이점에서 징계를 받게 만들지만 그들이 얻은 구원을 상실하게 만들지는 않는다.(32절) 바울은 심판을 받는 자들이 되지 않기 위해서 고린도인들은 만찬을 먹기 전에 서로 기다리든지,(33절) 정 배고프면 집에서 먹고 오라고 권면한다.(34절)

그러면 고린도인들은 무슨 잘못을 했기 때문에 하나님의 심판을 자초했는가? 그들이 심판을 자초하게 된 이유는 그들이 기념하는 식사가 "주의 만찬"인지도 분변하지 못하고 "분파적인" 태도를 취했기 때문이다.(29절) 그들은 어떤 분파적인 태도를 취하였는가? 21절에서 바울은 그 이유를 설명한다. "이는 먹을 때 각각 자기의 만찬을 먼저 갖다 먹으므로 어떤 이는 시장하고 어떤 이는 취함이라." 22절에서 이런 분파적 행동을 취한 사람들은 자기 만찬을 먼저 갖다 먹으므로 "빈궁한 자들을 부끄럽게 했다"고 한다.

이 구절은 그들의 분파적인 행동이 어떤 것이었는지 추측할 수 있게 한다. 초대 교회 내에서도 부한 자와 가난한 자들 간에 예민한 사회적 차별이 있었다. 고린도 교회 내에는 부한 자들과 신분이 높은 사람들보다는 천하고 무식하고 가난한 사람들이 더 많았다.(1:26-28) 부와 가난이 예민하게 느껴지던 교회 환경에서 부한 자들이 가난한 자들을 생각하지 않고 자기 중심적인 태도를 나타냈다. 그들은 부자들이기 때문에 집에서 기름지고 풍부한 음식을 가져왔을 것이며, 그들의 음식을 구별된 장소에 차려 놓고는 가난한 자들과 노예들이 만찬에 도착하기도 전에 자기가 가져온 만찬이라고 하면서 먼저 가져다 먹었던 것 같다. 가난한 자들은 집에서 가져올 음식이 없었고, 또한 노예들은 주인보다 먼저 올 수가 없었다. 그들은 만찬에 참여하기 위해 예배에 찾아오기는 했지만 그들이 먹을 만한 음식은 아무것도 없었다. 그들은 하나님의 집에서 부끄러움과 수치스러움을 느낀 채로 집으로 돌아갈 수밖에 없었다. 십자가 공동체, 그리스도의 찢기신 몸과 흘리신 피로 같은 형제 자매가 되었음을 엄숙하게 기념하는 만찬의 거룩한 정신은 부자들의 이기적이고 육신적인 태도로 말미암아 유린되고 짓밟혀 버렸다.

애찬을 나눔으로써 서로간의 교제와 사랑의 연대성을 확인해야 할 거룩한 장소가 이제는 인간들의 저급한 이기심과 분파심이 판을 치는 세상의 모임이 되어 버렸다. 부자들의 자기 중심적인 행위는 결국 "하나님의 교회를 업신여기고 빈궁한 자들을 부끄럽게 만드는"(22절) 행위였다. 죄인들을 향한 그리스도의 희생적 사랑과 성실하심이 확연히 드러나야 할 주의 만찬이 부자들의 육적인 태도 때문에 업신여김을 받은 것이며, 서로간의 사랑과 교제가 더 강하게 확인되어야 할 주의 만찬이 이제 가난한 자들이 수치와 부끄러움을 느끼고 허탈한 태도로 돌아갈 수밖에 없는 장소로 변해 버렸다.

고린도 교회는 부자와 가난한 자가 한 몸으로 연합한 십자가 공동체가 아니었다. 그들의 교회는 그리스도께서 십자가 위에서 보여 주신 자기 희생적인 사랑의 정신에 의해 지배되는 사랑의 공동체가 아니었다. 그들의 모임은 인간의 저급한 이기심과 교만이 지배하는 세상 사람들의 세속적인 모임으로 전락하고 말았다. 여기서 십자가 공동체로서의 자기 정체성을 상실한 교회가 발견된다. 부자와 가난한 자가 하나 될 수 없는 교회, 배운 자와 배우지 못한 자가 하나 될 수 없는 교회, 권력이 있는 자와 권력이 없는 사람들이 하나 될 수 없는 교회는 이미 교회로서의 자기 정체성을 상실한 교회다. 오늘날 우리 한국 교회가 고린도 교회처럼 십자가 공동체로서의 정체성을 상실해가고 있는 교회가 아닌지 자문하게 된다.

## 3. 더 큰 은사를 사모하라 12:1-31

### 근본적인 시험 기준

바울은 12장에서부터 고린도인들이 문의한 문제들 중에서 영적 은사들의 문제를 다룬다. 그는 11:2에서 그들의 예배 모임과 관련된 문제들을 다루기 시작했는데, 12장에서는 예배와 관련된 또 다른 독특한 문제를 논의하기 시작한다. 그들의 예배 모임은 그들이 자랑했던 영적 은사들을 교회 회중 앞에서 과시할 좋은 기회를 제공해 주었다.(1:5-8 참조) 이 새로운 주제는 사실 11:17-34의 주제와 연결되는데, 여기서 바울이 권면하고자 하는 교훈은 참된 그리스도인이라면 부를 가지고 있든지 비범한 은사들을 가지고 있든지 자신의 이익을 위해 사용하지 않고 항상 형제의 덕을 세우기 위해 사용해야 한다는 것이다. 이것이 바로 그리스도의 십자가 정신이요 성육신의 정신이다.

그리스도인이라고 하면서 형제의 유익을 구하려는 사랑의 자세가 없으면 그가 소유한 것이 지식이든 자유이든 부이든 신령한 은사이든 결코 교회에 도움이 될 수가 없다.

"신령한 것들"이란 말이 1절에 나오는데, 이것은 영적인 은사들을 지칭하는 표현이다. 바울은 고린도인들이 신령한 은사들에 대한 바른 지식을 갖기를 소원한다고 말하면서 그들이 우상 숭배하던 과거의 생활과 은사 문제를 연결짓는다. 성령이 주시는 은사들이 도대체 우상 숭배하던 그들의 과거 이교도 생활과 무슨 관련이 있는가? 바울은 고린도인들이 은사들이라고 부르는 영적인 현상이 사실은 고대 이방 종교들 중에서도 흔히 발견된다는 것을 잘 알고 있었다. 고린도인들이 선호했던 방언이나 예언은 기독교에서만 발견되는 독특한 현상들이 아니었다. 이교 종교에서도 신의 영감이나 내적 충동에 사로잡힌 사람들이 신탁을 받았다고 주장하면서 방언이나 예언과 비슷한 영감된 언어들을 떠벌리고 다녔다. 이 사실은 과거에 "말 못하는 우상에게로 끄는 그대로 끌려갔던"(12:2) 고린도인들 자신이 잘 알고 있었을 것이다.

"말 못하는"이란 말은 구약에서 우상들이 생명도 없고 기도를 해도 응답할 수 없는 존재들임을 가리킨다.(왕상 18:26-29; 시 154-8; 사 66:7) 이 점을 시편 기자는 풍자적으로 잘 표현해 준다. "저희 우상은 은과 금이요 사람의 수공물이라 입이 있어도 말하지 못하고 눈이 있어도 보지 못하며 귀가 있어도 듣지 못하며 코가 있어도 맡지 못하며 손이 있어도 만지지 못하며 발이 있어도 걷지 못하며 목구멍으로 소리도 못하느리라 우상을 만드는 자와 그것을 의지하는 자가 다 그와 같으리로다".(시 115: 4-8)

그런데 우상들은 말도 못하고 기도를 해도 듣지도 못하는 생명 없는 무력한 존재들임에도 불구하고, 바울은 우상 숭배하는 자들이 우상이 끄는 그대로 "끌려갔다"(아파게스 따이)고 말한다. "끌려갔다"는 동사는 우상 숭배자가 초자연에 사로잡힐 때 이교 종교에서 경험되는 환상의 순간을 암시하는 것으로 보인다. 바울은 우상들은 생명이 없기 때문에 침묵을 하지만 그것을 숭배하는 자들은 귀신에 붙들려 시끄럽게 예배한다는 점을 서로 대조하기를 원한 것 같다. 아마도 이교도들은 이렇게 귀신들에 붙들려 우상을 숭배할 때 귀신들의 영적 충동을 받아 방언이나 예언과 비슷한 신탁의 언어들을 떠벌렸을 것이다.

여기서 분별의 문제가 생긴다. 어떤 사람이 방언이나 예언을 할 때 그것이 귀신들의 감동을 받아 말한 것인지, 아니면 성령의 감동을 받아 말한 것인지 어떻게 분별할 수 있는가? 이교도의 영적인 언변과 기독교의 영적인 언어들은 어떤 차이점이 있는가? 초대 교회에는 영들 분별하는 은사가 따로 존재한 사실로 미루어 볼 때, 이교도와 기독교의 영적인 언어들을 분별하는 문제는 그들에게 중요했던 것으로 보인다.

사람은 귀신들에 의해 끌려다니든지, 아니면 성령의 인도하심을 받는다. 이교도들은 우상이 끄는 그대로 끌려다니지만, 기독교인들은 성령을 소유한 사람들이기 때문에 성령의 인도하심을 받는다.(2-3절) 그러면 그들이 귀신의 충동을 받고 있는지, 아니면 성령의 인도하심을 받는지 어떻게 분별할 수 있는가? 이를 분별하는 가장 좋은 시험 기준이 있다면 그것은 영적인 언어를 말하는 사람이 예수를 "주"시라고 고백하는가를 살피는 것이다. 바울이 이해하는 성령은 예수의 영이며 그리스도의 영이시다.(롬 8:9; 참조. 고후 3:17)

성령은 신자들로 하여금 예수를 주로 인식하고 고백하게 만든다. 예수의 주 되심을 증거하는 것이 하나님의 영의 사역이며, 어떤 영적 현상이 귀신의 충동으로 된 것인지, 아니면 성령의 감동으로 된 것인지 분별할 수 있는 가장 결정적인 기준은 바로 예수 그리스도를 주로 고백하는 것이다. 고린도인들은 이미 복음을 믿을 때 그들의 주 되신 예수 그리스도의 이름을 부른 자들이다.(1:2)

뿐만 아니라 바울에게 있어서 "그리스도의 영"은 신자들을 예수 그리스도의 형상으로 변화시키는 영이시다.(고후 3:18) 신자들이 성령을 따라 살 때 그들은 날마다 예수를 닮은 사람들로 변화되어 갈 것이다. 예수께서 영광을 입으신 하나님의 형상이듯이 예수의 영을 따라 사는 사람들은 모두 다 예수의 형상을 닮아 그의 영광스러운 모습으로 변화되어 갈 것이다. 이 모든 일을 가능케 하시는 분이 바로 성령이시다.

예수의 영을 소유한 사람은 그렇기 때문에 절대로 그를 "저주할 자"라고 부르지 않는다.(3절) 어떤 배경에서 이 말이 본문에 등장하게 되었는지 이해하기가 어렵다. 아마도 신령한 은사를 소유했다는 사람들 중에서 예배 시에 예수를 주로 고백하기는커녕 도리어 "저주할 자"(아나떼마)라고 소리치는 사람들이 있었던 것 같다. 예수를 저주 받은 자라고 말하는 것은 핍박을 받는 그리스도인들이 법정이나 유대교 회당에서 강요를 받아 말한 경우일 수 있다.

그러나 본 절의 경우는 법정이나 회당 재판의 문제가 아니라 예배 시에 영감을 받아 말한 표현인 것으로 보인다. 그렇다면 예수를 저주할 자라고 부르는 사람들은 "그리스도께서 우리를 위해 저주를 받은 바 되었다"(갈 3:14)는 바울의 말을 잘못 곡해하여 환상 속에서 그렇게 내뱉었을지 모른다. 만일 어떤 사람이 예배 시에 예수를 저주받는 자라고 부른다면, 그는 2절의 내용으로 미루어 볼 때 아직도 귀신들이 끄는 그대로 끌려다니는 사람이다. 예수의 영을 소유한 사람은 결코 이런 식으로 예수를 부를 수 없다. 성령은 예수를 주로 모시게 하며 그를 주로 인식하고 고백하게 만드는 영이시다. 누구든지 성령을 의지하지 않고서는 예수를 주로 고백할 수가 없다. 그렇다면 예수를 주로 인정하는 것은 성령이 사람의 마음속에 역사할 때만 있을 수가 있다. 그리고 예수를 저주할 자라고 부르는 사람은 아직도 귀신에게 끌려다니는 사람에 불과하다. 결과적으로 예수를 주시라고 고백하는 것은 영적인 현상들이 과연 귀신에게서 온 것인지 성령에게서 온 것인지를 분별할 수 있게 해주는 가장 근본적인 시험 기준이라고 할 수 있다.

## 공동체를 위한 다양한 은사들

바울은 4-6절에서 "신령한 것들"(프뉴마티코이), 즉 영적인 은사들에 관한 일반적인 교훈을 한다. 은사들이란 도대체 어떤 성격을 지닌 것들인가? 또 은사들은 무엇을 위해 존재하는가? 바울은 무슨 목적으로 본 절에서 은사에 관한 교훈을 하는가? 은사들은 몇 가지 종류가 있는가? 우리는 이 세 가지 질문들을 차례대로 살펴볼 필요가 있다.

첫째, 은사들은 어떤 성격을 지녔는가? 바울은 4-6절에서 "신령한 것들"을 세 가지 용어를 빌려 묘사한다. "은사"(카리스마타), "직임"(디아코노이), "역사"(에네르게마톤)는 여러 가지지만 이 모두가 동일한 성령에 의해 주어지는 것들이다. 은사, 직임, 역사라는 세 단어는 서로 다른 어떤 것을 지칭하기보다는 같은 실재를 다른 측면에서 표현한 말이라고 생각된다. 왜냐하면 직임이나 역사나 모두 은사에 속하기 때문이다. 예를 들면, 예언자나 교사 등은 다 직임이라고 할 수 있지만 그것들은 다 성령이 역사하여 나타난 것들이며, 따라서 은사들이라고 할 수 있다. 따라서 이 세 용어를 날카롭게 구분해서는 안 된다. 그렇다면 은사들은 어떤 성격을 지녔는가? 우리는 여기서 은사의 성격을 몇 가지로 살펴보고자 한다.

(1) 은사들은 무엇보다도 "성령의 나타나심"이다.(7절) 여기서 "나타남"이란 말은 헬라어로 "파네로시스"인데, 그것은 성령의 역사가 어떤 개별 신자에게 구체적이고 가시적이며 외적으로 현현되는 것을 가리킨

다. 이때 그에게 나타난 영적인 현상은 공동체의 다른 구성원들이 모두 볼 수 있는 그런 가시적 현상임이 분명하다.

예를 들면, 어떤 집사님이 전에는 말도 못하고 사람들 앞에 서면 부끄러움을 잘 타던 사람이었는데 이제 공개적인 장소에서 담대하게 복음을 전하고 다른 사람들에게 감화를 끼치게 되었다면 그것이 바로 그 집사님이 받은 구변의 은사다.(1:5 참조)

은사란 성령이 역사하여 외적으로 현현되는 어떤 영적 능력을 가리킨다. 그것은 인간 개인이 가지고 있던 재질이나 특징이 아니다. 그것은 성령의 역사이며 성령의 선물이다. 그래서 어떤 학자들은 은사들을 가리켜 "성령의 불가피한 자연스러운 작용 또는 현현"이라고 설명하기도 한다. 성령을 소유한 사람들에게는 이런 은사들이 불가피하고도 자연스럽게 나타나게끔 되어 있다. 따라서 은사는 성령세례를 받은 교회 내의 몇몇 엘리트 신자들에게만 주어지는 전유물이 아니다. 성령은 교회의 모든 구성원들에게 특별하고도 자연스럽게 나타나신다.

(2) 은사들은 "여러 가지"이며(4-6절) 성령께서 "각 사람에게" 나누어 주시는 것이다.(7, 11절) 여기서 "여러 가지"(디아레세이스)란 말은 은사들이 신자들 가운데 각각 나누어 분배되기 때문에 모든 사람이 동일한 은사를 받지 못한다는 뜻을 함축하고 있다. 그래서 바울도 성령께서 은사를 "각 사람에게" 나누어 주신다고 말하지 않는가?

은사는 그것이 각 신자에게 주어지는 것이라는 점에서 "개별화되어" individualized 있다. 성령은 그래서 어떤 이에게는 이 은사를, "어떤 이"에게는 저 은사를 나누어 주신다.(8-10절) 바울은 은사의 이러한 "개별화된" 성격을 알고 있었다. 그래서 "다 병 고치는 은사를 가진 자겠느냐 다 방언을 말하는 자겠느냐 다 방언을 말하는 자겠느냐 다 통역하는 자겠느냐"(29-30절)고 반문하는 이유가 여기 있다. 이 질문의 함축된 의미는 공동체의 모든 구성원들이 동시에 다 같은 동일한 은사를 소유할 수 없다는 것이다. 오순절 신자들 가운데 방언이 성령세례를 받은 징표가 되기 때문에 누구나 다 반드시 방언해야 한다고 주장하는 것은 잘못된 것이다.

여기서 성령의 다 같은 사역임에도 불구하고 "성령의 열매"와 "성령의 은사" 사이에 존재하는 차이점이 두드러진다. 오늘날 교회들 사이에는 이 차이점을 올바로 인식하지 못하기 때문에 혼란이 있는 것 같다. 성령의 윤리적 사역과 성령의 은사적 사역 간에는 차이점이 있다. 사랑이나 온유 같은 윤리적 덕목들은 어떤 성도에게는 있어도 되고 어떤 성도에게는 없어도 되는 그런 것이 아니다. 성령의 열매의 성격은 그 보편성에 있다. 사랑하고 온유해야 하는 삶은 성도들이라면 누구에게나 반드시 소유해야 할 의무와 책임의 과제다. 사랑과 온유 같은 덕목들은 이렇게 누구에게나 있어야 할 의무이기 때문에, 사랑과 온유는 명령의 대상이 될 수 있다. 목사님들은 성도들에게 "사랑하고 온유하라"고 명령하고 권면할 수 있다.

반면에 은사들은 윤리보다도 더 강하게 "개별화되어" 있어서 성도들에게 특정한 은사를 행사하라고 명령할 수가 없다. 바울은 성령의 열매처럼 어떤 특정한 은사를 적어도 모든 성도들이 모름지기 다 소유해야 할 의무의 문제로 만들지는 않는다. 그는 한두 개의 은사를 적어도 절대적으로 필수적인 것으로 만들어서 그것을 모든 성도들에게 의무로 지우지는 않는다. 은사는 윤리와는 달리 개별화되어 있어서 모든 사람에게 부과된 의무처럼 명령의 대상일 수는 없다. 그러므로 방언이나 예언이나 신유와 같은 은사들을 연습과 훈련을 통해서 받는 것으로 삼을 수는 없다. 어떤 기도원에서는 부흥사가 "개들도 방언을 하는데 신자가 되어서 방언도 못하면 개들만도 못하다"고 윽박지르면서까지 방언을 하라고 명령하거나 방언을 연습시킨다는 소문이 있는데, 이는 아주 비성경적인 행습이다. 어떻게 은사가 연습하고 훈련하여 얻을 수 있는 인간 의지의 산물이란 말인가!

(3) 은사들이 훈련과 연습의 대상이 될 수 없는 이유는 그것들이 성령께서 "그 뜻대로"(11절) 또는 "하나님이 그 원하시는 대로"(18절) 나누어 주시는 것들이기 때문이다. 은사들은 신자들이 연습과 훈련을 통해 올 수 있는 인간 의지의 대상이 아니라 하나님께서 자신이 뜻하시고 원하시는 대로 각 성도들에게 주권적으로 나누어 주시는 전적인 은총의 선물이다. 우리는 이미 앞서 은사를 가리켜 성령의 불가피한 자연스러운 작용 내지 현현이라고 부른 적이 있다. 일단 성령을 모신 사람들에게 성령은 자신이 원하시는 대로 각 사람에게 필요한 은사들을 주권적으로 나누어 주시기 때문에(11절) 그것들을 훈련과 연습의 대상으로 삼으면 안 된다. 우리는 흔히 은사집회를 주도하는 목사들이나 소위 영적 지도자들이라고 하는 사람들이 "방언을 하라"고 명령하거나 심지어 방언을 연습하라고까지 하는 것을 보게 된다.

어떤 사람은 "더욱 큰 은사를 사모하라"(12:31)는 바울의 말에 근거하여 마치 은사가 명령의 대상인 것처럼 그것을 인간의 능력과 의지의 문제로 삼으려고 한다. 바울이 그의 독자들에게 예언을 사모하라고 충고하기는 하지만, 그는 그들에게 "예언하라"고 명령할 수도 없고 또 하지도 않는다. 어떻게 하나님이 주권적으로 주시는 선물을 가지고 사람들의 의무의 문제인 것처럼 명령을 할 수 있는가? 우리는 공동체의 유익을 위해서 어떤 특정한 은사가 공동체에 꼭 필요하기 때문에 하나님께 달라고 기도할 수는 있다. 그러나 주시고 안 주시는 것은 하나님의 주권적인 의지에 달려 있는 문제다.

이런 이유 때문에 은사를 마치 개인의 특기나 성취의 대상인 것처럼 간주하여 자랑의 대상으로 삼아서는 안 된다. 심지어 항간에는 은사를 개인적인 욕심을 채우는 수단으로 만드는 사람들도 많이 있다. 남들의 병을 고칠 수 있다고 하면서 가정 제단을 꾸며 놓고 찾아오는 사람들에게 은연중에 또는 공개적으로 헌금을 강요한다. 내가 당신의 병을 고쳐주는데 당신이 헌금 내는 일에 인색하다면 감사할 줄 모르는 인간이며 하나님은 당신과 같은 사람을 절대로 안 고쳐 주신다는 것이다. 병이라는 약점을 지닌 사람들은 은연중에 이런 마음을 내보이는 사람들 앞에 그만 약해지고 마는 것이다.

이것은 복채를 많이 내면 굿을 해주고 푸닥거리를 해주는 샤머니즘 신앙과 무슨 차이점이 있는가! 성황당 귀신은 사람들이 복채나 내고 푸닥거리나 해주면 액과 재앙을 쏟다가도 금방 태도가 변하는 존재다. 한국 사람들은 신들을 대할 때 인간들이 달래고 얼랠 수 있는 인간 조작의 대상으로 생각하였다. 굿을 하는 사람들은 그들이 신들의 거룩한 뜻을 찾고 갈구하기 위해 굿을 하는 것이 아니다. 그들이 생각한 신들은 자신의 사업이 잘되고 병이 낫고 재앙을 피해 보고자 하는 인간 이기심의 노예들에 불과하다. 그들은 자신들의 현세적인 이익과 안녕을 섬기게 하려고 신을 달래거나 신에게 제사를 드리는 것이다. 신을 자기 이익을 섬기도록 이용하려는 종교적 이기주의 또는 인간 중심적 신앙은 은사를 대하는 고린도인들 사이에서도 발견된다. 누가 보다 비범한 은사를 소유했는가를 가지고 서로 시기하고 경쟁하고 질투하는 고린도인들의 태도가 바로 그러한 종교적 이기주의를 반영한다. 그들이 은사들을 가지고 뽐내고 그것들을 시기, 질투의 대상으로 삼은 것은 은사를 인간의 어떤 특기나 성취의 대상으로 생각했기 때문이다. 하지만 은사들은 사람들의 특기나 성취의 대상이 아니라 성령께서 주권적으로 나주어 주시는 은총의 선물이다. 이 점을 그들은 깨닫지 못했다.

둘째, 은사들은 무엇을 위해 주어지며 또 바울은 무슨 목적으로 은사에 관한 교훈을 하는가? 이 질문이 우리가 두 번째로 살필 문제다. 본절에서 바울이 은사가 주어지는 목적에 대해 언급하는 구절은 7절이다. "각 사람에게 성령의 나타남을 주심은 유익하게 하려 하심이라." 은사들이 각 신자에게 주어지는 것은 그 신자가 속해 있는 공동체 전체의 유익을 도모하기 위해서다. 7절 하반절에서 "유익하게 하려 하심이라"는 우리말 성경의 표현은 좀 애매모호하다. 그것을 좀더 정확하게 번역한다면 "공동의 유익을 위해서"라고 표현해야 한다. 다시 말해서 은사들이 각 신자에게 선사되는 것은 그가 그것들을 가지고 공동체 전체의 덕을 세우고 공동체 구성원들 전체의 유익을 주기 위해서다. 은사는 결코 개인이 그것을 소유했다고 뽐내거나 자랑하거나 질투할 성질의 것이 아니라는 것이다.

바울은 이 점을 보다 분명하게 설명하기 위해서 몸과 지체들 간의 상호 유기적인 관계성을 부각시킨다. 인간의 몸에는 여러 다양한 지체들이 존재하는데, 이들 지체들은 결코 개별 지체의 유익을 도모하기 위해서 존재하는 것이 아니다. 한 몸 안에 다양한 지체들이 존재하는 것은 그 지체들이 서로 모자란 부분을 보완하고 서로를 지탱해 주기 위해서다. 각 지체는 자신에게 맡겨진 기능 외에 다른 기능을 수행하거나 다른 기능들과 경쟁을 하든지 비평적인 태도를 취해서는 안 된다. 바울은 몸 안에 이처럼 다양한 지체들이 서로 유기적으로 작용하여 몸을 지탱하는 것처럼 교회도 여러 다양한 은사들을 지닌 성도들이 서로 유기적으로 보완 작용하여 지탱된다는 점을 교훈하고 싶어한다. 따라서 성도들은 자신의 은사가 무엇이든지 간에 그것을 거부해서도 안 되고 남들보다 못한 은사를 소유했다고 불평해서도 안 된다. 왜냐하면 그것은 하나님의 기쁘신 뜻대로 각 사람에게 나누어 주신 선물이기 때문이다.

더욱이 바울은 은사의 가치를 평가할 때 외면적인 비범성 또는 두드러짐을 평가 기준으로 삼는 데 대해서 못을 박고자 한다. 사실 겉으로 보기에 중요하지 않은 것 같은 기능들도 몸 전체가 조화 있게 존재하기 위해서 때로 더 긴요한 것처럼, 덜 중요한 은사를 지닌 것처럼 보이는 성도들이 때로 공동체를 위해 더 귀히 여겨져야 할 때가 있다.(23절)

따라서 은사의 가치를 달리 평가해야 한다. 흥미로운 사실은 고린도인들이 그렇게 높이 평가했던 방언과 같은 은사를 바울은 은사들 중에 맨 나중에 위치시킨다는 점이다. 8절 이하에서 은사들을 나열할 때도 바울은 "지혜의 말씀"이나 "지식의 말씀" 등과 같이 공동체의 유익을 주는 은사를 먼저 배열하고 "방언"의 은사를 맨 나중에 언급했는데, 이와 같은 현상은 28절 이하에 나오는 은사들의 항목에서도 마찬가지로 발견된다.

바울은 은사에 관한 교훈을 하는 목적을 12-13절에서도 밝힌다. 신자들이 다양한 은사들을 소유하면서도 유기적으로 상호 작용하고 보완하게 되는 것은 그들이 과거에 유대인이든 이방인이든, 또는 종이든 자유자이든 관계없이 "다 한 성령으로 세례를 받아 한 몸이 되었기"(13절) 때문이다. "성령으로 세례받는다"는 표현은 바울 서신에서 오직 이 곳 한 군데서만 나오며, 이 구절에서 성령세례는 교회론의 통일적 기초로 설명되고 있다. 그가 은사들을 말하는 문맥에서 "한 성령으로 세례를 받아 한 몸이 된 것"을 강조한 것은 다양한 지체들로 구성된 몸의 통일성,

즉 다양한 신자들이 그리스도 안에서 결국 함께 속해 있다는 것을 말하기 위함이었다. 바울은 성령세례를 언급하는 13절에서 "유대인이나 헬라인이나 종이나 자유자나 다 하나라"는 표현을 덧붙인다. 그들은 성령세례를 받아 "한 몸"이 되었다. 유대인이나 헬라인이나 종이나 자유자나 다 한 몸이 되고 한 형제 자매가 된 것은 그들 자신만이 소유한 어떤 특징이나 성취에 기초할 수 없다.

그렇다면 "한 성령으로 세례를 받는 것"은 다양한 인종, 다양한 종교, 다양한 사회적 배경을 지닌 사람들을 그리스도의 한 몸으로 통일시키는 교회론적인 기초가 되기 위해서 오순절주의자들이 주장하는 것처럼 어떤 소수의 사람들만이 소유하는 종교적인 경험이 되어서는 안 된다. 성령세례가 제2의 축복을 경험한 교회 내의 영적인 소수 그룹의 사람들에게만 한정된 경험이라면 그것은 교회론의 기초가 될 수 없다. 그들이 한 몸이 되고 한 형제 자매가 된 것은 예수를 믿어 한 형제 자매가 된 처음 구원 경험일 수밖에 없고, 바울은 이 처음 구원 경험을 "성령으로 세례를 받았다"는 말로 표현하고 있다. 따라서 바울에게 있어서 성령세례는 모든 그리스도인이 회심할 때 소유하는 보편적인 경험임에 분명하다.

바울이 은사들에 관해 교훈하는 문맥에서 한 몸이 되는 성령세례를 언급하는 것은 은사들을 한 몸인 교회 공동체 전체의 유익을 위해서 사용하라는 목적에서다. 12절 초반에 "왜냐하면"(가르)이란 접속사가 사용되는데, 이 접속사는 은사들을 자랑과 자기 성취의 대상으로 생각하며 시기, 질투하는 고린도인들을 향하여 바울이 12-13절을 자신의 권면의 논리적 기초로 사용한다는 사실을 시사해 준다. 다시 말해서 은사들은 제2의 축복인 성령세례를 경험한 교회 내의 소수 엘리트 신자들에게 주어지는 경험이 아니라 성령세례를 받아 구원을 얻고 한 몸이 되고 한 형제 자매가 된 사람들에게 보편적으로 주어지는 경험이라는 것이다.

따라서 은사는 성령으로 세례를 받아(처음 구원 경험) 한 몸이 된 사람들에게 보편적으로 주어지는 것이기 때문에 은사들을 사용하되 한 몸 된 공동체의 덕을 세우기 위해 사용해야 한다. 만일 "한 성령으로 세례를 받는다"는 말이 오순절주의자들이 주장하듯이 회심 이후에 주어지는 성령세례(제2의 축복)를 가리키며, 은사는 이런 경험을 한 교회 내의 소수 엘리트 신자들에게만 경험되는 것이라면, 바울은 "한 성령으로 세례를 받는다"는 13절의 말씀을 회심 이후에 아직도 그러한 경험을 하지 못한 고린도인들이 한 몸으로 생활해야 할 권면의 기초로 사용할 수가 없다. 그래서 바울은 12-13절을 은사들에 대한 바른 사용을 권면하기 위한 기초로 사용하기 위해 12절 초반에 "왜냐하면"이란 접속사를 사용하는 것이다.

일단 어떤 사람들이든지 성령으로 세례를 받아 처음 구원 경험을 하고 나면 그들 속에 내주하시는 성령께서 그들 각자에게 다양한 은사를 나누어 주신다. 성령께서 이 은사들을 각 신자에게 나누어 주시는 것은 그가 이미 한 성령으로 세례를 받아 한 몸이 되었기 때문이다. 아무리 은사가 다양하다 할지라도 각 은사는 "한" 성령으로 세례를 받아 "한" 몸이 된 사실에 기여하는 방식으로 사용되어야 한다. 바울은 12-13절에서 "모두" 또는 "한"이란 말을 몇 차례나 강조하며 사용한다. 사람들은 예수를 믿어 한 성령으로 세례를 받아 한 몸이 되었고 헬라인이나 유대인이나 종이나 자유자나 다 한 몸의 지체들이 되었다. 따라서 은사는 아무리 다양해도 서로 시기하거나 질투하는 대상이 될 수 없고 이미 하나의 몸이 된 모든 성도들을 돕고 섬기며 그들의 유익과 덕을 세우기 위해 사용되어야만 한다. 이것이 바울이 말하는 권면의 논리적 기초다.

셋째, 은사들은 숫자가 고정된 것인가? 바울은 몇 가지 종류의 은사들을 언급하는가? 그는 8절부터 다양한 은사들을 소개한다. 지혜와 지식의 말씀은 서로 어떻게 구분되는지 논쟁의 대상이 되어 왔다. 어떤 사람은 지식의 말씀은 기독교 진리를 해설하는 능력을 가리키고, 지혜의 말씀은 일상 생활의 윤리적인 지혜와 통찰력을 가리킨다고 생각한다. 다시 말해서 말씀을 잘 풀어 설명하고 가르칠 수 있는 사람은 지식의 은사를 받은 것이고, 삶의 구체적인 상황에서 어려운 일에 빠졌을 때 지혜로운 충고를 잘해 주는 사람은 지혜의 은사를 받은 사람이라는 것이다. 그러나 고린도전서를 보면 이 두 은사가 서로 중복되는 면이 많다. 지식도 윤리적인 성격이 있고,(8:10 참조) 지혜도 때때로 사변적인 성격을 띠기도 한다.(2:6) 이 경우에 두 은사는 의미와 기능에 있어서 사실상 중복되는 성격을 가지고 있다. 지식과 지혜는 모두 두드러진 윤리적 특징을 지닌 은사들이다.

그런데 주목할 만한 것은 바울이 단순히 지식 / 지혜의 은사라고 부르지 않고 지식 / 지혜의 "말씀"이라고 부른 점이다. 아마도 바울이 고린도인들이 그렇게 높이 치켜세우던 방언보다도 이런 말씀의 은사들을 먼저 언급한 것은 이것이 복음 전도와 공동체를 위한 설교 행위와 관련되기 때문일지 모른다. 이런 말씀의 은사들을 가진 사람들은 그들이 깨달은 지혜와 지식을 가지고 다양한 윤리적, 영적인 환경에 놓여 있는 사람들을 도울 수 있다. 바울은 이미 1:5에서 고린도인들이 "모든 구변의 은사"를 가진 사실에 대해서 하나님께 감사한 적이 있다. 방언이나 예언뿐만 아니라 고린도인들은 아마도 지식 / 지혜의 말씀과 같은 다른 구변의 은사들도 소유했던 것 같다. 전에 지혜도 없고 지식도 없던 사람인데 은혜를 받아 다양한 환경에서 살아가는 성도들을 잘 가르치고 지혜로운 충고를 해줄 수 있다면 그는 지혜 / 지식의 말씀의 은사를 받은 사람이다.

바울은 9절에서 "믿음"을 은사로 언급하는데, 사실 믿음은 모든 그리스도인들에게 있는 특징이지만 여기서 말하는 믿음은 다른 사람들이 가지지 못한 특별한 은사를 가리킨다. 바로 뒤에 신유의 은사와 기적을 행하는 은사가 언급되는 것을 보면 9절의 믿음의 은사는 특별히 신유와 기적을 일으키는 믿음을 가리킬 것이다. 13:2에서 "산을 옮길 만한 믿음"이 바로 본 절이 말하는 특별한 믿음을 지칭한다.

예언의 은사는 특별히 14장에서 자세하게 거론되기 때문에 여기서는 다루지 않으려고 한다. 예언의 은사 뒤에 영 분별하는 은사가 뒤따른다.(10절) 이 은사가 초대 교회에서 특별하게 필요했던 것은 방언이나 예언 등 구변의 은사를 가진 사람들이 성령의 감동을 받았다고 주장하면서 공동체를 그릇 인도하거나 파괴하는 일이 있었기 때문일 것이다. 우리는 이 가능성에 대해서 이미 12:1-3에서 살폈다. 성령의 감동을 받았다고 하면서 예수를 저주할 자라고 부르는 것은 이미 그가 귀신에게 끌려다닌다는 것을 보여 주는 징표다.

고대 지중해 세계에서는 방언과 예언과 같은 영적 신탁의 언어를 사용하는 사람들이 많이 있었다. 과연 교회 내에서 이런 신탁의 언어들을 발설하는 자들이 성령의 감동을 받은 사람들인지, 아니면 귀신들의 감동을 받은 자들인지 분별하는 과제는 확실히 필요한 은사들이었다. 또 고린도 교회에서도 이런 은사들은 예배 때 선포되는 예언자들의 예언을 분별하기 위해 사용되고 있었다.(14:29, 32 참조) "예언하는 자들은 둘이나 셋이나 말하고 다른 이들은 분변할 것이요."

10절에서는 "각종 방언을 말하는" 은사가 언급된다. 여기서 바울이

"각종" 방언이라는 표현을 쓴 것은 흥미롭다. 문맥적인 관점에서 볼 때 고린도인들이 사용한 방언은 사도행전 2장에 나오는 그런 외국어 방언이 아니라 알아들을 수 없는, 인식을 초월한 어떤 중얼거림이었다.(14:7-19 참조) 그러나 본 절에서 바울이 말한 "각종 방언" 속에는 외국어 방언과 천사의 말(13:3)뿐만 아니라 고린도인들이 이해했던 그런 알아들을 수 없는 방언까지도 포함될 수 있을지 모른다. 방언의 은사가 어떤 성격을 지녔으며 신앙 생활에 어떤 유익이 있는지에 대해서는 14장을 다룰 때 자세하게 논하고자 한다.

마지막으로 바울은 방언 통역의 은사를 언급한다.(10절) 그는 공중 예배에서 방언으로 말하는 행위를 허용하지 않고 단지 방언을 통역하는 자가 있을 때만 방언 말하는 것을 허용한다.(14:27-28 참조)

바울은 28절에서 이미 언급된 은사들 외에 새로운 은사들 몇 가지를 덧붙였다. 여기에는 "첫째는", "둘째는", "셋째는"이라는 말이 붙어 있는데, 아마도 바울은 여기서 존귀한 것들부터 순서대로 배열했을 것이다. 사도는 그리스도와 함께 있는 목적을 위해(막 3:14-15) 그에게 택하심을 받은 자들이며 때로 열두 사도 외에 바나바, 야고보, 바울 등이 사도 그룹에 속한다. 이들은 다음에 따라 나오는 선지자들과 함께 계시 사역을 통해서 공동체에 유익을 주는 자들이다.(엡 2:20 참조) 교사들은 사도들과 선지자들의 계시 사역에 근거하여 교육을 담당하는 자들이라 할 수 있다. 그러나 사도들과 선지자들도 그들이 받은 계시의 말씀을 가지고 교회 구성원들을 가르치고 교육하는 기능이 있었음을 잊어서는 안 된다. 이때 선지자들의 교육적인 기능은 기존 교훈을 가지고 교육하는 교사들과 구분되어야 한다. 반면에 교사들도 은사적인 직임인 한에서 성령의 감동을 받아 기존 교훈들과 전승들을 잘 가르치는 자들이다.

바울은 12장에서 모두 14개의 은사들을 언급하지만, 로마서 12장을 보면 고린도전서에서 언급된 은사들을 제외하고 섬기는 일, 권위하는 자, 구제하는 자, 다스리는 자, 긍휼을 베푸는 자 등 5개의 은사들을 덧붙인다. 따라서 어떤 사람들은 은사의 숫자를 19개로 고정시키고자 할지도 모른다.

그러나 은사가 그런 식으로 고정된 것은 아니다. 고린도전서 12장과 로마서 12장에 나타난 은사들을 살펴볼 때 병을 고치고 기적을 행하는 은사들도 있고, 지혜 / 지식의 말씀, 방언, 예언 등과 같은 구변의 은사들도 있으며, 영들을 분별하는 은사들도 있고, 사도, 예언자, 교사, 다스리는 일과 같은 직임과 관련된 은사도 있고, 섬기는 일, 구제하는 일, 권위 하는 일, 긍휼을 베푸는 일 등과 같은 상당히 윤리화된 은사들도 있다. 이를 통해서 알 수 있는 것은 개인과 공동체의 삶 전반에 걸쳐 은사들이 다양하게 펼쳐져 있다는 사실이다. 바울은 그리스도를 위하여 독신으로 혼자 살 수 있는 능력도 하나님께 받은 은사라고 말한다(7:7).

그러므로 어떤 학자들은 신자들의 모든 신분과 상태, 예를 들면 노예나 자유자로 태어난 사람의 신분 또는 상태가 모두 은사라고까지 주장하는데E. K Kasemann, 이 주장은 잘못된 주장이다. 마찬가지로 은사가 19개로 고정되어 있다고 주장하는 것도 잘못된 것이다. 성령께서 공동체의 유익을 위해서 어떤 가시적인 형식으로 "나타난다"면, 그것은 은사라고 할 수 있다.

또 한 가지 주목할 점은 바울은 방언, 기적 행함, 신유, 예언 등과 같은 비범한 것들만 은사에 귀속시키지 않고 "서로 돕는 것",(12:28) "섬기는 일", "권위하는 일", "구제하는 일", "긍휼을 베푸는 일"(롬 12:7-8)과 같은 전형적인 윤리적 행위들도 은사라고 부른다는 점이다. 우리는 이미 앞에서 성령의 열매와 성령의 은사 사이에는 차이점이 있다고 지적한 바 있다. 성령의 윤리적 사역인 "열매" 예를 들면, 사랑은 성도들이 누구나 반드시 소유해야 할 의무요 책임이며 따라서 명령의 대상이 될 수 있다고 한 반면에, 성령의 은사는 은혜가 개별적이며 구체적이며 불가피하게 외적으로 작용하고 현현된 것이며 또한 성령께서 자신의 주권적인 뜻대로 각 신자에게 나누어 주시는 것이기 때문에 인간의 훈련이나 연습 또는 명령의 대상이 될 수 없다고 했다. 이런 면에서 윤리와 은사는 다르다.

그럼에도 불구하고 은사들 목록에 전형적인 윤리적 은사들이 포함되어 있기 때문에, 윤리와 은사 사이에는 구분이 있으면서도 때로는 상당히 유동적인 측면도 있음을 부정할 수 없다. 따라서 윤리와 은사를 너무 날카롭게 구분하는 것은 올바르지 못하다. 분명히 성도들의 윤리적인 삶에도 은사적인 측면이 있고 역으로 은사들 가운데도 윤리적인 측면이 있다. 가난한 사람을 구제하고 불쌍한 사람을 긍휼히 여기는 것은 어떤 특정한 신자만이 하는 일이 아니라 사실 모든 성도가 마땅히 해야 할 의무요 책임이다. 그럼에도 불구하고 교회 내에는 남들의 눈에 띄게 가난한 자들을 잘 구제하고 불쌍한 사람들에 대해서 긍휼을 베풀지 않으면 못 사는 사람들이 있다. 이런 사람들은 구제와 긍휼 베푸는 은사를 받은 사람들이다. 사랑이 은사는 아니지만 사랑의 성격을 지닌 은사들이 존재하는 것은 사실이다.

마지막으로, 바울은 은사들에 관한 교훈을 마치면서 31절에서 "너희는 더 큰 은사를 사모하라"고 권면한다. 무엇이 "더 큰 은사"인가? 바로 뒤에서 바울이 "제일 좋은 길"을 보여 주겠다고 했고 13장에서는 사랑의 찬미가 나오기 때문에, 어떤 사람들은 사랑이 바로 "더 큰 은사"라고 주장한다. 즉 바울은 제일 좋은 은사인 사랑의 은사를 사모하라고 했다는 것이다.

그러나 이런 식으로 성경을 이해하는 것은 크게 잘못된 것이다. 사랑은 은사가 아니다. 바울이 본 절에서 말하고자 하는 것은 사랑이 은사들이 행사되어야 할 "제일 좋은 길"이요 규범이라는 것이다. 은사들을 구할 때 사랑을 따라 구해야 한다는 것이다. 사랑이 은사 사용을 바르게 통제하는 잣대 역할을 한다. 따라서 사랑의 관점에서 "더 큰 은사"를 사모하라는 것이다.

그래서 14:1에서 "사랑을 따라 구하라"고 권면하는 이유가 여기에 있다. 사랑의 관점에서 볼 때 방언보다는 예언이 훨씬 공동체의 유익에 기여하는 바가 크다. 그러므로 사랑의 관점에서 볼 때 방언보다는 예언이 "더 큰 은사"라고 할 수 있다. 방언은 자신에게만 덕이 되기 때문에(14:4) 공동체 전체에게 유익을 줄 수 있는 예언보다는 가치가 떨어지는 은사다. 그래서 바울은 "특별히" 예언을 사모하라고 권면한다. 사랑은 은사들이 사용되어야 할 규범이지 사랑 자체가 은사는 아니다.

## 4. 은사보다 뛰어난 사랑 13:1-13

바울이 영적인 은사들을 논하는 문맥에서 사랑에 관한 교훈을 특별하게 삽입시킨 것은 은사 문제가 단순히 교회 조직상의 문제가 아니라 윤리적 문제라는 것을 시사해 준다. 그는 은사들에 관한 신학적인 논문을 쓰는 데 관심이 있는 것이 아니라 그 은사들에 연루된 문제들을 윤리적인 시각에서 해결하는 데 관심을 두고 있다. 사랑과 같은 윤리적 덕목들도 성령의 사역이고 은사들도 성령의 사역이지만, 이 두 성령의 사역은 은총의 능력이 각 신자들의 생활에서 나타나는 다른 측면들을 반영한다. 성령께서 교회 생활의 맥락에서 은사들로 나타난다면, 같은 성령께서 또한 각 교회 구성원들의 성품 속에서 사랑으로 다르게 나타난다.

그러나 고린도 교회가 보여 주듯이, 성령의 열매가 영적인 은사들과 좀 다른 수준에서 작용한다는 것은 분명하다. 신자가 영적인 은사들을 소유하지 못한 채 사랑과 같은 성령의 열매만 경험한다는 것은 불가능하다. 왜냐하면 성령의 감동을 받는 사랑은 불가피하게 다른 사람들을 위한 구체적인 사랑의 행위로 귀결되기 때문이다. 그러나 신자들은 아주 흔히 사랑이 없이 성령의 은사들을 경험한다.(고전 13:1-3) 방언이나 신유나 또 다른 초자연적인 은사들을 경험했음에도 불구하고 육적인 그리스도인이 될 수가 있다.

그렇다면 진정한 영성의 표준은 무엇인가? 오늘날 한국 교회는 오순절 계통의 은사 집회에 의해 깊은 영향을 받아 신자의 인격을 변화시키고 그리스도의 형상을 닮아 가게 하는 성령의 내면적이고 은밀한 사역보다는 보다 외적으로 현저하게 보이는 방언, 예언, 신유와 같은 은사들을 일방적으로 치켜세우고 추구하려는 경향을 보이고 있다.

인격이 훌륭하고 올바른 신앙 생활을 하는 목회자보다는 기적을 행하고 신유의 능력이 있는 목사가 더 신령한 분으로 대접을 받는다. "신령하다"는 딱지를 사람들에게 갖다 붙일 때 그것은 도대체 무엇을 뜻하는 말인가? 바울은 현저한 은사를 지닌 사람과 윤리적으로 바른 생활을 하는 사람 중에 어떤 사람이 보다 신령하다고 생각했을까?

이 질문에 대한 답변은 은사와 윤리 문제를 다루는 본서에서 아주 분명하게 주어진다. 바울은 사랑을 가리켜 은사들이 사용되어야 할 규범 또는 "제일 좋은 길"이라고 설명함으로써 영적인 은사들을 사랑의 윤리에 종속시키고 그것들을 자신의 윤리적인 전망에다 통합시킨다. 그는 고린도전서 12-14장에서 영적인 은사들의 문제를 단순히 교회론을 정립하려는 신학적인 관심에서보다는 그것을 윤리적인 문제로 다룬다.

고린도인들이 비록 영적인 충만을 소유하고 있고 여러 비상한 은사들을 받았다 주장하더라도 -바울은 고린도인들이 많은 은사를 소유하고 있다는 점을 인정하고 하나님께 감사한다(1:5-7) -그들은 분쟁, 싸움, 사랑의 결핍, 비평, 불화 그리고 부도덕과 같은 다른 영들의 지배를 받아서(2:12 참조) 도덕적 위기에 직면하고 있었다. 고린도인들은 아마도 자신들을 "신령한 사람들"로 주장했을 것이다. 그러나 바울은 그들을 "그리스도 안에 있는 어린아이들" 또는 "육신에 속한 그리스도인들"(3:1-4)로 평가하였다. 이러한 바울의 표현은 영적인 은사들을 소유했다고 해서 신령한 사람이 되는 것이 아니고 그 은사들을 공동체의 덕을 세우는 방식으로, 즉 사랑을 따라 사용하는 사람이 신령한 사람이라는 것을 보여 준다.

신령한 사람은 성령의 가르침을 받는 사람이고,(2:13) 모든 것을 하나님의 뜻을 따라 판단할 수 있는 사람이며,(2:15) 그리스도의 마음을 소유한 사람이다.(2:16) 이러한 것들은 모두 윤리적인 성격이 강한 표지들이다. 특별히 신령한 사람은 "그리스도의 마음", 즉 사랑의 마음을 따라 모든 것을 판단할 수 있는 "마음"의 능력을 소유한 사람을 가리킨다. 그는 자신의 육적인 관점을 따라서 판단하고 행하는 사람이 아니라 모든 것을 "주님의 관점"에서 사랑을 따라 판단하고 행하는 사람이다.

그러나 고린도인들은 신령한 은사들을 소유했다고 주장하면서도 그들 가운데 시기와 분쟁이 있었다. 그들은 성령을 따라 행해야 할 자신들의 그리스도인 된 신분을 망각하고 "육신에 속하여 사람을 따라 행하였다".(3:3) "사람을 따라 행한다"는 것은 세상 사람들의 육적인 표준을 따라 시기와 분쟁을 일삼는 태도를 의미한다. 그렇다면 바울에게 있어서 진정한 영성靈性의 표지는 성령의 열매를 맺음으로써 신자가 얼마나 그리스도를 닮은 삶을 보이는가에서 발견되어야 한다고 볼 수 있다.

바울은 사실 고린도 교회에서 발생한 그 수많은 문제들이 다 사랑의 마음이 없기 때문이라고 진단한다. 분당을 지어 분쟁하고 싸우는 문제도 사랑의 마음을 따라 한 마음과 한 뜻으로 온전히 합하지 못한 때문에 생긴 문제요,(1:11) 교우들끼리 서로 치고 박고 싸우면서 불신 법정 앞에 서는 것도 사랑이 없기 때문에 생긴 문제이며,(6:12) 우상의 제물에 대한 지식이 있다고 하면서 신전에 들어가 귀신의 잔과 떡을 먹음으로 약한 자들을 실족하게 하는 행동도 사랑이 없기 때문에 생긴 문제이고,(8:1) 보다 비범한 은사들을 소유하려고 서로 시기하고 질투하는 것도 결국 그들 사이에 사랑이 없기 때문에 생긴 문제다.(13:1)

그래서 바울은 자유인이요 사도요 고린도 교회의 창립자로서 마땅히 재정적 지원을 받을 만한 권리를 소유한 사람이지만 약한 형제의 덕을 세우기 위해서 자신의 그 모든 권리를 포기하였다.(9:22) "누구든지 자기의 유익을 구하지 말고 남의 유익을 구하라"(10:24)는 바울 자신의 권면은 바로 예수 그리스도의 십자가 정신을 반영한 것이다. 사랑의 삶을 사는 것은 결국 "그리스도를 본받는"(11:1) 삶이요 그리스도를 닮은 모습을 자신의 삶 속에 나타내는 것이다. 바로 이런 삶을 사는 사람이 신령한 사람이다.

"사랑의 노래"로 불리는 13장은 세 부분으로 되어 있다. 첫째로 사랑은 다른 종교적인 행위들과 대조되고 있고,(1-3절) 둘째로 사랑은 주로 부정적인 술어로 묘사되고 있으며,(4-7절), 셋째로 대조하는 방법이 다시 재개되어 이 세상에서만 잠정적으로 존재하는 것들과 오는 영원한 세상에서 영속되는 것들 사이에 대조된다.(8-13절) 본 장은 음률적인 면은 있지만 시는 아니고 산문으로 되어 있다.

첫 번째 부분에서 사랑은 다른 종교적 행위들과 대조되는데, 여기서 먼저 사랑은 "사람의 방언과 천사의 말"과 대조된다. 사랑이 없으면 고린도 교인들이 그렇게도 높이 평가하는 방언도 소리나는 구리와 울리는 꽹가리와 같이 무의미한 소리에 불과하다. "사람의 방언과 천사의 말"이란 표현은 고린도인들이 "방언"을 천사들의 언어로 생각했음을 암시할지도 모른다. "소리나는 구리와 울라는 꽹과리"는 사랑을 실천하지 않고 방언을 말하는 것은 사람들의 무의미한 지껄임에 불과하다는 것을 의미한다. 사랑이 결핍된 방언이란 특별히 이교도들이 신전 축제 때 떠들며 우상 숭배를 하는 것이나 다름이 없다.

어떤 학자는 바울이 여기서 이스라엘 백성의 불신앙적인 예배를 정죄한 선지자들의 태도를 반영한다고 본다.Schmidt 하나님을 예배할 때 이스라엘 사람들은 넓은 구리판으로 된 제금들을 사용하였다. 그러나 아무리 훌륭한 악기를 사용한다 하더라도 하나님과 이웃을 사랑하는 태도가 없을 때 그것은 이교도들이 우상을 숭배할 때 악기들을 사용하는 것이나 다름이 없는 것이다. 다윗은 하나님을 예배할 때 "나팔 소리로 찬양하며 비파와 수금으로 찬양할지어다…큰 소리 나는 제금으로 찬양하며 높은 소리 나는 제금으로 찬양할지어다"라고 했다.(시 150:3, 5) 그러나 이런 악기들을 사용하는 예배라고 해서 그것이 바로 기독교 예배가 되는 것은 아니다. 기독교는 윤리적인 종교다. 마음을 다하여 하나님을 사랑하고 자신의 몸처럼 이웃을 사랑하는 변화된 마음이 없으면 아무리 훌륭한 관현악단을 동원한 예배라고 해도 하나님은 결코 그런 예배를 기쁘게 받으시지 않는다. 우상을 숭배하는 이교도들도 고린도인들처럼 방언과 같은 신탁의 언어들을 떠벌렸을 것이다. 바울 사도는 그런 영적인 현상들 자체를 비난하기보다는 그런 현상들이 사랑의 정신에 의해 통제될 때에만 참으로 기독교적이라고 평가하고 싶어한다.

바울은 둘째로 사랑과 예언을 대조한다.(2절) 여기서 예언은 "모든 비밀"과 "모든 지식"과 연관되어 있다. 예언은 방언과는 달리 가장 고상한 기독교의 신앙 행위들 가운데 하나인데, 그것은 하나님의 지고한 뜻과 그의 종말론적인 목적들을 계시해 주는 역할을 한다. 다시 말해서 예언은 하나님의 감추어진 뜻과 목적에 대한 비밀스러운 진리들을 이해하도록 해주는 계시 은사들 가운데 하나다.(2:7; 4:1; 15:51; 또한 롬 11:25; 16:25; 살후 2:7) 본래 "비밀"(뮈스테리온)은 계시적인 용어다. 특별히 바울은 "비밀"이란 술어를 사용함으로써 세상 사람들에게는 감추어져 있으나 이제 예수 그리스도 안에서 계시된 하나님의 구속의 은혜의 양면성을 말하고자 한다.(2:6-16)

예언이 예수 그리스도 안에서 나타난 구속의 은총에 대한 비밀과 연관된 것은 예언이 복음의 말씀과 관련이 없는 신비스러운 어떤 지식이 아니라 그리스도의 십자가 사건에서 나타난 하나님의 지혜와 관계가 있음을 보여 준다.(2:6-8; 롬 16:15-16 참조) 다만 예언은 복음의 말씀을 구체적인 상황에서 새롭게 깨닫게 하고 적용하는 현장성을 지니고 있다. "모든 지식" 역시 기독교 계시 진리에서 나오는 도덕적이고 지적인 함축들을 지닌 것이기는 하지만, 사실 앞에서 언급된 비밀과 깊은 관련을 가지고 있다.

바울은 셋째로 사랑을 산을 옮길 만한 믿음과 대조시킨다. "산을 옮길 만한 믿음"이란 마태복음 17:20의 예수의 말씀을 기억나게 한다. 여기서 바울은 기적을 일으키는 믿음의 은사를 지칭한다.(12:9 참조) 기적을 일으키는 믿음은 분명히 보통 사람이 지닐 수 있는 그런 평범한 종교 행위가 아니다. 그럼에도 불구하고 사랑이 결핍된 믿음이란 분명히 비기독교적인 신앙 행위다. 바울에게 있어서 믿음은 "사랑을 통해 역사하는 믿음"이다.(갈 5:6) 바울의 관점에서 볼 때 예언, 지식, 기적을 일으키는 특별한 믿음, 방언 등은 사랑과 비교될 수가 없다.

어떤 의미에서 3절에 나오는 구제, 몸을 불사르게 내어주는 것은 사랑의 표현이라 할 수 있지만 아직도 사랑에는 온전히 미치지 못하는 측면이 있다. 자선 행위들도 저급하고 이기적인 동기에서 나올 수도 있기 때문이다. 바리새인들은 구제를 경건 생활의 지표로 생각하여 구제하기는 했지만, 그것은 "사람들에게 보이고", "사람들에게 영광을 구하기 위해" 행한 위선적인 신앙 행위에 불과하였다. 예수께서는 사람들에게 영광을 구하려는 이런 위선적인 구제 행위들을 신랄하게 비평하셨다.(마 6:1-2) 몸을 불사르는 데 내어주는 행위는 순교를 지칭할지 모른다. 사람들은 예로부터 자신의 종교적 이상에 헌신한다는 의미에서 불 가운데 뛰어드는 일을 하기도 했다. 어쨌든 그것이 사랑의 동기에서 나오지 않는 한 소용이 없다.

두 번째 부분에서 사랑은 부정적이고 긍정적인 술어들로 묘사된다. 사랑은 기독교인의 삶과 신앙에 가치를 부여해 주는 필요불가결한 규범이다. 그러면 사랑은 무엇인가? 사랑은 자연인의 삶과는 모순되는 것이다.Bornkamm 자연인은 사랑의 속성과는 정반대되는 삶을 살아간다. 사랑의 삶을 살아간다는 것은 자연인의 삶과 정반대되는 방향으로 살아가는 것이며, 따라서 거꾸로 살아가는 삶이다. 자연인이 미워할 때 미워하지 않아야 하고, 자연인이 투기할 때 투기하지 않아야 하고, 자연인이 시기할 때 시기하지 않아야 한다. 자연인이 불의를 사랑할 때 불의를 미워하고 진리와 함께 기뻐해야 한다. 자연인이 성을 잘 내고 조급할 때 성을 내거나 조급하지 않고 모든 일에 잘 참아야 한다. 이러한 삶을 살아간다는 것은 분명히 쉬운 일이 아니다. 아니, 자연인에게는 불가능한 삶인지도 모른다. 바울은 사랑을 "성령의 열매"로 언급하기 때문에 사랑의 삶을 살아간다는 것은 의심할 여지도 없이 성령의 은총과 능력 안에서 가능하다.(갈 5:16-25)

바울은 무엇보다도 사랑의 성격을 "오래 참음"으로 규정한다.(4절) 더욱 홍미를 끌도록 만드는 것은 사랑을 정의하는 맨 마지막 구절에서 바울이 사랑을 "모든 것을 참으며", "모든 것을 견디는" 것으로 묘사한다는 점이다.(7절) 오래 참고 견디는 것을 4절 초두에서와 7절 마지막에서 언급한 것은 바울이 그것을 사랑의 중요한 속성으로 생각했다는 것을 보여 준다.

구약에서 성실한 사랑에 해당하는 히브리어는 "헤세드"(인애)이다. 호세아 선지자는 하나님에 대한 인간의 성실과 사랑은 아침에 잠깐 있다 없어지는 이슬과 같다고 비유한 반면, 자기 백성에 대한 하나님의 성실과 사랑은 아침에 여지없이 찾아오는 새벽빛과 같다고 비유하였다.(호 6:3-4) 만일 하나님의 사랑이 오래 참음에 의해 지탱되지 못한다면 그것은 인류에게 파국을 뜻할 것이다. 성경의 어느 기자는 하나님께서 오래 참으시지 않고 자기 백성의 죄를 그때그때 물으신다면 한 사람도 살아남을 사람이 없다는 것을 인정하였다.(사 48:9) 그래서 성경에서 하나님은 노하기를 더디 하시는 분으로 묘사된다. 하나님께서 죄인들에 대해 오래 참으시는 것은 그들을 사랑하기 때문이요 또한 그들로 회개할 기회

를 주시기 위해서다.(롬 2:4; 9:22 벧전 3:9, 20 참조)

그렇다면 주의 백성들도 마땅히 하나님처럼 서로의 허물을 용납하고 오래 참아야 한다. 오래 참지 못하고 조급한 곳에서는 결코 성도간의 사랑이 지탱될 수가 없다. 바울을 포함하여 신약의 모든 사도들은 한결같이 교회의 영적인 지도자라면 서로 관용하고 오래 참는 사람이어야 할 것을 강조한다. 또한 그들도 모두 오래 참는 분들이었다. 그리스도께서 그러하셨고(마 23:26-38) 바울이 그러했다.(고후 6:6; 딤후 3:10) 사랑이란 열매는 오직 인내라는 나무 위에서만 열린다.

오래 참고 견디는 것은 어쩔 수 없고 할 수 없어서 참고 견디는 상태를 나타내는 것이 아니다. 바울은 7절에서 모든 것을 참는다는 말 앞에 "모든 것을 믿으며 모든 것을 바란다"는 말을 덧붙인다. 참고 견디되 할 수 없이 참고 견디는 것이 아니라 개인의 삶이나 역사 속에서 일하시는 선하신 하나님의 섭리를 믿고 신뢰하는 소망 중에서 참는 것이다. 그래서 성경에서는 오래 참음은 특별히 소망과 긴밀하게 연결되어 있다.(롬 12:12 참조) 하나님께서 모든 일을 합력하여 선을 이루실 줄을 믿고 소망하기 때문에 성도들은 형제들을 대할 때나 개인의 삶의 문제들을 대할 때 오래 참을 수가 있다.

더욱이 바울 서신을 보면 오래 참음은 "기쁨"과도 긴밀하게 연결되어 있다. 그래서 바울은 "그 영광의 힘을 좇아 모든 능력과 능하게 하시며 기쁨으로 모든 견딤과 오래 참음에 이르게"(골 1:11) 된다고 주장한다. 하나님의 선하신 손길을 믿고 소망하기 때문에 성도들은 고난을 당할 때도 오히려 기쁨으로 참을 수 있는 것이다. 기쁨으로 오래 참는 것은 역시 형제들간의 관계에 있어서도 적용되어야 한다. 형제에게 문제가 있을 때 하나님께서 언젠가 그를 선하게 인도하실 것을 믿고 오래 참을 때 오히려 기쁨이 있을 수 있다. 이것은 결코 쉬운 일은 아니지만 반드시 우리의 삶에서 실천되어야 한다.

사랑은 또한 온유함의 특징을 지니고 있다.(갈 5:22, 23 참조) 온유는 본래 부드럽고 점잖은 어떤 태도나 성품을 가리킨다. 온유는 흔히 겸손과도 긴밀하게 연결되어 나오는데,(골 3:12) 이러한 성품은 본래 세상에 계실 때 예수께서 지니셨던 성품이었다. 예수께서 말씀하시기를 "나는 마음이 온유하고 겸손하니 내게 와서 나의 멍에를 메고 내게 배우라"(마 11:29; 고후 10:1 참조)고 하셨다. 예수님뿐만 아니라 성경에 나타나는 지도자들은 모두 온유한 사람들로 기록되어 있다. 모세가 그러했고,(민 12:3) 다윗이 그러했으며,(삼하 161) 예레미야가 그러했고,(렘 26:14) 스데반이 그러했으며,(행 7:60) 바울이 그러했다.(딤후 4:16)

이러한 온유는 특별히 교회 내의 분쟁과 싸움 또는 범죄가 드러나는 장소에서 마땅히 가져야 할 성품이다. 온유한 성품은 부드럽고 친절한 성격을 지니고 있다. 그래서 온유한 사람은 조급하게 정죄하거나 성을 내지 않고 오래 참으며 언제나 부드럽고 친절한 태도를 유지하려고 한다. 그러나 부드럽고 친절한 태도를 유지한다고 해서 분명히 형제나 교회 내에 잘못이 있는데도 눈감아 버리거나 쉬쉬 하고 덮으려는 것은 온유한 성품에 어긋난 것이다.

예를 들면, 교회 내에 어떤 형제가 죄를 범한 것이 드러났을 때 바울은 신령한 사람이라면 마땅히 "온유한 마음으로 그러한 자를 바로잡으라"(갈 6:1)고 권면한다. 아무리 신령한 사람일지라도 자신도 역시 죄인이요 죄를 범할 가능성이 있는 사람이기 때문에 자신을 겸손히 돌아보는 자세를 갖추어야 하지만, 그렇다고 해서 마땅히 바로잡아야 할 형제의 죄를 바로잡지 않고 무조건 덮어 버리든지 아니면 회개할 기회도 주지 않고 공중 앞에서 정죄하려 드는 것은 온유한 사람이 취해야 할 태도가 아니다. 바울은 말하기를 사랑은 "악한 것을 생각하지 않으며" 또한 "불의를 기뻐하지 않고 진리와 함께 기뻐한다"(5, 6절)고 하였다.

그렇지만 온유하다고 해서 모든 불의한 상황에서도 무조건 무골호인으로 처신해야 한다는 말이 아니다. 우리의 옛 선인들도 외유내강이란 말을 사용하였다. 이 말이 반드시 기독교적 윤리관을 정확하게 반영한다고 볼 수는 없지만, 바울 또한 고린도인들을 대하면 겸손하고 온유하지만 떠나 있으면 담대하다고 했다.(고후 10:1) 그리고 그는 교회 내에 거역하는 자를 온유한 마음으로 바로잡으라고 권면했다.(딤후 2:25) 거역하는 자들을 대할 때 그들과 다투거나 성을 내는 태도를 보이기보다는 그들에게 끝까지 온유한 태도를 보이면서도 그들과 타협하지 않고 진리에 서서 사태를 바로잡는 외유내강의 태도가 우리의 성도들뿐만 아니라 영적 지도자들에게도 필요하다.

사랑은 이렇게 오래 참고 늘 부드럽고 친절한 태도를 보이기 때문에 투기하거나 자랑하거나 교만하거나 무례한 처신을 하거나 성내거나 자기의 유익만을 구하는 이기적인 태도를 취할 수가 없다. 본질적으로 이러한 자연인의 삶의 습관들은 사랑의 정신을 따라 사는 성도들의 성품과 양립될 수 없는 것들이다.

투기라는 용어는 아마도 고린도인들이 보다 큰 은사를 사모하여(12:31에 동일한 동사가 쓰임) 서로 경쟁하고 질투하는 태도를 가리킬 것이고, 교만은 이미 고린도인들의 행위를 묘사할 때 고린도전서에서 몇 차례 사용되었다.(4:6-18, 19; 5:2; 8:1) 교만은 고린도인들이 빠져 있는 가장 근본적인 죄악들 중에 하나다. 무례히 행치 않음은 7:36에 사용된 단어인데, 사랑은 결코 다른 사람을 공평치 않거나 예의에 어긋나게 대우하지 않는다.

자기 유익을 구하지 않고 도리어 여러 사람에게 여러 모양이 되는 것은(9:22) 고린도전서에서 나타나는 근본적인 주제이며 그리스도인의 자유를 규제하는 중심 원리다. "성냄"이라는 단어(파로숙네타이)는 바울 서신에는 나오지 않는 단어이고, 사도행전 15:39에서 바울이 선교여행에 마가를 데리고 가는 문제로 바나바와 심히 다투어 갈라설 때 이 단어가 쓰였다. 아마도 바울도 그러한 문제로 과거에 성낸 적이 있었던 것 같다.

사랑은 불의를 미워하고 진리와 함께 기뻐한다는 구절은 사랑이 근본적으로 의로우신 하나님에 대한 사랑이기 때문에 불의와 타협하면서 모든 악을 허용하기보다는 그것들을 단호히 거절해야 한다는 것을 뜻한다고 할 수 있다. 의로우신 하나님을 사랑한다고 하면서 어떻게 불의를 기뻐하고 용납할 수가 있는가? 불의한 자가 회개하고 돌아올 때 마땅히 교회는 온유한 마음으로 관용하고 받아들여야 하겠지만 사랑한다고 불의와 타협하는 것은 결코 사랑의 성품이 아니다.

세 번째 부분에서 바울은 이 세상에서만 잠정적으로 존재하는 것들과 오는 영원한 세상에서도 없어지지 않고 영속하는 것들을 대조한다.(8-13절) 특히 바울은 8절 이하에서 계속해서 방언, 지식, 예언 등과 같은 영적인 은사들을 사랑과 대조시키는 일을 한다. 여기서 문제가 되는 것은 어떤 것이 오는 세상에서 영속적인 가치를 지니는가에 있다. 미래를 내다보고 말하는 예언은 감추어진 비밀이(1:32) 다 드러나고 온전한 지식이 주어지는 세계가 올 때 사라지고 말 것이다. 방언도 장차 성취의 때가 오면 그 간접적이고 신비스러운 성격이 사라지게 될 것이다. 지식도 미래의 완전한 성취의 때에는 그 빛이 바래지고 말 것이다. 이 모든 것은 "부분적인 것"에 불과하다.(9절) 미래의 성취의 때에 가서야 "온전한 것"이 도래할 것이다.(10절)

어떤 사람들은 "온전한 것"이 여기서 정경이 완성될 때를 가리킨다고 생각한다. 그러나 본 절의 관심은 정경 형성 과정에 있지 않다. "이제"와 "그때"가 대조되는 것을 보면 그것은 불완전한 지식이 존재하는 현재의 세계와 완전한 지식이 존재하는 미래의 세계 사이의 종말론적인 대조라고 할 수 있다. "주께서 나를 아신 것같이 내가 온전히 알게 되는" 때는 방언도 폐하고 예언도 폐하고 오직 믿음, 소망, 사랑만이 지배하게 될 미래 하나님 나라에 들어갈 때라고 할 수 있다.

그러므로 "온전한 것"이 오는 때를 정경 66권이 결정되는 때라고 보고 방언이나 예언이나 지식은 정경 형성이 이루어지면 종결될 것이라고 주장하는 견해는 본문을 잘못 해석한 데서 나온 것이다. 방언이나 예언이 정경 형성이 끝나면 사라진다는 것을 양해한다고 하더라도 정경 형성이 이루어지면 과연 "지식"도 폐하여지게 되는가라는 문제는 풀리지 않는다. 과연 정경 형성 이후 시기에는 성도들에게 지식은 존재하지 않아도 되는가? 따라서 우리는 본문의 대조를 현재 세계와 미래 세계에 대한 대조로 이해할 수밖에 없다. 방언이나 예언이나 지식과 같은 영적 은사들은 온전한 종말론적 하나님 나라가 도래할 때 사라지게 될 것이다. 왜냐하면 미래 완성의 때에 하나님의 완전한 진리가 드러날 것이 암시되기 때문이다.

바울은 이를 예증하기 위해서 어린아이와 어른의 그림 언어를 사용한다. 바울의 주장은 여기서 자신이 이미 어른이 되었기 때문에 방언이나 예언이나 지식이 필요 없는 온전한 사람이 되었다는 것이 아니다. 그에게 있어서 온전함은 하나님이 결정하신 미래의 시기에 가서야 성취될 종말론적인 개념이다. 이 점은 12절의 "이제"와 "그때"의 대조에서도 분명해진다. 지금은 거울을 보는 것처럼 모든 것이 희미하게 보이는 시대이지만, 종말론적 완성의 때가 오면 얼굴과 얼굴을 맞대고 보는 것처럼 완전한 지식의 시대가 될 것이다.(12절) 이 구절의 의미는 분명하다. 바울은 인간의 현재적 지식의 부적절성을 인간에 대한 하나님의 지식과 인간이 미래에 가지게 될 하나님에 관한 지식과 대조하려는 것이다.

그러나 이러한 대조는 11절에서 또한 "어릴 때"와 "장성한 때" 사이에서도 이루어진다. 현 세계에서는 부분적이고 희미한 지식을 소유하지만 미래 세계에서는 온전한 지식이 주어질 것이다. 그럼에도 불구하고 부분적이고 희미한 지식은 고린도인들처럼 싸움과 분쟁을 일삼는 육적인 그리스도인들이 지니는 지식이다. 그들은 이미 오래 전부터 바울 사도가 전하는 십자가의 복음을 받아들였고 또 그것을 믿었다. 그들이 그의 복음을 전해들은 지 이미 오랜 시간이 흘렀지만 그들의 이해력은 형편이 없었다. 그들은 아직도 "그리스도 안에 있는 어린아이"에 불과하였다.(3:1-2) 복음을 믿은 지 이미 상당한 시간이 흘렀지만 아직도 그들은 젖으로만 먹고 단단한 음식을 먹을 수가 없었다.(3:2) 영적인 성숙이 이루어지지 못했기 때문에 영적인 분별력도 당연히 뒤떨어질 수밖에 없었고, 그래서 그들이 받아들인 십자가 복음이 그들의 삶에 어떤 의미를 지니는지 이해도 못하고 싸움하고 분쟁하였다. 그들이 만일 십자가 복음에 나타난 하나님의 깊은 지혜를 헤아리기만 했더라면 세상의 지혜를 따라 분당을 짓고 시기, 질투하지는 않았을 것이다. 이 모든 문제점은 그들의 영적 이해력이 오랫동안 어린아이 수준에 머물러 있었기 때문이다.

바울에게 있어서 온전한 지식은 분명히 미래 세계에 가서야 주어질 것이다. 그럼에도 불구하고 온전한 지식은 이미 "온전한 자들" 또는 "신령한 자들"로 불리는 성숙한 그리스도인들에게 주어지고 있다. 바울은

2:15에서 "신령한 자는 모든 것을 판단할 수 있다"고 말한 적이 있다. 그는 성령의 가르치심과 인도하심을 받기 때문에 일상 생활에서 부딪히는 모든 문제들을 올바로 평가하고 그 속에서 하나님의 뜻을 분별해 낼 수 있는 영적 이해력과 통찰력을 지니고 있다.(2:10-16) 바울 자신도 과거에 어린 그리스도인이었을 때 판단하고 분별하는 것이 부분적이고 희미한 적이 있었다.

그러나 이제 그는 날마다 성령을 따라 사는 성숙한 그리스도인이 되고 난 후에("장성한 사람이 되어서는") 이 모든 어린아이의 일을 버렸다고 말한다. 우리 그리스도인은 과거에 어린아이와 같은 삶의 행태와 육적인 사고 양식들을 과감하게 버려야 한다. 예수를 오래 믿었는데도 여전히 세상의 지혜를 따라 시기, 질투, 분쟁을 일삼는다면 그는 아직도 어린이 시기를 벗어나지 못한 것이다. 예수를 오래 믿었으면서도 여전히 어린아이의 티를 벗어 버리지 못한 사람을 가리켜 우리는 "어른 같은 어린아이"라고 부른다. 요즈음 한국 교회 내에 이런 어른 같은 유아들이 많이 존재한다. 이런 사람들이 모인 곳에는 고린도 교회와 같은 싸움과 분쟁이 끊일 날이 없다. 이들이 바로 교회의 정체성을 위태롭게 만드는 사람들이다.

13절에서 바울은 그의 논의를 결론짓는다. 믿음, 소망, 사랑은 항상 존재하지만 그 중에서 사랑이 가장 근본적이다. 어떤 학자는 사랑은 미래 세계에서도 영속하지만 믿음과 소망은 미래 세계에서 중지될 것으로 말한다.Ca1vin 그러나 "항상 있다"abide는 동사는 재미있게도 복수형이 아니라 단수형이다. 바울은 믿음, 소망, 사랑을 하나의 통일체로 보는 것이 분명하다. 그것들은 미래 세계에서도 계속된다. 방언이나 예언이나 지식과 같은 은사들은 모두 미래 하나님 나라가 도래할 때 없어지지만, 믿음, 소망, 사랑은 결코 사라지지 않고 항상 머물 것이다. 그것들은 현 세상에서나 오는 세상에서나 영구적인 가치를 지니고 있다. 그러므로 참된 기독교인들의 삶은 믿음과 소망과 사랑이라는 이 세 가지 기독교 덕목에 의해 지배를 받아야 한다. 믿음과 소망과 사랑의 삶의 질들을 나타내는 사람이야말로 신령한 사람이요 참된 기독교인이다.

사실 이 세 가지 덕목은 서로 독립되어 있거나 분리된 것들이 아니다. 믿음, 소망, 사랑은 내면적으로 상호 연관되어 있다. 바울은 일찍이 믿음을 가리켜 "사랑을 통해서 역사하는 믿음"이라고 묘사한 적이 있고 (갈 5:6) "믿음을 좇아 의의 소망을 기다린다"고 말하였다.(갈 5:5) 믿음은, 하나님에 대한 신뢰의 성격을 지니기 때문에, 믿음의 사람은 하나님께서 과거와 현재에 행하신 선하신 일들만 믿을 뿐만 아니라 그가 미래 그의 구속을 위해 행하실 일들에 대해서는 믿음으로 소망할 수밖에 없다. 그래서 바울은 일반적으로 "믿음으로 구원받는다"(롬 2:16)고 말하기도 하지만 그는 또한 "소망으로 구원받는다"(롬 8:24)고도 말한다. 믿음의 미래적인 표현이 바로 소망이다. 믿음이 없는 사람은 결코 하나님이 자신을 위해 준비하시는 미래를 소망할 수 없다.

성경에서 이 진리를 가장 웅변적으로 대변해 주는 사람이 아브라함이다. 그는 거의 100세가 다 되었어도 자식 하나 없었다. 하나님은 이미 예전에 하늘의 별들과 같이 그의 자손을 많게 해주시겠다고 약속했지만, 그의 현실은 사실 죽음의 현실이었다. 그는 자신의 몸의 "죽은 것 같음"과 자기 아내 사라의 태가 "죽은 것 같음"을 알았다고 했다. 성경에 "죽은 것 같음"을 표현하는 헬라어는 완료분사로 되어 있다.(롬 4:18) 그럼에도 불구하고 아브라함은 선하신 하나님의 약속을 굳게 믿었기 때문에 오히려 "바랄 수 없는 중에 바라고 믿었다".(18절) 한글 성경에

"바라고 믿었다"는 말은 아브라함의 믿음의 본질이 약속이 이루어질 것으로 믿는 확고한 소망에 있었다는 것을 보여 준다.

이렇게 참된 믿음은 견고한 소망으로 자신을 표현하며 사랑을 통해 일한다. 미래 세계에서도 소망이 존재하는 것은 미래에도 전진과 발전이 있기 때문이 아니라 자신에게서 관심을 돌려 하나님을 바라보고 그를 신뢰하기 때문이다. 사랑은 하나님 자신의 속성의 표현인데, 하나님은 자신의 사랑을 그의 신실성과 약속하신 것을 진실히 지킴으로 나타내신다. 믿음과 소망은 본래 하나님 자신에게 직접 적용될 성질의 것은 못되고 오직 사랑만이 하나님의 본성이다. 하나님은 믿거나 소망하지는 않지만 사랑하신다. 오히려 믿음과 소망은 "하나님이 사랑이시라"는 사실에 근거하기 때문에 제일 위대한 것이다.(13절) 하나님의 사랑 때문에 우리의 믿음과 소망과 사랑이 존재할 수 있게 되었다.

바울은 데살로니가전서 그의 독자들의 "믿음의 역사와 사랑의 수고와 우리 주 예수 그리스도에 대한 소망의 인내"(살전 1:3)에 대해 하나님께 감사한다. 그는 고린도전서 13장에 언급된 세 덕목을 이렇게 다른 서신들에서 그리스도인의 구체적인 삶에 적용한다. 여기서 주목할 것은 믿음, 소망, 사랑은 성도들의 내면적 성품인데, 이 성품들은 본질적으로 외적인 행위로 나타날 수밖에 없다는 것을 말한다는 점이다. 참된 믿음이 있으면 "역사"(일)할 수밖에 없으며, 참된 사랑이 있으면 자기 희생적인 "수고"를 할 수밖에 없으며, 참된 소망이 있으면 어떤 어려움이 있어도 끝까지 "인내"할 수밖에 없다. 바울의 윤리 사상에 있어서 믿음, 소망, 사랑은 그리스도인의 삶의 본질을 규정하는 가장 근본적인 덕목들이다. 이러한 삶의 질들을 보일 때 그리스도인다운 삶을 산다고 말할 수 있다.

## 5. 방언보다 뛰어난 예언 14:1-40

본 장은 내용상으로 12:31의 "더 큰 은사를 사모하라"는 말과 연결된 것이다. 더 큰 은사라는 것은 가치 개념이다. 어떤 관점에서 "더 큰" 은사라는 말인가? "더 크다"라는 가치 개념은 14:1의 "사랑을 따라 구하라"는 말을 통해서 부연 설명된다. 만일 어떤 은사가 사랑의 정신에 부합된다면, 다시 말해서 전체 공동체의 유익에 더 큰 공헌을 한다면 그 은사는 더 큰 은사다. 그래서 바울은 사랑을 따라 은사들을 구하라고 권면하면서 특별히 공동체 전체에 유익이 될 만한 예언을 하려고 사모하라고 권면한다.

이미 우리가 12장에서 지적한 대로 은사들은 사모할 수도 있고 얻으려고 기도할 수도 있지만, 그것들은 결코 명령의 대상도 아니며 훈련과 연습을 통해 얻어지는 인간 의지의 산물도 아니다. 더욱이 은사들은 개인 믿음의 정도나 성화의 정도에 따라 주어지는 어떤 것도 아니다. 은사들은 일반적으로 개별화되어 있고, 또 하나님이 원하시는 대로 주권적으로 주시는 은총의 선물이다. 따라서 그것들을 개인의 경건이나 신앙 깊이의 척도로 삼으려는 것은 잘못이다.

사랑의 관점에서 볼 때 바울은 방언보다는 예언이 교회에 더 큰 유익을 끼치기 때문에 예언을 더 사모하라고 권면한다. 사랑의 관점에서 방언보다는 예언이 더 큰 은사라는 것이다. 그렇다면 예언의 어떤 면이 방언보다 예언을 더 큰 은사로 만드는가? 도대체 방언은 무엇이고 예언은 무엇인가? 그들 사이에 어떤 차이점이 있는가? 먼저 방언이 무엇인지 살펴보자.

## 방언의 은사

첫째, "방언을 말한다"는 것은 정확하게 무엇을 뜻하는가? "방언"이란 말이 일상적인 생활에서 쓰일 때는 사람들이 대화 때 사용하는 "언어"를 가리킨다. 히브리 사람들은 히브리 방언을 사용했고, 헬라 사람들은 헬라 방언을 사용하였다. 이때 방언이란 것은 사람들이 사용하는 정규적인 언어를 지칭한다.(행 2:6 참조)

그러나 고린도 교인들 가운데 말해지던 방언은 14장의 문맥을 통해 살필 때 단순히 "인식을 초월한 어떤 중얼거림"이었다는 인상을 갖게 한다. 왜냐하면 고린도 교회의 방언은 바울의 표현에 따르면 성령의 감동을 받아 알아들을 수 없는 말로 하나님께 "비밀"을 말하는 것이었기 때문이다.(142) 바로 이 점이 알아들을 수 있는 계시의 말씀을 전파하므로 공동체에 유익을 주는 예언과 방언을 다르게 만든다.(19절 참조)

그러나 방언은 과연 인식을 초월한 어떤 중얼거림인가? 그것은 단순히 언어 이전의 중얼거림인가? 그런 것 같지는 않다. 바울은 13:1에서 "사람의 방언과 천사의 말"을 언급한 적이 있다. 어떤 사람은 사람의 방언과 천사의 말은 서로 다른 것이라고 주장하기도 하지만, 사실 고린도인들이 방언을 "천사의 말"로 간주했다고 보는 것이 더 타당한 것 같다. 이 천상적 언어는 단순히 말도 되지 않는 어떤 중얼거림이 아니라 성령의 충동을 받아 하나님의 "비밀"을 말하는 계시 언어라고 보아야 한다.(2절) "비밀"(뮈스테리온)은 신약성경에서 전형적인 계시 용어로 사용되고 있다.(2:6-7; 13:2; 롬 16:26 등)

더욱이 방언을 "통역하는" 은사가 존재한다는 것은 외국어를 알아들을 수 있도록 통역하는 우리의 일반적인 습관과도 일치한다. 방언 통역의 은사를 가진 사람이 천상적 언어인 방언을 "통역함으로써" 알아들을 수 있는 말로 번역할 필요가 있었다는 것은 방언이 "언어"였다는 점을 깨닫게 해준다. 그것은 단순히 말도 되지 않는 어떤 중얼거림이 아니라 하나님의 비밀을 담은 천상적인 언어였다.

다만 바울은 하나님의 비밀을 담은 이 천상적인 언어를 알아들을 수 있는 말로 번역하지 않고 공중 예배 시에 직접적으로 사용할 때 고린도인들이 "신령한 자들"로 칭송받기보다는 "야만인들"로 조롱받을 위험이 있음을 상기시킨다.(14:11) "믿지 않는 자들이나 무식한 자들"이 예배에 참석하여 고린도인들이 알아들을 수 없는 말로 지껄이는 것을 보면 그들은 분명히 고린도인들을 가리켜 "너희가 미쳤다"고 말하게 될 것이다.(14:23)

여기서 "무식한 자들"은 신령한 은사들에 관해서 잘 알지 못하는 초신자들을 가리킨다. 그들은 방언이 무엇인지 알지 못하기 때문에 고린도인들의 방언을 하나님의 비밀을 담은 천상적인 언어로 이해하지 못하고 미친 사람들이 알아들을 수 없는 말로 중얼거리는 것으로 이해했을 것이다. 그래서 바울은 방언이 통역되지 못할 때 공중 예배에서는 사용하는 것을 금지한다.(14:28) 그렇다고 해서 바울이 방언을 부정적으로 평가한 것은 아니다. 바울은 방언을 영적인 은사로 취급했으며,(21절 이하) 그것을 올바로 사용할 것을 장려했고,(5절) 자신이 다른 이들보다 더 방언을 말하므로 하나님께 감사한다고 말했다.(18절) 바울은 본질적으로 방언을 비판하지 않는다. 그가 크게 비판한 것은 해석되지도 않은 방언을 공중 앞에서 말하므로 우월 의식을 갖고 우쭐대는 자기 중심적인 고린도인들의 태도였다.

둘째, 그러면 하나님께서는 왜 방언을 주시는가? 교회와 개인의 삶에서 방언의 기능은 어떤 것인가? 바울은 이 질문에 대해서 자세하게 언급하지는 않지만, 14:22에서 다음과 같이 말한다. "방언은 믿는 자들을 위하지 않고 믿지 아니하는 자들을 위하는 표적이나 예언은 믿지 아니하는 자들을 위하지 않고 믿는 자들을 위함이니." 여기서 바울은 방언을 가리켜 "표적"(세메이온)이라고 말한다.

그러면 방언은 무엇을 위한 표적인가? 흔히 주장되는 견해는 방언은 복음 전파에 도움을 주는 표적이라는 주장이다. 에드가Edgar는 이것이야말로 방언의 유일한 목적이라고 주장한다. 그러나 이러한 주장을 할 때 이해할 수 없는 많은 문제들을 야기시킨다. 만일 방언이 복음 전도적인 표적이라면 방언을 말함으로 이교도들을 놀라게 하여 믿게 하려는 것이라는 전제를 인정하는 것이다. 그러나 통역되지 않은 방언을 말하게 되면 오히려 불신자들이 방언을 이해하고 복음을 믿기보다는 "너희가 미쳤다"고 조롱한다.(23절) 방언은 이 경우에 복음 전도에 도움을 주는 것이 아니라 (통역되지 않을 때) 오히려 방해 역할을 할 수 있다.

많은 사람들은 에드가가 생각하는 것보다 훨씬 미묘한 문제를 바울이 다루고 있다는 데 의견을 같이 한다. 그루뎀Grudem이 오히려 더 신빙성이 있는 해석을 제시한다. 그에 따르면 칠십인경에서 "표적"은 두 가지 의미를 갖는다고 한다. 표적은 언약 백성에 대한 하나님의 축복의 표적일 수도 있고 또는 불신자들에 대한 심판의 표적일 수도 있다. 바울은 본문 21절에서 이사야 28:11을 인용하는데 바로 이 구절이 후자의 의미를 나타낸다. "내가 다른 방언하는 자와 다른 입술로 이 백성에게 말할지라도 저희가 오히려 듣지 아니하리라."

이 인용구의 뜻은 다음과 같다. 하나님께서 알아듣기 쉽게 말씀하셨을 때 이스라엘 백성은 그의 말씀에 순종하지 않았다. 그래서 하나님께서는 이제 알아들을 수 없는 다른 언어를 사용하는 침략꾼을 보내어 그들을 심판하실 것이다. 이스라엘 백성이 알아들을 수 없는 방언을 듣는 것 자체가 그들에게는 "심판"을 의미한다. 바울은 고린도 교인들에게 통역 없이는 방언을 말하지 말라고 할 때 이사야의 이 구절을 암시하고 있다. 알아듣지 못할 방언을 말하는 것은 복음 전도에 도움이 되지 못할 뿐만 아니라 그것은 불신자들에게 "심판의 표적"이기도 하다. 만일 방언이 해석된다면 예언과 마찬가지로 긍정적인 가치를 지니게 될 것이다.

만일 방언이 불신자들을 위한 표적이 될 수 없다면, 그것은 공동체를 위한 은사이든지 아니면 개인 경건에 도움을 주는 은사이어야 한다. 그러나 바울은 방언 자체가 교회의 덕을 세우지 못한다고 강하게 주장한다. 알아듣지 못하는 말로 방언을 말하면 어떻게 교회가 그 방언의 내용에 대해서 믿음의 응답을 표현할 수 있는가! 아마도 고린도인들의 방언은 "기도"하고 "찬미"하며 "축복"하는 데 사용된 것 같다. "내가 영으로 기도하며 마음으로 기도하며 내가 영으로 찬미하고 또 마음으로 찬미하리라 그렇지 아니하면 네가 영으로 축복할 때에 무식한 처지에 있는 자가 네가 무슨 말을 하는지 알지 못하고 네 감사에 어찌 아멘 하리요".(14 -16절) 여기서 "영으로"라는 말과 "마음으로"라는 말이 대조되고 있다. "마음으로" 기도하고 찬미하며 축복하는 것은 알아들을 수 있는 우리의 일상적인 언어로 기도하고 찬미하고 축복하는 것을 지칭한다. 반면에 "영으로" 기도하고 찬미하며 축복하는 것은 방언 행위를 가리킨다. 이것은 방언으로 기도하고 찬송하며 축복했다는 것을 시사하는 말이다. 방언 기도와 찬양은 하나님께 드리는 영적인 활동이지만, 그것은 인간의 마음에 본유적인 기능인 지적인 "이해"에는 상관이 없는 활동이다. 그리스도인의 생활은 단지 영적인 활동 이상의 것이다. 마음이 열매를 맺지 못한다는 것은 그리스도인의 지성의 바른 위치를 강조하는 이 구절에서 살필 때 매우 중요하다.

바울은 냉랭한 지성주의나 영적인 것만 강조하는 열정주의를 모두 배격한다. 기도하고 찬미하며 축복하는 일은 신자의 생활에서 아주 중요한 부분을 차지하는 것이기는 하지만, 만일 알아들을 수 없는 방언으로 기도하고 축복한다면 그것은 회중에게 전혀 도움이 되지 못한다. 회중은 방언으로 하는 기도와 찬송과 축복에 "아멘"으로 응답할 수가 없고, 따라서 그들에게 아무 도움이 되지 못한다. 물론 바울은 방언이 회중에게 전혀 도움이 되지 않는다고 말하지는 않는다. 적어도 "통역된 방언"은 교회의 덕을 세우는 데 유용하기 때문에, 바울은 통역된 방언을 예배 시에 말하는 것을 허용한다.(5절)

대부분의 학자들은 방언이 교회의 덕을 세우는 은사라기보다는 개인의 경건에 도움을 주는 은사라고 생각한다. 바울 자신도 이를 뒷받침한다. "방언을 말하는 자는 자기의 덕을 세우고 예언하는 자는 교회의 덕을 세우나니".(14:4) 바울은 공중 앞에서 통역되지 않은 방언을 금하고 있다. 통역되지 않은 방언은 사람들에게 말해지는 것이 아니라 "하나님께" 말해지는 것이다.(14:3) 좀더 정확하게 말한다면 "만일 통역하는 자가 없거든 교회에서는 잠잠하고 자기와 하나님께 말할 것이다".(28절) 이 구절이 의미하는 것은 통역되지 않은 방언은 오직 "자기와 하나님께" 말하는 은사라는 것이다. 특히 방언은 "영으로 기도하고 찬미하고 축복하는" 은사이기 때문에 공동체에 유익을 주지는 못하지만 개인의 경건 생활에는 유익을 줄 수 있다. 그래서 바울이 방언을 가리켜 "자기의 덕을 세운다"고 말하는 이유가 여기에 있다.

셋째, 바울은 모든 신자가 다 방언할 것으로 기대했는가? 12:30에서 그는 이 질문에 대해 부정적으로 답변하는 것 같다. “다 병 고치는 은사를 가진 자겠느냐 다 방언을 말하는 자겠느냐 다 통역하는 자겠느냐?” 이 질문은 다 방언을 말하는 자일 수 없다는 대답을 기대하는 질문이다. 전통적인 오순절주의자들은 방언을 성령세례의 징표로 생각해 왔기 때문에 성령세례를 경험한 사람이라면 마땅히 모두 방언을 말해야 한다고 주장한다. 개인 방언은 실제로 보편적인 경험이라는 것이다. 심지어 은사집회를 인도하는 부흥사들 가운데는 “○○들도 다 방언을 하는데 방언을 하지 못하는 사람은 ○○만도 못하다”라고 윽박지르는 사람들도 있다고 한다. 이들의 생각 속에는 방언은 마땅히 모든 사람이 다 해야 한다는 전제가 깔려 있다.

그러나 우리가 앞서 지적한 대로 방언은 성령이 “자신의 뜻대로” 나누어 주시는 전적인 은총의 선물이며, 더구나 그것은 “각 사람에게” 나누어져 분배된 개별화된 선물이다. 따라서 은사를 모든 사람의 의무의 문제로 지울 수도 없고 더욱이 인간 의지나 훈련의 대상으로 만들 수 없다. 물론 방언과 같은 은사가 인간 의지의 대상이라고 말한다고 해서 그것을 의지의 통제를 받지 않는 “강권적이고 환상적인” 은사라고 생각할 필요는 없다. 방언을 말하다가 언제든지 자신이 그만 해야 하겠다고 생각하면 중지할 수 있기 때문에 의지의 통제가 가능하다.(27-28절) 또 이미 받은 은사를 억누르거나 오랫동안 사용하지 않으면 사라질 수도 있다. 그러나 방언을 처음 받고 안 받는 것은 전적인 은총의 선물이다.

## 예언의 은사

그렇다면 “예언”은 무엇을 가리키는가? 예언은 첫째, 고린도전서에서 "계시"와 밀접한 관련이 있다.(14:30) 예언을 통해 주어지는 계시의 말씀은 예배 도중에 갑작스럽게 임하기도 한다.(30절) 이때 예언자는 성령의 강한 충동을 느끼게 되지만,(32절) 자신의 주변 환경에 대해 충분히 인식하기 때문에 옆에 있는 다른 사람에게 동일한 성령의 충동이 임할 때 자신의 예언을 그칠 수 있다.(30절) 따라서 신약에는 이교에서 발견되는 황홀경적 예언보다는 통제 가능한 예언밖에는 없다.

계시의 힘과 명확성에는 광범위한 차이가 있는 것 같다. 어떤 사람들은 예언에는 오직 한 가지 종류의 예언밖에 없다고 주장하기도 한다. 그러나 고린도후서 12:1에서 바울은 "환상과 계시"를 말하는데, 그가 받은 강력한 환상 경험이 계시로 불려지고 있다. 또한 요한이 밧모 섬에서 받았던 계시도 강하고 아주 분명한 것이었다. 요한은 자신이 받은 계시를 예언이라고 부른 것이 특기할 만하다.(계 1:3; 22:38 이하) 바울의 환상적인 계시 경험과 요한의 예언 계시 경험은 매우 강력한 것이었고 보고들은 것도 희미하지 않고 뚜렷하고 명확한 것이었다. 다른 한편 바울이 마음속에 점차적으로 새겨지는 굳은 확신도 계시라는 용어를 빌려 사용한다는 것은 주목할 만하다.(예를 들어, 빌 3:15) 따라서 예언 계시라고 해서 다 똑같은 힘과 명확성이 있었다고 말할 필요는 없다.

개핀Gaffin이 말하는 것과는 달리 계시라고 해서 다 동일한 계시라고 할 수는 없다. 어떤 계시는 성경을 기록하는 것과 같은 "정경적 계시"도 있지만 어떤 계시는 좀더 시적이고 신자의 매일의 생활과 관련된 "조명적 계시"도 있다. "우리 주 예수 그리스도의 하나님, 영광의 아버지께서 지혜와 계시의 정신(또는 영)을 너희에게 주사 하나님을 알게 하시고 너희 마음 눈을 밝히사 그의 부르심의 소망이 무엇이며 성도 안에서 그 기업의 영광이 풍성히 무엇인지…알게 하시기를 구하노라".(엡 1:17 -20)

"지혜와 계시"라고 할 때 지혜가 따로 있고 계시가 따로 있다는 말이 아니다. 계시의 영을 받으면 지혜가 생긴다는 말이다. 더욱이 지혜와 계시의 영을 받으면 마음의 눈이 밝아져서 하나님을 더 잘 알게 되고 그리스도 안에서 주어지는 모든 축복들을 알게 된다는 뜻이다. 이 경우에 우리 그리스도인들이 일상적인 생활에서 얻게 되는 "지혜"도 바울은 계시라는 말을 빌려 표현하고 있다. 여기서 말하는 지혜의 계시는 교의신학적인 용어를 빌려 표현한다면 "정경적 계시"가 아니라 "조명적 계시"라고 할 수 있다.

둘째, 예언의 내용은 대단히 범위가 넓다. 사도행전을 보면 교회가 취해야 할 방향,(13:2 이하) 분쟁의 해결,(15:28, 32) 선교사들에게 주어졌던 특별한 인도와 확증,(16:6 이하) 기근에 대한 경고,(11:28) 바울의 개인적 운명에 대한 예고(20:23, 21:11) 등이 여기에 포함된다. 이들 구절에 나타난 개별 예언들은 하나님께서 어떤 특정한 상황 가운데서 구체적이고 세부적인 지침과 지식을 전달하시는 것과 관련된다. 예언들은 흔히 후대의 어떤 교의신학자들이 주장하듯이 율법이나 복음 전승 또는 사도들의 교훈을 읽고서 추론해낼 수 있는 보편적인 원리들이 아니었다. 신약 전체를 통해 살펴보면 "격려의 신탁",(고후 12:9; 행 18:8) "권면의 신탁",(갈 5:21; 살후 3:6) "구원의 선포",(계 14:13; 199 등) "심판의 선포",(고전 14:37 이하; 갈 1:8-9) "인정의 신탁",(고전 12:3 계 1:8, 17) "종말론적 실현의 신탁"(롬 11:25 이하; 고전 15:51 이하; 살전 4: 16 이하) 등의 내용들을 가지고 있다.

이로써 분명해지는 것은 초대 기독교 예언의 형식과 내용이 대단히 다양했다는 사실이다. 따라서 어떤 학자는 예언의 독특한 모습은 그 내용이나 형식에 있는 것이 아니라 그것의 초자연적 기원에 있다고 주장하기까지 한다. 즉 예언의 내용이 매우 다양하기 때문에 내용을 보고 예언이라고 말하기보다는 그것이 과연 성령의 계시에 의해 주어진 것이냐를 보고 예언이라고 말해야 한다는 것이다.

셋째, 그러면 예언의 목적은 무엇인가? 예언은 무슨 목적으로 주어지는가? 이 질문에 대해서 바울은 본문 3절에서 이렇게 말한다. "예언하는 자는 사람에게 말하여 덕을 세우며 권면하며 안위하는 것이요." 바울은 여기서 예언의 목적은 교회의 덕을 세우며 권면하며 위로하는 것이라고 말한다. 그러나 이 구절이 예언의 목적을 설명하는 충분한 구절이라고 할 수는 없다. 왜냐하면 예언 이외에 설교나 가르침도 교회의 덕을 세우고 권면하며 안위하는 목적을 가지기 때문이다. 설교나 가르침이 이런 목적이 있다고 해서 바로 예언이 되는 것은 아니다.

예언의 기능은 위에서 밝힌 대로 격려, 구원, 심판, 인정, 권면 그리고 종말론적 실현의 신탁 등의 예언 내용을 통해서 어느 정도 알 수 있다. 하나님께서 예언을 통해 격려하고 심판을 경고하고 구원을 선포하며 권면하신다는 것은 공동체에게는 축복의 징표다. "방언은 믿는 자들을 위하지 않고 믿지 아니하는 자들을 위하는 표적이나 예언은 믿지 아니하는 자들을 위하지 않고 믿는 자들을 위한" 표적이다.(14:22) 예언이 공동체 위에 임한다는 것은 하나님께서 그들과 함께 하신다는 축복의 징표이고, 하나님께서 그들을 친밀히 알고 계신다는 징표이며, 하나님이 그들이 직면한 위험을 알고 계시며, 하나님이 그들을 자신의 손 안에 두고 인도하며 교훈하신다는 징표다. 이것은 또한 불신자들에게도 뚜렷한 징표가 된다. "그러나 다 예언을 하면 믿지 아니하는 자들이나 무식한 자들이 들어와서 모든 사람에게 책망을 들으며 모든 사람에게 판단을 받고 그 마음에 숨은 일이 드러나게 되므로 엎드리어 하나님께 경배하며 하나님이 참으로 너희 가운데 계시다 전파하리라".(14:24-25) 이 구절을 살펴보면 예언은 때로 권면과 위로의 말씀으로 임할 때가 있지만, 그것은 때로 책망과 도전의 말씀으로 임할 때도 있다는 것을 보여준다.

넷째, 예언은 은사적인 설교나 교훈이라고 볼 수 있는가? 어떤 사람들은 목회자들이 주일에 하는 설교가 구약의 예언 기능을 넘겨받았다고 주장하면서 설교를 예언으로 보려고 한다. 이런 주장 속에는 예언은 사도 이후 시대에는 중단되었기 때문에 구약의 예언이 가지고 있었던 역할이 신약에 와서, 특별히 사도 시대 이후에 와서 설교의 기능 속에 편입되어 들어왔다고 보는 견해가 자리잡고 있다.

그러나 신약에서 "설교"(케류그마)를 곧 "예언"으로 동일시한 구절은 아무데도 없다. 물론 예언 가운데는 교육적이고 권면적인 요소가 있었으며, 초대 교회에서 예언자로 인정된 사람에게 설교하고 가르칠 권한이 있었다는 것은 사실이다.(31절 참조) 31절을 보면, 예언을 통해서 교회의 다른 구성원들은 권면을 받고 가르침을 받았다는 것을 분명히 시사하고 있다. 그러나 예언이 곧 설교요 가르침이라고 볼 수 있는지는 극히 의심스럽다.

중간사 시대 이후에 유대인들 사이에는 예언이 사라졌다는 신앙이 널리 유포되어 있었다. 당시에는 예언자들 대신에 현자들과 서기관들이 활동하였다. 현자들과 서기관들의 특징을 들라면 그들은 주어진 기존 전승을 가지고 잘 가르치는 교육자들이요 선생들이었다. 율법 선생들은 있지만 예언자가 사라졌다는 유대인들의 신앙 속에는 예언이 기존 전승을 가르치는 행위가 아니라 직접 계시의 말씀을 받아 하나님의 뜻을 선포하는 것이라는 사실이 전제되어 있다. 이 경우에 예언은 변함없이 신탁적인 강화다. 다시 말해서 예언이란 하나님에게서 사람에게 직접적으로 계시되는 지식의 선포라고 말할 수 있다. 오늘날의 설교는 이런 "직접적인" 계시를 받아 선포하는 것이라 할 수 없다.

바울이 언급하는 은사들 중에는 "가르치는 것"과 "예언"이 모두 포함되어 있는데, 이것들은 성령의 내적인 어떤 작용을 나타내기 때문에 은사라고 불린다. 그러나 은사적인 가르침은 회중들의 직접적인 필요에 부응하여 성경이나 전승을 풀어서 잘 설명해 주는 행위를 지칭하지만, 반면에 예언은 성경에 대한 사색을 통해서라기보다는 초자연적인 존재로부터(하나님, 성령, 그리스도 또는 천사 등) 직접 계시된 내용을 인간이 선포하는 것을 나타낸다.

예언이 설교나 가르침과 동일한 것이라고 주장하는 사람들은 대개 구약의 예언에 권면적인 기능이 있기 때문에 신약의 설교나 가르침도 역시 예언적인 것이라고 말한다. 그러나 구약에서 권면적인 요소가 있는 것은 단지 예언만은 아니었다. 예언 이외에 상당히 다양한 문학 양식들이 다 권면적 요소가 있었다. 그렇다고 해서 그런 문학 양식들이 다 예언이 되는 것은 아니다. 예언이 가지는 "계시적" 측면 때문에(13:2; 14:30) 설교나 가르침이 예언이 될 수 없고, 따라서 직접 초자연적인 존재로부터 계시의 말씀을 받는 사람은 공동체 내에 예언의 은사를 받은 소수의 사람일 수밖에 없다. 이런 의미에서 바울은 모든 사람을 예언자로 보지 않았다고 말할 수 있다.(12:29) 그는 물론 24:31에서 "모든 사람들이 하나씩 예언할 수 있다"는 말을 한다. 여기서 "모든 사람"은 단지 선지자들만을 대상으로 한 말이라고 주장할 수도 있다. 이런 해석에 따르면 예언은 전혀 보편적인 현상이 아니다.

그러나 그루뎀Grudem을 따라 중립적인 입장을 취하는 것이 더 나을 것이다. 예언자는 오직 예언 계시를 받는 사람들만 지칭한다. 하지만 모든 사람은 예언을 구할 수가 있다.(14:1, 5, 39) 왜냐하면 어떤 사람도 선천적으로 배제되지는 않기 때문이다. 그러나 실제로 하나님께서 모든 사람에게 어떤 한 가지 은사를 부여하지 않으신다.(12:29)

다섯째, 바울이 말한 대로 고린도인들 가운데 어떤 사람이 예언 계시를 받은 예언자라고 한다면 그가 받은 예언 계시는 사도적인 계시의 말씀과 권위적인 면에서 동등한 것인가라는 질문을 제기할 수 있다. 구약에서 선지자들은 야훼의 이름을 빌어 예언을 선포하였다. 사람들은 선지자의 예언이 과연 하나님에게서 나온 것인가 시험할 수는 있었지만, 일단 권위가 인정된 선지자의 예언에 대해서는 그 내용을 함부로 변경할 수가 없었다. 인정된 선지자의 말을 거역하는 것은 곧 하나님의 권위를 거역하는 것이나 마찬가지였다. 그러나 선지자의 예언이 어떤 부분이라도 잘못된 것으로 발견되면 그 선지자는 죽임을 당해야 했다. 참된 예언에 대한 불순종 또는 거짓된 예언은 이토록 심각한 결과를 가져왔기 때문에 선지자들의 예언은 막강한 권위를 가질 수밖에 없었다.

그러나 신약의 예언자들이 구약의 예언자들이 갖는 그런 절대적인 권위를 소유했다고 볼 수 있는가? 어떤 사람들Grudem은 구약 예언자들에게 돌려졌던 권위는 신약에서 사도들에게 넘어갔기 때문에, 신약의 예언자들은 단지 통상적인 권위만을 가졌다고 주장한다. 구약이 말하는 것과 같은 진정한 예언은 사라졌기 때문에, 신약의 예언은 구약의 예언과 비교할 때 좀더 약한 권위를 갖는다는 것이다. 그루뎀과 같은 사람들은 그러나 신약의 증거들을 너무 도식화시켜 분리하고 있는 것 같다. 사도적 예언과 선지자적 예언 사이에는 그런 날카로운 구별은 없다. 사도 요한은 계시록에서 자신이 받은 계시의 말씀을 "예언"이라고 불렀는데, 그가 받은 계시의 권위는 예언의 이름 안에서 주장된 것이지 사도직을 근거로 주어진 것은 아니었다.

더욱이 바울이 사도로서 말한 모든 말씀이 다 동일한 권위를 가진 것도 아니었다. 바울 자신도 계시로 받은 말씀과 자신의 의견으로 제시한 말씀 사이에 구분을 두기도 했다. 결혼과 이혼에 관한 말씀에 대해서 바울은 그것이 주의 명령이라고 말하지만,(고전 7:10) 처녀들에 대한 교훈에서는 그들이 독신으로 지내는 것이 좋다는 자신의 의견을 계시라고 말하지 않고 선한 충고라고 말한다.(7:25, 40)

한 가지 더 지적할 것은 어떤 선지자들의 예언 계시는 심지어 사도들의 계시와 동일하거나 비슷한 권위를 가졌다는 사실이다. 그래서 바울은 교회를 가리켜 "사도들과 선지자들의 터 위에 세우심을 받은 자들"로 묘사한다.(엡 2:20) 사도들과 선지자들이 교회의 기초가 될 수 있었던 이유는 그들의 계시 사역 때문이었다. 그들이 받은 계시를 통해서 사도들뿐만 아니라 선지자들도 교회의 기초를 닦는 일을 하였다. 이것은 초대 교회 선지자들의 계시 사역이 사도들의 계시 사역과 비슷하거나 마찬가지의 권위를 가졌다는 사실을 보여 주는 것이다. 바울은 사도들과 선지자들의 이러한 "정경적" 계시 사역은 오늘날 중지된 것으로 말한다. 오늘날 어떤 신자가 성경을 기록할 만한 정경적 계시를 받았다고 주장한다면 그는 이단적인 주장을 하는 것이나 다름이 없다.

그러나 본 장의 37-38절을 보면 예언이라고 해서 모두 정경적 계시와 관련된 권위 있는 예언이라고 볼 수 없다는 점을 시사해 준다. "만일 누구든지 자기를 선지자나 혹 신령한 자로 생각하거든 내가 너희에게 편지한 것이 주의 명령인 줄 알라 만일 누구든지 알지 못하면 그는 알지 못한 자니라." 이 구절은 자신을 "신령한 자" 또는 "선지자"로 생각하는 고린도의 어떤 사람들이 계시를 받았다고 주장하면서 바울의 사도적 계시의 권위를 무시하려고 했음을 보여 준다. 그들은 자신들도 계시를 받았고 바울도 계시를 받았는데 자신들과 바울 사이에 무슨 권위의 차이가 있느냐고 도전적인 자세를 취한 것으로 보인다.

그러나 바울은 자신이 고린도전서에서 하는 말이 "주의 명령"인 줄 깨닫지 못하면, 그 사람은 아무리 자신을 선지자로 여길지라도 사실 아무것도 모르는 사람이라고 주장한다. 이것은 바울 자신의 사도적 계시와 고린도인들 사이에 임한 사적인 계시 사이에 권위상으로 분명한 차이가 있다는 것을 보여 주는 말씀이다. 예언이라고 해서 다 같은 권위를 지닌 예언은 아니다. 그래서 학자들은 사도적 예언과 선지자적 예언 사이의 철저한 구별이란 존재하지 않는다는 것을 인정하면서도 카리스마적인 권위의 긴 연속선이 있다고 주장하기까지 한다.

다시 말해서 어떤 예언은 확고한 권위를 지니고 있어서 사도적 계시와 마찬가지의 권위를 지닌 예언도 있지만, 어떤 예언은 구체적인 상황에서 교회가 걸어가야 할 방향을 지시해 주고 받은 예언의 말씀을 통해 교회의 "덕을 세우고 권면하며 위로하는" 보다 사적인 예언이 있다는 것이다. 고린도인들이 받은 예언의 은사는 후자의 보다 사적인 예언에 해당한다고 할 수 있다. 이 사적인 예언은 전적으로 사도적 계시에 종속되는 것이며 그 권위의 범주 안에서만 움직여야 한다. 어떤 예언자가 사도적 계시의 말씀과 모순되는 주장을 한다면 그것은 거짓 예언이다.

시한부 종말론을 신봉하는 사람들 가운데 재림이 정해진 특정한 날짜에 있을 것을 계시로 받았다고 주장하는 자들이 있다. 정경적 계시의 말씀에 따르면 재림의 날짜와 시간은 예수님도 모르고 천사도 모른다고 했는데 오늘날 재림의 시간과 날짜를 예언 계시로 받았다고 하는 자들의 주장은 거짓되고 사기적인 주장이다. 교회 내의 구체적인 상황에서 주어지는 사적인 예언은 성경 말씀의 잣대로 시험되어야 한다. 이로써 바울은 교회 안에서 사적인 예언의 권위를 상대화시킨다.

여섯째, 예언이 과연 성령의 감동으로 임한 것인지를 분별하는 궁극적인 기준은 무엇인가?

1) 우리는 이미 12:1-3에서 언급된 첫 번째 기준을 언급한 바 있다. 그것은 은사를 받은 사람이 예수를 "주"로 고백하는가를 살피는 것이다. 만일 어떤 신자가 은사를 받았다고 말하면서도 예수를 부인하거나 "저주할 자"라고 부르는 것은 그가 여전히 귀신에게 끌려다니는 사람이라는 뜻이다.

2) 두 번째 기준은 사도적 계시의 말씀이다.(14:37-38) 만일 어떤 예언자가 사도들이 우리에게 전해 준 계시의 말씀과 어긋나는 주장을 한다면 그는 거짓 예언자다. 오늘날 교회 가운데서 존재한다고 여겨지는 모든 예언은 성경 말씀의 권위에 종속되어야 하며 그것을 통해 시험되어야 한다.

3) 그러나 바울은 사도들만 예언의 진위를 구별할 수 있는 유일한 사람들이라고 말하지 않는다. 초대 교회 가운데는 방언이나 예언 등과 같은 은사가 과연 성령의 감동으로 온 것인지를 알게 해주는 "영들 분별의 은사"가 따로 있었다.(12:10) 또한 바울은 "예언하는 자들의 영이 예언하는 자들에게 제재를 받는다"(14:32)고 말한다. 어떤 사람이 예언을 받았다고 주장할 때 그것이 성령의 감동으로 온 것인지를 분별하는 것은 역시 참된 예언자로 인정된 다른 사람들을 통해 이루어질 수도 있다.

그러나 바울은 14:29에서 또 다른 가능성을 말해 주는 것 같다. "예언하는 자들이 둘이나 셋이나 말하고 다른 이들은 분변할 것이요." 여기서 바울이 제기하는 문제는 예언하는 자들에게 계시가 임할 때 아마도 그들은 무질서하게 서로 먼저 말하려고 했던 것 같은데, 따라서 예언이 임할 때 순서를 따라서 하되 "다른 이는 분변해야 한다"는 것이다. 분변한다는 말은 예언이 하나님에게서 온 것인지, 아니면 다른 영에게서 온 것인지 가려내는 것을 의미한다. 여기서 "다른 이"는 예언의 말씀을 분변하는 다른 은사자들을 가리키는가, 아니면 회중 전체를 가리키는가? 전후의 문맥을 볼 때 회중 전체를 가리키는 것 같다.

예언의 말씀을 판단할 수 있는 능력은 개별 은사자들에게만 있는 것이 아니라 성령을 소유하고 있는 신자라면 누구에게나 존재한다. "예언을 멸시치 말고 범사에 헤아려 좋은 것을 취하고 악은 모양이라도 버리라".(살전 5:20-22) 20절의 "예언"은 21절의 신자들이 헤아려야 할 "범사" 또는 "모든 일" 속에 포함된다. 바울은 데살로니가의 어떤 교인들처럼 예언을 멸시하려는 태도를 보이지 말고 분별 있는 신자라면 모든 일을 헤아려 좋은 것을 취하듯 예언도 헤아려서 좋은 것은 취해야 한다고 권면한다.

여기서 "헤아린다"(도키마제인)는 동사는 신자들이 구체적인 윤리적 상황에서 하나님의 뜻을 분별하는 판단력을 가리키는 동사다.(롬 12:2 참조) 이렇게 예언까지도 분별하고 판단해야 할 책임을 진 사람은 교회 회중 전체다. 누구든지 성령을 소유한 사람은 "모든 것을 판단할 수 있기"(2:15) 때문에 예언의 진위를 판단할 능력은 신령한 모든 사람에게 주어진 하나님의 선물이다.

우리는 방언과 예언에 관한 본 장의 설명을 떠나기 전에 마지막으로 26절에 관해 간단히 설명을 해야 할 것 같다. "그런즉 형제들아 어찌 할꼬 너희가 모일 때에 각각 찬송시도 있으며 가르치는 말씀도 있으며 계시도 있으며 방언도 있으며 통역함도 있나니 모든 것을 덕을 세우기 위하여 하라." 26절에서 "각 사람"이란 말은 12:7과 관련하여 이해되어야 한다. 바울은 고린도 교회의 예배에서 각 사람은 자신이 받은 은사를 가지고 다른 사람의 덕을 세우기 위해 봉사해야 한다고 권면한다. 이것은 각 신자가 예배 시에 공헌할 분야가 있음을 암시한다. 예배는 몇 사람의 주도로 이루어지고 나머지 회중은 구경만 하는 식으로 참석할 것이 아니란 말이다. 그들은 각자 공헌할 분야가 있다.

아마도 고린도 교회의 어떤 신자는 "찬송시"를 부른 것 같다. 찬송시란 시편을 가리키기보다는 아마도 악기를 동반한 노래를 가리킬 것이다. 여기서는 어떤 사람이 스스로 작곡한 노래를 예배자들 앞에 제시하는 것을 의미하는 것 같다.(15절 참조) 미리 준비한 찬송시인지 성령의 감동을 받아 즉흥적으로 부른 찬송시인지는 알 수 없다. 바울 서신의 다른 구절을 읽어 보면 찬송을 부르되 성령의 충만을 받아서 "서로 화답하라"고 가르친다. "오직 성령의 충만을 받으라 시와 찬미와 신령한 노래들도 서로 화답하며 너희의 마음으로 주께 노래하며 찬송하며." 설교와 가르침만이 교회의 덕을 세우며 "서로에게" 유익을 주는 것이 아니라 성령의 감동을 받아 부르는 노래도 "서로의" 덕을 세워 주며 유익을 줄 수 있다.

"가르치는 말씀"은 기독교 교사들이 가르치는 말씀일 텐데, 이것도 영적인 은사 중에 포함되어 있다. 성령의 은사를 받지 않고서는 결코 남을 변화시킬 수 있는 훌륭한 교사가 될 수 없다. "계시"는 하나님께서 신자에게 주시는 구체적 상황과 관련된 예언 계시의 말씀을 가리킬 것이다. "통역"은 방언 해석을 말한다.

고린도 교회와 같은 초대 교회의 예배에는 이렇게 다양한 카리스마적 요소들이 존재하였다. 초대 교회의 예배는 오늘 우리 시대의 예배보다 훨씬 카리스마적인 예배였던 것 같다. 그러나 중심되는 것은 이 모든 카리스마들은 무질서하게, 그것도 자신만을 위해 사용하지 말고 교회의 유익을 위해서 사용하라는 것이다.(26절) 은사들은 본래 공동체를 위해 주신 것이기 때문에 "한 몸"이 된 교회론적 통일성과 조화 또는 덕을 세우기 위해 사용되어야 한다.

마지막으로 우리는 교회 예배 시에 여자들이 지켜야 할 위치에 대해 논의해야 한다. 34-36절에서 바울은 율법에서 교훈하는 대로 여자는 교회에서 "잠잠해야 하고" 만일 무엇을 배울 일이 있으면 집에 가서 남편에게 물어야 한다고 주장한다. 심지어 바울은 "여자가 교회에서 말하는 것은 부끄러운 것임이라"고까지 말한다. 바울의 이 진술 때문에 여러 교단들이 여자가 남자들을 지도하는 지도자가 된다거나 목사로 안수 받는 일을 허락하지 않고 있다. 따라서 우리는 이 구절을 조심스럽게 검토할 필요가 있다.

겉보기에 본 절의 말씀은 11:5의 내용과 모순되는 것처럼 보인다. 본 장의 말씀에서는 여자가 일절 교회에서 말해서는 안 된다고 주장하는 반면에, 11:5에서는 여자가 예배 때에 기도나 예언을 할 수 있는 가능성을 보여 주기 때문이다. 그래서 어떤 학자들은 14:34-36이 본래 고린도전서에 없었던 것인데 후에 삽입된 진정성이 없는 부분이라고 주장한다. 그러나 초기의 어떤 권위 있는 사본도 이 구절을 생략한 경우가 없었기 때문에, 본 절을 후기의 삽입으로 보려는 시도는 잘못된 것이다.

그렇다면 왜 두 구절이 모순되는 것처럼 보이는가? 한 구절에서는 여자에게 예배 시 예언의 말씀을 선포할 수 있는 가능성이 주어지고, 다른 한 구절에서는 여자는 예배 시에 일절 말해서는 안 된다고 하는 것은 왜 그런가? 어떤 사람들은 바울 당대에 여자들이 교육을 받지 못했고 또 어떤 여자들은 그릇된 처신을 했기 때문에 바울이 무식한 여자들이 교회에서 말하는 것을 허용하지 않았다고 주장하기도 하고, 다른 사람들은 11장의 상황은 비정규적인 모임이고 14장의 상황은 정규적인 예배 모임이기 때문에 서로 상황이 달랐다고 주장하기도 한다.

14장 전체의 넓은 문맥은 방언과 예언의 문제를 다루고, 29-32절의 인접 문맥은 예배 때에 말해지는 예언을 분별하는 문제를 다룬다. 아마도 34-36절은 근접 문맥의 내용과 연결시켜 예언을 분별하는 일과 관련하여 해석되어야 할 것이다. 만일 34-36절을 예언자들의 예언을 분별하는 일과 관련하여 해석한다면, 여자들은 교회에서 예언자들의 메시지를 판단하고 평가하는 교회적 권위를 행사하는 일에 참여해서는 안 된다는 뜻을 가지게 된다. 바울은 11장에서 남편들이 교회 예배에서 머리됨의 권세를 소유한다는 사실에 관심을 가졌다. 이러한 바울의 논리에 따른다면 여자들은 예언자들의 메시지를 판단하는 교회적 권세를 행사하는 일을 해서는 안 된다.

그러면 왜 바울은 여자들이 교회에서 말하는 것을 허락하지 않는가? 그것도 바울은 율법에서 그 근거를 찾는다. 그러나 여자들이 예배 중에 언제든지 침묵해야 한다고 가르치는 율법(즉, 구약)의 말씀을 찾기가 어렵다. 오히려 구약은 정반대의 사실을 교훈하고 있다.(출 15:20-21; 삼하 6:15, 19; 시 148:12 참조) 만일 여자들이 선지자들의 메시지를 판단하는 일에 참여하지 않아야 한다는 구약의 교훈을 찾는다면 아마 어렵지 않게 발견할 수 있을 것이다.(창 3:36 참조) 그렇다면 바울은 여자들이 남편의 권위 아래서 예배 때 기도하고 예언할 수 있지만 예언자들의 메시지를 평가하고 판단하는 교회의 권세에 참여해서는 안 된다는 권면을 한다고 할 수 있다. 이것은 11장에 나타난 바울의 교훈과 일치하는 것이라고 생각된다.

# The Secularization of the Church,

# How will We Overcome it?

7장

# 죽은 자들의 부활

15:1–58

## The Secularization of the Church, How will We Overcome it?

그리스도께서 죽은 자 가운데서 다시 살아나셨다 전파되었거늘 너희 중에서 어떤 사람들은 어찌하여 죽은 자 가운데서 부활이 없다 하느냐 만일 죽은 자의 부활이 없으면 그리스도도 다시 살아나지 못하셨으리라 그리스도께서 만일 다시 살아나지 못하셨으면 우리가 전파하는 것도 헛것이요 또 너희 믿음도 헛것이며 또 우리가 하나님의 거짓 증인으로 발견되리니 우리가 하나님이 그리스도를 다시 살리셨다고 증언하였음이라 만일 죽은 자가 다시 살아나는 일이 없으면 하나님이 그리스도를 다시 살리지 아니하셨으리라 만일 죽은 자가 다시 살아나는 일이 없으면 그리스도도 다시 살아나신 일이 없었을 터이요 그리스도께서 다시 살아나신 일이 없으면 너희의 믿음도 헛되고 너희가 여전히 죄 가운데 있을 것이요 또한 그리스도 안에서 잠자는 자도 망하였으리니 만일 그리스도 안에서 우리가 바라는 것이 다만 이 세상의 삶뿐이면 모든 사람 가운데 우리가 더욱 불쌍한 자이리라 **고전 15:12-19**

## 1. 구원을 가져다 주는 복음[15:1-11]

바울은 본 장에서 고린도 교인들 가운데 부활이 없다고 주장하는 자들의 교리적 오류를 비판한다. 사실 부활 교리는 기독교가 무너지고 서는 일에 결정적인 영향을 주는 기초다. 기독교는 역사적인 종교다. 그것은 역사적인 예수의 죽음과 부활이라는 역사적 사건에 기초한다. 단순히 무시간적이고 추상적인 진리를 말하는 것이 기독교가 아니고 하나님께서 인류 구속을 위해 어떻게 역사 속에서 행동하셨는가를 증언하고 전파하는 것이 기독교인 것이다.

신약에서 하나님의 역사적인 구원 행위 가운데 두 가지 대표적인 것들은 예수 그리스도의 죽음과 부활 사건이다. 이 두 사건은 역사 속에서 발생한 사건들이기 때문에 그것을 목격한 증인들이 많았고, 기독교는 그 증인들이 전해 준 증거의 말씀에 기초하여 세워졌다. 초대 교회의 설교는 이들 목격자들의 증거에 기초하여 있기 때문에 믿을 만하고 신실한 것이다.(눅 1:1-4)

부활은 바울 가르침의 핵심적인 부분을 차지하는데, 그가 고린도인들에게 전한 복음은 예수의 죽음과 부활 사건을 목격한 사람들이 전해 준 "전승"의 말씀에 기초한 것이다.(1절) 바울이 "전해 준" 복음은 고린도인들이 믿음으로 "받은" 것이요 그 가운데 선 것이다. 만일 그들이 바울이 전해 준 복음을 "굳게 지키고 헛되이 믿지 아니하였으면" 이를 통해 구원을 받을 것이다.(1-2절)

사실 바울이 고린도인들에게 전해 준 복음은 그가 초대 교회의 다른 사람들로부터 먼저 "받은" 것이었다.(3절 상) 여기서 우리의 주목을 끄는 점은 "받다"(파라람바노) 또는 "전하다"(파라디도미)는 동사들이 사용된 사실에 있다. 이들 동사는 기독교 전승을 넘겨받거나 또는 넘겨주는 행위를 지칭하는 기술적인 술어들이다. 사실 바울이 고린도인들에게 전해 준 복음은 그가 기초하거나 만들어 낸 복음이 아니라 그도 역시 초대 교회로부터 받은 것이다. 바울은 자신의 복음이 때로 사람에게서 받은 것도 아니요 배운 것도 아니라 부활하신 그리스도에게서 직접 계시로 받은 것이라고 말하기도 하지만,(갈 1:11-13) 그의 복음의 핵심적 근거와 내용은 초대 교회로부터 받은 것이다.

바울이 초대 교회로부터 받았고 또 고린도인들에게 전해 준 복음 전승의 말씀은 사람들에게 구원을 가져다 준다. "너희가 만일 나의 전한 그 말을 굳게 지키고 헛되이 믿지 아니하였으면 이로 말미암아 구원을 얻으리라".(2절) 바울 복음의 기초는 예수 그리스도의 죽으심과 부활 사건인데, 역사적인 이 구속 사건들을 믿음으로 받아들이고 지키는 사람들은 구원을 받는다. 구원은 단순히 기독교의 추상적인 진리를 믿는 일에서 나오는 것이 아니다. 기독교의 성립 자체가 역사적 사건들에 근거하고 있기 때문에 예수의 대속적인 죽음과 부활 사건들을 나를 위한 하나님의 구원 행위들로 받아들이지 않으면 그는 결코 구원을 받을 수 없다. 요즈음 자유주의적인 신학 사상을 가진 사람들 가운데는 비록 예수 그리스도의 죽음과 부활을 역사적인 사실로 받아들이지 않아도 기독교 신앙은 성립할 수 있는 것처럼 주장하는 사람들이 있다. 예수께서 죽은 자 가운데서 부활하신 사건을 믿지 않더라도 기독교 신앙은 존립할 수 있다는 식의 주장이다. 그러나 바울은 만일 그런 식의 주장을 하는 사람이 있다면 그는 구원을 얻지 못한다고 주장한다.

2절에서 쓰인 구원받는다는 동사는 현재형인데 구원의 계속적 지속성을 가리킨다. 구원은 예수의 대속적인 죽음과 부활 사건을 믿을 때 단번에 얻는 것이지만, 구원 얻는 상태는 지속적인 것이다. 바울은 보다 적극적으로 "두렵고 떨리는 마음으로 너희 구원을 성취하라"고 권면하기까지 한다.(빌 2:12-13) 구원은 한 번 얻음으로 족한 것이 아니라 계속 유지하고 완성해야 할 어떤 것이고, 구원을 유지하고 완성해야 할 책임은 인간 편에도 주어져 있다. 바울의 은총 교리는 인간의 책임 영역을 제거시키지 않는다.

이렇게 구원을 계속 유지하고 성취하기 위해 고린도인들은 바울에게서 받은 사도적 복음을 "굳게 지키고 헛되이 믿지 않아야" 한다. 이 구절은 그들이 신앙의 부적절한 기초 위에서 믿을 수 있는 가능성을 함축하는 말이다. 헛되이 믿지 말라는 경고성 발언은 10절에서 바울이 하나님의 은혜가 헛되지 않게 하기 위해 진력하고 수고한 사실과 대조된다. "나의 나 된 것은 하나님의 은혜로 된 것이니 내게 주신 그의 은혜가 헛되지 아니하여 내가 모든 사도보다 더 많이 수고하였으나 내가 아니요 오직 나와 함께 하신 하나님의 은혜로라." 어쨌든 이 가능성은 진정한 가능성이다. 소위 예수를 믿는다고 주장하면서 예수의 부활을 부인하는 사람이 있다면 그야말로 그는 헛되이 믿은 것이다. 신앙은 바른 기초

위에서 시작해야 한다.

고린도인들이 바울에게서 받은 복음은 이렇게 그들에게 구원을 가져다 준다. 그들이 받은 복음의 근본적인 내용은 3, 4절에 기록되어 있다. "내가 받은 것을 먼저 너희에게 전하였으니 이는 성경대로 그리스도께서 우리 죄를 위하여 죽으시고 장사지낸 바 되었다가 성경대로 사흘 만에 다시 살아나사." 이 구절에서 주목해야 할 몇 가지 점이 있다.

첫째, 예수 그리스도의 죽으심은 "우리의 죄를 위한" 대속적인 죽으심이었다. 여기서 예수의 죽음은 우리의 죄를 "위한"(휘페르) 속죄적 죽음으로 묘사된다. 이와 비슷한 표현은 성만찬의 문제를 드리우는 11:24에서 발견된다. "축사하시고 떼어 가라사대 이것은 너희를 위하는 내 몸이니 이것을 행하여 나를 기념하라." 바울은 만찬에 관한 이 말씀이 예수 자신에게서 받은 것이라고 말한다.(11:23)

이로써 예수의 죽음에 대속적인 의미를 부여하기 시작한 것은 예수님 자신에게서 비롯된 것이 분명하다. 공관복음서에서 예수께서 자신의 죽음의 의미를 설명하는 또 다른 구절은 마가복음 10:45이다. "인자의 온 것은 섬김을 받으려 함이 아니라 도리어 섬기려 하고 자기 목숨을 많은 사람의 대속물로 주려 함이니라." "대속물"(안티루트론)이란 말은 "안티" 전치사와 "루트론" 명사가 결합되어 이루어진 단어인데, "안티" 전치사는 누구의 "유익을 위해"라는 뜻을 가질 수는 있지만 보통 누구를 "대신하여"라는 뜻을 지닌다.

따라서 예수의 죽음은 많은 사람들에게 일어났어야 했던 일이 그에게서 일어났음을 뜻한다. 초대 교회는 이런 예수님의 말씀들을 근거로 삼아서 그의 죽음이 사람들을 위한 죽음이요 사람들을 대신하여 죽은 죽음이라는 해석을 발전시켰을 것이다. 사실 "그리스도께서 우리 죄를 위해 죽으시고"라는 표현은 바울이 초대 교회로부터 받은 말씀이다. 그리스도께서 성도들의 죄를 위해 죽으신 것은 "성경을 따라" 성취된 일이었다. 그리스도의 대속적인 죽음은 구약에서 예언된 것이다.(사 52:13-53: 12)

둘째, 예수께서는 장사지낸 바 되셨다. 아마도 여기서 장사지낸 일이 언급되는 것은 죽음과 부활 사이의 필요한 단계이기 때문에 초대 교회의 설교 내용에 포함되었을 것이다. 그가 장사되어 땅 속에 묻혔다면 그는 실제로 죽은 것이고 부활은 시체가 다시 살아난 것이다. 복음서를 보면 예수께서 실제로 부활한 것이 아니라 예수의 제자들이 그의 시체를 훔쳐 갔다는 소문이 떠돌아다닌 것을 알 수 있다.(마 27:64, 28:13 참조)

그렇다면 예수께서 장사지낸 바 된 사실을 언급한다는 것은 초대 교회에 떠돌아다니던 이런 사실무근한 소문을 잠재우는 역할을 했을 것이다. 예수께서는 실제로 죽으셨고 또한 실제로 장사지낸 바 되셨다. 부활은 사실무근한 소문에서 시작된 것이 아니고 실제로 예수께서 죽고 장사지낸바 되었다가 다시 살아나신 역사적 사실에 기초한 것이다.

셋째, 예수께서는 죽은 자 가운데서 다시 살아나셨다. 부활을 지칭하는 동사는 완료 시제로 되어 있어서 앞의 두 과거 동사들과는 달리 예수께서 더 이상 무덤에 계시지 않고 살아 계심을 말해 준다. "성경대로"라는 말이 "사흘 만에"라는 표현과 여전히 관련되는지는 분명치 않다. 구약 어느 구절에서 그리스도께서 "사흘" 만에 다시 살아나신다고 말하는지 찾기가 쉽지 않다. 초대 교회 저자들은 시편 16:10과 이사야 54:7에서 그 예언을 찾기도 한다. 마태는 요나가 사흘 동안 고기 뱃속에 있었던 경험을 그리스도의 죽음과 연계시킨다.(마 12:40)

아무튼 예수의 죽음, 장사, 부활과 같은 역사적 사실들은 무너질 수 없는 기독교 복음의 근거요 핵심이며 이것을 믿음으로 받아들이고 영접하는 것은 구원과 직접 연관되어 있다.

예수께서 부활하신 사실은 여러 목격자들에 의해 증언되었다. 바울이 아그립바 왕 앞에서 했던 말처럼 부활 사건은 한편 구석에서 일어난 일이 아니다.(행 27:26) 그의 증언대로 초대 교회의 수다한 사람들이 부활하신 예수를 목격하였다. "해 받으신 후에 또한 저희에게 확실한 많은 증거로 친히 사심을 나타내사 이십 일 동안 저희에게 보이시며 하나님 나라의 일을 말씀하시니라".(행 1:3)

예수의 부활 현현들은 점층적이고도 간단한 형식으로 기술된다.

첫째, 부활하신 예수는 게바에게 나타나셨다. "게바"에게 나타나신 사건은 누가복음 24:34에서 설명되고 있다. "말하기를 주께서 과연 살아나시고 시몬에게 나타나셨다 하는지라".(막 16:7 참조)

둘째, 부활하신 예수는 그 후에 열두 제자에게 나타나셨다. 이 구절은 바울이 열두 제자를 언급하는 유일한 구절이고, 열두 제자의 개념은 바울 이전의 전승이다. 복음서는 열두 제자에게 나타나신 예수의 부활절 현현에 관한 설명들을 담고 있다.(마 28:16-17; 눅 24:33-51)

셋째, 그 후에 부활하신 예수는 500여 형제에게 일시에 나타나셨다.(6절) 아마도 500여 형제에게 일시에 나타나신 이 부활 현현 사건은 마태복음 28:16 이하에 언급된 사건일지도 모른다. 만일 그렇지 않다면 이 사건은 여기에만 기록된 사건이다. 놀라운 사실은 바울이 "그 중에 지금까지 태반이나 살아 있다"고 말한다는 점이다. 바울이 고린도전서를 기록한 연대가 주후 55년경이라고 한다면 부활에 관한 전승이 초대 교회에 의해 왜곡되거나 창작될 수 있는 가능성은 전혀 없다. 아직도 많은 목격자들이 살아 있었기 때문에 초대 교회의 설교자들이 전하는 부활 메시지가 이들 목격자들의 통제를 벗어나 왜곡되고 심지어 거짓된 풍설로 떠돌아다닐 가능성은 없다. 무엇보다도 사도들은 예수의 부활하심을 목격한 사람들이었기 때문에(고전 9:1 참조) 부활에 관한 이야기를 교회에 신뢰할 수 있는 말씀으로 전파하는 데 주도적인 역할을 했을 것이다. 아무튼 바울은 아직도 살아 있는 목격자들에게 부활의 사실을 문의할 수도 있고 또 그들의 증언에 호소할 수도 있다고 주장한다. 이 사실은 고린도인들 가운데 부활을 부인하는 자들의 주장을 잠재울 수 있는 훌륭한 논거가 된다.

넷째, 부활하신 예수는 야고보에게 나타나셨다. 복음서에는 야고보에게 나타나신 부활 현현에 대해서는 아무것도 기록되어 있지 않다. 또 이 야고보가 누구를 가리키는지도 분명치 않다. 대부분의 주석가들은 그가 예수의 형제 야고보를 가리키며 이 현현 사건으로 예수의 형제들이 모두 회심하게 되었을 것이라고 추측한다. 이것은 예수의 형제들이 그의 지상 사역 기간 동안 믿지 않다가(요 7:7) 부활 이후 시기에는 초대 교회의 구성원들 가운데 나타난다는 사실을 통해 지지를 받는다.(고전 9:5) 사도행전 1:14에서 예수의 어머니 마리아와 그의 동생들이 성령을 받기 위해 다락방에서 기도하던 백이십 문도 중에 포함되어 있다.

다섯째, 부활하신 예수께서는 "그 후에 모든 사도에게" 나타나셨다. 아마도 이 말은 요한복음 20:26 이하에 기록된 사건을 지칭할지도 모르고, 더 개연성 있는 것은 승천 시에 있었던 현현이다.(행 1:1 이하)

마지막으로 바울이 맨 나중에 다메섹 도상에서 부활하신 그리스도를 만났다. "만삭되지 못했다"는 표현은 바울이 갑작스럽게 기적적으로 사도의 무리에 끼게 된 것을 의미할지도 모르고, 아니면 반대자들이 그에게 그렇게 갖다 붙인 모욕적인 말이 바울의 겸손한 고백과 연결된 것일지도 모른다. 그가 이렇게 겸손한 고백을 한 것은 교회를 잔해하고 핍박했던 그의 과거 경력 때문이었다.(갈 1:13) 바울이 사도가 된 것은 전적으로 죄인을 긍휼히 여기시는 하나님의 은혜 때문이었고, 그가 다른 사도보다 더 수고하여 일한 것은 이 은혜가 능력으로 그의 삶 속에 나타나게 된 증거다.(16절) 은혜는 여기서 어떤 추상적 원리가 아니라 바울의 삶을 형성시키는 능력이다. 하나님의 은총은 과거에 하나님의 교회를 핍박하던 핍박자를 "예수 안에 있는 믿음과 사랑이 넘치는" 사도로 변화시켜 놓았다.(딤후 1:13-14) 바울은 이 은혜를 다메섹 도상에서 부활하신 예수를 만났을 때 경험하였다. 부활하신 예수를 인격적으로 만난 경험이 바울의 삶을 규정하고 그를 그리스도의 복음을 위해 헌신적으로 수고하고 일하는 사도로 변화시켜 놓은 것이다.

## 2. 죽은 자의 부활이 없다면 15:12-19

바울은 12-22절에서 부활을 부정하게 되면 어떤 결과들이 나타나는지를 논한다. 복음의 중심 메시지를 밝힌 후에 그는 부활을 부정하는 자들을 공격한다. 그들은 아마도 영지주의의 영향을 받아 영혼의 불멸은 받아들이되 육체의 부활은 믿기가 어려웠을 것이다. 죽은 자의 부활을 부정하는 사람들을 가리켜 바울은 "너희 중에서 어떤 이들"이라고 말한다.(12절) 이들은 외부에서 들어온 사람들이 아니라 고린도 교회 내부에서 생긴 그룹의 사람들로 보인다. 이들이 부정하는 것은 바울이 이들을 향하여 제기한 다음 질문에서 잘 나타난다. "어찌하여 죽은 자 가운데서 부활이 없다 하느냐".(12절) 이들이 부정하는 것은 고린도인들 자신의 일반적인 부활만이 아니고 그리스도 자신의 부활도 포함되었던 것으로 보인다.(29절) 이와 비슷한 질문이 35절에도 나온다. "누가 묻기를 죽은 자들이 어떻게 살며 어떠한 몸으로 오느냐." 디모데후서를 보면 후메네오와 빌레도란 사람이 "부활이 이미 지나갔다"라는 주장을 하므로 다른 사람들의 믿음을 무너뜨린 경우가 언급되어 있다.(2:18)

이단적인 이들의 주장이 정확하게 무엇을 뜻하는지 알기 어렵지만, 예수 그리스도의 부활을 통해서 부활의 시기는 이미 지나갔다는 주장일지 모른다. 이들은 예수의 부활은 인정하되 성도들의 부활은 부정한 것이 아닌가 생각된다. 이와는 반대로 고린도의 이단자들은 부활의 가능성 자체를 부정하는 것으로 보인다.("만일 죽은 자들이 도무지 다시 살지 못하면…", 29절)

이를 논박하기 위해서 바울은 이미 고린도인들에게 전한 바 있는 예수 그리스도의 부활 사건에 호소한다. 예수 그리스도의 부활은 어느 한 사람이 주관적으로 생각해낸 주관적인 어떤 경험이 아니다. 그것은 사도들에 의해 목격되었고 다른 수많은 증인들에 의해 증언된 역사적 사건이었다.(4-8절) 바울은 고린도전서를 기록할 당시에도 예수의 부활 사건을 목격한 증인들이 많이 살아 있다고 주장한다. 그렇다면 고린도 교회 중에서 죽은 자의 부활을 부정하는 사람들의 주장을 논박하는 가장 최선의 길은 예수 그리스도의 부활의 사실적 기초 위에서 논의를 출발하는 일이 될 것이다.

왜냐하면 일반 성도들의 부활은 예수 그리스도 자신의 부활과 떼려야 뗄 수 없는 밀접한 관계를 가지기 때문이다. "죽은 자의 부활"은 사실 "그리스도의 부활"과 불가분리적으로 연결되어 있다.(13-23절 참조) 기독교의 복음은 그리스도의 부활이 신자들의 부활의 근거가 됨을 말한다. 그래서 바울은 12절 이하에서 그리스도의 부활이 어떻게 성도들의 부활의 "첫 열매"가 되었는지를 설명하고자 한다. 부활에 관한 바울의 논의를 이해하기 위해서 우리는 다음 몇 가지 사실을 염두에 두어야 한다.

첫째, 그리스도의 부활이 성도들의 부활을 보여 주는 "첫 열매"가 되는 것은 그리스도께서 "두 번째 아담" 되시기 때문이다. "아담 안에서 모든 사람이 죽은 것같이 그리스도 안에서 모든 사람이 삶을 얻으리라".(22절) 바울의 아담 기독론은 여기서 그의 부활 교리의 중심적인 기초로 나타난다. 타락한 인류의 조상인 첫 번째 아담은 하나님께 죄를 범함으로 자신의 모든 후손을 죄와 죽음에 빠져들게 만들었다. 개인이 지은 죄는 개인이 책임을 진다는 생각을 가지고 있는 현대인들에게 바울의 이러한 주장은 좀 이해하기가 어렵게 보인다.

그러나 성경은 대표의 논리가 지배적이다. 아담이 죄를 범한 것은 단순한 개인의 범죄가 아니라 자신의 후손들의 운명을 결정짓는 범죄였다. 마치 한 나라의 대통령이 잘못된 결정을 내림으로 전체 국민이 고난과 파탄을 겪는 일과 비슷하다. 대통령은 단순한 개인이 아니라 국민의 대표다. 대표로서 잘못된 결정을 내리는 것은 즉각적으로 그가 대표하는 전체 국민의 운명에도 영향을 미친다.

물론 이러한 예가 반드시 본 절의 말씀에 적절한 것이라고 볼 수는 없지만 본 절의 말씀을 이해하는 데 도움을 줄 수 있다. 아담이 죄를 범한 것은 한 개인의 범죄가 아니라 그가 대표하는 전체 인류를 죄와 죽음으로 몰아넣은 집합적인 의미를 지닌 범죄였다.(롬 5:16-19 참조) 마찬가지로 두 번째 아담 되신 예수 그리스도의 의로운 한 행동은 "모든 사람이 삶을 얻게 하는" 행위였다. 첫 번째 아담은 불순종함으로 그의 모든 후손을 죄와 사망에 빠뜨렸지만, 두 번째 아담 예수 그리스도는 자신의 의로운 순종으로 모든 사람을 의와 영생의 길로 들어가게 만들었다.

물론 첫 번째 아담의 불순종과 두 번째 아담 예수 그리스도의 순종이 가져온 결과는 분명한 차이점이 있다. 첫 번째 아담이 불순종하여 범죄했을 때 그의 후손들은 한 사람도 예외 없이 아담의 운명에 동참하지 않을 수 없었다. 그들의 현실적인 의지나 결단과 상관없이 그들은 그들의 대표 되는 아담의 운명인 사망에 빠지지 않을 수 없었다. 그러나 이것은 예수 그리스도의 경우에는 해당되지 않는다. 두 번째 아담 되신 예수 그리스도의 의로운 한 행동으로 모든 인류가 자동적으로 부활의 생명, 영원한 생명에 동참하게 되는 것은 아니다.

사람들 가운데 그리스도께서 열어 놓으신 부활의 길, 영생의 길에 참여하기를 소원하는 자가 있다면 그는 반드시 예수 그리스도를 "믿어야 한다".(14절) 믿음만이 그리스도께서 은총의 선물로 제공하신 부활의 생명을 자신의 것으로 소유할 수 있게 만든다. 그러므로 22절에서 "모든 사람이 삶을 얻으리라"는 표현은 사람들의 믿음의 반응과 관계없이 모든 인류가 그리스도의 부활 생명에 동참한다는 뜻이 아니다. 바울은 어느 곳에서도 인류의 보편구원론을 주장한 적이 없다. 믿음이 유일한 구원의 원리다.

둘째, 예수 그리스도의 부활은 신자들의 속죄의 근거가 된다. 바울도 본 절에서 이 점을 밝힌다. "그리스도께서 다시 사신 것이 없으면 너희의 믿음도 헛되고 너희가 여전히 죄 가운데 있을 것이요".(17절) 아담이 죄를 범함으로 죄는 그의 후손들을 지배하는 군주처럼 되어 버렸다.(롬 5:21) 이제 죄는 사망 안에서 모든 아담의 후손들 위에서 왕노릇 하고 있다. 죄가 모든 인류 위에 군림하므로 결국에는 그들을 예외 없이 사망

가운데로 끌고 들어간다.(56절 참조) 그러므로 범죄한 인류 위에 왕노릇 하는 죄의 권세를 극복해야만 사람들은 사망에서 벗어나 생명을 얻을 수 있는데, 이 가능성은 죄를 범한 사람들 가운데 있는 인간적인 가능성이 아니다.

그러므로 두 번째 아담 되신 예수 그리스도께서 십자가에서 죽으심으로 죄의 권세를 깨뜨리시고 그를 믿는 자들에게 부활의 생명을 얻는 길을 열어 놓으셨다. 성도들은 믿음으로 그리스도와 연합하여 그와 함께 십자가에 못 박혔고 이제 죄에 대해서는 죽었다. "우리의 옛 사람이 예수와 함께 십자가에 못 박힌 것은 죄의 몸이 멸하여 다시는 우리가 죄에게 종노릇 하지 아니하려 함이니 이는 죽은 자가 죄에서 벗어나 의롭다 하심을 얻었느니라".(롬 6:6-7)

죄의 권세 아래 지배를 당하던 처음 아담에게 속했던 나는 그리스도와 함께 십자가에 못 박힘으로 죽었다. 이제는 의와 은총의 권세 아래 지배를 당하는 두 번째 아담에게 속한 나는 새로운 피조물이 되어 부활의 생명을 얻게 되었다. 이렇게 부활의 생명을 얻을 수 있게 된 것은 전적으로 그리스도의 부활 사건에 근거한 것이다.

그러므로 그리스도의 부활이 없으면 사람들이 아무리 발버둥친다 하더라도 죄 가운데서 벗어날 수도 없고 사망의 권세 아래서 헤어나올 수도 없다. 따라서 그리스도인들의 믿음도 헛된 것이고 그들이 전파하는 복음도 결국은 헛된 것이다.(14절) 부활의 역사적인 사실이 없어도 기독교인들의 신앙은 여전히 가능할 수 있다는 자유주의 신학자들의 주장은 거짓된 것이다.

셋째로 그리스도의 부활은 신자들의 내세 소망의 근거가 된다(19절). 그리스도께서 부활하시지 못했다면 그것은 논리적으로 신자들이 여전히 죄 가운데 있다는 것을 말하는 것이요, 따라서 그들이 부활의 생명을 누릴 수 있는 소망이 없다는 것을 의미한다. 왜냐하면 우리가 이미 위에서 말한 대로 그의 부활이 신자들의 부활을 가능케 하는 기초가 될 뿐만 아니라 그들의 속죄에 대한 근거가 되기 때문이다. 죄도 속죄함을 얻지 못하고 장차 부활할 소망도 없다면 그리스도인만큼 세상에서 불쌍한 자들이 없을 것이다. 그들은 세상에서 복음을 위해 때마다 위험을 무릅쓰고(30절) 핍박을 받으며 때로는 맹수들로 더불어 싸우는 극한 상황도 겪기 때문이다.(32절) 부활이 없다면 기독교인들의 이 모든 헌신적인 수고와 노력은 다 헛된 것이며, 부활의 소망이 없는데도 그런 어려움과 고난을 무릅쓰는 사람이 있다면 그는 분명히 불쌍하고 마련한 사람일 것이다.

그러나 "이제 그리스도께서 죽은 자 가운데서 다시 살아 잠자는 자들의 첫 열매가 되셨다".(20절) 추수하는 농부에게 있어서 "첫 열매"는 이제 본격적인 추수가 있을 것을 미리 보여 주는 것이다. 농부들이 처음 익은 열매를 수확하면서 땀방울이 맺힌 이마에 미소가 머무는 것은 이제 곧 본격적인 추수가 있을 것을 기쁨으로 내다보기 때문이다. 마찬가지로 그리스도의 부활은 이제 신자들의 본격적인 부활이 있을 것을 미리 보여 주는 확실한 전조라고 할 수 있다. 그러므로 그들이 세상에서 아무리 고난을 당해도 낙심하지 않고 죽음의 위험에 직면해도 두려워하거나 절망하지 않는 것은 미래의 확실한 부활의 소망을 기쁨으로 내다보기 때문이다.

오래 전에 《승리의 생활》이라는 기독교 경건 잡지가 있었는데, 여기에 "카타콤의 순교자"라는 감동적인 실화가 연재된 적이 있다. 로마가 황제 숭배를 점점 더 악랄하게 강요하자 기독교인들은 더 이상 땅 위에서 버틸 만한 능력이 없어서 지하의 땅굴 속으로 숨게 되었다. 카타콤이라고 불리는 이 땅굴은 로마 건축을 위해 오랫동안 토공들이 흙을 파내기 위해 시작된 곳이었는데, 수백 년을 지나면서 이 땅굴은 끝을 헤아리기 어려울 만큼 거미줄처럼 뻗어나간 천혜의 요새가 되었다. 기독교인들이 핍박을 피해 이 곳으로 피한 것이다.

그러나 습기 차고 어두운 이 곳은 정상적으로 살 만한 곳이 아니었다. 기독교인들이 이 곳에 피신하면서 조악한 환경으로 인해 병약해지고 때로는 죽는 자들이 생겨나기 시작하였다. 그럼에도 불구하고 그들은 죽은 자들을 위해 땅굴 속에 무덤을 파고 벽에다 내세의 소망을 말하는 성구와 자신들의 소원을 새겨 넣었다. 때로 바깥 세상에 나왔다가 체포되어 큰 원형 경기장으로 끌려가 며칠씩 굶긴 사자들의 밥으로 사라져 갈 때도 하늘을 바라보고 기쁨으로 노래를 부를 수가 있었다. 그들이 원형 경기장의 사자들 앞에서 부른 고린도전서의 다음 찬송시는 도저히 잊혀지질 않는다. "사망아 너의 이기는 것이 어디 있느냐 사망아 너의 쏘는 것이 어디 있느냐 사망의 쏘는 것은 죄요 죄의 권능은 율법이라 우리 주 예수 그리스도로 말미암아 우리에게 이김을 주시는 하나님께 감사하노라". (15:55-57)

원형 경기장에서 사자들의 밥이 될 순간에 "사망아 너의 이기는 것이 어디 있느냐"고 사망을 조소하듯 찬송시를 부를 수 있는 사람들은 미래 부활의 소망을 가진 카타콤의 순교자들이었다. 미래의 이 소망 때문에 기독교인들은 현재의 어려움과 무의미를 이길 수 있고 가치 있는 일에 수고를 진력할 수 있다.

## 3. 각각 자기 차례대로 된다 15:23-28

신자들이 부활한 이후에는 어떤 일들이 일어나는가? 바울은 23-28절에서 바로 이 문제를 다룬다. "각각 자기 차례대로 되리니 먼저는 첫 열매인 그리스도요 다음에는 그리스도 강림하실 때에 그에게 붙은 자요 그 후에는 나중이니 저가 모든 정사와 모든 권세와 능력을 멸하시고 나라를 아버지 하나님께 바칠 때라".(23-24절) 본 절도 첫 열매 되신 그리스도의 부활과 나중 열매 되는 신자들의 부활에 대한 연관성 속에서 제시된다. 부활에는 순서가 있다. 첫 번째 부활은 첫 열매이신 그리스도의 부활이요, 그 다음의 부활은 재림 시에 그리스도에게 속한 신자들의 부활이다.(23절)

24절의 "그 후에는 나중이니"라는 말은 해석하기가 어렵다. 여기서 아마도 나중이라는 말은 세 번째 단계의 부활이 있다는 말이기보다는 모든 것이 완성되는 "종말"(텔로스)을 뜻할 것이다. 헬라어 성경에는 시간의 연속성을 시사하는 "그 후에"(에페이타) 부사가 세 번 연속적으로 사용된다. 따라서 두 번째 단계의 부활이 있은 후 특정하지 않은 시간 내에 그리스도께서 만물을 완전히 장악하고 통치하시는 완성의 때가 올 것을 의미한다. 이 불특정한 시간이 어느 정도 긴 시간인지 본문은 전혀 말하지 않는다. 어떤 학자는 바로 이 불특정한 기간 중에 "천년왕국"이 세워질 것이라고 말하지만, 계시록 20:6의 "천년 동안 왕노릇 하는" 기간이 이 불특정한 기간에 해당하는지는 불분명하다.

주님의 재림과 더불어 성도들이 부활한 후에 "나중"이 도래하는데, 이때 그리스도께서는 "모든 정사와 모든 권세와 능력을 멸하시고 나라를 아버지 하나님께 바치게 될 것이다." 여기서 "모든 정사와 권세와 능력"이란 표현은 하나님을 반역하는 영적인 모든 세력들을 가리킨다. 비슷한 부정적인 표현이 에베소서 6:12에서도 발견된다. "정사와 권세와 이 어두움의 세상 주관자들과 하늘에 있는 악의 영들." 바울의 이 구절들은 "정사와 권세"는 하늘에 있는 악한 영들을 가리키고, 악한 이 영들이 "이 세상의 주관자"들 속에서 역사하고 있음을 암시한다. 세상의 정치, 경제, 문화, 종교, 사상 모든 분야에서 하나님을 대적하는 악한 영들이 배후 세력으로 역사한다. 그래서 바울은 에베소 회심자들을 가리켜 그들이 이방인으로 있을 때 "이 세상 풍속을 좇고 공중의 권세 잡은 자를 따랐으니 곧 지금 불순종의 아들들 가운데서 역사하는 영"(엡 2:1-2)을 따라 살았다고 말한다. 이 경우에 "공중의 권세 잡은 자"는 오직 공중에 떠돌아다니며 하늘에서만 권세를 잡은 존재가 아니라 불신자들로 하여금 반 하나님적이고 불신앙적인 "세상 풍속"을 좇도록 충동하는 악령의 세력이라는 것을 알 수 있다.

여기서 "세상 풍속"은 문화적인 표현이다. 그것은 불신앙적인 정치, 경제, 문화, 종교, 사상, 예술 등 인간의 모든 문화 영역을 포함하는 표현이다. 신자들도 이 세상의 풍속이 귀신적이고 사탄적인 요소가 있다는 것을 충분히 인식하지 못하고 따라 사는 경우가 얼마나 많은가! 물론 세상의 모든 문화가 다 귀신적이기 때문에 세상의 문화를 모조리 다 거부해야 한다는 말은 아니다. 세상의 문화 속에 악한 영에 의해 지배를 받는 요소들이 있기 때문에 신자들은 어떤 것이 반 하나님적이고 사탄적인 것인지를 분별할 줄 아는 믿음의 눈이 있어야 한다는 말이다.

그러나 바울은 "정사와 권세"를 모두 나쁜 의미로 사용하고 있지는 않다. 골로새서 1:16에서는 "보좌들이나 주관들이나 정사들이나 권세들"이 그리스도로 말미암고 그를 위하여 창조된 피조물로 언급되고 있다. 그는 그리스도에 의해 창조되었고 또 그를 위해 지음을 받은 영적인 존재들을 중립적으로 말하는 것 같다.(엡 1:21) 이런 영적인 존재들 가운데는 하나님께 순종하고 그의 뜻을 받드는 선한 영들도 존재한다. 우리는 이들 선한 영들을 가리켜 천사라고 부른다. 그리스도께서는 부활하심으로 하늘 위에 오르셔서 이제는 하나님의 보좌 우편에 앉으신 분이 되었으며, 세상에 있는 존재들이나 하늘에 있는 영적인 모든 존재들을 다스리고 지배하시는 만유의 주가 되셨다.(엡 1:20-22) 그러므로 예수 그리스도는 보이는 세계이든 보이지 않는 세계이든 존재하는 모든 피조물 위에 뛰어나신 분이다.(골 1:16)

고린도전서 15:24에서 언급되는 "모든 정사와 모든 권세와 능력"은 후자를 가리키기보다는 하나님에게 반항하는 악한 영들을 가리킨다. 예수 그리스도께서 하늘로부터 강림하실 때 성도들이 부활할 것이고, 그 후 불확정한 어느 기간 안에 만유를 다스리시는 예수 그리스도께서 하나님을 대적하는 모든 악한 영들의 세계를 멸하시게 될 것이다. 악한 영들의 세력이 파괴되고 난 후에야 그는 "나라"를 하나님 아버지께 바치실 것이다. 이 때에야 비로소 모든 원수들은 굴복당하고 하나님만이 통치하실 것이다. 예수 그리스도의 사역으로 모든 원수들이 굴복당할 때 최종적으로 "사망"이 그 권세를 상실하고 멸망당할 것이다.(26절) 이렇게 모든 적대 세력들이 굴복당하고 사망이 멸망당할 때, 예수 그리스도께서도 나라를 하나님께 바친 후에 하나님께 복종하시게 될 것이다.(28절)

그러나 여기서 조심해야 할 점이 있다. 예수 그리스도께서 하나님 아버지께 복종한다는 말은 성자 하나님으로서 복종한다는 말이 아니다. 우리는 11장에서 "그리스도의 머리는 하나님이시다"는 바울의 말을 해석하면서 종속론적인 기독론을 거부한 바 있다. 그리스도는 하나님보다 열등하기 때문에 그에게 종속된다는 기독론은 교회가 이미 정죄하였다. 그러면 왜 예수께서는 하나님 아버지께 복종하시는가? 예수께서 복종하시는 것은 성자 하나님으로서 복종하신 것이 아니고 인류의 대표 되는 두 번째 아담으로서 복종하신 것이다. 이미 바울은 앞 절에서 아담 기독론을 상세하게 진술했기 때문에, 하나님 아버지에 대한 그의 복종도 이러한 관점에서 이해되어야 한다. 27절에 나오는 대명사 "저의"는 문맥상으로 볼 때 하나님 아버지를 지칭한다. 만물이 하나님께 복종하게 될 때에 아들 그리스도도 인류의 대표되는 두 번째 아담으로서 아버지께 복종하고 결국 하나님만이 만유의 주가 되실 것이다.(28절) 결국 그리스도의 사역은 통치권을 하나님께 회복시키는 것이다.

## 4. 악한 자들에게 속지 말라 15:29-34

바울은 여기서 우리에게는 이해 곤란하나 고린도인들 가운데 행해지던 한 습관을 상기하도록 권면한다. 그들은 아마도 죽은 자들을 위하여 세례 베푸는 일이 있었던 것 같은데, 바울은 이 습관의 정당성을 인정한다기보다는 그 습관의 논리적 함축을 오히려 부각시키는 것 같다. 왜 이런 습관이 생기게 되었는지는 알기가 어렵다. 가장 흔한 견해는 고린도인들 중에는 세례 받지도 않고 죽은 다른 사람, 아마도 친구나 친척을 대신하여 세례를 받는 행습이 있었다고 보는 것이다. 어쨌든 바울은 그런 관습을 인정했을리 만무하지만, 죽은 자들을 대신하여 세례를 받는 그들의 행습은 그 자체가 부활의 존재를 전제한 것이기 때문에 부활을 부정하는 그들의 삶과 모순된다.

바울은 30절에서 모든 그리스도인들의 경험에 관심을 돌린다. 그들은 예수를 믿는다는 이유 때문에 항상 위험 속에 살고 있었는데, 죽음으로 모든 것이 끝난다면 왜 그들은 위험을 무릅쓰는가? 바울 자신도 날마다 죽음을 무릅쓰는 환난과 핍박을 당했지만 만일 죽은 자의 부활이 없다면 복음을 위해 "맹수와 싸우는 일"은 참으로 어리석은 일이 될 것이다. 아마도 기독교인들이 에베소와 같은 곳에서 맹수와 싸우는 일이 실제 있었을 것이다.(고후 1:8; 11:23 이하 참조) 로마 시민들까지도 맹수와 싸우기 위해 광장으로 내보낸 일이 역사적으로 있었다. 그러나 이 구절은 상징적으로 사용되었을 가능성도 있다.(예를 들어, 이그나티우스의 로마 서신)

고린도인들은 바울이 특별히 어떤 경험을 지칭하는지 잘 알고 있었을 것이다. 부활이 없다면 바울의 이 모든 행동들은 불가해한 일이다. 따라서 그는 잘못된 오류에 빠진 악한 친구들을 사귀지 말고 멀리할 것을 권한다. 그리스도인이 마땅히 취해야 할 태도는 깨어 있는 것이다. 깨어 있다는 것은 죄를 멀리하고 의를 행하는 삶을 사는 것이다. 공관복음서에서 예수께서는 말세를 살아가는 제자들의 마땅한 삶의 태도로서 "깨어 있는 삶"을 살 것을 독려하셨는데, 바울도 이제 동일한 삶을 살 것을 권면한다.(34절)

## 5. 썩지 않는 신령한 몸 15:35-49

바울은 자연에서 끌어온 이미지들을 사용하여 부활의 몸의 성격을 설명한다. 그는 현대인에게 익숙지 않은 예증을 사용하지만, 그가 사용한 추수의 예증은 부활한 몸의 성격을 밝히는 데 도움을 준다. 씨는 땅에 뿌려져 묻히지만, 그것은 새롭고 보다 영광스러운 모습으로 살아난다.(37절) 봄에 뿌려진 씨앗은 땅에 뿌려져 겉으로 보기에는 썩어 없어지는 것처럼 보이지만, 따뜻한 햇살을 받고 비가 내리면 죽은 듯이 보였던 씨앗이 전혀 다른 모습으로 파릇파릇 돋아나고 아름다운 자태를 지닌 풀과 나무로 자라난다. 씨앗은 썩지만 다른 아름다운 형태로 변화되어 자라나는 것이다. 씨앗은 땅에 묻혀 죽지 않으면 새로운 생명체로 살아나지 못한다.(36절)

바울은 39-41절에서 계속해서 여러 종류의 "몸"과 여러 종류의 "영광"이 있음을 해설한다. 지상적 존재들이나 천상적 존재들은 각각 다른 존재 질서에 속하기 때문에 그것들에 상응하는 영광이 달리 존재한다. 39절에서 사람, 짐승 새, 물고기의 육체를 언급하는 것은 또한 우리가 부활 전에 가지고 있던 몸의 종류와 부활 후에 가질 몸의 종류 사이에 차이점이 있다는 생각을 마련하기 위해서다. 이런 여러 육체의 형태에 상응해서 "하늘에 속한" 형체와 "땅에 속한" 형체의 차이도 존재한다. 바울의 요점은 천상적 존재는 천상적인 존재 질서에 합당한 형체를 지니듯이 지상적 존재도 지상적인 존재 질서에 합당한 형체를 가진다는 것이다. 물 가운데서 살던 고기가 물 바깥으로 나오면 생존 환경이 틀리기 때문에 살 수가 없다. 공중에 날아다니는 새도 마찬가지다.

이러한 원리는 영적인 세계나 또는 부활 이후의 세계에서도 마찬가지로 적용될 수가 있다. 바울은 "혈과 육은 하나님 나라를 유업으로 받을 수 없고 또한 썩은 것은 썩지 아니할 것을 유업으로 받지 못하느니라"(50절)고 주장한다. 이 세상의 존재 질서와 오는 세상의 존재 질서는 마치 물고기가 뭍으로 나와 살 수 없는 것처럼 다르다. 따라서 신자들이 세상에서는 "혈과 육"을 지니고 살지만, 부활의 세계에 들어갈 때는 옛날 그 "혈과 육"을 그대로 가지고는 들어갈 수가 없다. 신자들의 혈과 육은 썩을 수밖에 없는 그런 성격을 지니는데, 혈과 육을 지닌 그런 몸은 오는 부활의 세계에 들어가 살기에 합당치 않은 몸이다. 그러므로 신자들의 썩을 수밖에 없는 몸은 썩지 않는 신령한 몸으로 변화를 받아야 한다.

자연에서 끌어온 추수의 원리는 42-44절에서 죽은 자의 부활에 적용된다. 이 구절에서 "심고", "산다"는 이미지가 다시 나타난다. 그리스도인이 세상에서 소유하고 있는 몸은 썩을 몸이요 욕된 몸이며 약한 몸이고 육의 몸이다. 그러나 하나의 씨앗을 심으면 새로운 형체를 입어 살아나는 것처럼, 썩을 수밖에 없는 약하고 욕된 육신의 몸을 "심으면" 새로운 형체의 부활의 몸을 입어 살아날 것이다. 이때 부활의 몸은 다시는 썩지 않고 영광스러우며 강하고 신령한 몸으로 다시 살아날 것이다.

이 구절에서 썩을 몸과 썩을 수밖에 없는 몸과 썩지 않는 몸, 욕된 몸과 영광스러운 몸, 약한 몸과 강한 몸, 육신의 몸과 신령한 몸이 서로 대조된다. 썩는 몸과 썩지 않는 몸의 대조는 인간의 몸이 지니는 영구성의 관점에서 본 대조다. 썩는 몸은 사람이 죽을 때 없어지고 사라질 수밖에 없는 성격을 지님을 말하는 반면, 썩지 않는 몸은 영구한 성격을 지닌다.

욕된 몸과 영광스러운 몸의 대조는 죄의 도구가 되어 버린 인간의 비천하고 낮은 몸의 관점에서 본 대조다. 바울도 빌립보서 3:21에서 비슷한 대조를 한다. "그가 만물을 자기에게 복종케 하실 수 있는 자의 역사로 우리의 낮은 몸을 자기 영광의 몸의 형체와 같이 변케 하시리라." 인간은 하나님께 죄를 범함으로 그의 몸은 하나님의 형상을 닮은 피조물의 영광을 상실하고 사망과 부패의 운명을 지닌 죄의 도구가 되어 버렸다.

약한 몸과 강한 몸의 대조는 범죄의 결과로서 죽음과 질병과 고통의 공격에 굴복할 수밖에 없는 허약성의 관점에서 본 대조다. 바울은 그리스도를 위해 받은 "능욕과 궁핍과 곤란과 질병"이 자신의 연약성의 징표라고 생각했고(고후 12:10) 지상 사역을 하시던 그리스도께서도 연약하셔서 십자가에 못 박혀 죽으셨다고 말한다.(고후 13:4) 그러나 신자가 부활의 몸을 입을 때 다시는 고난과 질병과 사망에 굴복하지 않는 강한 몸으로 다시 살아날 것이다.

육신의 몸과 신령한 몸의 대조는 몸이 이 세상의 존재 질서에 속해 있는가, 아니면 오는 세상의 천상적인 존재 질서에 속해 있는가의 관점에서 본 대조다. 이 세상의 존재 질서에 속한 몸은 혈과 육을 입은 육신의 몸이지만, 오는 세상의 존재 질서에 속한 몸은 다시는 썩지 않고 죄와 사망의 세력에 굴복하지 않으며 하나님의 영광을 입은 신령한 몸이다.

사실 이러한 대조는 세상을 살아가는 사람들의 현실적 경험을 통해서 확인될 수 있다. 내면에서 들려오는 양심의 소리를 듣기는 듣지만 시시 때때로 공격해 오는 죄의 세력에 굴복하고 질병과 고통에 시달리며 끝내는 죽음에 굴복하고야 만다. 조그만 질병에 걸려도 물에 빠진 가죽부대처럼 흐느적거리는 것이 인간의 몸이 아닌가. 그렇게 연약한 몸을 지니고 있으면서도 좀 건강해지면 자신의 몸을 가지고 범죄의 도구로 삼곤 한다.

하나님을 저버리고 물질과 명예와 권세를 추구하며 죽음의 그림자가 자신의 앞에 들이닥칠 때까지 비천하고 욕되며 연약한 자신의 실존의 모습을 들여다보지 못하는 것이 인간이다. 자신의 생이 쏜살같이 달려가 결국 텅 비고 공허한 삶을 살았음을 깨닫기까지 사람들은 공허하고 죄악된 삶을 뉘우치지 않는다. 인간의 존재야말로 썩을 수밖에 없고 욕되고 비천하며 연약한 육신적 존재에 불과하다. 그러나 누구든지 두 번째 아담 되신 그리스도에게 속해 있을 때 그는 자신의 비천하고 연약한 육신의 몸이 다시는 썩지 않을 영광스럽고 신령한 몸으로 변화될 수 있다는 소망을 가질 수 있다.

우리는 위에서 제시된 바울의 설명을 토대로 해서 다음과 같은 사실을 발견할 수 있다. 첫째로 이 세상의 죽을 존재들의 질서는 장차 미래 부활의 세계 질서와는 다르지만 씨앗의 예에서 볼 수 있듯이(37-38절) 땅에 묻힌 씨와 그 후의 풍성한 추수 열매들 사이에는 "연속성"이 존재한다. 신자들은 지금 썩을 몸을 소유하고 있지만, 미래 부활의 세계에서는 썩지 않을 존재로 다시 살 것이다.

바울은 이 사실을 "심고", "사는" 추수의 예를 가지고 예증한다. 심는 것이 없으면 다시 사는 것도 없다.(36절) 지금은 욕되고 약한 몸으로 심지만, 언젠가 신자들의 비천한 몸은 영광스럽고 강한 몸으로 살아나서 부활의 세계에 참여할 것이다. 지금은 육의 몸으로 심지만, 언젠가 신령한 몸으로 다시 살 것이다. 육신의 몸과 신령한 몸은 아무 관계가 없는 것이 아니다. 육신의 몸을 가지고 이 세상에서 악을 행하고 더러운 행위를 하면 그는 부활의 세계에서 신령한 몸으로 살아나지 못한다.(32-34절; 고후 5:10 참조)

영지주의와 같은 초대 교회의 이단들은 영육 이원론을 옹호했기 때문에 그들 가운데는 육신의 몸을 가지고 아무리 악한 짓을 해도 이미 더럽고 악한 육신의 몸이 더 더럽고 악해지지는 않기 때문에 죄를 범해도 상관이 없다는 도덕폐기론적인 태도를 취하였다. 우리는 이미 고린도전서의 앞 장들을 살피면서 그러한 도덕폐기론적이고 자유방임적인 삶의 경향들을 살핀 적이 있었다. 이들의 사상에 따르면 육신의 몸과 인간의 영적인 세계 사이에는 아무런 관계가 없다. 불연속의 관계만이 있는 것이다.

그러나 바울은 이러한 사상을 용납하지 않는다. 사람이 심는 대로 거둔다는 자연의 법칙은 오는 부활 세계에서도 그대로 적용된다. 육신의 몸을 심어 신령한 몸으로 산다는 바울의 진술이 그것을 말해 준다. 바울에게 있어서 육신의 "몸"을 심어 신령한 "영혼"으로 사는 것이 아니다. 어쨌든 몸을 심어 다른 종류의 몸으로 사는 것이다. 이 세상에서나 오는 세상에서나 "몸의 존재"는 바뀔 수가 없다. 영혼 구원이라는 말은 오해의 여지가 있는 말이다. 사실 신자들은 마지막 구원을 받을 때 영혼만 구원받아 천국에 육신이 없는 영혼만 들어가는 것이 아니다. 바울에게 있어서 몸이 없는 영혼이란 있을 수 없다. 몸의 관점에서 볼 때 이 세상과 오는 세상 사이에는 어떤 분명한 연속성이 있다.

둘째, 육신의 몸과 신령한 부활의 몸 사이에는 이렇게 분명한 연속성이 있지만, 이 세상과 오는 세상은 전혀 다른 존재 질서이기 때문에 그 두 몸 사이에는 분명한 불연속성이 존재한다. 공중을 나는 새가 물 속에 들어가 살 수 없는 것처럼, 이 세상의 생존 환경에 알맞도록 창조된 육신의 몸은 오는 세상의 전혀 다른 생존 환경에 적응하여 살 수가 없다. 그래서 바울은 "혈과 육은 하나님 나라를 유업으로 받을 수 없다"(50절) 고 말한다. 썩을 수밖에 없는 혈과 육의 존재는 썩지 않는 영광스럽고 신령한 몸으로 변화를 받아야 한다. 우리는 이 신령한 몸의 상태와 성격이 어떤 것인지 잘 알지 못한다.

예수께서 부활하신 후에 몸의 형체를 지니기는 하셨지만 시공간을 초월하는 몸으로 변화를 받아서 모든 문이 닫힌 방안에 홀연히 나타나신 것처럼, 신자들도 그런 성격을 지닌 부활의 몸을 입게 될는지도 모른다. 아무튼 바울은 본 절에서 묘사한 부활의 몸의 상태 이외에는 구체적으로 그것이 어떤 상태와 성격을 지닌 몸인지를 설명하지 않는다. 한 가지 분명한 것이 있다면 부활의 몸은 이 세상에서 우리가 지니고 사는 혈과 육의 육신적 존재는 아니라는 사실이다. 이 점에서 불연속적인 측면이 존재한다.

셋째, 육신의 몸이 신령한 몸으로 변화를 받을 수 있는 근거는 첫 사람 아담과 두 번째 아담의 관계에 근거한다. 아담은 인류의 시조이고 그는 단지 육의 사람이요 산 영에 불과하지만 부활의 새 질서를 도래케 하신 두 번째 아담 예수 그리스도는 신령한 사람이요 살려 주는 영이다.(45절) 첫 사람 아담은 땅에서 태어나 흙에 속한 존재이지만, 두 번째 아담 예수 그리스도는 하늘에서 나서 하늘에 속한 자이다. 신자들은 사실 아담의 후손으로 먼저 땅에서 났고 땅에 속한 자들이다.(47절) 그러므로 그들은 땅에서 태어나 흙으로 돌아갈 수밖에 없는 아담의 운명에서 벗어날 수가 없다. 그러나 그들은 이제 예수 그리스도를 "믿음으로" 두 번째 아담에 속한 자가 되어 하늘에서 나서 하늘에 속한 신령한 자들이 되었다.(49절)

여기에는 대표의 원리가 적용된다. 신자들은 이제 소속이 바뀌었기 때문에 주님 재림 시에는 부활의 주를 따라 부활의 새 질서에 들어가 하늘에 속한 자의 형상을 입을 것이다.(49절) 따라서 이 세상에서 그들은 아담의 후손들로서 그의 운명을 지닌 자들이지만, 오는 세상에서는 새로운 인류의 대표이신 그리스도의 형상을 입어 영광스러운 모습으로 변화를 받을 것이다.

## 6. 죽음에 대한 승리 15:50-58

바울의 부활 교리는 15장에서 웅장한 절정에 도달한다. 그는 부활한 자들이 혈과 육을 입은 피조물이 아니라는 점을 분명히 해준다. 그들은 지금의 존재 질서와 다른 질서로 옮겨가기 때문에 그 질서에 합당한 모습으로 홀연히 변화를 받을 것이다. 그들은 더 이상 썩음과 죽음에 굴복하는 몸을 지니지 않고 썩지 않고 죽지 않는 신령하고 영광스러운 몸으로 다시 부활할 것이다. 그때는 사망이 다시 주인노릇 하지 못하기 때문에 바울은 죽음 자체에 대한 승리에 기뻐한다.

그래서 성경에 예언된 대로(사 25:8; 계 20:14; 21:4 참조) 바울은 사망을 조롱하듯이 사망의 종결을 선언한다. 사실 사망의 이기는 것과 쏘는 것은 모두 사망의 불가항력적 능력을 지칭한다. 그 능력은 죄에서 나오고 율법에 기초한다. 사망이 왕노릇 하게 된 것은 죄 때문이요 죄의 정죄는 율법에 근거한다. 중요한 것은 죽음은 죄의 대가로 온다는 것이다.(롬 6:23) 쏘는 것은 죽음 자체에 있다기보다는 죄에 있다.

그러나 죄를 구성시키는 것은 율법이다. 율법은 사람들을 구원으로 이끌기보다는 그들이 지은 죄를 정죄함으로써 죄의 요새가 되었다. 그것은 우리 모두를 죄인으로 만들고 따라서 죽을 자로 만든다.(롬 5:12 이하; 7:7 이하) 그러나 그리스도는 그의 속죄 사역을 통해서 율법의 저주에서 우리를 속량하셨고(갈 3:13) 율법의 요구를 만족시키셨다. 그는 죄의 문제를 철저하게 해결하셨다. 신자는 따라서 죽음의 두려움에서 해방되었다.

그래서 바울은 기쁨으로 우리에게 죽음에 대한 승리를 가져다 주신 하나님께 찬양을 드린다.(57절) 그리스도인의 생활은 특징적으로 승리의 생활이다. 그리스도인에게 승리가 존재한다. 그러나 그 승리는 오직 그리스도께서 그를 위해 해 놓으신 일을 통해서 존재하는 것이다. 그것은 죄에 대한 승리이며 사망에 대한 승리다. 이 승리의 행진에 동참하게 하신 하나님께 신자라면 어찌 감사하지 않을 수 있으리요!

바울은 이 사실에 근거하여 믿음 안에서 견고히 서서 주의 일에 힘쓰는 자들이 되라고 권면한다. 사실 욕되고 약한 육신의 몸을 가지고 사람들이 세상에서 하는 모든 일들은 무가치하고 영구적인 가치가 없는 헛수고에 불과하다. 하나님께서는 창조주 하나님과 관계없이 행한 불신자들의 모든 삶과 수고들을 영구적인 가치가 없는 텅 빈 몸부림으로 여기신다. 마지막 심판 날에 설 때 그들의 삶과 수고는 그들의 운명에 아무런 영향을 미치지 못하고 도리어 심판의 대상이 될 뿐이다.

그러나 그리스도인들의 삶과 수고는 두 가지 관점에서 영구한 가치를 지닌다. 그들이 하는 모든 일은 모두 "그리스도 안에서" 하는 일이요, 따라서 영구적인 가치를 지닌다. 복음을 위해 일하는 소자에게 물 한 그릇을 떠 주는 행위도 오는 세상에서는 결코 상을 잃지 않을 것이다. 둘째로 그들의 일이 가치를 지니는 것은 내일의 소망에 뿌리를 두고 있기 때문이다. 현재의 의미는 현재에 뿌리를 내린 것이 아니다.

역사의 의미는 역사 자체에 있지 않고 역사를 설계하신 하나님 자신의 계획에 놓여 있다. 우리 한국 교회가 일본 식민 통치를 받을 때 숱한 고난과 핍박 중에서도 굴하지 않고 현실적 고통을 이길 수 있었던 것은 하나님께서 한국 교회에 주신 미래의 소망이 있었기 때문이다. 마찬가지로 그리스도인의 수고와 일은 바로 이 부활의 소망에 근거하기 때문에 무의미하지 않고 주 안에서 영구적인 가치가 있는 일이 된다. 만일 부활이 없다면 그리스도인들이야말로 세상에서 가장 불쌍한 사람들이다.(19절) 만일 부활이 없다면 "내일 죽을 터이니 먹고 마시자"(32절)는 태도가 오히려 더 나을지도 모른다.

그러나 그리스도께서 죽은 자 가운데서 부활하심으로 믿는 자들의 부활을 확증시켜 주는 첫 열매가 되셨고, 따라서 그리스도인들은 세상에서 아무리 환난과 고난을 당한다 하더라도 그것을 능히 극복할 수 있고 심지어 사망 앞에서도 담대한 소망을 가질 수 있게 되었다. 또한 부활 신앙은 그리스도인을 더욱 풍성히 "일"하도록 고무시키는 촉진제 역할을 한다. 현재 그가 행하는 일은 내일이 없는 덧없고 무가치한 일이 아니라 내일의 보상이 있는 가치 있는 일이기 때문에, 그는 더욱 힘써 보람이 있고 가치 있는 "주의 일"에 매진할 수 있는 것이다. 신자가 하는 모든 행위와 수고는 "주의 일"이다. 그것들은 주께 속한 일이요, 주께서 지원하시는 일이며, 주께서 보상하시는 일이다. 그것들은 죽음으로 진노의 심판대 앞에 나아가는 헛되고 무가치한 불신자들의 행위가 아니라 오는 부활의 세계에서도 인정을 받는 영구한 가치를 지닌 행위다.

8장

# 결론적인 메시지

16:1-24

## The Secularization of the Church, How will We Overcome it?

디모데가 이르거든 너희는 조심하여 그로 두려움이 없이 너희 가운데 있게 하라 이는 그도 나와 같이 주의 일을 힘쓰는 자임이라 그러므로 누구든지 그를 멸시하지 말고 평안히 보내어 내게로 오게 하라 나는 그가 형제들과 함께 오기를 기다리노라 형제 아볼로에 대하여는 그에게 형제들과 함께 너희에게 가라고 내가 많이 권하였으되 지금은 갈 뜻이 전혀 없으나 기회가 있으면 가리라 깨어 믿음에 굳게 서서 남자답게 강건하라 너희 모든 일을 사랑으로 행하라 형제들아 스데바나의 집은 곧 아가야의 첫 열매요 또 성도 섬기기로 작정한 줄을 너희가 아는지라 내가 너희를 권하노니 이같은 사람들과 또 함께 일하며 수고하는 모든 사람에게 순종하라 내가 스데바나와 브드나도와 아가이고가 온 것을 기뻐하노니 그들이 너희의 부족한 것을 채웠음이라 그들이 나와 너희 마음을 시원하게 하였으니 그러므로 너희는 이런 사람들을 알아 주라 **고전 16:10-18**

## 1. 성도들을 위한 헌금 16:1–4

바울은 고린도 교인들이 당면한 큰 문제들을 다 다루었다. 이제 그는 어떻게 가난한 자들을 위해 헌금할 것인가를 교훈한다. 헌금 수집에 대해서는 갈라디아 교회들에게 이미 교훈을 주었고, 이제 그 교훈들을 고린도 교회에 적용한다. 가난한 자들에 대한 구제 행위는 의심할 여지없이 구약이나,(출 23:11; 시 82:2 이하; 잠언 19:17) 신약 시대에(마 6:2- 4; 행 10:1-2) 하나님의 백성이 마땅히 실천해야 할 경건 생활의 필수적인 표현이었다. 따라서 가난한 자들을 멸시하거나 핍박하는 행위는 하나님의 언약을 파괴하는 행위이며 하나님 자신을 저버리는 행위다.(암 2:4-5; 사 58:7-11)

공관복음서에서 가난한 자들에게 긍휼을 베푸는 일은 예수의 생애와 교훈에서 핵심적인 부분에 속한다. 예수는 자신의 공생애를 "희년"이라는 언어를 빌려 묘사하는데,(눅 4:18-19) 여기서 그는 자신이 메시아로 기름부음을 받은 것은 "가난한 자들에게 복음을 전하고…주의 은혜의 해를 선포하기 위한" 것이라고 설명한다.(1:52 이하 참조) 그의 많은 비유들과 일반 교훈들이 부와 가난에 관한 가르침을 담고 있다.(마 19:21; 25:32-46; 눅

16:19-31 등) 예수께서는 사람들에게 가난한 자들에 대한 긍휼을 교훈하셨을 뿐만 아니라 스스로 이를 실천하기도 하셨다.(요 13:29 이하; 막 14:7 참조)

오순절 이후 초대 교회가 처음부터 구제에 힘쓴 것은 잘 알려진 사실이다. 그들이 이처럼 구제에 힘쓴 것은 예수의 교훈의 배경에서 이해되어야 한다. 사도행전의 초대 교회는 영적인 일만 힘쓴 것이 아니고 공동체 내의 가난한 성도들을 돌보는 일에도 힘썼다. 오순절 이후에 사람들이 사도의 가르침을 받고 그들 발 앞에 내어놓은 모든 물질들은 각 사람의 필요에 따라 분배되기도 했지만 교회 내에 있는 고아와 과부들, 그리고 가난한 자들을 위해 사용되었다.(행 2:44 이하; 4:35)

바울도 다메섹 도상에서 회심한 이후에 이방인들에게 복음을 전할 때 단순히 영적인 일에만 매달린 것이 아니고 가난한 자들을 구제하는 일에 지대한 관심을 기울였다.(갈 2:10) 그래서 가난한 자들에 대한 그의 이러한 관심은 여러 차례 있었던 예루살렘 성도들을 위한 구제 여행으로 나타난다.(행 11:29, 24:17 참조) 여기서 우리는 바울의 구제 교훈을 통해 몇 가지 사실을 배울 수 있다.

첫째, 그는 이러한 구제 행위를 "성도 섬기는 일"이라고 표현한다.(롬 15:25) 특히 바울은 고린도 서신에서 가난한 예루살렘 성도들을 물질적으로 돕는 일을 예수의 십자가 정신과 관련시킨다. "우리 주 예수 그리스도의 은혜를 너희가 알거니와 부유하신 자로서 너희를 위하여 가난하게 되심은 그의 가난함을 인하여 너희로 부요케 하려 하심이라".(고후 8:9) 물질적으로 궁핍한 성도들을 섬기는 행위는 이 땅에 섬기는 자로 오셔서 "자신의 목숨을 많은 사람의 대속물로 주신"(막 10:45) 예수 그리스도의 생애를 본받는 일이 된다.

둘째, 바울은 자신의 유여한 것으로 다른 사람들의 부족한 것을 보충

하는 일을(고후 8:14) "성도 섬기는 일에 참여하는 것"(고후 8:4)으로 설명한다. 진정한 성도들의 교제는 정신적이거나 영적인 일에만 국한되지 않고 물질적인 나눔을 포함한 전인격적인 사귐으로 확대되어야 한다. 이러한 사귐은 인간들 자신에게서 나온 것이 아니고 구원받은 성도들이 누리는 하나님의 은혜에 근거한다. 성도들이 가난한 형제들을 물질적으로 돕는 일은 그들이 먼저 받은 은혜를 현실적으로 그리스도의 몸 된 교회의 형제들에게 표현하는 것이기 때문에, 바울은 성도 섬기는 일 자체를 하나님께 받은 은혜(카리스)라고 부른다.(고후 8:7, 19)

이렇게 하나님께 먼저 받은 은혜를 궁핍한 형제들을 물질적으로 돕는 일로 표현하기 위해서 바울은 이제 구체적인 헌금 방법들을 교훈한다. 헌금은 단번에 드리지 말고 일상 생활에서 이익을 얻은 대로 "매주일 첫날에" 저축했다가 드려야 한다.(2절) 이 구제헌금은 성도들을 위한 것이라고 하지만 예루살렘의 가난한 성도들을 위한 것임이 분명하다.(3절) "매주일 첫날에 라는 말은 "매주 첫째 날마다"라는 의미를 가지고 있는데, 이 날은 기독교인들이 유대인들의 안식일을 더 이상 지키지 않고 예수께서 부활하신 날을 매주 모여 축하한 것을 암시한다.

바울은 "너희 각 사람"이라고 지적함으로써 가난한 자나 부한 자나 상관없이 모두 구제헌금에 동참할 것을 권면한다. 구제는 결코 부한 사람들만의 전유물이 아니라 모든 성도들이 마땅히 동참해야 할 경건 생활의 일부분이다. "저축하라"는 권면은 두 가지 의미가 있는데 하나는 개인이 돈을 비축했다가 교회에 나올 때에 헌금하라는 뜻이거나, 다른 하나는 돈을 교회 헌금함에 보관해 두라는 의미일 수도 있다. 바울은 그가 도착할 때 한 번에 헌금하는 것을 싫어하기 때문에 후자의 의미가 더 적절한 것으로 보인다. 얼마나 헌금해야 할지는 명기되어 있지 않고 각

자의 결정에 맡겨진 것 같다.

"각 사람이 이를 얻은 대로"라는 표현은 오히려 "하나님께서 재물을 주신 대로"라는 말로 번역하는 것이 더 좋을 것 같다. 동사의 주어가 안 나타나 있지만 동사가 수동태로 쓰이고 있기 때문에 "하나님"을 주어로 보는 것이 바람직하다. 부富는 곧 하나님이 주신 것이다. 하나님은 성도들에게 일할 수 있는 재능과 건강과 지혜 그리고 기회를 주시기 때문에 자신이 번 물질을 자기 것으로 여기면 안 된다. 참된 기독교인은 자신이 누리는 모든 것을 하나님의 선물인 줄 알고 "선한 청지기"처럼 잘 관리할 줄 알아야 한다. 관리한다는 것은 하나님께서 필요로 하실 때 아낌없이 내어놓을 줄 안다는 뜻을 포함하고 있다.

세상의 격언에 돈은 벌기보다 쓰기가 더 어렵다고 한다. 어떤 사람은 돈은 악착같이 벌지만 가치 있고 의미 있는 일인데도 이 핑계 저 핑계 대면서 인색하게 한다. 이것은 아직 참 신앙이 무엇인지 모르는 것이라 할 수 있다. 부는 하나님이 주신 것이기 때문에, 그것에 대해서 자신이 주인노릇 하면 안 되고 어려운 이웃이 도움을 필요로 할 때 내어놓음으로 하나님이 자신의 돈의 주인이신 것을 삶을 통해 보여 줄 필요가 있다. 이렇게 모아진 돈은 고린도인들이 인정하여 선택한 자들이 바울이 도착할 때 줄 편지와 함께 예루살렘으로 가지고 가야 한다. 이때 사정이 허락하면 바울도 그들과 함께 예루살렘에 가기를 소원한다.

## 2. 바울의 방문 계획 16:5-12

예루살렘에 가기를 소원하는 바울의 계획은 확정적인 것이 못된다.

바울은 고린도에 가기 전에 마케도니아를 먼저 가기를 원했다. 그가 이 편지를 쓸 때는 에베소에 있었다.(8절) 그는 오순절 때까지 에베소에 머물다가 마케도니아로 직접 항해한 후에야 고린도로 가고자 했다. 그러나 7절에 언급하듯이 바울의 고린도 방문은 잠시 들리는 방문이 아니라 거기서 겨울을 지내는 어느 정도 긴 체류가 될 것이다. 사도행전을 보면 바울은 에베소에서 마케도니아로 갔고, 그리고 그리스(고린도)에 도착했는데 거기서 3개월을 체류하였다.(행 20:1-3)

그러나 그리스에 있는 여러 교회들을 살펴보려는 그의 소망은 잠시 연기되어야 했다. 바울이 지금 당면한 일은 에베소 사역이었고 그것은 오순절까지 끝나지 않을 규모가 큰 사역이었다. 왜냐하면 "광대하고 공효를 이루는 문이 열렸기 때문이다".(9절) 이 말은 에베소에서 효과적으로 복음을 전파할 수 있는 기회가 활짝 열려 있음을 가리킨다. 바울은 이렇게 좋은 기회를 놓치고 싶지 않았다. 이러한 문맥에서 많은 반대자들이 있다는 말이 무엇을 뜻하는지는 알기가 쉽지 않다. 아마도 복음 전파의 기회가 넓게 열리는 동시에 많은 난점들과 어려움도 도사리고 있다는 뜻일 것이다. 사도행전 19장은 에베소에 얼마나 많은 바울의 적대자들이 있었는지를 잘 보여 준다.

10-12절은 디모데와 아볼로에 관한 말씀이다. 4:17에서 바울은 디모데를 고린도에 보내는 일에 대해 언급한 적이 있었다. 사도행전 19:22을 보면 디모데가 에라스도를 동반하여 고린도에 간 것으로 되어 있다. 바울이 디모데를 보낸 것은 고린도의 여러 문제들을 바로잡기 위함인 것 같은데, 디모데는 성격이 소심하고 두려움을 잘 타는 인물이었다.(딤전 4:12) 바울은 교만한 고린도인들을 다루기에 그의 성격이 부적합한 것을 알고 있었기 때문에 고린도인들에게 그를 두렵게 할 만한 일을 하지

말도록 충고할 필요를 느꼈다. 바울과 디모데는 단지 인간적인 일꾼들이 아니고 주의 일에 힘쓰는 동일한 사역자들인 것이다. 참된 신앙인은 자기보다 못하다 할지라도 그가 하는 일이 "주의 일"이기 때문에 그를 존중하고 함께 동역할 준비를 하는 사람이다. 그래서 바울은 그를 잘 대접하여 다시 자신에게 평안히 돌아올 수 있도록 해달라고 권면한다.(11절)

아볼로는 분명히 고린도에서 상당히 존경받는 인물이었고 고린도인들은 그들의 편지에서 다시 자신들을 방문해 줄 것을 소원한 적이 있었다. 바울도 아볼로가 고린도의 문제를 해결하기에 적절한 인물로 보아서 그에게 고린도에 가도록 많이 권유했으나, 그는 가기를 원하지 않았다. 아마도 아볼로는 다른 기회에 갈 뜻을 표현한 것 같다. 그것은 아볼로가 너무 바빠서 여가가 생기면 가겠다는 의미가 아니라 그가 방문하기에는 때가 무르익지 않았음을 의미한다. 바울파니 아볼로파니 게바파니 하고 분쟁하는 교회에 자신이 인기가 있다고 고린도 교회를 방문하는 것은 오히려 문제를 더 어렵게 만들 수도 있기 때문이다. 참된 영적 지도자는 사람들의 인기에 영합하거나 끌려다니지 않고 어떤 것이 성도들에게 진정으로 필요한 것인가를 판단할 줄 아는 사람이다.

## 3. 마지막 권면과 축복 16:13–14

바울은 13–14절에서 간단하지만 심도 있는 권면을 제시한다. 고린도인들은 많은 일에서 상당히 성숙되지 않은 태도를 보여 왔다. 따라서 "장성한 남자처럼 믿음에 굳게 서서 깨어 있는 삶을 살라"고 권면한다. 깨어 있으라는 말은 복음서에서 재림과 관련하여 자주 사용되는 교훈인데,(마 24-42 이하; 막 13-34 이하) 여기서는 두 가지의 내용을 지닌다. 하나는 "믿음에 굳게 서는 것"이고, 다른 하나는 "모든 일을 사랑으로 행하는 것"이다. 믿음의 생활은 사랑으로 나타난다. 왜냐하면 믿음은 사랑과 더불어 일하며 사랑을 통해 나타나기 때문이다.(갈 5:6) 이런 특징을 나타내지 않는 사람이 있다면 신령한 사람이요 성숙한 그리스도인이라고 할 수 없다. 특별히 주님의 재림을 고대하는 신약의 성도들은 사랑으로 역사하는 믿음의 삶을 열심히 삶으로써 깨어 있는 성실한 삶을 살아야 한다.

15-18절은 스데바나와 같은 사람들에게 마땅히 존경을 나타내라고 하는 권면이다. 바울은 1:16에서 그의 집안에 세례를 베푼 사실을 언급한 적이 있는데, 이제 그는 그의 집 식구들이 아가야 지역에서 얻은 첫 열매들이고 또한 그들은 교회 내에서 어떤 명예로운 지위를 얻음도 없이 낮은 위치에서 교회를 봉사하는 일에 헌신하는 자들임을 덧붙인다.(15절) 이것이 바로 그리스도인이 걸어야 할 길이다. 명예나 지위가 주어지는 곳에 몰려드는 사람들은 그것이 사라질 때 떠나 버릴 사람들이다. 오늘날 우리 주변에는 이런 종류의 신자들이 얼마나 많은가. 과연 스데바나와 같은 사람들이 귀하게 느껴지는 시대다. 그래서 바울은 스데바나와 그 집안의 봉사하는 삶을 교회 전체뿐만 아니라 오는 시대의 모든 성도들이 본받아야 할 본보기로 추천한다. 고린도 교인들은 사실 이와 같은 사람들에게 복종해야 하고 도움을 주고 수고하며 봉사하는 다른 모든 사람들에게도 복종해야 한다. 신령한 그리스도인들은 지위가 높고 낮음을 막론하고 서로 피차 복종하고 존경해야 한다.(엡 5:21) 이것이 교회가 지탱되는 삶의 질서다.

17절은 고린도 교회가 자신들의 문제에 대한 조언을 구하기 위해 바울에게 스데바나, 브드나도, 아가이고 세 사람을 파송했고, 그들은 또한 바울과 고린도인들의 마음을 시원케 했다고 말한다. 어떤 식으로 이들이 바울의 마음을 시원케 했는지 우리는 잘 알지 못한다. 다른 사람들에게 덕이 되지 못하는 말을 함으로써 그들의 믿음을 낙심케 하고 영적 지도자들을 괴롭히는 사람들이 우리 교회 주변에는 얼마나 많은가? 이름도 없이 이들처럼 성도들에게 덕이 되고 신앙 안에서 격려가 되는 말을 함으로써 그들의 마음을 시원케 하고 지도자들의 마음을 시원케 하면 하나님께서 반드시 그들에게 복을 주실 것이다. 사실 성도들은 그런 사람들을 존경해야 한다.(18절)

19-24절은 바울의 마지막 인사말이다. 여기서 그는 자신이 현재 거주하는 에베소 인근 아시아 지역들의 문안 인사와, 브리스길라와 아굴라 부부의 문안 인사, 그리고 그의 집에 있는 가정교회 회원들의 문안 인사를 고린도 교인들에게 전한다. 브리스길라와 아굴라 부부는 아볼로가 전도했던 본도 출신의 유대인들이었는데, 글라우디오 황제 때 로마 유대인들의 폭동 때문에 로마에서 고린도로 이주해 온 부부였다. 남편보다 아내인 브리스길라가 항상 먼저 언급되는 것은 그녀가 탁월한 지도력을 가진 여자였던 것을 암시해 준다.

바울은 보통 대필을 시키는 것이 습관이었는데 편지가 끝을 맺어 가자 이제 친필로 문안 인사를 쓴다.(21절) 그는 이런 식으로 자신의 편지의 진정성을 표시한 것으로 보인다.(살후 3:17) 마지막으로 주를 사랑하지 않는 자들에게 "저주"를 선언하는 것은 바울이 주를 향해 바른 태도를 갖는 일의 중요성을 느꼈기 때문일 것이다. 바울이 여기서 저주를 선언했다면 우리 성도들도 다른 사람들에게 저주를 선언할 수 있는가? 우리는 바울의 저주 선언의 바른 진의를 파악해야 한다. 어떤 목사나 개인 성도가 자신과 감정적으로 문제가 있다고 해서 아무에게나 저주를 선언하는 것은 바로 그의 신앙이 크게 잘못되었다는 사실을 보여 줄 뿐이다. 또한 신앙을 배반한 것도 아닌데 개인적인 감정이 있다고 해서 저주를 남발하는 목사나 성도가 있다면 오히려 우리 주님께서 그를 꾸짖으실 것이다. 이런 경우 목사나 성도는 그리스도 안에 있는 사람들에게 저주를 퍼부을 권한이 없다.

그러나 문제는 일반 평신도들이 지도자가 저주를 할 때 대부분 그 저주가 현실화되면 어떻게 하나하고 큰 불안 속에서 사는 것이다. 만일 자신이 저주를 선언할 권한이 있다고 하면서 일반 평신도들을 불안 속에 떨게 하는 목사나 지도자가 있다면, 그는 반드시 하나님 앞에서 자신이 한 일에 대해 책임을 지지 않을 수 없게 될 것이다. 바울은 본 절에서 "누구든지 주를 사랑하지 않으면" 저주를 받으라고 선언한다. 저주 선언이 효과를 발휘하는 범위는 여기서 "주를 사랑하지 않는" 조건절에 의해 한정된다. 신앙을 배반하거나 그 결과로 주를 사랑하지 않는 행위가 바울의 저주 선언을 불러일으키게 만든다고 할 수 있다. 그러므로 우리는 이 구절의 의미를 오해해서는 안 된다.

마라나타("주께서 임하시느니라")라는 표현은 본래 아람어를 헬라어로 그대로 음역한 것이다. 이 표현은 예수를 "주"(마르)로 인식한 것이 후대 어떤 자유주의 학자의 주장처럼 헬라 신비주의 종교의 사상적 영향 때문에 비롯된 것이 아니고 아람어를 말하는 팔레스틴 유대 기독교회에서 비롯된 것임을 보여 준다. 예수를 "주"라고 부른 초대 교회의 호칭은 사실 예수의 메시아 의식에 근거한 것이며 이미 공관복음서에 기원을 두고 있다.(막 12:36; 참조. 시 110:1) 주께서 임하시기를 소원하는 기도문은 재림을 고대하던 초대 교회의 예배 시에 사용되었을 것이다. 그들은 예배 때 흔히 이 기도문을 통해서 주님을 재림을 고대했을 것이다. 한국 교회 초창기에 많은 영적 지도자들이 예수의 재림을 고대하면서 현실의 어려움을 극복할 힘을 얻었던 것처럼, 이제 성도들에게 새 하늘과 새 땅을 선물로 주시고 그들을 거기서 영원토록 살도록 해주실 예수의 재림은 사실 그들이 땅 위에서 당하는 모든 어려움을 극복할 수 있는 힘을 줄 것이 분명하다.

"주 예수여 오시옵소서".(계 22:20)